중국 개혁개방의 숨은 공로자

어느 한 중국인의 도전과 노력

국사속술(國事續述)

천진화(陳錦華) 지음 / 김승일 · 김미란 옮김

머리말

천진화(陳錦華)

2005년 8월 전국정치협상회의(이후 '정협'으로 약칭함) 판공실, 국가 발전 및 개혁위원회, 중공중앙당사연구실, 중국석유화학그룹이 모인 가운데『국사억술 (國事憶述)』출판기념 좌담회를 개최했다. 이날 연설에서 쉬쾅디(徐匡迪, 제10 기 전국 정협 부주석 겸 중국 공정원 원장)는『국사억술』에서 3분의 1정도는 언급되지 않았다고 평가했다. 일반 독자들은 아마 이 같은 평가에 많이 놀랐을지도 모른다. 하지만 이는 자기가 잘 안다는 것을 대신 말한 것처럼 생각된다. 실제로『국사억술』에서 일부는 본모습 그대로 얘기하지는 않았다.『국사속술(國事續述)』에 발표된 몇몇 글은 이에 대한 중요한 보충이라고 본다. 여러 가지 원인으로 일부 업무는 언급하지를 못했고, 일부 말은 여전히 할 수 없는 상황이었기 때문이다. 심지어 일부는 머리속에서 지워버려야 하는 것도 있었다. 이는 동서고금 어디에서고 피하기 어려운 현실이기 때문에 독자들도 이해하리라 믿는다.

쉬쾅디와 왕래한 몇 년 동안 내가 추진했던 여러 업무는 그의 찬성과 지지를 받아서 이루어졌다. 하지만『국사속술』에서는 이런 부분을 구체적으로 얘기하지는 않았다. 특히 일부는 살짝 언급하는 수준에 그쳤다.

예를 들면 그중 하나는 1980년대 중기 상하이 발전전략과 연관된 심포지엄이다. 그때는 중국석유화공총회사로 전근된 후였는데, 그때 상하이 심포지엄 주최를 맡은 상하이시 계획위원회에서 나를 초청했던 것이다(상하이에서 근무하는 동안 시계획위원회 주임을 겸임함). 심포지엄의 주제는 상하이의 향후 발전 전략이었다. 그중에서도 경제구조 즉 제1차, 제2차, 제3차 산업의 발전관계가 가장 핵심적인 문제로 제기되어 서로 의견을 나눴다. 여기서 나는 상하이는 제3차 산업의 발전을 촉구하고 현대 서비스업을 크게 발전시켜, 시대의 조류에 보조를 맞추게 하여 중국의 현대화 건설 중에서 새로운 역할을 해내야 한다고 했다. 하지만 현재 제2차 산업인 제조업이 여전히 상하이의 중점산업이 되어 도시의 경제발전을 받쳐주는 기초 역할을 하고 있고, 그 중에서도 특히 첨단기술을 바탕으로 한 고급 제조업은 중국 공업화가 지속적으로 의지해야 하는 것이기도 했다. 강대한 제조업이 뒷받침되지 못한다면 제3차 산업 즉 서비스업의 기초도 튼튼할 수 없다는 점을 강조하고 싶었던 것이다.

쉬쾅디는 나의 견해에 찬성했다. 훗날 이와 관련해 장쩌민(江澤民)과 얘기를 나눴는데, 그도 제2차 산업을 약화시키면 안 된다고 했다. 그러면서 헤스 전 영국 총리에게 물었더니 그도 발달한 서비스업은 반드시 강대한 제조업의 기초 위에서 발전시켜야 한다는 것을 강조했다고 전했다.

여러 해가 지나 특히 2008년 미국 발 금융위기가 글로벌 금융위기로 번진 이후 다시 그때의 심포지엄을 돌이켜보면 위에서 말한 나의 견해는 더욱 뚜렷하게 느끼게 될 것이다.

그해의 금융위기는 미국 경제구조의 심각한 불균형성, 허위경제의 지나친 팽창과 실물경제의 심각한 약화가 미국경제의 치명적인 약점이라는 점을 드러냈다. 그리고 제조업의 경쟁력을 떨어뜨리고 취업부진을 야기한 근본적인 원인이기도 해 정치계, 경제계, 학술계에서 모두 거울로 삼아야 하는 치국을 하는데 필요한 중요한 교훈이었다.

다른 하나는 창장(長江)벨트의 개발이었다. 1996년 3월, 전국인민대표대회

제4차 회의는 심의를 거쳐 "중화인민공화국 국민경제와 사회발전 '9차 5개년' 계획 및 2010년 미래지향의 목표 개요"를 통과시켰다. 그후 전문팀을 구성해 직접 창장벨트 개발 조사연구에 착수했다.

'10차 5개년 계획'을 위해 새로운 성장점을 모색하고 활력을 불러일으킴으로써 보다 넓은 범위에서 지속적인 발전을 이룰 생각이었다. 쉬쾅디는 이에 관련된 문제를 정확히 파악했다면서 전반적인 국면에 큰 영향을 미치게 될 것으로 기대된다며 높이 평가했다. 하지만 고위층 지도자의 인식이 다르고 업무진척이 느렸기 때문에 제대로 추진되지는 못했다.

훗날 중앙에서 서부 대 개발과 중부의 굴기전략을 추진하기로 결정해서야 창장벨트가 빠르게 발전되면서 신세기 중국 개혁개방과 혁신발전의 중요한 성장점으로 거듭났다. 이밖에 1996년 중국의 거시경제를 조정하는 중에 '연착륙'을 실현시킨 후, 국가 계획위원회 주재로 북대하(北戴河)에서 회의를 소집했다.

회의에서는 다음 단계 거시경제의 방향을 연구하고, 경제업무의 중점을 경제성장 방식 전환 차원으로 업그레이드시켜야 하며, 속도에서 효율과 품질을 추구하는 데로의 전환을 실현시켜야 한다는 문제를 제기했다. 그때 쉬쾅디는 북대하에서 열린 다른 회의에 참석하고 있었다. 국무원의 계획위원회 대표 회견에서 이미 참석해 달라는 초청을 받았기 때문이었다. 그는 계획위원회에서 제기한 경제 성장방식 전환 방침과 여러 가지 조치에 적극 찬성한다면서 가장 핵심적인 부분을 잡았다고 전해왔다. 그러나 아쉽게도 이 일은 제대로 추진되지 못했다. 게다가 현재까지도 해결하지 못하고 있는 상황이다.

이처럼 위의 몇 가지 실례를 든 것은 『국사속술』에 대한 쉬쾅디의 평가가 근거 있다는 것을 설명하기 위해서이다.

예로부터 전해져 내려오는 이야기가 있다. 사람이 저 세상으로 간 후 강 하나를 건너가야 하는데, 목이 말라 물을 마시게 되면 생전에 있었던 모든 일을 잊어버리기 때문에 더는 미련과 아쉬움이 없어진다고 하는 내용이다. 그래서 이 강을 "기억상실을 부르는 강"이라 했다.

하지만 나는 이 이야기가 결코 마음에 와 닿지 않는다. 생전에 있었던 모든 일을 전부 잊어버리는 것 자체에 대해서는 더더욱 공감할 수가 없다. 모든 이야기는 역사에 마땅히 기록하여 길이 남겨져야 하기 때문이다. 그러니 일부 일이나 그때의 진실된 마음을 미련 없이 "기억상실을 부르는 강"에 버릴 것이 아니라, 후인들에게 이를 알 수 있도록 남겨주어야 할 것이다. 여기서 "진실 된 마음"이라고 얘기하는 것은 그만큼 중요하다고 생각하기 때문이다.

『국사속술』에 발표된 글들은 그 시절의 중요한 경력이자 그때의 진실 된 마음을 잘 보여주고 있다고 하겠다. "천하가 부강하고 쇠퇴하는 데에는 한낱 밭 갈고 나무를 하는 농부한테도 책임이 있다"는 사상의 교육을 받은 우리 세대는 "흉년에 백성을 걱정하는 각별한 마음"을 품고 있다. 하물며 퇴직한 후에도 한유(韓愈)가 지은 시구처럼 "황제를 위해 사회에 폐가 되는 일을 없애야 하거늘, 어찌 늙었다고 남은 생을 애석해 하랴"라는 마음가짐으로 매사에 임했다.

'국사속술'에 발표한 편지, 보고서는 바로 이런 마음가짐을 보여줬기 때문에 그때의 심정을 고스란히 표현한 것이라고 하겠다.

머리말을 쓰고 나니 허전함이 느껴졌다. 이에 한 구절의 시구를 적어 쓸쓸한 마음을 달래보고자 한다.

"인생의 무대에서 물러나니, 세상만사 이제 더는 돌아오지 않겠거늘,
구름이 바람 따라 흘러가듯 곡절 많은 인생도 자유로워졌다네.

차례

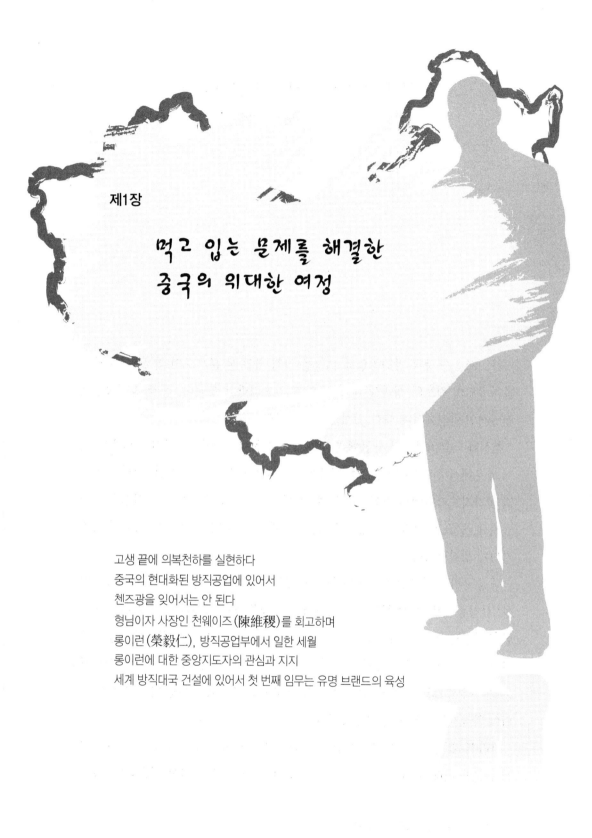

제1장

먹고 입는 문제를 해결한
중국의 위대한 여정

고생 끝에 의복천하를 실현하다

-새 중국 방직공업의 여정

기　자 : 새 중국 방직공업의 여정을 직접 겪고 본 분으로서 약 60년간 중국 방직공업의 진보와 성과에 대해 잘 알고 있으리라고 봅니다. 중국 방직공업의 전반적인 발전역사에 대한 소개를 부탁합니다.

천진화 : 1946년 3월 사업에 참여해서부터 현재까지 60여 년이 흘렀습니다. 그 가운데서 전반부 30년(1946년 5월~1976년 10월)은 방직기업, 그리고 지방 및 국가지도기관에서 일했습니다. 이 때문에 방직공업에 남다른 애착심을 갖고 있지요. 중요한 경력과 직접 보고 듣고 느낀 것을 소개할 수 있는 기회가 생겨 기쁘게 생각합니다.

구 중국의 방직공업은 중국의 근대화 공업 가운데서 가장 발달한 산업으로 자산, 산업종사자, 시장 점유율과 민족자본을 가장 많이 소유하고 있습니다. 이와 함께 뚜렷한 반 식민지적 특색도 띠고 있었는데, 주로 설비와 원료를 자급자족하지 못하고 외국의 수입에 의지해야 하는 데서 보여졌습니다. 조기의 산업자본 가운데서 절반 이상을 외국이 직접 경영하고 통제했기 때문에 전반적인 산업이 외국자본의 제한을 받았습니다.

따라서 새 중국이 설립된 후 낡은 방직공업을 개선하여 독립적 · 자주적이고 새 중국을 위해 서비스할 수 있는 중요한 산업으로 성장시켜야 했습니다. 그러려면 반드시 설비와 원료의 자급문제부터, 자국의 인재들을 육성하고 새 중국 방직공업 시스템을 구축해야 할 것입니다.

방직공업부가 설립된 후 상하이(上海), 톈진(天津), 선양(沈陽) 지역의 기존 방직 부속품 수리공장을 특징에 따라 방직설비제조공장으로 개조하고 다양한 기계를 생산했습니다. 그리고 중국 전역에서 합작을 추진하며 공급 능력을 구축했습니다. 이 일은 공업 내부에서만 진행되었기 때문에 외부 자연요소의 제한을 받지 않았습니다. 이러한 노력 끝에 1950년대 초기에 이 문제를 해결했고, 방직공업의 발전을 가져오게 했습니다.

베이징 제1면방직공장은 국산 설비만을 고집했습니다. 펑전(彭眞)은 아주 만족스러워하면서 특별히 마오 주석을 초청했지만, 훗날 조사하러 온 중앙경위국에서 안전하지 않다고 판단하여 이 일은 결국 무산되었습니다.

얼마 지나지 않아 중난하이(中南海) 잉타이(瀛台)로 장소를 바꿔 한 세트의 면방직 설비를 설치했는데, 마오 주석이 방문하여 많이 기뻐했습니다.

그후 10년이 지난 1960년대 초기 국제적인 선진기술 그리고 중국의 과학연구와 기술혁신 성과에 따라 면방직 설비를 전면적이고 계통적으로 업그레이드시켰습니다. 이 때문에 설비생산 효율이 그때의 세계 선진 수준과도 어깨를 나란히 할 수 있게 되었습니다.

이후 이들 설비는 아시아와 아프리카의 많은 개도국에 대한 중국의 경제적 지원에 이용되었고, 좋은 효과를 거두었기 때문에 높은 평가를 받았습니다. 인재도 빠르게 육성되었습니다. 1950년대 초기 고등학교 전공을 조정하면서 장쑤(江蘇) 난퉁(南通), 상하이 등 지역의 고등방직학교를 화동방직공학원으로 합병했습니다.

전공설비가 갖춰졌기 때문에 새로 건설된 베이징(北京), 시안(西安), 정저우(鄭州), 스자좡(石家莊), 한단(邯鄲) 등 방직공업기지의 건설 수요에 빠르게 적응했습니다. 그후 선진국와 개도국의 연구생을 많이 수용했으며 국내외 합작교류의 중요한 플랫폼으로 거듭났습니다.

방직 원료를 해결하는 것은 공업 내부의 일이 아니라, 농업 및 기후조건에도 의거해야 했기 때문에 상황이 복잡하고 난이도가 아주 컸습니다. 100% 농업에 의거해 방직 원료 공급문제를 해결해야 했습니다. 면화, 양털, 황마와 잠사가 포함되었는데 그중에서도 면화는 중요했습니다. 면화를 생산하려면 대량의 경작지를 점용해야 했기에, 생산을 늘리려면 반드시 농경지를 많이 확보해야 했는데, 이는 생존문제를 해결하는 것과 모순이 있었습니다.

'양식은 생존의 근본'이기 때문에 밥 먹는 것이 자연히 가장 중요했습니다. 면화를 많이 생산하려면 단위당 면적 생산량을 향상시키는 방법 밖에 없었습니다. 따라서 우량종, 화학비료, 농약의 지원이 있어야 했지만, 그해 이런 부분에서의 지원이 적었기 때문에 면화 생산량을 줄곧 끌어올리지 못했으며 방직공업은 여러 해 동안 원료 공급의 부족상황이 지속되었습니다.

국제적으로 공업화를 이룬 국가의 경험으로 보아 천연 방직원료가 모자라는 모순을 해결하기 위해서는 화학섬유를 발전시켜야 했습니다. 그러나 중국에 있어서 이는 전혀 새로운 길이었고, 기초가 없는 창업의 길이었습니다. 더욱이 중국 방직 공업에 호전의 조짐과 새 천지를 개혁할 수 있는 현대화의 길이기도 했습니다.

중국에서 화학섬유공업을 발전시키는 과정은 3개 단계를 거쳐야 했습니다.

첫 번째 단계는 수작업으로 섬유를 제조하는 시기였습니다. 1958년, 1959년 "대약진운동" 이후, 중국의 농업생산이 크게 파괴되면서 면화 생산량이 대폭 줄어들었습니다. 1960년 면화 생산량이 106만 3천 톤에 달했으나 이는 1950년의 수준(103만 1천 톤)으로 떨어진 수량이었습니다. 방직 원료가 부족한 상황은 매우 심각했습니다. 그러나 사람들은 옷을 입어야 했기에 원료문제는 반드시 해결해야 할 문제였습니다.

방직공업부 당 조직은 오랜 시간의 조사연구를 거쳐 중앙에 "천연 섬유와 화학섬유를 함께 발전시키자는 방침"을 제기했습니다. 이전에 마오 주석은 중국 공업을 발전시키려면 "두 다리로 걸어야 한다"고 말했었습니다. 방직공업 원료 문제를 해결하기 위해 사용해야 하는 '두 다리'는 천연섬유와 화학섬유를 가리키는 말이었습니다.

1960년 5월, 관련 보고서를 중앙에 올리자 중앙에서는 바로 이를 비준해 주었습니다. 중앙의 비준이 있으니 이제는 실행하는 하는 일만 남았습니다. 그러나 어디서부터 착수해야 할지 망설였습니다. 방직공업부 당 조직에서는 당시의 실제상황에 따라 인조섬유를 시작의 중점으로 정했습니다.

화학섬유는 2가지 큰 유형으로 나뉩니다. 한 유형은 인조섬유인데 바로 섬유소 섬유입니다. 인조섬유에 섬유소가 들어있기 때문에, 화학처리를 거치면 방직에 사용할 수 있는 섬유로 될 수 있어 인조섬유나 접착제섬유라고도 부릅니다. 또 다른 유형은 전부 화학합성으로 얻은 섬유인데 합성섬유라 부릅니다.

1960년대의 중국은 화학공업이 뒤떨어졌고 합성섬유를 발전시킬 수 있는 조건을 갖추고 있지 못했기 때문에 인조섬유로부터 시작해야 했습니다. 그때 만든 인조섬유의 원료는 주로 목재였는데 모든 목재를 다 쓸 수 있는 것은 아니었습니다. 오직 다싱안령(大興安嶺) 북파(北坡)에서 자란 백송만 사용할 수 있었습니다. 하지만 백송은 양이 적었습니다.

전에 첸즈광(錢之光)을 따라 다싱안령에서 특별 조사연구를 한 적이 있었는데, 조사 결과 양이 아주 적은 것으로 나타났습니다. 그러나 인조섬유의 길을 선택한 이상 자원이 아주 제한적이기는 했지만 하루라도 빨리 시작해야 했습니다.

1960년 7월, 방직공업부 당 조직은 재차 중앙에 보고서를 올려 "동시적으로 서로 다른 두 가지 방법을 택하여, 인조섬유로부터 착수해 공장을 건설해야 할 것'이라고 제기했습니다.

덩샤오핑은 "할 만한 가치가 있는 일이라고 봅니다. 합성섬유도 고려해야 합니다"라면서 비준해 주었습니다. 덩샤오핑이 그때 벌써 화학섬유를 발전시키는 데 있어서는 먼저 인조섬유로부터 시작해야 하고, 합성섬유가 중요한 발전 방향이라는 점을 알고 있었다는 것을 설명해주는 대목입니다.

이어 리셴녠(李先念)도 "이 일은 늦게 하는 것보다 일찍 하는 것이 낫고 늦게 시작하는 것보다 일찍 시작하는 것이 낫습니다"라며 허락했습니다.

그때의 방직공업부는 리셴녠이 일인자였습니다.

그는 면화 생산량이 늘어나지 못한다면 의류에 대한 모순이 갈수록 커지게 된다는 점을 알았기 때문에 하루라도 빨리 화학섬유를 발전시키는 것에 대해 적극 찬성했던 것입니다.

중앙지도자의 비준이 떨어지자 공장 다자인, 설비제도 그리고 인재 조율과 모집 등의 업무가 빠르게 진행되었습니다. 리셴녠이 재정무역 분야를 관리하면서 왜 방직공업부까지 관리했을까요? 그전에는 공업교통 분야에 속해 있던 방직공업부는 보이보(薄一波)가 책임자였습니다. 하지만 그때의 공업 중점은 중공업이었고, 그 임무가 과중했기 때문에 경공업 생산을 관리할 여력이 없었습니다.

그때 리셴녠이 재정무역을 책임지고 있어서 민생 수요를 알고 있었기 때문에 중앙에서는 그에게 방직분야를 맡기기로 했던 것입니다. 리셴녠은 인조섬유를 적극 발전시켰으며, 자주 방직공업부의 첸즈광 등을 찾아 토론하며 부딪힌 문제를 해결하기 위해 여러 가지 방법을 생각했습니다.

인조섬유의 설비를 발전시키는 데 있어서 계량펌프와 방적돌기 제작문제를 해결하는 것이 가장 어려웠습니다. 기술문제에 대한 요구가 높은 데다 알칼리액 부식에도 강한 내성이 있어야 했기 때문입니다. 그밖에 진귀한 백금을 재료로 해야 하는데 당시 백금은 인민은행에서 전문적으로 관리하고 있었습니다. 리셴녠이 인민은행에 특별 지시를 내리면서 백금문제는 순조롭게 해결되었습니다. 계량펌프 제작에서 공예기술 의 수준을 높여야 한다는 요구가 매우 높았습니다. 게다가 가공이 정밀해야 했기 때문에 설비는 반드시 수입하지 않으면 안 되었습니다. 당시 이런 설비 한 대를 도입하는데는 엄청난 자금이 들었습니다. 더구나 귀한 외화를 사용해야 했습니다.

그래서 또 다시 리셴녠을 찾아갔습니다. 리셴녠이 재정을 관리하고 있었지만 예산에 포함되지 않은 항목을 함부로 내주라는 지시는 할 수가 없었습니다. 그래서 마오 주석에게 지시를 요청했습니다. 그랬더니 마오 주석은 유머스럽게 얘기했습니다. "당신이 재정을 관리하고 있으니 손이 세 개나 되는 셈이 아니겠소?" 즉 규장제도 이외의 것은 융통성 있게 처리할 수 있다는 뜻이었습니다. 실은 마오 주석이 허락한 것과 같기 때문에 이 문제도 순조롭게 해결되었습니다.

인조섬유 발전 단계에서 난징(南京), 허난(河南) 신샹(新鄉)에 새 공장을 여러 개 건설했습니다. 그리고 단둥(丹東) 등 지역의 낡은 공장을 개조하고 확장했습니다. 이에 앞서 서독에서 생산량이 연간 5천 톤인 인조견사설비를 도입한 후, 공장을 바오딩(保定)에 세웠습니다. 새로 건설된 몇몇 공장 가운데서 난징 화학섬유공장의 건설이 가장 빨랐고 환경도 제일 좋았습니다.

그때 '마오 주석의 저술을 실제로 배우고 활용하자'라는 중앙의 구호에 따라 부장들은 모두 기층단위로 내려가 실제적인 업무에 참가하면서 실제상황을 깊이 있게 조사연구하고 업무를 지도했습니다.

첸즈광은 한 팀을 이끌고 난징 화학섬유공장으로 내려가 실제 작업에 참가하면서 새 공장의 시범운영 생산을 지도했습니다. 실제 조사연구 업무를 마무리하고 나서 첸즈광은 보이보에게 난징 화학섬유공장에서의 업무상황을 보고하는 편지를 보냈습니다.

첸즈광이 작성했고 집필은 제가 했습니다. 보이보는 이 편지를 "마오 주석의 저술력을 실제로 배우고 활용하는 본보기"로 삼도록 지시했습니다. 그때에는 큰 센세이션을 불러일으키는 일이어서 영향도 아주 컸습니다. 훗날 국가건축위원회에서 우수한 회사의 경험을 종합할 때 난징 화학섬유공장을 성공적인 사례로 꼽았는데, 철도부의 마안산(馬鞍山) 쇠바퀴공장과 함께 건설업에서 우수한 사례로 선정되어 전국에 그 경험을 보급하도록 했습니다.

전반적으로 볼 때 인조섬유는 1960년대부터 발전하기 시작했습니다. 마오쩌둥, 저우언라이(周恩來), 덩샤오핑, 리셴녠 등 중앙 지도간부들의 관심과 지지 덕분에 발전이 비교적 순조로웠다고 할 수 있습니다. 더욱 중요한 건 화학섬유공장을 건설하면서 인재를 육성하고 건설경험을 쌓게 된 데다 합성섬유 방사설비를 설계하고 제조할 수 있는 기초까지 마련하게 된 것입니다.

두 번째 단계는 나일론 시기였습니다. 인조섬유를 2～3년간 발전시키는 동안

목재가 주요 원료로써 사용되었습니다. 하지만 사용할 만한 목재자원이 극히 제한되어 있었기 때문에 화학섬유를 발전시킴에 있어서 재차 원료의 제약을 받게 되었습니다.

하지만 다른 방법을 찾아보지 않은 건 아니었습니다. 예를 들어 면화씨 껍질을 원료로 사용하기도 했지만 여전히 부족했습니다. 더 이상 그러한 방법으로는 발전할 수가 없었습니다.

1964년에 이르러 더는 섬유류의 방직원료를 사용할 수가 없게 되었습니다. 그래서 광물질을 이용해 나일론이라는 방직원료를 만들어냈습니다. 그후부터 인조섬유를 발전시키는 데서 합성섬유를 발전시키는 새로운 단계로 들어갔던 것입니다.

나일론섬유는 탄화칼슘을 원료로 사용했습니다. 우선 탄화칼슘에서 아세틸렌을 얻은 후 화학방법을 이용해 섬유원료를 만들고 방사했기 때문에 자원이 상대적으로 풍족한 편이었습니다. 하지만 그때에는 유일하게 일본에서만 관련 기술을 보유하고 있었습니다. 기술 도입을 계획하고 있을 때라 일본과 협상을 진행해야 했습니다. 당시 중국과 일본은 수교 전이었습니다. 그래서 준 정부 조직을 통해서만 협상할 수 있었는데, 중국은 랴오청즈 판사처(廖承志辦事處)라 불렀고, 일본은 다카사키 다츠노스케(高崎达之助) 판사처라 했습니다.

자금이 모자라 일본정부에서 대출을 받았는데 그 과정에서 일본의 우익세력과 타이완 장제스그룹의 저지를 받았습니다. 그들은 중국에 관련 기술을 수출하는 일본의 행위를 막으려는 무모한 계획을 세웠던 것입니다. 이 목표를 위해 그들은 온갖 모략을 통해 갖가지 상황을 조작하는가 하면 황당한 이유를 대며 저지하려 했습니다. 예를 들어 합성섬유(PVA)는 군복이나 텐트 원료로 사용할 수 있다면서 군사목적에 이용되는 전략물자는 운송을 금지해야 한다고 했던 것입니다. 훗날 이런 저지와 음모는 하나씩 만천하에 드러났습니다.

양국이 수교하기 전에 일본에서 중국에 수출하는 첫 플랜트 프로젝트인 만큼 중앙에서는 이를 매우 중시했습니다. 저우 총리가 친히 관련 상황을 알아보고 랴오청즈가 구체적으로 지도했습니다.

결국 연간 생산량이 1만 톤인 합성섬유(PVA) 공장 건설을 성공적으로 이루어냈습니다. 일본의 경우 위의 생산 공예설비를 한 공장에다 모두 건설했지만, 중국은 두 곳에다 나눠서 건설했습니다.

탄화칼슘을 원료로 하여 폴리나일론 알코올을 생산하는 공장은 화공부에서 책임졌으며, 공장은 베이징 동쪽 교외의 지우룽산(九龍山)에 건설했습니다.

한편 명주실을 뽑아내는 공장은 방직공업부에게 맡기고 공장은 베이징 쉰이(順義)에 세웠습니다. 이들 두 공장은 멀리 떨어져 있었고 각자 생산하고 있는 탓에 생산원가는 크게 늘어났습니다.

쉰이 나일론공장이 건설된 후로 저우언라이, 덩샤오핑, 천윈(陳雲), 리셴녠, 펑전(彭眞) 등 지도간부들이 방문했습니다. 이는 중국이 화학섬유를 발전시키는 길에서 섬유소 원료 대신 광물질 원료를 사용하는 합성섬유 발전 단계에 들어섰음을 의미하는 것이었습니다.

이 단계에 들어선 후의 짧은 몇 년 동안에 합성섬유(PVA) 제작기술을 완전히 습득했고 관련 설비를 제조하는 능력도 갖추게 되었습니다. '문화대혁명' 시기에는 천연방직원료가 더욱 모자라 경공업부(輕工業部)는 베이징 지우룽산 유기화학공장과 쉰이 나일론공장의 설비, 공예기술을 바탕으로 전국에 9개 나일론공장을 세웠습니다.

1964년에서 1970년대 말까지 나일론 생산량이 대폭 늘어나 방직공업의 원료 수요를 만족시킬 수가 없게 되었습니다. 이어 다른 문제도 생겨났습니다. 방직 원료로 사용한 나일론의 성능이 많이 떨어졌던 것입니다. 나일론 소재의 의상이 구김이 없어 처음에는 그나마 시장에서 팔려나갔지만, 시간이 흐를수록 빳빳하고 불편감을 주는 나일론 의상은 점차 외면을 당했습니다. 그리하여 1980년대부터는 나일론 방사생산을 점차 중지했습니다. 원료와 소량의 방사 생산을 보류하긴 했지만 폴리나일론 알코올(聚乙烯醇) 등 펄프 생산을 주요한 방향으로 바꿔갔습니다.

제3단계는 석유 화학공업 원료시기입니다. 1972년부터 석유, 천연가스를 원료로 테릴렌(滌綸), 아크릴 섬유(腈綸), 나일론(錦綸) 등 상품을 생산했습니다.

그때 외국의 선진적인 기술 장비를 세트로 도입하기로 결정한 원인은 아래와 같았습니다. 첫째, 1971년 7월에서 8월, 마오쩌둥 주석은 남방순시(南巡) 과정에 수행한 관계자에게 대중의 실제생활을 알 수 있도록 사회조사를 지시했습니다. 누군가 돌아와 고생스럽게 반나절이나 줄을 섰는데 데크론(的確良) 바지 한 견지 밖에 사지 못했다며 하소연했습니다.

마오 주석은 아주 의아해하면서 저우언라이 총리에게 왜 더 많이 생산할 수 없는가 하고 물었습니다. 저우 총리는 아직 관련 기술이 없어 생산할 수가 없다고 대답했습니다. 이에 마오 주석은 사면 되지 않는가라고 묻자, 저우 총리는 당연히 되는 일이라고 답했습니다.

그때는 극좌사상이 널리 성행되는 '문화대혁명'시기였기에 곳곳에는 서양의 노예철학과 매국주의를 비판하는 목소리가 거셌습니다. 마오 주석의 지시가 없었으니 그 누구도 서방의 선진국에서 세트 기술 장비를 도입하는 결정을 내리지 못했던 것입니다.

둘째, '9·18'사변 이후, 중앙은 정책을 조정하고 '좌(左)'경적 착오를 바로잡았습니다.

중국이 유엔에서의 합법적인 지위를 회복하면서 국제적인 교류도 잦아졌습니다. 특히 닉슨 미국 대통령이 중국을 방문한 후로 서방의 선진국들이 잇따라 중국과 수교하면서 중국과 경제무역 협력을 발전시키려는 의향이 한껏 고조되었습니다.

국내외의 정치나 경제적 분위기 모두 기술 장비를 도입하는데 유리했습니다.

셋째, 다칭(大慶)유전의 생산량이 수요를 만족시킬 수 있게 되었습니다.

1972년, 원유 생산량이 4,567만 톤에 이르면서 석유를 원료로 한 합성섬유 개발에 자원을 제공할 수 있게 되었습니다.

위의 3가지 요소가 완벽하게 갖춰져야만 합성 화학섬유를 생산할 수 있는 세트 기술장비를 도입할 수 있었습니다.

시장수요 차원에서 의상 공급과 수요 모순이 갈수록 불거졌습니다.

'문화대혁명' 전인 1965년, 면화 생산량이 209만 톤에 이르렀지만 기술장비 도입을 결정한 1972년, 오히려 195만 톤으로 줄어들었습니다.

하지만 이 시기 중국 인구는 7억 2천만 명에서 1억 5천만 명이 늘어난 8억 7천만 명이 되었습니다. 새로 증가된 인구의 의복문제를 해결해야 했으니 방직품 공급이 부족한 모순이 갈수록 불거지는 수밖에 없었습니다.

경공업부는 설비 도입을 중시하면서 특별히 설비도입판공실을 설립하고 자오산민(焦善民) 부부장을 주임으로, 리정광(李正光), 왕루이팅(王瑞庭), 뉴디이(牛迪義), 천진화(陳錦華)를 각각 부주임으로 임명했습니다. 이들은 계획배치, 대외협상, 설비도입, 프로젝트건설, 그리고 생산양성 등의 업무를 담당했습니다.

화학섬유 제조 설비를 도입함과 동시에 난징 도데실벤젠(南京煥基苯)공장(세제 원료)의 도입과 건설업무도 순조롭게 진행되었습니다.

그때 도입한 규모는 단위당 생산량이 5만 2천 톤이었는데 꾸준한 확장을 거쳐 9만 3천 톤으로 늘어나 중국 세제 원료문제를 말끔하게 해결했습니다.

상하이, 톈진, 랴오닝(遼寧), 쓰촨(四川)의 합성 화학섬유공장은 생산에 들어간 후부터 꾸준히 확장·개조하였고 인재를 육성했으며 경험을 축적했습니다. 이로써 개혁개방 후의 큰 발전에 중요한 물질적인 기술기초를 마련해 주게 되었습니다.

1972년 1월, 중앙에 보고서를 올렸습니다. 최초의 방안은 화학섬유 설비 4개 세트와 화학비료 설비 2개 세트를 도입하는 것이었습니다. 하지만 협상 가운데서 효과가 우수한 외국의 화학비료가 국내의 작은 화학비료 공장에서 생산한 화학비료의 질소함량보다 3배 높아 증산율을 크게 향상시킬 수 있다고 판단하여 결국 2개 세트가 아닌 13개 세트로 늘려 도입하기로 했습니다.

우한(武漢)강철공장의 1.7m 압연기, 발전소 설비 그리고 종합 석탄채굴 기계

등까지 합쳐 결국 누계 총 26개 프로젝트를, 43억 달러의 외화를 들여 도입하는 방안을 내놓았습니다.

대규모로 세트 기술장비를 도입함으로써 화학섬유, 강철, 화학비료 등 관련 산업을 모두 한 단계 끌어올렸으며 세계 선진국과의 수준 격차를 한층 줄였습니다.

이 시기의 역사를 되돌아보고 거시적인 안목으로 볼 때 프로젝트를 도입하는 것에 관한 중앙지도자의 지시는 중국 공업현대화, 특히 원자재 공업에 대해 큰 의미가 있었습니다.

기　자 : 현재 중국은 이미 10억 여 인구의 의복문제를 근본적인 차원에서 해결했는데, 이는 방직공업에서 크게 기여한 덕분입니다. 이 부분에 대해 어떻게 생각하십니까?

천진화 : 정말 대단한 기여를 했다고 봅니다. 이 가운데서 화학섬유 공업이 아주 중요한 역할을 했지요. 개혁개방 초기, 중국 화학섬유의 생산량은 고작 38만 톤에 불과해 시장의 수요를 만족시키기에는 턱없이 모자랐지요. 그때 첸즈광은 리센녠을 찾아가 더 큰 규모의 장쑤이정(江蘇儀徵)화학섬유공장 건설을 허락해 달라고 했어요. 화학섬유 총 생산량을 100만 톤으로 끌어올리려는 것이었습니다.

리센녠이 화궈펑(華國鋒)을 찾아가 첸즈광이 화학섬유 생산량을 100만 톤으로 끌어올리려 한다고 전하자, 화궈펑은 100만 톤이 너무 적다면서 200만 톤으로 끌어올렸으면 좋겠다고 했지요. 화궈펑이 장기간 농업을 관리했기 때문에 중국의 면화 생산량이 증가하지 않고 있다는 점을 알고 있었기 때문이었지요. 그후 리센녠은 첸즈광과 만난 사적인 자리에서 200만 톤은 전혀 생산할 수 없다면서 그건 화궈펑의 욕심일 뿐이라고 했습니다. 하지만 2009년 중국의 화학섬유 총 생산량이 2천 7백만 톤에 이르러 전 세계 화학섬유 총 생산량의 70% 이상을 차지했지요. 전에는 상상조차 할 수 없는 일이었습니다. 비교적 짧은 시간 내에 이토록 큰 성과를 얻었다는 것은 대단한 발전이었음을 의미하는 것이었습니다. 이런 위대한 사업에 참여할 수 있었다는 것 자체만으로도 큰 자부심을 느끼지 않을 수 없었지요.

중공당사출판사에서 출판한 『첸즈광전』의 머리글을 부탁해왔습니다. 머리글에서 중국의 의복문제는 예전부터 있었으며, 중국 역사에서 가장 기본적인 민생문제를 한 번도 제대로 해결한 적이 없었다고 지적했습니다. '먹을 것과 입을 것이 풍족한 생활'은 예로부터 중국 국민의 오랜 꿈이었습니다. 역사학계에서조차 모두 인정하는 서한(西漢) 한 문제 때의 "문경의 치(文景之治)", 당(唐)나라 때의 개원성세(開元盛世), 청(淸)나라 때의 "강옹건성세(康雍乾盛世)"의 번영시기에도 의복문제는 제대로 해결되지 못했습니다.

그중 개원성세 때가 가장 부유했는데, 개원 연간에 바로 이어진 천보 연간에 두보(杜甫)는 "장안에서 봉선현으로 가면서(自京赴奉先縣詠懷五百字)"에서 '부잣집에는 고기와 술이 썩고 있는데, 길가에는 얼어죽은 시체가 널려 있다(朱门酒肉臭, 路有冻死骨)'고 쓸 정도였습니다. 그리고 건원 첫 해에 그는 '석호리'(石壕吏, 석호의 관리)'에서 "자손들의 어미는 나가지를 못하는데, 입고나갈 치마조차 없다는구려(孫有母未去, 出入無完裙)"라고 썼는데, 이는 그때 당시 많은 사람들이 배고픔에 시달리고 몸을 가릴 옷조차 없었다는 것을 말해주고 있습니다. 중국인은 언제나 "인생을 사는 데는 입는 것과 먹는 것 두 가지만 있으면 된다"고 말하였는데, 먹고 입는 것이 얼마나 중요한가를 이런 말 속에서 알 수가 있습니다. 현재 이처럼 대단한 일을 해결했으니 중국 역사상 가장 찬란한 역사의 한 페이지를 장식하는 시기로 기록될 수 있을 것입니다.

구 중국에서는 상대적으로 방직공업이 가장 발달했고, 그때는 제1 지주 산업이었습니다. 새 중국 설립 초기에, 방직공업의 생산액은 전국 공업 총 생산액의 30%를 점했습니다. 하지만 그때에도 미국에서 면화를 수입하고 외국에서 설비를 도입하는데 의거해서 산업을 발전시켜야 했습니다. 훗날 첸즈광이 방직공업부를 책임지면서 독자적으로 방직설비를 생산하는 문제를 해결했고 차츰 원료문제도 풀어나갔습니다. 천연섬유에서 인조섬유, 그리고 합성섬유를 발전시켜 결국 국민들의 의복문제를 말끔하게 해결했던 것입니다.

이전에 본인은 현재의 의식주용행 몇 개의 생활요소 가운데서 가장 잘 해결된 것이 의복 문제라고 얘기한 적 있습니다. 국내와 국외, 도시와 농촌, 발달한 지역과 발달되지 못한 지역의 의복수준 차는 그다지 크지는 않습니다. 당연히 명품을 입고 사치스러움을 추구하는 것은 또 다른 차원에서의 문제라고 볼 수 있지만, 몸에 맞는 옷차림과 추위를 막는 기능 차원에서 얘기할 때는 차이가 그리 크지 않은 것입니다.

현재의 소비자물가지수(PPI)는 8가지 큰 유형 상품의 가격 통계에서 얻은 것입니다. 그중 의류상품의 지수가 가장 안정적이고 꾸준히 하락되는 추세를 보이고 있습니다. 현재 많은 사람들은 인플레이션을 우려하고 있습니다. PPI가 연속해서 신기록을 세우고 있는데, 2012년 8월에는 PPI가 이미 3%라는 인플레이션 기준을 넘어섰습니다. 하지만 의류 상품의 가격은 여전히 하락세를 유지하고 있습니다. 이처럼 만약 방직상품이 충족해지지 않고 강대한 생산력이 뒷받침되지 않았다면 현재의 수준으로까지 발전하지는 못했을 것입니다.

현재 중국의 방직품은 세계 170여 개 국가와 지역으로 수출되고 있으며, 세계 방직품 총 무역량의 24%인 4분의 1을 차지하고 있는데, 이는 방직공업이 뒷받침해 주지 않았다면 이런 수준에까지 이르지 못했을 것입니다. 현재 방직공업 분야에서는 방직 대국에서 방직 강국으로 전환해야 한다는 주장이 대두하고 있습니다. 이는 정확한 선택이라고 할 수 있습니다. 왜냐하면 현재 중국에는 고급상품이 적고 유명한 브랜드가 없는 것이 세계 방직 강국과 가장 큰 차이이기 때문입니다. 예를 들어 프랑스, 이탈리아 등 서방의 선진국은 대다수 방직품의 고급시장을 장악하고 있어 이윤도 매우 큽니다. 사실 그들의 많은 명 브랜드 복장도 모두 중국에서 주문자의 상표를 부착해 만든 것입니다. 이는 우리가 고품질의 복장을 만들 수 없는 것이 아니라 브랜드 영향력이 약할 뿐입니다. 그래서 모든 힘을 동원해 이 단계를 뛰어넘어야 하는 것입니다. 복장산업은 자체 브랜드를 개척해야 한다고 입버릇처럼 말해왔습니다. 남들에게 상표를 부착해주는 옷을 그토록 훌륭하게 만들고 있고, 이처럼 훌륭한 품질의 옷을 만들 수 있는 만큼 자체 브랜드를 구축하기 위해 노력해야 할 것입니다. 절대 영예와 이익을 남들이 가져가게 해서는 안 됩니다. 중국의 유명 브랜드를 구축해 높은 가격에 팔아야 할 것입니다.

기 자 : 60년간 중국 방직업종의 비약적인 발전과 거둔 성과에 대해 말해주셨는데, 중국 방직업의 개척자들이 꾸준히 스스로 개척할 수 있도록 뒷받침해 준 정신력은 무엇이라고 생각하십니까?

천진화 : 새 중국 설립 초기, 중국에서 가장 큰 산업은 방직업이었습니다. 그리고 그때 반식민지 색채가 가장 짙은 업종 또한 방직업이라는 점도 정확히 예견했지요. 그때 원료뿐만 아니라 설비기술도 도입해야 하고, 독자적으로 완성할 수 있는 부분이 많지 않아 여러모로 제한을 받았습니다. 이런 시점에 독자적으로 방직공업을 건설함에 있어 자력갱생은 아주 귀중한 정신적 재부였지요. 만약 이런 자력갱생의 정신력이 없었다면 설비, 인재, 원료 면에서의 문제를 해결할 수 없었을 것입니다. 이런 기초적인 조건과 문제가 근본적인 차원에서 해결됨으로써 중국 방직공업도 지속적으로 발전할 수 있는 원동력을 얻게 됐지요. 이 과정에서 자력갱생 정신이 아주 중요한 역할을 발휘했습니다. 한편 자력갱생과 동시에 시대와 보조를 맞추고 외국의 선진적인 경험을 학습 및 참고하는데 주의를 기울였습니다. 자력갱생만 하면 되는 것이 아니라 개방적인 사상과 미래지향적인 안목도 있어야 했지요. 인조섬유에서 나일론, 그리고 합성섬유에 이르기 까지 기술적인 차원에서 국제 조류에 보조를 맞추고 추월전략을 실행하면서 줄곧 앞만 보고 달렸기 때문에 결국 세계 제1 방직대국의 영예를 안을 수 있었다고 봅니다. 자력갱생과 대외개방이라는 두 마리 토끼를 모두 잡아야 했기 때문이지요. 자력갱생만 고집하면 시간만 낭비하는 꼴이 되고, 발전하는 가운데 선진적인 기술문제를 제대로 해결하지 못하게 되지요. 그리고 기술 도입에만 관심을 기울인다면 남에게 끌려 다니는 신세로 전락하게 되지요. 남

에게 의지한다면 2천 7백만 톤의 화학섬유를 언제 생산하겠습니까? 현재 방직 원료 가운데서 화학섬유가 차지하는 비율이 3분의 2를 넘어서 세계 수준을 훨씬 초과했다하더라도, 세계적인 방직 강국을 건설하려면 자력갱생과 개혁개방 이라는 중요한 정신적 지주가 뒷받침되어야 했지요. 자연히 인재 육성이나 과학연구 진보, 과학기술 혁신과 시장개발도 주의 깊게 살펴봐야 하겠지만 바로 앞의 2가지가 끊임없이 진보되고 혁신됨으로써 한 걸음씩 방직공업의 현대화를 실현해야 한다는 전제조건이 필요했지요.

기　자 : 방직공업의 향후 발전 전망에 대해서 어떤 기대를 품고 계십니까?

천진화 : 몇 년 전, 방직공업협회에서 주최한 중요한 행사에 여러 번 참석했었습니다. 방직 강국을 건설할 수 있도록 품질, 브랜드, 판매서비스 등 면에서 더 많은 정력을 쏟아 부어야 한다고 여러 번 강조했습니다. 현재 수량 문제는 이미 해결됐지만 이제는 수량만 쫓아가서는 안 됩니다. 품질을 우선시하는 의복에 있어서는 영국, 이탈리아에서 수입한 모직물을 원료로 사용하고, 품질이 우수한 화학섬유는 한국, 일본이나 중국 타이완성에서 들여왔지요. 일부 공예성이 가미된 섬유를 현재의 수준으로는 만들 수 없었기 때문이었습니다. 우리는 고급 방직품에 더 많은 힘을 기울여 세계 고급시장에 진출하고 여러 개의 세계적인 브랜드를 창출해야 합니다. 수량을 보장한 기초 위에서 품질과 효과가 향상된다면 진정한 방직 강국이 될 수 있을 것입니다.

기　자 : 고맙습니다.

※ 본 글은 2009년 중국방직공업협회에서 파견한 기자의 탐방기사임

중국의 현대화된 방직공업에 있어서
첸즈광을 잊어서는 안 된다

―――――――

1952년 5월, 화동방직공업관리국은 방직공장의 생산 노동시간을 2교대에서 3교대로 바꿨다. 다시 말해 교대조 당 10~12시간에서 8시간으로 바꾼 것이다. 그러나 아주 중요한 일이었지만 구체적인 계획 없이 급히 실시한 탓에로 생산업무가 혼잡해지는 등 나쁜 영향이 초래되었다. 중앙에서는 이 문제를 발견한 뒤 통보하여 비판하고 중공중앙 화동국과 협조해 사후업무를 처리하도록 첸즈광을 상하이로 파견했다. 당시 나는 화동방직관리국 국장실에서 비서로 있던 때라 구체적으로 첸즈광을 수행하는 일을 맡았다. 첸즈광이 베이징으로 돌아갈 무렵, 베이징에서 일해 볼 생각이 없는가 하고 나에게 물었다. 그때 나는 조직이 하라는 대로 하겠다고 대답했다. 며칠 뒤 방직공업부로 가 일하라는 전근명령을 받았다. 그때부터 부장실, 연구실, 기획팀에서 일하게 되었다. 그동안직무와 임무가 여러 번 바뀌기는 했지만 첸즈광이 지시한 관련 조사연구 과제와 문자업무는 계속해서 견지하고 있었다. 1976년 10월, 경공업부에서 전근되어 상하이로 가기까지 20여 년간 첸즈광 옆에서 일했다. 첸즈광이 오랜 세월동안 친절하게 가르쳐주고 말과 행동으로 모범을 보여줬기 때문에 당에 충성하고 사업을 중히 여기는 그런 일생을 직접 느꼈다고 할 수 있다. 당에 충성하고 전심

전력으로 나라를 위하는 혁명정조(情操), 분투정신과 개척창업정신 그리고 실사구시 하는 기풍, 실무적이고 겸손한 품격, 너그러운 마음씨, 청렴하고 공정한 첸즈광의 고상한 품격에서 나는 많은걸 배웠다. 전에 마오 주석은 중국 현대공업, 방직공업은 장건(張謇)을 잊어서는 안 되다고 하였다. 첸즈광 또한 역사 유물주의 이론에 따라 중국 현대방직공업에서는 그를 잊어서는 안 된다고 생각한다. 『첸즈광전(錢之光傳)』을 자세히 읽고 나면 독자들도 이런 관점에 동의하게 하게 될 것이다.

독자들은『첸즈광전』에 적혀 있는 그의 경력을 보면 알 수 있을 것이다. 그의 전반생에 해당하는 혁명 생애를 보면 중앙이 경제와 물자내원, 그리고 정치업무를 직접적으로 계획해야 할 때마다 첸즈광은 저우언라이, 주덕(朱德), 동필무(董必武), 임백거(林伯渠)의 직접적인 지도하에 공개와 비밀을 서로 결부시킨 중대한 사명에 몸 바쳐 일했다. 곤난과 위험을 두려워하지 않고 모험을 감내하며 임무를 원만하게 완수했다.

[첸즈광] 새 중국 설립 초기, 모든 것이 새롭게 시작되기를 기다리고 있었다. 당과 정부 앞에 놓인 가장 큰 임무는 민생을 안정시키고 생산을 회복해 발전시키는 모든 방법을 동원해 자금을 축적하고 새 중국을 건설하는 것이었다. 저우언라이 총리가 그를 방직공업부에 배치했는데 그야말로 그의 장점을 살리는 자리에 제대로 배치한 것이었다. 그해 중국의 가장 큰 주산업인 방직공업은 전국 공업 총 생산량의 30%를 차지했다. 천원(陳雲)은 국무원회의에서 "국가에서 1위안으로 수매한 면화에서 실을 빼어 베를 짜면 4위안으로 팔 수 있습니다. 만약에 편물(編物)로 생산한다면 회수하는 자금이 더 많을 것입니다"고 했다. 천원의 강연은 방직공업이 자금축적, 시장공급과 노동 취업 등 면에서의 중요한 역할에 대해 잘 설명했다. 첸즈광은 기대를 저버리지 않고 32년간 방직공업 업무를 맡아 일했다. 비교적 짧은 시간 내에 반식민지의 방직공업국가를 세계 제1의 방직대국으로 발전시켰고, 풍족한 생활을 갈망하던 중국 국민의 오래된 꿈을 이뤘다. 중국 역사학계는 한무(漢武), 개원(開元), 강건(康乾)시기가 중국 역

사에서의 3대 성세인데 그중 개원성세 때가 가장 풍족했다고 평하고 있다. 그렇지만 개원 연간에 들어서서 얼마 지나지 않은 천보 연간에 위대한 현실주의적 시인인 두보는 "장안(長安)에서 봉선(奉先)으로 가면서"라는 시에서 "부잣집에는 고기와 술이 썩고 있으나 길 가에는 얼어 죽은 시체가 널려 있다"라고 설명하였다. 그리고 건원 첫 해에 그는 '석호리(石壕吏)'에서 "손자의 어미는 아직 집에 있으나, 입고나갈 치마조차 성한 게 없다하네"라고 썼는데, 이는 당시 많은 사람들이 배고픔에 시달리고 몸을 가릴 옷조차 없는 비참한 현실을 생동적으로 그렸던 것이다. 그후부터의 각 역조 왕조는 모든 국민의 의식 문제를 해결하지 못했다. 그러다가 중국공산당이 정권을 잡은 후 민생에 눈길을 돌리면서 국민의 생활이 꾸준히 향상됐으며, 농업과 부업, 소비품공업 분야에서 눈부신 성과를 거두었던 것이다. 중국 국민의 '의, 식, 주, 용, 행' 등 기본 생활에 필요한 물품 가운데서 의복문제가 가장 잘 해결된 부분이었다고 독자들도 알 수 있을 것이다.

오늘날 중국 동부의 발달한 지역과 발달하지 못한 지역, 번화한 대도시와 변경의 조그마한 소도시, 아니면 도시와 농촌, 심지어 선진국과 비교해도 국민의 의복은 종류가 풍부하고 다채롭다고 할 수 있다. 또한 다양한 소득 집단 간의 격차가 가장 미약한 부분이기도 하다. 중국의 소비자물가지수 유형의 품종 가운데서 의류가 줄곧 가장 안정적인 수준을 유지했으며 하락세를 보이는 분야였다. 현재 중국의 복장은 이미 세계 170여 개 국가와 지역으로 수출되고 있으며, 무역액은 전 세계 무역 총액의 24%를 차지해 명실상부 '의복천하'를 실현했다고 할 수 있다. 오늘날 이와 같은 성과를 이룰 수 있었던 것은 새 중국의 발달한 방직공업과 첸즈광이 이끈 방직업 종사자들의 근면한 노동과 기여 덕분이라고 본다. 『첸즈광전』이 전하는 이야기는 다양하다. 첸즈광이 새 중국 방직공업을 맡은 약 30년 동안은 줄곧 자력갱생의 방침을 견지했다. 이로써 여러 해 동안 미국 면화와 조합설비 수입에 의거하고 오랜 세월동안 타인의 제한을 받던 국면에서 벗어나게 됐던 것이다. 그리고 세계의 흐름에 관심을 두고 시세를 잘 살피면서 때에 맞춰 외국의 선진적인 기술을 따라 배우고 설비를 들여옴으로서 중국 방직공업의 현대화를 적극적으로 추진했던 것이다. 한편 과학기술의 진보도 중시해 공업화 방법으로 천연원료가 심각하게 부족한 모순을 해결하는 등 모든 힘을 동원해 화학섬유를 발전시켰다. 이밖에 점차 국내시장에도 눈길을 돌려 적절한 시기에 경영방침과 생산이념을 조정하고 대외적 경제무역 협력을 추진했다. 특히 서방의 선진국에 여러 가지 방직품을 수출하고 조합 방직 인염(印染)설비를 많은 개도국에 지원함으로써 그들이 민족경제를 진흥시키는데 도움을 줬다. 국가의 임무를 중시하고 자금 축적에 눈을 돌렸으며 중공업 발전을 지원했다. 그리고 국민의 의복 수요에 관심을 기울였으며 품질이 좋고 가격이 저렴한 방직품을 생산함으로써 국민들이 모두 옷을 입을 수 있고 살 수 있게 했다. 이밖에 물질적 조건의 개선뿐만 아니라 인재 육성 면에도 관심을 기울였다. 이러한 모든 것들은 첸즈광이 우리에게 남긴 귀중한 정신적 재부였다.

『첸즈광전』의 작자인 우허쑹(吳鶴松)이 나에게 머리말을 부탁했다. 원고의 내용을 전부 읽어보고 나서 다음과 같이 적었다.

"『첸즈광전』의 출판은 세계 방직 강국으로 부상하기 위해 노력하고 있는 중국의 수많은 방직업 종사자들을 격려하고 지혜를 발굴하고 마음을 하나로 모을 수 있는 강대한 정신적 힘이 될 수 있을 것이라고 믿어 의심치 않는다. 마지막으로 이번 기회를 비러 『첸즈광전』의 작자, 편집자, 출판자들에게 진심어린 경의와 감사의 뜻을 전한다."

※ 본 글은 저자가 『첸즈광전(錢之光傳)』(베이징, 중공당사출판사, 2011)의 머리글에 쓴 글임.

형님이자 사장인 천웨이즈(陳維稷)를 회고하며

천웨이즈는 다섯 형제 가운데서 셋째다. 나는 천웨이즈의 사촌 동생이다. 천웨이즈 큰 형의 아들 천파저우(陳法周)는 해방 전 중국공산당 칭양(靑陽)현의 주요 책임자였다. 그의 둘째 형인 천츠취안(陳次權)은 국민당 칭양현의 당부 서기장였으며, 해방 후에는 민혁 우후시(蕪湖市)의 책임자, 우후시 부 시장으로 잇었다. 칭양현에서의 국민당과 공산당 주요 책임자는 모두 메이시촌(梅溪村)에서 살고 있는 우리 가족의 일원이었다. 이는 중국혁명의 특수한 현상으로 역사적인 미담으로 전해지고 있다.

『천웨이즈전(陳維稷傳)』 제7장에는 천웨이즈의 다섯 번째 동생인 천츠저(陳次澤)와 그의 가족이 완난(皖南)사변 후 백색테러가 횡행하던 시기에 위험을 무릅쓰면서 신4군을 엄호하고 구원하는 일을 했다고 쓰여 있다. "1970년 여름, '문화대혁명' 업무차 상하이에 갔다가 특별히 다섯 번째 형수 후치원(胡綺文)과 만났는데, 그녀는 대의명분을 잘 아는 착한 여성이었다. 그녀는 나 만나자 가도에서 회의를 열고는 지주가정 출신이라고 자신을 비판하고 있다면서 뭐라고 모욕해도 다 참을 수 있지만, 1941년 신4군을 구조해 이들과 의기투합했다고 손가락질 하는데 대해서는 이해가 가지 않는다며 속상하다고 했다. 1941년 공산당이 아직 천하를 얻지 못했고 한치 앞도 내다볼 수 없는 상황이었는데 어떻게 그들과 의기투합할 수가 있겠습니까!" "이게 무슨 세상입니까? 정말 마음이 아픕니다."

이렇게 말하더니 설움이 북받치듯 한숨을 내쉬었다.(『천웨이즈전(陳維稷傳)』 베이징, 중국방직공업출판사, 1997, 머리글)

그때 나는 "생각을 넓게 가지라고 하면서 천이(陳毅)와 같은 노 혁명가들도 비판투쟁 대상이 되어 여러 가지 죄명을 덮어썼는데, 하물며 우리 같은 사람들이야 뭐라 더 할 말이 있겠는가?"라며 위로했던 것 같다. 그녀는 인정한다면서도 현재 왜 수많은 일들이 엉망진창으로 돼 버리고, 왜 이토록 인간의 정과 도리를 돌보지 않는지 모른다며 안타까워했다. 이런 옛 이야기를 꺼낸 것은 우리에게도 얼마나 우수한 국민이 있는지를 설명하기 위해서이다.

후치원은 그저 아주 평범한 가정주부이다. 그녀는 혁명을 위해서라면 위험이 닥쳐도 두려워하지 않았으며 혁명에 기여하고 몸을 희생할 각오까지 하고 있던 여성이었다. 혁명은 승리했지만 그녀들은 결코 그 어떤 보답도 받지 못했다. 그래도 혁명에는 높은 열정을 갖고 있었다. 만일 억울함을 당할지라도 결코 후회하지 않았다. 천웨이즈의 가족은 모두 이렇게 묵묵히 혁명에 기여했던 것이다.

1946년 3월, 천웨이즈가 힘 써준 덕분에 칭양에서 상하이로 올 수 있었으며, 그후 한 공장에 배치되어 일하면서 공부할 수 있는 기회까지 얻었다. 해방 후 베이징으로 전근됐으며, 1984년 1월, 천웨이즈가 세상을 떠나기까지 우리는 약 40년을 함께 일했다. 70년대 후기 명을 받고 상하이에서 일한 7년 반 외의 나머지 30 여 년은 줄곧 그의 곁에 있었다. 그는 나에게 각별한 관심을 두었다. 발전이 있을 때마다 같이 기뻐하면서도 늘 겸손하고 신중하게 행동하라고 타일러주었다. 그리고 '문화대혁명'에서 비판투쟁을 받았을 때를 포함해 좌절을 당할 때마다, 자기일처럼 걱정해주면서 정확하게 문제를 판단하고 어려움을 이겨내야 한다며 다독여줬다. 평소에는 질책 한번 하지 않고 늘 해야 할 도리를 가르쳐주며 차근차근 일깨워주었다. 인품, 지조, 학문을 통해 나에게 영향을 주고 교육한 분이었다. 그는 구 사회 관료 세가의 자제였지만 서방의 과학기술교육을 받은 현대 지식분자였다. 그에게서 보여 진 동 서방 문화와 국내외 문명은 조화롭게 어우러졌던 것이다. 그는 당시 인인지사(仁人志士)들이 추구하는 "공상업으로 나라를 구한다(實業救國)"는 신념을 갖고 있었을뿐만 아니라, 그 세대 지식분자들의 특성인 실무적인 정신도 갖고 있었다. 그리고 정직하고 사심이 없으며 너그럽고 착한 분이기도 했다. 게다가 진심으로 사람을 대하고 일을 공평하게 처리했다. 27살이라는 엄청난 나이 차이에도 그는 나의 형님이자 사장이고 안내자 같은 존재였다. 중국 방직공업이 오늘날과 같은 성과를 거두고 세계 방직대국으로 되기까지 새 중국 방직공업 제1대 지도자의 탁월한 업무능력과 창업정신, 그리고 맡은바 임무에 최선을 다하는 정신과는 갈라놓을 수 없다고 생각한다.

첸즈광이 주로 방직공업부 업무를 맡았고 천웨이즈가 옆에서 도와줬다. 그는 수십 년간을 하루와 같이 묵묵히 일하면서 권력이나 이익을 탐하지 않았고, 공을 가로채거나 잘못을 남에게 전가하려 들지 않았다. 특히 권력을 쫓아 일을 처리한 적은 더더욱 없다. 그는 전문가의 전문적인 수양과 실무적인 정신으로 과학연구, 교육, 인재 육성을 지속했으며, 이를 통해 방직공업의 기초를 탄탄하게 다졌다. 그리고 기준, 정액 등을 장악하여 과학관리 기초 업무를 착실히 수행하면서 대외지원을 중시하면서 새 중국의 대외협력과 영향을 확대하는데 힘썼다. 출판에도 정력을 쏟았으며, 지식전파에도 중점을 두었으며, 학회건설을 추진해 여러 차원의 학자, 전문가, 공정기술자의 마음을 한데 모으는 일에 전력을 기울였다. 관리는 과학을 바탕으로 하고, 과학에는 거짓이 없다고 말하면서 열심히 노력한 만큼 반드시 그에 따른 성과를 얻는다며 천웨이즈는 평생 정직하게 살았고 성실하게 일했다. 수십 년이 지난 현재에도 그가 책임지고 제정했던 규획, 계획, 기준, 요지, 프로젝트를 통해서 그가 책임감을 가지고 열심히 일했던 모습을 엿볼 수가 있다.

'문화대혁명' 전의 17년간, 중국은 계급투쟁이 끊이지 않았고, 정치운동이 잇따라 일어나 많은 기관의 내부 인사 간에는 분쟁이 그치지를 않았다. 특히 '3가지 반대운동', 1959년의 우경반대, '문화대혁명' 등을 겪으면서 첸즈광의 업무와 그의 지위는 줄곧 도전과 충격에 휘말려 있었다. 그때마다 누군가 천웨이즈를 찾아와 그의 영향력을 비러 첸즈광을 비판 반대하려 했으나 천웨이즈는 모두 단호히 거절했다.

천즈광이 평생 나라와 국민을 위해 헌신한 것은 물론, 무엇보다도 떳떳하게 사업을 하고자 하는 마음이 강한데다 공로가 크기 때문에 반대할 수가 없었던 것이 다. 첸즈광을 반대할 때마다 천웨이즈는 그를 두둔했다. '문화대혁명'에서 누군가 외지의 반역파를 부추겨 첸즈광을 심하게 구타하려 했을 때, 천웨이즈는 선뜻 나서 자신이 수모를 당할 수도 있지만 첸즈광을 보호했다. "세찬 바람이 억센 풀을 안다는 정신"은 한평생 정의롭고 당당한 그의 고상한 품격을 고스란히 보여줬다. 나는 이 두 사람 옆에서 오랫동안 일해 왔기 때문에 그들의 인품을 잘 알고 있었다. 그들은 뜻과 생각이 서로 같고 영광과 치욕을 함께 했으며, 도덕과 정의를 바탕으로 정을 나누는 사이였다. 혁명을 위해 천웨이즈는 가정의 재산마저 포기해 개인 저금이라고는 한 푼도 없었다. 새 중국 설립 이후 식솔이 많아져 생활은 줄곧 쪼들렸지만, 그는 단 한 번도 생활이 어렵다고 하소연하지 않았으며, 정부에 손을 내미는 일은 더욱 없었다. 그의 몇몇 자녀들은 모두 일반 노동자이고 평범한 일을 하고 있다. 그 누구도 특별한 혜택을 받지 않았으며 부친의 지위와 권력을 등에 업고 개인적인 이익을 도모하는 일은 더욱 없었다. 나에게 단 한번도 개인적인 일을 부탁한 적이 없으며 자녀의 일 때문에 사정한 적도 없다. 한 평생을 청렴결백하게 살아온 사람이었다.

『천웨이즈전(陳維稷傳)』은 중국의 한 지식분자의 평범하고도 위대한 일생을 소개한 책이다. 이 책은 위대함이 평범한 일상에서 보여 지는 것이고, 평범한 가운데서 위대함이 느껴진다는 진리를 보여주었다는 점이다. 국가의 발전된 앞날을 추구하려는 사람들, 특히 청년 지식분자들이 이 책을 보고나면 인생의 여정이나 성공 배후의 어려움을 알게 될 뿐만 아니라, 더 나아가 새 중국 방직공업 제1대 지도자의 이상과 업적, 그리고 분투정신을 알고 학습하는데 많은 도움이 될 것이라 생각한다.

룽이런(榮毅仁), 방직공업부에서 일한 세월

금년 5월 1일은 중국 현대 민족 공상업자의 걸출한 대표이자 탁월한 국가지도 자이고 위대한 애국주의 · 공산주의 전사인 룽이런 전 중화인민공화국 부주석 의 90주년 탄신 기념일이다. 이전에 그의 주변에서 일했던 방직공업부 기관 노 동자들은 공경하는 마음을 안고 특별히 글을 써 그의 고상한 품격과 나라를 사 랑하고 충성을 다하는 마음을 기렸으며, 시대와 함께 발전하고 끊임없이 분투 하는 창업정신을 따라 배웠다.

방직 명문의 자제에서 방직부장으로 성장하기까지

룽이런은 유명한 방직부문의 명문대가인 구 중국에서 가장 실력 있는 자본방 직기업인 우시(無錫) 룽씨가족 '선신그룹(申新集團)' 출신이다. 상하이가 해방 된 후 룽 씨 가족의 기업대표로 활동한 룽이런은 드높은 열정으로 새 중국의 건 설사업에 뛰어들었다. 진보적인 사상, 탁월한 능력, 실제적인 애국행동으로 그 는 사회 각계에서 높은 평가를 받았다. 마오쩌둥, 저우언라이, 천이 등 무산계 급혁명가는 "나라를 사랑하고 재주가 있으며 중임을 떠멜 수 있는 붉은 자본가"

라며 그를 중용했다.(이본 글은 2006년 5월 1일『인민일보』에 실렸으며, 필자와 전 방직공업부 의 리바이장(李百長), 쟝이칭(蔣一清), 허란잉(何蘭英) 등이 공동 집필하다.)

1950년 당과 국가는 그를 화동군정위원회 재정위원회와 상하이 인민정부 재정위원회의 지도부 성원으로 배치했다. 1957년 그는 상하이시 부 시장으로 선출되었다. 1959년 8월, 당 중앙, 국무원은 장점을 발휘할 수 있도록 그를 방직공업부 부부장으로 임명했다. 1959년 9월 7일, 방직부는 전담자를 파견해 국무원의 임명서를 상하이로 보냈다. 같은 날 오후, 장친치우(張琴秋) 방직부 당조 부서기 겸 부부장은 특별히 룽이런과 전화통화를 하며 "방직공업부에서 지도업무를 맡는 것을 환영합니다"라고 축하해 주었다. 방직부 기관 간부들은 아무리 빨라도 국경절이 지나야 취임할 것이라고 생각했지만, 3일 만인 9월 11일에 방직부에서 직무를 맡게 됐던 것이다.(방직공업부 역대 지도자 좌담회 : 완리, 룽이런, 천진화, 후밍(胡明))

룽이런은 상하이에서 임명장을 받은 후 "빠른 말이 바람을 타고 진리와 광명을 쫓거늘, 나이 40세에 만강의 열정을 쏟아낼 진정한 시작은 오늘부터로구나"라는 시를 지어 방직공업의 진흥에 힘을 보탤 수 있게 된데 대한 감격스런 마음을 표현했다. 43세인 그는 무언가를 해보고 싶어 하는 불혹의 나이였다. 공업부에 취임한 이튿날, 첸즈광 공업부 당조 서기는 전체 직원 환영대회를 열었다. 각성, 자치구, 직할시 방직공업청(국)에 룽이런 부장이 이미 9월 11일에 취임해 업무를 보고 있다는 통지를 발부했다. 장진치우 부부장은 친히 생산사 간부를 만나 담화하면서 룽이런 부부장이 생산사를 관리하게 되니 관련 보고서를 제때에 상부에 보고하고수시로 업무를 보고해 지시 받도록 해야 한다고 말했다.

룽이런 부부장이 방직부에 취임한지 20일도 되지 않아 국경절을 맞이했다. 그는 가족과 함께 톈안먼(天安門) 성루에서 불꽃놀이 행사를 구경했는데 그때 많은 당과 국가지도자를 만났다. 특히 마오 주석은 그를 보고 "베이징은 이론연구를 하는 곳으로 지식을 얻을 수는 있으나 진정한 지식을 얻으려면 기층으로 내려가 학습해야 합니다"라고 말해 주었다. 그는 이 말에서 깊은 감명을 받았을 뿐만 아니라 이 말을 따라 언제나 깊이 파고들어 조사 연구하는 한편, 수시로 기층으로 내려가 진리와 광명을 찾았고 실제 과정에서 용감하게 나아가도록 이끌었다.

끝까지 추구하고 나라에 보답하다

새 중국의 방직공업은 1950~1952년의 회복기와 제1차 5년 계획의 발전을 걸쳐 10년 동안에 그 규모가 두 배나 늘어났고 총생산량은 2배 이상으로 증가되는 좋은 국면을 맞이할 수 있었다. 1958년 봄과 여름, 전국 범위에서 '대약진' 열풍이 몰아치고 있을 때 방직계통에도 허위과장된 열풍이 성행하는 현상이 일고 있었다. 많은 기업들은 빠른 속도만 내려고 추구했지 생산관리는 소홀히 했다. 따라서 상품의 질이 떨어지고 기계설비가 지나치게 마모되었으며 원자재만 심각하게 낭비되는 현상이 뒤따라 일어났다. 1959년 7월, 방직부는 시안(西安)에서 '전국 방직공업 상품 질 향상 및 기업관리 강화 경험교류대회'를 열고 방적 방추의 회전속도를 보며 '더 많이, 더 빨리, 더 좋게, 더 절약하는데' 주의를 돌리는 한편, 실을 뽑고 베를 짜는 기계의 회전속도를 일방적으로 높게만 요구하지 말 것을 강조했다. 회의가 끝난 뒤 일부 성, 시는 방직계통의 회의가 '대약진 정신'과 어울리지 않기 때문에 기업에 전달하지 못하게 했다. 그러자 룽이런 부부장은 '정치화'된 생산모순을 회피한 것이 아니라 생산은 과학을 기초로, 실사구시적으로 해야 한다고 강조하면서 일방적으로 방사기계의 회전속도를 높이는 일에 반대의 목소리를 높였다. 그리고는 시안회의에서 제기한 "더 많이, 더 빨리, 더 좋게, 더 절약하는 것을 전면적으로 실현하는 방침"을 적극 지지하며 단호히 실행할 것이라는 태도를 밝혔다.

1960년대 초, 전국의 면화생산량이 대폭 줄어들자 이 어려운 상황에 대비하고자 방직기업은 온갖 방법을 강구하며 여러 가지 야생 섬유를 이용해 실을 뽑고 베를 짜는 길을 모색했다. 하지만 실천 과정에서 경험이 없었기 때문에 목화 줄기 껍질 등 섬유의 이용가치를 크게 과장하면서 "야생 섬유를 크게 발전시키는 열풍"을 불러일으켰다. 첸즈광 부장은 야생 섬유를 개발하는 과정에서 반드시 실험을 거쳐야 한다고 명확히 밝혔다. 룽이런 부부장은 이에 적극 찬성하면서 직접 팀을 이끌고 1960년 3월, 쓰촨(四川), 후베이(湖北), 후난(湖南), 산둥(山東), 허베이(河北) 등을 향해 야생섬유의 성장과 개발 이용 상황을 조사했다.

이러한 그의 조사열정은 대단했다. 아무리 어렵고 힘들더라도 직접 논밭으로 들어가 야생섬유의 성장모습을 체크했다. 게다가 친히 야생섬유를 가공하고 사용하는 공장을 방문해 각 절차마다의 운행상황을 알아보고 생산과정에서 생기는 먼지 등 오염문제까지 일일이 체크했다. 베이징으로 돌아와 작성한 그의 고찰보고서에는 야생섬유 개발 이용 과정에서 지켜야 할 3가지 원칙을 제기했다. 첫째, 섬유의 특성에 따라 "부드럽게 할 수 있으면 부드럽게 하고 부드럽게 할 수 없으면 거칠게 하며 입을 수 있으면 입고, 입을 수 없으면 다른 용도에 사용하라는 원칙"에 따라 분류하면서 합리적으로 사용했다. 둘째, 인피(靭皮)류 야생섬유를 연구해 생산설비가 적응하지 못하는 문제를 해결해야 한다. 셋째, 노동보호를 강화해 안전생산을 해야 한다. 실사구시적인 그의 조사연구 보고서는 야생섬유를 과학적이고 합리적으로 사용토록 했을 뿐만 아니라, 맹목적으로 따라함으로써 생기는 재력과 물력 낭비, 기계설비 파손 등의 문제를 막는데도 중요한 역할을 했다.

1960년대 초 당 중앙과 국무원의 "조정, 공고, 충실, 제고방침"을 실행하기 위해 룽이런은 랴오닝, 후베이(湖北)를 방문해 조사 연구했다. 그는 10 여 개 기업을 돌아보고 상품의 질과 목화를 절약하는 상황에 대해 중점적으로 알아봤다. 그리고 기업의 선진적인 관리경험을 종합했으며 전국 방직공업청 국장회의에 보고서를 올려 참가자들의 한결같은 호평을 받았다. 1960년부터 1965년까지 그는 방직품의 수출업무도 주관했다. 중국과 소련의 관계가 악화되자 중국 방직품은 구미 등 서방시장으로 수출되었다. 이는 아주 중요한 전환이었다. 방직기업은 가능한 한 빨리 생산기술 설비를 개량하고 상품구조를 조정해 서방국가에 대한 수출에 어울리는 새로운 상품을 개발해야 했다. 룽이런 부부장은 경영과정에서 정책결정, 뛰어난 시장 안목, 방직품 생산 등 면에서의 남다른 장점을 발휘해 서방국가에 수출하는 방직물품에 대한 일련의 생산경영업무를 전면적으로 추진했다. 몇 년간의 노력을 거쳐 많은 성과를 거뒀다. 개량된 무명천, 포플린, 외투용 모직물, 두터운 무늬의 모직물, 순모 담요, 비단 등은 서방시장에서 인기 있는 상품으로 떠올랐다. 1961년부터 1963년까지 중국의 방직품 수출로 벌어들인 외화가 전국 수출상품 가운데서 1위를 달리며 전국 수출 총액의 30% 안팎을 기록하였다. 새 중국의 방직품이 서방시장으로 진출하는 첫 시작을 알렸던 것이다.

"제 전공이 바로 기업관리입니다"

1965년, 전국적으로 여러 업종에서 치치하얼(齊齊哈爾)기관차 차량공장의 기업관리 경험을 따라 배우는 열풍이 불던 때였기에 여러 지역마다 사업 소조를 파견해 기업의 현장작업에 직접 참여하면서 조사 연구했다. 룽이런 부부장도 팀을 서북제일국영면방직공장을 방문하고 4개월간의 현장 조사연구에 들어가 공장의 기업관리 경험을 배웠다. 현장에서 조사 연구하는 동안, 룽이런 부부장은 자신을 엄격하게 통제하면서 주변 사람들과 한데 어울리기 위해 노력했다. 그때 그는 3가지 동일한 규정에 따라 주변 사람들과 함께 먹고 자고 일하면서 기업의 관리개혁 방안을 열심히 연구했다. 그때 사업소조 내부에서는 작은 작업장을 설치할 것인지 아니면 교대식의 일체화 관리를 실시할지에 대해 큰 의견 차를 보이고 있었다. 그가 적극적으로 토론을 이끌면서 올바른 견해를 내놓자 사업소조와 기업 동지들은 전문가의 견해라며 극찬했다. 하지만 룽이런은 "제가 배운 것이 바로 기업 관리입니다"며 겸손한 태도를 보였다.

저우(周) 총리의 관심과 보호

1966년 8월 20일의 깊은 밤, 저우언라이 총리가 첸지광 부장을 인민대회당으로 불러 그날 룽이런 부부가 구타당하고 홍위병이 그들 집을 부순 상황에 대해 알아봤다. 그리고 룽이런 부부의 건강상태를 자세히 물어보면서 방직부에서 룽이런을 잘 보호할 것을 명확히 요구했다.

저우언라이 총리는 룽이런은 중국 민족자산계급 대표자로서 국내, 국제적으로 모두 중요한 영향력을 갖고 있기 때문에 일이 생기지 않게 반드시 잘 보호해야 한다고 했다.

기관으로 돌아온 첸즈광은 그날 밤으로 진위헝(靳玉恒) 등 기관의 홍위병을 룽이런의 거처인 베이타이핑좡(北太平莊)으로 파견했다. 학교의 홍위병을 철거하도록 설득한 후 룽이런을 수이탄(水潭)병원으로 급히 옮겨 홍위병에 맞아 끊어진 식지를 잇도록 하였다. 그리고 부상을 심하게 입은 룽이런의 부인 양젠칭(楊建清)을 셰허(協和)병원으로 옮겨 치료를 받게 했다.

훗날 양젠칭은 그날을 다시 떠올리면서 "처음에는 방직부에서 파견한 홍위병이 우리를 보호하러 온 줄을 몰랐습니다. 그들도 흉악해 보이긴 했지만 우리를 잘 대해줬고 우리를 때렸던 홍위병을 돌려보냈습니다"라고 했다.

방직부 홍위병이 룽이런 집에 머무는 동안, 진위헝은 특별히 룽이런을 찾아 얘기를 나눴다. 진위헝은 "이번에 목숨은 겨우 지켰습니다. 정말 수고하셨습니다"고 말했다. 이에 룽이런은 "당과 방직부의 보호에 감사드립니다. 진 동지 걱정하지 마십시오. 마오 주석의 뜻을 받들 것입니다"라며 격앙된 어조로 말했다.

'문화대혁명'기간, 룽이런은 역경에 처했지만 중국공산당과 사회주의에 대한 신념은 결코 동요하지 않았으며 어려운 고생도 견뎌냈다.

1985년 7월 1일, 중국공산당에 가입한 룽이런은 중국공산당의 우수한 당원으로 성장했다. 1993년 3월, 그는 중화인민공화국 부주석으로 당선되었다.

일찍이 마오 주석은 룽이런에게 이렇게 얘기했다. "사회발전의 규칙을 파악하고 자신의 운명을 장악해야 합니다." 훗날 룽이런의 경력에서 그가 마오 주석의 기대를 저버리지 않았음을 볼 수 있었다.

이정(儀征) 화학섬유 프로젝트는 최고의 자랑거리

방직공업부를 떠난 후인 1979년 7월, 룽이런은 중국 국제 신탁투자회사를 설립하라는 명을 받았다. '과감하게 혁신하고 기여를 많이 하라'는 덩샤오핑의 격려와 뛰어난 재능이 뒷받침되었기 때문에 '중신(中信)'은 시대 조류의 동풍을 타고 빠르게 발전했다.

구무(古牧) 국무원 부총리는 말했다. "룽 사장, 재능을 보여줄 곳이 생겼으니 마음껏 활약해 보십시오."

룽이런은 '중신'을 설립했지만 늘 방직 분야를 주목했다. 개혁개방 초기, 일각에서는 방직공업이 '돈이 떨어지는 나무(搖錢樹)'에서 '쿠차이화(苦菜花)'로 됐으며 '쇠퇴의 길을 걷는 공업'으로 전락되었다고 말하기도 했다.

룽이런은 중신회사에서 개최된 여러 차례의 회의에서 방직공업은 지속적인 발전 전망이 있는 업종이라고 강조했다. 더욱이 그는 실제행동으로 방직공업의 발전을 지지했다.

1978년, 이정 화학섬유 프로젝트를 착공했다. 그때 설계한 폴리에스테르의 연간 생산력은 53만 톤이었는데 규모와 현대화 수준은 그때 세계에서도 앞자리를 차지했다. 하지만 1979년 한창 국민경제를 조정했을 때 건설이 잠깐 늦춰졌다.

프로젝트가 중지되는 것을 막기 위해 '이정화학(儀化)' 총지휘를 맡은 왕루이팅(王瑞庭) 방직부 부주장은 대출하는 방법으로 공장건설 문제를 해결할 것을 건의했다. 그들은 한창 건설기획 중인 중신그룹을 찾았다. 그때 룽이런은 이들을 적극 지지하면서 1기 프로젝트의 국내 자금과 외화대출을 중신회사가 전부 책임지고 마련할 것이라고 인정했다.

얼마 지나지 않아 그는 일본을 방문했고 도쿄에서 100억 엔의 채권을 발행해 전문적으로 '이정화학'프로젝트 건설에 사용하도록 했다. 몇 년 후, 일본 NHK 기자단이 베이징을 방문했다.

룽이런은 카메라 앞에서 "저에게 있어 최고의 자랑거리는 이정화학 프로젝트입니다"라며 당당하게 말했다. 이정화학회사 외에도 룽이런은 헤이룽장(黑龍江), 안후이(安徽), 상하이, 장쑤(江蘇), 광둥(廣東) 등 지역의 일부 방직기업들이 선진적인 설비기술을 도입하고 방직기업 생산을 향상시키며 수출력을 확대하는데 지원하기도 했다.

'룽 사장'의 평민 기풍

'재부'와 '고위관직'을 한 몸에 지닌 룽이런은 외교행사에 참석할 때는 점잖고 귀티 나는 이미지가 강해 사장의 이미지와 풍채를 보여줬다. 하지만 평소 국가기관으로 출근할 때면 누가 봐도 일반 백성과 다름없는 검소한 공무원이엇다.

국무원 기관사무관리국에서 그에게 배치한 베이징 거처에는 아주 평범한 카키색 소파와 식탁, 사무용 테이블이 다였다.

얼마전 CCTV에서 룽이런을 인터뷰했을 때 방송한 화면은 '중국 현대 민족공상업자의 걸출한 대표'의 검소한 생활을 여실히 보여줬다.

서북 국영제일면방직공장에서 조사 연구했을 때 그는 사업소조의 여느 성원들과 마찬가지로 공장의 검소한 초대소에 머물고 시끌벅적한 식당에서 직원들과 함께 식사했다. 공장으로 들어가고 작업현장으로 내려갈 때는 늘 중산복만 고집했을 뿐만 아니라 생활에서 부딪히는 문제도 혼자의 힘으로 해결했다.

랴오닝으로 출장 갔다 잉커우(營口) 시위초대소에서 식사한 적 있었다. 룽이런이 남방인이라는 것을 알고 따로 밥을 지어 올리겠다고 했다. 룽이런은 "괜찮습니다. 저도 만두를 좋아합니다. 우리 가정은 밀가루사업으로 발전했습니다"

라고 해 주변 사람들을 웃음짓게 했다.

룽이런은 촬영애호가이기도 했다. 전에 그와 함께 출장 갔거나 현지 조사연구를 내려갔던 몇몇 부서의 기관간부는 룽 부장이 출장 갔을 때 한 사람씩 사진을 찍어준 사싱에 대해 회상했다.

왕페이지(王培芝) 생산사 여자 공정사는 현재까지도 룽이런이 서북 국영제일면방직공장으로 현장 조사를 갔을 때 그들과 함께 찍은 기념사진을 간직하고 있다. 룽이런은 생활의 정취와 대중을 연결시키는 것을 교묘하고도 자연스럽게 녹여냈다.

룽이런의 고상한 품격, 당과 국가를 사랑하고 국가를 위해 보답하는 진실한 마음은 우리가 앞으로 발전하는데 중요한 교훈이 되고 있다.

롱이런에 대한 중앙지도자의 관심과 지지

중앙의 사업소조가 상하이에서 진행한 '복권(平反)과 정책실행'업무

1976년 말 중앙의 사업소조는 상하이 시위, 시정부 소속 소조 판공실과 구, 현급의 103명 지도간부에 대해 철저하게 조사하고 순서를 정했다. '문화대혁명'기간, '4인방'이 정권을 탈취하려는 음모을 꾸미면서 노 간부와 지식인을 무차별하게 박해했다. 그때 박해받은 상하이 노 간부가 총 106,264명이었다. 중앙 사업소조는 1년 넘는 시간동안 재조사해야 할 간부 총수의 86.5%인 91,917명에 대해 재조사했다. 그리고 재조사를 통해 자유를 돌려준 고급 지식분자가 재조사해야 할 총수의 96.5%인 1,400명이었다. 사업소조의 성원들은 열심히 책임지고 엄숙한 태도로 재조사에 임했기 때문에 진도가 아주 빨라 훗날 상하이의 비약적인 발전에 기초를 마련해 주는 역할을 했다. 하지만 그때 극소수의 간부들은 아직 '자유를 되찾지' 못했다. 이런 간부들은 역사적으로 서로 다른 성질의 문제가 있었는데 그때 중앙은 역사문제에 대해 명확히 규정한 바 있다. 중앙에서 규정을 바꾸기 전에 지방 당위는 바꿀 권리가 없어 일부 간부들은 뒤늦게 '자유를 되찾았다'. 이 때문에 이런 문제는 역사적인 안목으로 봐야만 하는 것이다.

상하이 문화교육 분야의 '복권과 정책실행'

　나는 문화교육 계통의 복권과 정책실행 업무를 맡았다(본문은 중공 상하이시 시위당사연구실의 취재록임)

　상하이 문화예술 분야의 지위는 매우 높고 전국에 대한 영향력도 아주 컸는데 특히 영화, 출판 등의 분야는 전국의 '반벽강산(半壁江山)'이라 불렸을 정도였다. 그때 문화대혁명의 피해를 가장 심각하게 본 분야가 바로 상하이 문화교육 분야였다. '4인방'이 당과 국가의 주도권을 장악하고 여론을 좌우지했으며, 장춴차오(張春橋)와 야오원위안(姚文元)이 문화교육 분야를 직접 담당했다. 문화교육 분야 문제는 아주 중요했기 때문에 임무가 과중했고 반드시 잘 해나가야 한다고 생각했다. 1976년 11월, 상하이 전시홀의 영화관에서 문화교육계통 비판대회를 열고 '4인방'과 상하이에 있는 여당을 비판했다. 쉬징셴(徐景賢) 등 네 명이 주석대에 앉아 비판을 받았는데, 파진(巴金)은 바로 그의 옆 좌석에 앉아 있었다. 10년 전 '문화대혁명'이 가장 드세게 전개되던 11월쯤에는 쉬징셴 등이 문화광장에서 연 만인 비판대회에서 천피셴(陳丕顯), 차오디치우(曹荻秋)를 공개적으로 비판했는데, 우리와 같은 사람들을 모두 '우귀사신(牛鬼蛇神 : 마귀와 요귀, 온갖 악인)'으로 몰아세우며 함께 비판했다고 파진은 말했다. 당시 쉬징셴은 10년 후, 자신이 무대 위에서 비판을 받을 것이라고 꿈에서조차 생각지 못했을 것이다. 파진은 정의가 아직 살아있다면서 그들은 자업자득이라고 했다. 그래서 예로부터 선조들이 나쁜 짓을 많이 저지르면 끝내는 죽음을 자초하게 된다고 한 말을 비러 그들이 정말 나쁜 짓을 너무 많이 했다고 말했다.

　많은 사람들은 영화나 희극 등을 통해 스타의 영향을 많이 받으면서 점차 그들에게 호감을 가지게 된다. 많은 자료를 찾아보면서 '문화대혁명' 기간 많은 스타들이 박해를 당했다는 점을 느끼게 되었다. 그들에 대해서는 너무나 불공평한 일이라 생각되어 마음 속 깊이 그들을 동정했다. 아래의 이야기에서 그들에 대한 나의 관심, 그리고 온갖 방법을 강구하며 그들이 부딪친 문제를 해결해 주려는 나의 마음을 엿볼 수 있을 것이다. 어느 말 장쥔샹(張駿祥) 상하이영화제작소의 유명한 감독이 나에게 편지를 보내왔다. 편지 내용은 이러했다.

"겨울이면 오히려 밖이 더 따뜻한 것 같습니다. 아내 저우샤오옌(周小燕)이 피아노를 칠 때는 방이 너무 추워 손가락도 제대로 펼 수 없었습니다. 피아노를 칠 수 있게 천연가스회사에게 요청해 히터를 설치해 줄 수는 없을까요?"

편지를 받고 나서 나는 바로 그에게 전화를 걸어 편지를 받았다고 얘기하며 "언제쯤 집으로 놀러갈 수 있겠는가" 하고 물었다.

얼마 후 특별히 그의 집을 방문했는데 그때는 군용 면외투를 입고 갔다. 나는 체험을 통해 천연가스회사에게 아주 그의 집안이 춥다는 점을 강조할 수 있다는 생각에서였다. 훗날 이 문제는 원만하게 해결되었다. 그리고 차오쥐런(曹聚仁)의 딸 차오레이(曹雷)가 상하이희극학원을 졸업하고 훗날 상하이영화더빙공장에서 근무하게 되었다. 그때 그녀가 영화 시나리오 '새싹(春苗)'을 집필하고 쉬징셴이 직접 배우를 캐스팅했다. 훗날 '4인방'을 전복시킨 후 일각에서는 차오레이가 시나리오를 잘 쓰지 못했다는 비난의 목소리가 들리기도 했다. 그때 차오레이는 일부 불만스런 마음을 토로하기도 했다. 그러자 일부 사람들은 그녀의 말에 꼬투리를 잡아 나에게 반영하였으나 나는 "별 문제가 없으니 그만두라"고 했다. 나는 그 누구의 약점도 잡은 적이 없고 너그러운 태도와 가화만사성만을 주장했다. 특히 사단을 일으키고 모순을 만든 적은 더욱 없었다. 이것은 나의 사상이자 문화교육 분야를 책임졌던 시절에 큰 실수가 없었던 사상적 기초이기도 했다.

몇몇 유명 인사의 정책 실행

먼저 유명한 배우 자오단(趙丹)의 정책실행 문제를 얘기하겠다. 어느 일요일의 오후 5시쯤이다. 그때 우리 집은 캉핑(康平)로 시위 대원(大院)에서 살았는데 퇴근하면서 몇몇 서류를 집으로 들고갔다. 그때 살던 집은 문이 2개 있었는데 큰 문은 객실과 직접 연결되어 있었고, 다른 하나는 주방으로 통하는 문이었다. 집에 도착했을 때 상하이영화제작소에서 일하는 양옌진(楊延晉) 감독이 누군가와 함께 주방 문 어구에 서 있었다. 나는 큰 문으로 들어가고 그는 주방문으로 그 사람과 함께 들어왔다. 안면이 있는 듯 했지만 아무리 생각해도 이름이 떠오르지 않았다. 그때 중학교에 다니는 막내 딸 천웨(陳悅)가 "아버지, 자오단입니"라고 했다. 딸애의 말을 듣고서야 생각났다. 그들을 객실로 모시면서 "무슨 일 있습니까?"고 물었다. 그러자 자오단이 "휴식날에 찾아와서 미안합니다"라고 했다. "괜찮습니다, 무슨 일 있습니까?" 하고 다시 물었다. 자오단은 그제 서야 찾아온 사연을 얘기했다. "개인적인 일입니다. 정책실행에 관해서 얘기하고 싶습니다." 하지만 이미 다른 약속이 잡혀 있던 차라 다른 날 다시 약속하자고 했다. "좋습니다. 하지만 오늘은 안 됩니다. 이미 선약이 있기 때문에 다시 약속을 잡으면 어떻습니까?" 그러자 "그럼 소식을 기다리겠습니다"며 자리에서 일어났다. 일정배치를 확인하고 나서 돌아오는 일요일에 다시 만나서 얘기하자고 했다. 약속된 일요일 오후, 황중잉(黃宗英)은 자오단과 함께 시위 면회실로 왔다. 출연했던 영화에 대해서는 비교적 차분하게 얘기했다. 하지만 '문화대혁명' 시기 '소우리'에 갇혀 갖은 수모를 당하고 비판투쟁을 받던 때를 얘기할 때는 설움에 북받치는 듯 했다. 점점 격동스러워지더니 결국에는 목놓아 울기까지 했다. 그러자 함께 왔던 황중잉은 그를 붙잡으며 "왜 그래, 잘 얘기드리라고 했잖아, 울면서 얘기하면 천 시장님이 알아들을 수 있겠어"라고 했다. 하지만 그때 그녀의 사연을 들으면서 따라서 마음이 아팠고 울컥하기도 했다. 이런 사람들은 사회적으로 명성이 높고 널리 환영받지만 왜 운명의 소용돌이에 빠지고 있는지 참 의아스러웠다. "괜찮습니다, 오랜 세월동안 많은 억울함을 당한 것을 이해합니다. 시위에 와서 얘기하지 않으면 어디에 가서 얘기하겠습니까?"며 황중잉에게 괜찮다고 했다. 괜찮다고 하자 자오단은 더욱 격동스러워 지더니 마치 어린애마냥 펑펑 울었다. "정말 오랫만에 듣는 말입니다"라며 그녀는 고마워했다. 그래서 "오늘 얘기한 상황을 잘 알겠습니다. 빠른 시일 내에 바로잡을 것이니 문제 있으면 다시 연락드리겠습니다. 아직 얘기가 덜 된 부분이 있으면 다시 찾아오셔도 좋습니다"며 그녀를 위로했다.

'문화대혁명'시기 자오단과 황중잉 부부가 남긴 사진

자오단은 "천 시장님, 정말 감사드립니다"며 고마워했고, 황중잉도 감사하다고 얘기했다. 이렇게 그들 부부는 웃으면서 갔다. 이튿날, 다이싱밍(戴星明) 시 영화국의 당위서기를 불러 자오단이 찾아왔던 과정을 얘기했다. "자오단이 찾아왔었습니다. 신장(新疆)에서 성스차이(盛世才)에게 붙잡혀 갇힌 적이 있는데 훗날 모든게 명확하게 드러났으니 이제 반혁명 수정주의 노선이란 죄명도 명확히 해야 할 때가 된 듯 합니다. 자오단은 전국에서의 영향력 있는 배우이기 때문에 빠른 시일내에 정책을 실행해야 합니다. 그래야 영향이 좋을 것입니다." 이에 다이싱밍도 빠른 시일 내에 문제를 처리하겠다며 선뜻 동의했다. 얼마 지나지 않아 시위는 이 문제를 두고 몇 번이나 토론했다. 시위 회의에서도 관련 사안을 얘기했다. "자오단이 찾아왔었습니다. 신장의 문제는 하루 빨리 결론이 나야 합니다. 그리고 다른 문제도 별로 큰 문제는 아닌 듯싶습니다." 자오단에게 정책을 실행해주는 문제가 시위 회의에서 빠르게 통과되었다. 아마 열흘이나 열닷새 만에 문제가 해결된 것 같았다.

두번째는 리위루(李玉茹)와 연관된 문제였다.

그녀가 저에게 공평하게 판결하고 정책을 실행할 것을 요구하는 편지를 보내왔다. 그때 헝산(衡山)호텔에서 업무를 봤는데 리위루도 왔다. 나, 그리고 중앙업무소조에서 문화국 책임자, 리위루 셋이서 이야기를 나눴다.

그녀는 이렇게 말했다. "극장 무대에 오를 수 있게 지도자 측에서 문제를 해결해 주십시오." 그때 구체적인 상황을 잘 몰라 리타이청(李太成) 시문화국 당위

서기를 찾아 얘기했다. "리위루가 찾아왔더군요. 무대에 오를 수 있게 빨리 정책을 실행해 주면 어떨까요?"

리타이칭은 대중들에게 반영되는 문제가 많으니 먼저 자료와 서류를 보라며 조심스런 태도를 보였다. 서류를 가져와 찾아보니 리위루가 얘기한 자료와 심문 조서 외에 일부 적발된 자료도 있었다.

그때 대충 보고는 중앙업무소조에 넘겨 문화국 관련 책임자에게 보이라고 했다. "서류에 '3가지 반대'와 관련 된 것이 있어요?"라고 물었더니 그는 장칭(江靑)이 연극을 모른다거나 혁명모범극이 별로라는 등 주로 장칭을 언급한데다 자료를 보면 리위루가 전에 두웨성(杜月笙), 황진룽(黃金榮) 등의 축하연에서 노래를 부른 적이 있다고 했다.

나는 구사회에서 "이런 자들의 보호를 받아야 배우생활을 할 수 있으니 이런 자들의 요구에 응하지 않고서야 또 어찌 살아가고 상하이라는 큰 무대에 발을 붙일 수 있었겠는가?" 라고 하면서 역사적인 안목으로 이런 문제를 보아야 하기 때문에 이런 것들이 그녀에게 공정한 판결을 내리는데 걸림돌이 되서는 안 된다고 말했다. "업무소조 동지에게 물어봤는데 '3가지 반대' 문제는 없었습니다." 그랬더니 리타이칭은 빠른 시일 내에 실행하도록 하겠다고 약속했다. '3가지 반대'란 "당시 당을 반대하고 사회주의에 반대하고 마오 주석을 반대하는 것"을 말했다.

훗날 리위루도 빠르게 해방됐고 나에게 감사하다는 편지를 보내왔다. 베이징으로 전근된 1983년, 그때 베이징에 수도기업가동호회가 있었는데 내가 동호회 이사장직을 맡았다.

1986년 음력설날에 동호회가 베이징호텔에서 새해 축하모임을 가졌다. 모임이 끝나기 전에 미리 가려고 어귀까지 왔는데 리위루가 차오위(曹禺)를 부축하며 들어왔다. 리위루는 나를 보더니 아주 기뻐하면서 "이 분이 바로 늘 얘기하던 천진화입니다"라면서 차오위에게 소개시켜 줬다.

차오위도 만나서 반갑다고 했다. "정말 고맙습니다. 위루가 늘 좋은 분이시라고 얘기했습니다. 오늘 밤에 오신다는 소식을 듣고 프랑스대사관의 초대모임이 끝나기도 전에 만나 뵙고 싶어 이렇게 한걸음에 달려왔습니다."

"괜찮습니다, 위루는 좋은 분입니다. 오랫동안 많은 억울함을 당하고도 꾹 참아왔더군요. 오히려 우리가 일을 제대로 하지 못해 송구스럽습니다" 며 자세를 낮췄다. 이어 우리는 함께 기념사진을 촬영했다.

마지막으로 룽이런의 정책실행에 대해 얘기하겠다. 룽이런은 1958년에 방직공업부로 전근돼 부부장 직을 맡았고 나는 방직공업부 정책연구실 주임직을 맡았다.

그때 룽이런은 조사하고 글을 쓰고 고칠 부분이 있을 때면 자주 나를 찾아왔다. 상하이에서 '3가지 반대', '5가지 반대'를 겪고 나서 커칭스(柯慶施) 상하이시위 서기의 사상은 갈수록 '좌'적으로 치우쳐 갔다. 그 때문에 룽이런의 상하이 생활은 아주 어려웠다.

이런 상황을 감안한 저우 총리는 그를 보호하기 위해 특별히 그를 베이징으로 전근시켰다. 그때 저우 총리는 "룽이런은 중국 민족자산계급의 대표자이자 중국 공상업계의 기치이기 때문에 반드시 잘 보호해야 한다"고 얘기했다. 그에 대한 저우 총리의 관심이 있었기에 이런 조치가 취해지긴 했지만, 이는 마오 주석, 중국공산당이 민족자산계급에 대한 통일전선정책을 실현했다고 볼 수 있다.

1966년 8월 18일, 마오 주석이 외지 홍위병을 접견한 후로 베이징의 홍위병 운동은 더욱 활발히 진행됐고, 더욱 드높은 기세로 사회와 각계 일부 유명인사의 집으로 쳐들어갔다.

그때 룽이런은 베이타이핑쫭(北太平莊)에서 살았고, 딸은 베이징사범대학 여자부속중학교에서 공부했는데 일부 학생들은 이미 룽이런의 거처를 오래 전부터 알고 있었다.

8월 20일, 베이징사범대학 여자부속중학교 홍위병이 룽이런의 집으로 몰려갔다. 모두 여성이었는데 이중에는 신분을 알 수 없는 일부 사회인도 있었다. 이들은 룽이런의 집에서 사람을 때리고 물건은 닥치는대로 부수면서 온갖 행패를 부렸다.

그때 룽이런 부인 양젠칭도 부상을 입었다. 양젠칭 딸이 이 사실을 방직공업부에 전화로 알렸다. 마침 그날은 기관에서 노임을 발급하는 날이라 룽이런의 운전기사 정야오천(鄭耀辰)이 노임을 전해주러 갔다가 이런 일이 벌어져 부에 보고했던 것이다. 방직부 기관 문화혁명위원회 주임이었던 나는 이 사실을 바로 당조 서기 첸즈광에서 보고했다.

첸 라오는 저우 총리에게 올리는 보고서를 써서 특급 서류로 분리해 총리 사무실에 가져가라고 했다. 저우 총리에게 보고서를 쓰고 나서 리췬푸(李春富) 사무실에 전화를 넣었다. 그때 리췬푸가 공업과 교통운수업 각부의 운동을 책임지고 있었다. 그는 우리 쪽에서 방법을 생각해 그들을 병원으로 옮겨 보호하라고 했다.

그때 장친치우(張琴秋) 부부장은 위생부 쑤징관(蘇井觀) 부부장의 부인이었고 베이징병원과도 친분이 많은지라 베이징병원의 원장에게 전화를 걸어 상황을 얘기했다. "누님, 안 됩니다. 윗층, 아랫 층에서 이미 여러 번 비판을 받았습니다. 여기로 보내면 또 다시 비판받을 것입니다."

그래서 그날 오후로 저우 총리 당직실에 전화를 넣었는데 줄곧 회답이 없었다. 그날 새벽 1시 넘어 저우룽신(周榮鑫) 국무원 비서장이 첸즈광에게 전화를 걸어 저우 총리가 현재 인민대회당에 계시니 빨리 가보라고 전해줬다.

첸즈광이 수면제를 복용하고 휴식할 준비를 마친 것으로 들었지만 시간이 촉박한 만큼 바로 찾아갔다. 도착하자마자 저우 총리는 어찌된 일이냐고 물었다. 첸즈광은 홍위병이 룽이런 집을 부숴버리고 그들 부부를 때린 상황을 보고했다.

저우 총리는 말했다.

"이 일을 왜 빨리 보고하지 않았습니까?"

첸즈광은 말했다.

"보고서를 작성해 올렸습니다."

저우 총리는 룽이런을 잘 보호할 것을 당부했다.

"지금 어떤 상황인데 아직도 보고서를 작성합니까? 빨리 전화를 해야죠. 지금은 쑹칭링(宋慶齡)과 궈뭐뭐(郭沫若) 두 사람 밖에 보호할 수 없습니다. 그 외의 다른 사람들은 스스로 방법을 생각해야 합니다. 룽이런은 반드시 보호해야 합니다. 그는 중국 민족자산계급의 대표자로 국내외에서 영향이 아주 큽니다."

새벽 2시 넘어 돌아온 첸즈광은 곧바로 우리를 찾아왔다. 저우 총리가 룽이런을 잘 보호할 것을 지시했기 때문에 룽이런 신변에 안전문제가 생기면 안 된다며 방법을 생각하자고 했다.

그때 사회적으로 기관의 홍위병으로써 외지와 다른 기관의 홍위병을 대항하는 이른바 '홍대홍(紅對紅)' 열풍이 몰아쳤다.

우리는 부 기관의 홍위병인 거위헝(靳玉恆)을 찾아 상황을 얘기하고 기관의 홍위병을 조직해 그날 밤으로 룽이런의 집에 갈 것을 요구했다. 그때 10명 정도는 되었다. 그들이 룽이런 집에 도착했을 때 학교의 여성 홍위병들이 객실에 이리저리 흩어져 누워 있었다.

부 기관의 홍위병 대장이 그쪽 대장을 찾아가 얘기했다. "우리는 방직공업부 기관의 홍위병이오. 룽이런은 방직공업부 부부장으로 대자산계급이기 때문에 비판해야 하고 그가 죄행을 자백하게 할 것이니 우리에게 맡기시오."

처음에 여학생들은 안 된다며 언성을 높였지만 아직은 젊었기 때문에 쉽게 설득되었다. 하지만 그들은 요구를 제기했다.

"됩니다. 하지만 조건이 있습니다. 죄행을 자백하게 하는 것은 물론 노동하고 청소도 하게 해야 합니다. 그리고 수돗물만 마시게 하고 워워터우(窩窩頭)*에 짠지만 먹어야 합니다. 절대 향락을 누리게 해서는 안 됩니다."

---

* 워워터우(窩窩頭)는 옥수수가루 또는 잡곡가루로 만든 것인데, 외형은 위가 좁고 아래가 넓으며, 중간은 비어 있는 것이며, 원추(圓錐)의 형태를 하고 있다. 원래는 북방지역의 가난한 사람들이 먹는 음식이다. 사람들은 이것을 찔 때 쉽게 익게 하기 위하여 아래에 구멍을 두었다(북경의 속어로 와와아(窩窩兒)라고 한다). 그리고 이것은 만두처럼 주식이므로 북경사람들은 이 음식을 "와와두"라 한다.

부 기관의 홍위병이 요구를 모두 들어주자 여 홍위병은 그제 서야 자리를 떠났다. 그녀들이 가자 룽이런은 부인 양젠칭을 바로 병원으로 옮겨 치료토록 했다.

비판 투쟁할 때 홍위병은 양젠칭에게 인양터우(陰陽頭)를 깎아놓아 '우귀사신(牛鬼蛇神)'이라는 표식을 해 놓았기 때문에 어느 병원에서도 받아주지 않았고 그녀에게 치료해 줄 엄두도 내지 못했다.

부 기관의 홍위병 대장은 눈치가 빨랐다. 그는 양젠칭을 지수이탄병원으로 옮기고는 중요한 증인이니 어떤 방법을 동원해서라도 살려내야 한다고 강조했다. 병원에서는 중요한 증인이라는 얘기에 바로 그녀를 치료해 줬고 그녀는 차츰 건강을 되찾았다.

월말이 되자 룽이런이 찾아왔다. 그때 그는 회색 중산복 차림에 필터가 없는 모란패 담배를 피우면서 학습관계로 전국공산업연합회에 있으니 사회 홍위병의 단속을 많이 받는다며 부 기관에서 학습할 수 있으면 좋겠다고 했다.

"부에서 결정할 수 있는 일이 아니기 때문에 통일전선부와 상의해야 합니다"라고 말해주었다.

훗날, 통일전선부에 전화를 걸었더니 그쪽에서는 룽이런에게만 관계있는 문제가 아니기 때문에 관례를 깰 수 없으니 계속 전국공상업연합회에서 운동에 참가해야 한다는 대답을 해왔다.

문제를 해결하지 못했으니 룽이런을 위로하는 수 밖에 없었다. "공상업연합회에 가서 학습하세요. 공상업연합회가 방직부와 가까우니 일이 있으면 언제든지 찾아오십시오."

국경절을 앞두고 룽이런에게서 전화가 왔다. "국경절에 연회와 톈안먼 의식에 참석하라는 청첩장을 받았습니다."

"좋은 일입니다. 당연히 가야지요."

"어떻게 가야 합니까?"

"운전기사 정야오천을 보내겠습니다."

그후부터 더 이상 연락이 없었다.

1977년, 중앙업무소조와 상하이 시위는 중앙의 허락을 받고 '문화대혁명'기간에 폐지되었던 고정 이자 지불 반환을 회복했다.

상하이는 자본가가 많이 집중되어 있어서 시 전체에서 30억 위안을 반환해야 했는데 그때 수준으로는 상당히 큰 액수였다. 상하이에서 룽이런에게 지시한 반환해야 할 액수가 가장 많았다. 그는 정부에서 이 일을 아주 잘 처리했다고 여겼다.

정부가 정책을 실행하는 과정에 국내외에서의 영향을 확대하기 위해 룽이런은 맨 먼저 상하이로 그 돈을 가지러 갔다. 구체적인 액수가 기억나지는 않지만 몇 십만 위안으로 적은 액수는 아니었다.

그가 상하이에 도착하자 곧바로 소식을 알게 되었다. 그가 돈을 받고 베이징으로 돌아가기 전에 식사자리를 마련하고 싶어한다고 펑충(彭冲)에게 얘기했더니 그도 참석하겠다고 했다.

룽이런과 못 만난지도 어언 10년이 지났다. 그때 저우 총리가 그들 부부에게 관심 두었던 일과 부 당조에서 취한 조치를 룽이런에게 들려줬다.

룽이런은 말했다.

"상세하게는 알지 못하지만 조금은 알고 있습니다. 하지만 저우 총리가 마음을 써준 일은 오늘에야 알게 됐습니다."

그는 자리에서 일어나 술을 권하면서 고맙다고 했다.

"천만에 말씀입니다. 저우 총리의 관심과 지시가 있었기 때문입니다."

"맞습니다, 저우 총리님이 없었다면 오늘의 제가 있을 수 없습니다."

룽이런은 이 일을 줄곧 마음에 두고 한시도 잊지 않았다. 회의 참석차 베이징으로 갔다는 소식을 알기만 하면 바로 나를 초대하곤 했다.

5월 1일은 룽이런의 생일이다. 언젠가 그가 5·1절 전에 상하이에 도착한 적이 있었다. 그때 마침 나도 상하이에 있을 때였다. 상하이시 초대판공실에 부탁해 꽃바구니와 생일케이크를 그에게 보냈다.

룽이런은 생일선물을 받고 아주 기뻐하면서 가족들과 함께 생일축하 파티를 열자며 우리 부부를 집으로 초대했다. 그때 우리는 흔쾌히 대답했다.

룽이런 90세 탄신 때, 방직부의 몇몇 노인들이 그를 기리는 글을 썼고 내가 다시 수정한 후 『인민일보』에 발표했다. 『인민일보』는 많은 지면을 할애하여 그 글을 게재했다.

글을 보고 난 양젠칭은 아주 기뻐하면서 『인민일보』에 룽이런을 기념하는 글을 싣는다는 것은 당의 태도를 대표한 것이라며 특별히 룽즈젠(榮智健)을 통해 감사의 글을 보내왔다. 룽즈젠의 편지내용도 아주 간절했다.

"마오 주석이 전에 통일전선이 중국 혁명의 '3가지 보배'라고 얘기했는데 오늘날까지도 여전히 적용되고 있다고 생각합니다. 누군가 이런 일을 해야 하고 사람이 가고나면 차가 식어버리는 일은 없어야 한다고 봅니다."

룽이런 90주년 탄신을 기념하는 글을 그에 대해 잘 알고 있는 사람들이 쓰지 않는다면 쓸 사람이 없을 것이라고 생각한다. 이런 글들이 나중에는 좋은 역할을 하게 되고 좋은 영향을 미치게 될 것이다.

세계 방직대국 건설에 있어서 첫 번째 임무는 유명 브랜드의 육성

"중국 방직 10대 브랜드 문화 설명회"와 "중국 방직 브랜드 문화 고위층 포럼"이 정확한 시기에 개최되었다고 본다. 표창대회, 교류대회이자 방직공업에서 당의 16기 5중 전회 결의를 실행하는 동원대회 겸 촉진회이기도 하다.

중국 기업연합회, 중국 기업가협회를 대표해 대회의 소집에 열렬한 축하를 보낸다. "2005 중국 방직 10대 브랜드 문화", "중국 방직 브랜드 문화 우수상"과 "중국 방직 브랜드 문화건설 걸출한 인물"이라는 칭호를 수여받은 기업과 개인에게도 진심어린 축하의 인사를 전한다.

당의 16기 5중 전회에서 통과된 "11차 5개년 계획"에 대한 건의는 7가지 목표를 제기한다. 그 가운데서 세 번째 목표가 "독자 지적재산권, 유명 브랜드, 국제 경쟁력이 비교적 강한 장점 기업을 육성하는 것"이다.

중국 방직공업의 섬유가공량은 세계의 40%, 수출되는 방직품은 세계 방직품 무역량의 25%를 차지한다. 그리고 면사, 천, 화학섬유의 생산량은 이미 몇 해 동안 안정적으로 세계 1위를 지키고 있기 때문에 중국은 이미 진정으로 세계 방직대국으로 자리매김했다.

하지만 늘 얘기하는 것처럼 중국은 아직 방직 강국이 아니다. 유명한 국제 브랜드가 없는 것은 물론 중앙에서 요구하는 독자 지적재산권과 유명 브랜드 소유율이 아주 낮으며 국제 경쟁력이 강한 우수한 기업도 아직 턱없이 부족한 수준이다.

오늘날 글로벌화 진척이 가속화되고 국제적인 경쟁도 갈수록 치열해지고 있다. 중국 방직공업이 세계 방직 강국의 대열에 합류하기 위한 첫 번째 임무는 자주 혁신을 추진하고 유명 브랜드를 적극적으로 발전시키는 것이다. 현재 세계 10%의 국제 유명 브랜드가 약 60%의 시장을 점유하고 있다.

중국 경제 총생산량이 세계 10위에 들어섰고 수출입 총액도 세계 3위에 올라섰지만 세계 100개 유명 브랜드 순위에는 이름을 올리지 못했다. 중국에서 수출되는 많은 방직품과 의복은 아직 중저급의 가공단계나 외국 유명 기업에 OEM(주문자 상표 부착방식)생산을 제공하는 수준에 머물러 있다.

상무부에서 제공한 자료를 보면 중국에서 가공된 휴고보스(Hugo Boss) 브랜드 셔츠를 미국 뉴옥의 가장 번화한 삭스피프스 애비뉴(Saks Fifth Avenue) 백화점에서는 120달러로 판매하고 있다.

이중 삭스피프스에서 72달러(60%)를 벌고, 유명 브랜드업체 사장은 36달러(30%)를 버는 반면에 중국의 제조업체는 12달러(10%) 밖에 벌지 못한다.

중국-유럽 방직품 무역협상 과정에서 중국 상무부는 유럽연합 무역대표들에게 제공한 숫자가 인상적이다. 중국에서 수출되는 방직품의 가격이 너무 낮아 중국에서 8억 장의 견지(繭紙) 셔츠를 수출해야 에어버스 A380 한 대를 구입할 수 있다고 했다.

지불한 노동에 비해 상응하는 대가를 받지 못하고 있는 셈이다. 이건 반드시 정시해야 할 잔혹한 현실이자 빠른 시일 내에 변화시켜야 할 현실이기도 하다.

브랜드는 기업의 종합실력에 대한 구현이자 생산기술, 상품 품질, 품종 컬러, 서비스, 신용 등 여러 가지 역할에 대한 반영이기도 하다. 브랜드는 기업문화의 구현이자 기업의 경영이념과 가치추구뿐만 아니라, 브랜드는 사회, 소비자들 마음속에서의 지위와 영향력도 보여준다.

사람들은 코카콜라를 미국 문화의 대표로 보고 있는데 일리가 없는 것은 아니다. 가치사슬 차원에서 볼 때 브랜드는 산업 가치사슬 가운데서 가장 마지막 단계이자 가장 관건적인 부분이기도 하다.

일정한 의미에서 브랜드가 기업의 발전에 가져다주는 영향력이 심지어 기술의 영향력을 훨씬 초과한다. 유명한 브랜드 없이 단순하게 저렴한 가격을 경쟁력으로 내세운다면 우리는 우수한 기업이 될 수 없을 뿐만 아니라, 진정으로 강해지고 발전할 수 없으며, 궁극적으로는 경쟁에서 도태된다.

방직업계에서 오랫동안 일한 사람으로서 아래와 같은 5가지를 건의하겠다.

첫째, 유명브랜드를 구축하고 브랜드 의식을 확고하게 수립해야 한다.

기업은 시장의 주체이자 자주적으로 혁신하고 독자 브랜드를 구축하는 주체이기도 하다. 독자 브랜드를 구축하려면 우선 기업에서 주동성과 창조성을 발휘해야 하고 브랜드건설과 기업의 발전을 서로 결부시켜야 한다.

그리고 기업에서 유명 브랜드를 구축하려는 문화적인 분위기를 형성토록 하고 브랜드를 구축하는데 효과적인 지원 메커니즘을 수립하여 직원들의 브랜드 의식을 증강시켜야 한다. 또 독자 브랜드 육성이 기업의 사명과 기업 전체 직원들이 추구하는 목표와 자발적인 행동으로 몸에 배게 해야 한다.

둘째, 자주혁신을 가속화하고 과학연구 개발에 대한 투입을 늘려야 한다.

국가통계국에서 발표한 제1차 전국 경제 전면 조사 숫자를 보면 중국 규모 이상 공기업 가운데서 10% 넘는 기업이 과학연구 업무를 추진하고 있는 반면에 기업의 자주혁신을 대표하는 연구와 실험발전에 투입되는 경비는 기업 판매 소득의 0.56% 밖에 안 된다. 이건 정말 놀라운 수치다.

방직기업의 구체적인 상황을 잘 모르긴 하지만 기술과 혁신을 중시하지 않는 상황을 하루빨리 바꿔야 한다고 본다.

기업은 지출이 많아 자금이 부족한 경우가 많지만 아무리 힘들어도 자금을 쪼개 기술개량를 하고 새 상품을 연구개발해야 한다. 이건 치열한 시장경쟁 가운데서 기업이 살아남을 수 있는 길이다.

기업은 제한된 인재와 자금을 집중시켜 독자적인 지적재산권을 가진 새 기술, 새 상품을 개발해 브랜드에 활력을 주입해야 한다. 기업에서 발전하고 아름다운 앞날을 맞이하려면 문제점들을 하나씩 해결해 나가야 한다.

셋째, 기초업무에 착수해 브랜드의 실력을 개발하고 증강시켜야 한다.

독자 브랜드를 육성하려면 기초업무부터 추진해야 하는데 이는 유명 브랜드를 구축하는 데서의 첫번째 단계이자 모든 유명 브랜드의 공동적인 경험이다. 전에 상하이 유명 브랜드 '거위브랜드 한삼'은 '한 마리 거위도 충밍(崇明)에서 키워야 한다'는 구호를 제기했다. 즉 충밍에서 심은 면화부터 착수해 한 개 씩 그 시스템을 확고히 해야 한다는 것이다. 국내외의 경험을 보아도 유명 브랜드라면 수십 년 심지어 수백 년의 역사를 갖고 있으며 몇 세대 인들이 근면하게 노동하고 심혈을 기울려 구축한 성과이다.

이번에 수상한 10개 브랜드는 물론, 수상하지 못했지만 성공을 거둔 브랜드는 다년간 노력한 성과이자 수많은 사람들이 심혈을 기울여 일하고 엄청난 고난을 겪으면서 얻은 결과물이다.

넷째, 유명 브랜드를 구축하려면 시장에서 그에 상응하는 지위와 영향력을 얻어야 하고 광고 등 다양한 현대수단을 활용해 홍보와 마케팅에 주력해야 한다.

이를 실현하려면 대량의 자금을 투입해야 하고 실력도 갖춰야 한다. 현재 다수의 중국 방직기업은 규모가 크지 않고 실력이 부족하기 때문에 광고를 통해 홍보할 능력을 갖추지 못했다.

이런 상황은 발전, 합병, 재편성을 통해 반드시 바로잡아야 한다. 실력 있는 그룹을 더 많이 육성해야 하며 그룹의 충분한 실력을 바탕으로 브랜드를 구축하고 홍보하는 외에도 브랜드 마케팅 전략을 세워야 한다. 이런 과정을 기업을 크게 발전시키는 과정과 유명 브랜드를 구축하는 과정으로 간주하면서 상부상조하고 서로 이득을 창출하게 해야 한다.

다섯째, 장기와 단기간의 이익관계를 정확하게 처리해야 한다. 유명 브랜드의 구축은 오랜 분투과정이 필요하다. 오랜 세월을 거쳐 지식, 관리, 경험을 축적해야 하고 심지어 수백 년의 업무축적을 통해야만 국제적인 브랜드를 구축할 수 있다.

브랜드를 육성하는 과정에 장기적이고 당면한 현실 사이의 이익관계를 정확하게 처리해야 한다. 현재 다국적기업에 OEM방식을 통해 돈을 벌 수 있다고 하여 독자 브랜드 구축을 포기해서는 안 된다. 이런 상황이 오랜 시간 지속되면 결국 좋은 기회를 모두 놓치게 돼 기업은 헛수고만 하게 된다. 그러니 기업을 강하게 크게 발전시키는 것은 아예 운조차 떼지 못하게 된다.

브랜드 구축 과정에서 기업이 단기간 내에 대가를 지불해야 하고 심지어 손해를 볼 수도 있는데 이는 필연적인 과정이다. 오늘날 그 대가를 지불하지 않는다면 내일에 어찌 보답 받을 수 있겠는가?

이런 과정은 자연히 정부의 지지가 뒷받침되어야 한다. 현재 국가의 관련 부서에서는 기업에서 유명 브랜드를 구축하는 데 지원하기로 결정했다. 관련 정책에 힘입어 기업은 열심히 일하고 적극적으로 쟁취해 중국의 유명 브랜드를 함께 구축해야 한다.

여러분, 우리 함께 노력해 선두에서 달리는 기업을 따라잡고 국내외 유명 브랜드를 구축하기 위한 발걸음을 다그칩시다. 선배들이 다져놓은 기초 위에서 개혁개방으로 얻은 기회를 충분히 활용해 중국 역사상 수천 년간 해결하지 못한 국민들의 의류문제를 해결했다. 따라서 중국이 세계 제1방직대국으로 성장했다는 점을 역사적으로 이미 입증했다.

우리가 힘을 모아 선두에서 달리는 기업을 따라잡는다면 가장 짧은 시간 내에 높은 업무효율로 국내외 유명 브랜드를 구축할 수 있을 뿐만 아니라, 시장과 소비자의 마음을 사로잡아 중국이 진정으로 세계 방직 강국으로 거듭날 수 있으리라고 굳게 믿는다.

마지막으로 대회의 성공적인 개최를 기원한다.

※ 이 글은 2005년 12월 19일 필자가 중국 방직 10대 브랜드 문화설명회 및 중국 방직브랜드 문화 고위층 포럼에서 발언한 원고임.

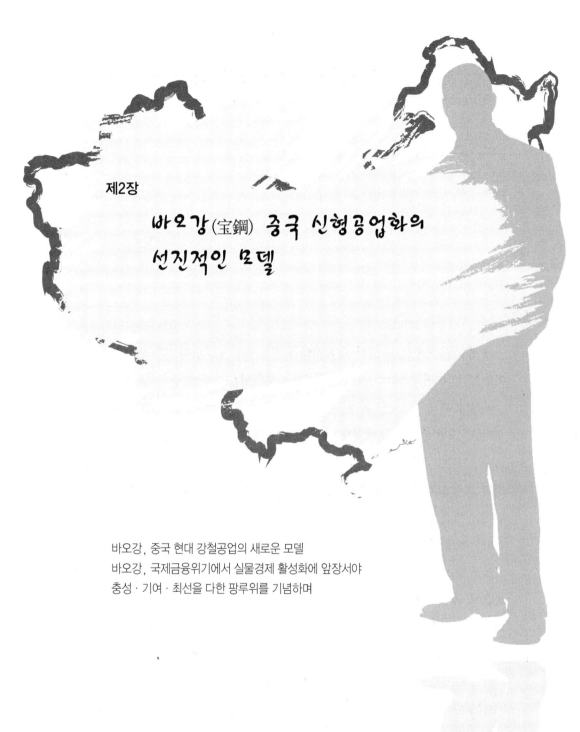

제2장

바오강(宝鋼) 중국 신형공업화의 선진적인 모델

바오강, 중국 현대 강철공업의 새로운 모델

바오강, 국제금융위기에서 실물경제 활성화에 앞장서야

충성 · 기여 · 최선을 다한 팡루위를 기념하며

바오강, 중국 현대 강철공업의 새로운 모델

새 중국의 역사는 1978년 개혁개방을 기준으로 구분한다. 2009년에 이르러 이전 30년과 이후 30년으로 나눌 수 있게 되었다.

이전 30년 동안, 중국 현대 강철공업은 없던 데서 있는 데로, 작은 데서 큰데로의(1949년 중국 강철 생산량 15.8만 톤) 변화를 실현했다.

마오 주석, 저우 총리가 직접 지도하고 친히 중국 강철공업의 발전을 계획했지만 그때 조건의 제한을 받아 강철을 많이 생산하려는 의욕만 있었을 뿐 그럴 만한 능력은 없었다.

이전 30년이 끝난 1978년, 중국 강철 생산량은 고작 3,100여 만 톤에 불과했다.

이후 30년이 끝나는 2008년의 강철 생산량은 1978년보다 16배 늘어난 5억 톤으로 급증했다. 21세기 초 중국은 세계 제1의 강철 생산국으로 군림했다. 개혁개방을 기점으로 이전의 30년과 이후의 30년은 중국 강철 생산량에서 왜 이토록 큰 차이가 생겼던 것일까?

전에도 얘기했지만 전과 후의 30년을 비교할 때 중국의 사회정치제도는 변하지 않았다. 지금도 공산당이 영도하고 사회주의제도를 견지하고 있으며 그 땅에서 살고 있는 사람들도 여전하다.

유일한 변화라면 중국에서 개혁개방을 실시했다는 것이다. 개혁개방으로 인해 중국의 강철공업은 새로운 발전 모델을 찾는데 성공했다. 새 중국 60 여 년의 강철공업 발전사를 돌이켜 보자.

우리는 전에 4가지 서로 다른 발전 모델을 경험했다.

이전에 우리는 소련의 계획경제와 중공업을 중심으로 하는 공업화 모델을 본받았지만 궁극적으로는 실패했다. 1958년 전민이 강철을 제련하는 '대약진운동'을 진행했지만 그것도 결국 실패로 돌아갔다. 1960년대 초부터 '안강헌법(鞍鋼憲法)'을 실행하기 시작하면서 정치를 최고의 위치에 놓고 대중노선을 강조했지만 이것도 결국엔 실패했다. 그러다가 1978년 이후 개혁개방과 사회주의 시장경제체제를 실행하면서부터 빠르게 발전하는 성공적인 모델을 찾았다. 바오강이 바로 이 모델의 대표적인 실례인 것이다.

바오강 공장의 역사 진열관은 중국 강철공업을 전시하는 창구이다

현재의 바오강 지도자들이 지나온 바오강의 역사를 존중하고 각별히 중시하고 있는데 대해 진심으로 감사드린다. 예로부터 중국은 역사를 존중하는 우수한 전통을 가지고 있다. 바오강은 정확한 일을 했기 때문에 마땅히 칭찬받아야 한다. 이 또한 옛 것을 고양하고 앞길을 개척하려는 바오강 현 지도부의 이념을 구현한 것이기도 하다. 옛 것을 고양하고 미래를 개척하는 것을 중시하는 것은 하나의 국가, 하나의 민족, 하나의 기구, 하나의 기업이 흥망과 발전을 가늠함에 있어서 표징이 된다.

바오강공장 역사 진열관은 바오강을 소개하는 데만 그치는 것이 아니라 창구역할도 해야 한다. 우리는 이 창구를 통해 중국 현대 강철공업의 발전변화를 엿볼 수가 있다.

글로벌 경제환경에서 중국 강철공업은 어떤 길로 나아가야 할까? 바오강공장 역사 진열관을 참관하고 나면 희망을 보게 될 것이다. 바오강공장 역사 진열관은 중앙 지도자의 중시와 관심을 표현하기 위해 노력했는데 이는 아주 정확한 선택이라고 본다. 그들의 관심과 지지가 없었다면 바오강 건설은 엄두도 내지 못했을 것이다. 하지만 도를 지나쳐서는 안 된다. 바오강에 왔던 모든 지도자를 전부 전시할 필요는 없다는 얘기다.

2007년, 일본 오이타(大分)를 방문했을 때 일본 현대 강철공업의 첫 번째 용광로를 보게 되었다. 그 해 우리가 1.7m의 압연기를 건설하고 있을 때 누군가 이나야마 요시히로(稲山嘉寬) 신일본제철(신일철로 약칭) 회장(이사장)이 용광로를 가리키며 직원들에게 한 얘기를 들려줬다.

"이 용광로에는 중국 다예(大冶)의 철광석과 카이롼(開灤)탄광의 석탄이 들어있기 때문에 중국 연료와 철광석이 일본 현대 강철의 첫 번째 불을 지폈다고 할 수 있습니다. 그러니 우리도 중국에서 우강(武鋼)을 건설하는 데 힘이 되어야 합니다. 중국의 은정에 보답할 기회가 생겼으니 마땅히 최선을 다해야 합니다."

정이 넘치고 더욱이는 역사를 존중한 훌륭한 얘기라고 생각한다.

일본은 가장 먼저 건설한 200여 m^{3}의 작은 용광로 부근에 새로운 전시관을 개설했다. 전시관에 전시된 지도자의 사진은 오직 한 장뿐이다. 바로 황태자가 가동식에서 테이프를 끊을 때 찍은 것이다. 반면 건설자를 주로 소개했는데 이 중에서도 특히 일부 핵심적인 방면에서 기여한 공정사를 중점적으로 소개했다.

예를 들어 첫 번째 용광로가 생산에 투입된 후 제강설비(독일산 구입)가 오랜 기간 동안 강철을 제대로 생산하지 못했다. 독일인도 속수무책이었는데 결국 일본의 기술자가 이 문제를 해결했다고 한다.

이로부터 중국의 공장 역사 진열관을 떠올리게 되었다. 중국의 강철공업 현대화가 수많은 난제에 부딪쳤다. 덩사오핑은 혁신을 중시해야 한다고 얘기했는데 우리에게는 고무적인 격려이자 방향을 제시해준 셈이다. 구체적인 혁신 방법은 바오강 건설자들의 몫이었다. 건설자들이 현대화 과정에서 어떻게 여러 가지 난제를 풀어나갔는지에 대해 진열관은 상당한 비중을 두고 그들의 사적을 소개했다.

예를 들어 말뚝기초 이동과 관련된 문제였다. 우리 자체로서 이 문제를 연구하고 있었지만 일본에서도 관련 전문가가 왔다. 그때 일본 전문가의 태도가 여간 거만한 것이 아니었다. 하지만 그들도 주추변위(柱錘變位)의 이론에 대해서는 명확하게 설명하지 못했다. 결국 이론적으로 이 문제를 해석한 사람은 다름 아닌 리궈하오(李國豪) 교수였다. 그때 그는 바오강 고문위원회 수석 고문이었다. 리 교수는 며칠 간의 밤샘 작업을 거쳐 끝내는 공식을 계산해냈다. 이 공식을 일본인들에게 보여줬을 때 그들도 탄복했다고 한다.

이런 예를 드는 것은 세트 기술장비를 도입한다 해도 어려운 문제에 부딪칠 수가 있는데, 이런 난제는 결국 중국인들 자체의 지혜를 비러 풀어나가야 하고, 그러려면 덩샤오핑이 얘기한 혁신정신을 바탕으로 해야 한다는 점을 설명하기 위해서이다.

또 다른 예를 들어보자. 독일 지마크(sms-siemag)에서 이음매 없는 강관 설비를 도입했다. 하지만 그때 지마크는 이처럼 선진적인 이음매 없는 강관 설비를 생산한 적이 없었기 때문에, 특허 공급업체에서 설계도와 공예기술을 제공하고 지마크는 이에 따라 제품을 제조했다. 하지만 설비뿐만 아니라 컴퓨터 통제시스템에도 문제가 생겨 줄곧 정상적으로 운영되지 못했다. 훗날 중국에서 자주적으로 기술을 발견해 내면서 설비의 일부 기술적인 난제를 해결해 결국 생산가동에 성공했다.

다음은 혁신의 중요성을 보여주는 예다. 바오강은 제철과정에서 대량의 물이 필요했다. 또한 염소이온 함량이 낮아야 한다는 등 수질에 대한 요구도 아주 높았다. 하지만 이런 물을 대체 어디서야 찾아야 할지 고민이었다. 그때는 여러 개 방안이 있었다. 디엔산호(澱山湖), 황푸강(黃浦江) 상류, 장쑤와 가까이 있는 수로망 등을 염두에 뒀다. 리궈하오가 이끄는 상하이시 과학기술협회 고문위원회는 이 문제를 해결하기 위해 1~2년간 골머리를 앓았고 결국 최적의 방안을 찾아냈다.

물 문제를 제대로 해결하지 못한다면 바오강은 절대 생산에 들어갈 수 없었다. 오가키료(大柿諒) 일본 신일본제철 상무 이사장은 만날 때마다 물문제를 하루빨리 해결해야 한다고 얘기했다. 하지만 위의 여러 개 방안 가운데서 어느 방안이 실행가능할지는 미지수였다.

디엔산호에서 물을 끌어올리기 위해 파이프를 연선에까지 운송해 갔다. 하지만 디엔산호가 상하이에서 유일하게 깨끗한 수원인데 만약 바오강에 이용한다면 앞으로 백성들은 마실 물이 없게 된다. 사안이 심각한 만큼 시위에서도 이 문제를 두고 연구만 할뿐 결정을 내리지 못했다. 훗날 링이페이(凌逸飛) 바오강지휘부 부총공정사 등이 창장(長江)에 저수지를 건설하고 창장의 만조와 간조현상을 이용해 "담수를 저장하고 함수를 피할 것"을 제기했다. 이는 아주 큰 성과였다. 이로써 물 문제를 말끔하게 해결하고 수질도 보장했다. 수원문제를 해결한 것은 상하이에도 이득이 되는 일이었다. 서기회의에서 이 방안을 얘기했을 때 시위는 한 결 같이 좋은 방안이라고 엄지손가락을 치켜들면서 만장일치로 통과시켰다. 상하이 백성들에게 생활용수로 제공되는 디엔산호의 물을 사용하지 않아도 되었기 때문에 가장 큰 문제를 해결한 셈이니 부담도 따라서 없어졌다.

강과 하천이 바다로 합류하는 지역은 경제가 발달되어 있지만 모두 물자원과 관련된 문제에 부딪치게 된다. 바오강에서 생각해낸 이 방법은 기타 하구(河口) 지역에서 모두 참고로 적용할 수 있다. 훗날 이 프로젝트는 국가 과학기술진보 2등상을 수상했다.

이와 유사한 실례들이 바오강공장 역사관의 진열에서도 일정 부분 체현되었다. 전열관은 이런 실례를 통해 직원과 참관자를 교육하고 있다. 나의 사진을 포함해 많은 지도자의 사진을 진열할 필요는 없다고 본다. 바오강에 있는 동안 나는 바오강의 사업을 할 수 있어 영광이었지 지도자로서 영광스럽다고 생각하진 않았다. 중국에서 일을 성공시키려면 지도자의 관심과 지지가 없이 성공하기란 하늘의 별따기와 같다. 중국 체제에 의해 비롯된 것이지만 지도자의 관심이 있다고 해서 모든 일을 잘 처리할 수 있는 것은 아니다. 일을 추진함에 있어 지도자의 관심과 지원은 일부분에 불과하다. 더욱 중요한 것은 실제 사업자들이 최선을 다하는 정신과 그들의 총명한 지혜에 의거해야 한다는 점이다.

바오강 건설에서 덩샤오핑의 역할을 두드러지게 표현한 것은 정확한 처사이고 역사를 존중하는 태도라고 본다. 천윈, 리셴녠, 자오쯔양 등도 중요한 역할을 했다. 이밖에도 바오강 건설과정에서 중요한 역할을 한 또 다른 분이 있다. 바로 화궈펑(华国锋)이다. 문서기록을 찾아보면 바오강 건설을 최종으로 허락한 분이 바로 화궈펑이다. 덩샤오핑, 천윈, 리셴녠, 화궈펑, 자오쯔양은 바오강 건설과정에 모두 중요한 역할을 했다.

그때 바오강에서 설비를 도입하려 할 때 중화인민공화국 제1기계공업부는 세트 설비를 도입하지 말고 일부설비는 국내에서 생산해 공급하자고 건의했다. 하지만 그들은 4천㎥의 용광로, 1250압연기뿐만 아니라, 3백 톤의 회전로도 만든 적이 없었다. 이런 것들을 자주적으로 개발하려면 실험을 거쳐야 하기 때문에 반드시 공사일정에 영향을 미치게 되었다.

바로 이때 리셴녠이 상하이 바오강을 찾아 그들의 보고를 듣고 나서 수세식 변기도 도입할 수 있다고 했다. 시간을 단축해 일을 최대한 빨리 추진하라는 뜻에서 한 말이다. 그때 나는 베이징에서 열린 회의에 참석했기 때문에 이 얘기를 직접 듣지 못했고 훗날 예즈창(叶志强)에게서 전해들었다.

제17차 당대표대회에서 우리는 주석대에 앉아 있었다. 선거하는 날 중간 휴식시간이 길어지자 많은 사람들이 화궈펑을 찾아가 사인을 요청했다. 사인을 받기 위해 모두 줄을 섰는데 그때 쉬러장(徐樂江)도 거기에 있었다. 쉬러장의 순서가 되자 내가 먼저 소개했다. "이 분은 바오강의 현재 이사장입니다." 화궈펑은 나와 쉬러장을 번갈아 보더니 나를 가리키며 누군지 아는가 하고 쉬러장에게 물었다. 그는 머뭇거렸다. 그러자 화궈펑은 쉬러장에게 예전의 바오강 책임자였다고 말했다. 그러면서 "건강이 허락된다면 바오강으로 가보실 수 있습니다"라며 가 볼 것을 제안했다.

훗날 공장으로 가 돌아본 뒤 나는 바오강의 사진자료와 CD를 보내줄 것을 부탁하는 쪽지를 쉬러장에게 건넸다. 그 해 음력설 전에 인편으로 화궈펑 집에까지 이를 전해주면서 바오강에서 보내 온 CD이니 시간 될 때 한번 보시라는 편지도 함께 전달했다. 훗날 그가 답장을 보내왔다.

총 지휘부 당위는 "바오강의 반품과 프로젝트 중단", "1기 프로젝트는 잠시 중단하고 2기 프로젝트는 추진하지 않으며 '2개 강판'(열 압연 강판과 냉각 압연 강판)의 반품" 실시방안 및 구체적인 배치를 두고 토론했다.

1980년 12월, "바오강의 반품과 프로젝트 중단(1기 프로젝트는 잠시 중단하고 2기 프로젝트는 추진하지 않으며 '2개 강판'의 반품)"에 대해 결정한 후 1981년 6월 자오쯔양이 상하이를 찾아왔다. 그때 내가 그를 바오강으로 안내했다.

바오강을 둘러보고 나서 그는 말했다.

"현재의 규모까지 이뤄냈는데 계속 추진해야지요."

그리고 설비보호 등에 대해서도 얘기했다.

베이징으로 돌아간 후 한광(韓光)과 국가계획위원회에 지시를 내렸다.

총리로서 직접 바오강을 돌아보지 않는다면 빠르게 회복건설을 할 수 없을 뿐만 아니라 훗날 바오강의 건설행보에도 영향을 미쳤을 것이다.

또 다른 중요한 일이 있었다.

최근 몇 년간 바오강공장 역사 진열관은 상하이를 많이 홍보해왔다. 하지만 상당한 비중으로 야금공업부를 전시해야 한다고 본다. 야금공업부가 상하이보다 일을 더 많이 했다고 생각하고 있기 때문이다. 외국에서 고찰하고 건설을 계획해서부터 건설, 생산가동에 이르기까지, 그리고 전국 각지의 우수한 인재를 집중시키고 전국 내 야금공업부의 자원을 모으는 제반 과정에서 그들은 최선을 다 했다. 역사적 사실인 만큼 실사구적으로 보아야 한다. 야금공업부에서 기울인 노력이 가장 컸지만 따라서 받은 비난 받는 일도 제일 많았다.

부 부장급 관리 6명이 야금공업부의 업무를 주재했다. 나는 바오강 착공건설 30주년 경축 기념대회에서 야금공업부의 중대한 기여를 얘기하면서 특별히 야금공업부에 고마움을 표시해야 한다고 강조했다.

국무원 대표 한광, 리둥예(李東冶)에게도 고마움을 전하고 싶다. 국무원 대표는 전국 여러 지역과 각부의 업무를 포함해 수많은 업무를 조율해야 한다. 상하이는 이런 업무를 조율할 능력이 없어 문제를 해결하지 못했다. 각 부, 여러 지역의 지원이 없었다면 바오강의 건설도 순조롭게 추진되지 못했을 것이다.

바오강 업무에 참여한 6년

1976년 10월 '4인방'을 무너뜨린 후, 중앙업무소조의 성원으로 상하이를 방문했었다. 나는 중앙업무소조에서 문화교육, 보건, 스포츠, 출판, 영화, 고등학교 등 분야를 맡았다. 1976년 말, 업무소조에서 누군가를 상하이에 남겨야 한다고 했다. 그때 중앙은 나를 염두에 두고 있었다. 1977년 1월, 시위 상무위원으로 남게 되었는데 이때에도 문화교육 등 분야를 맡았다. 1977년 연중, 경제업무가 갈수록 중요해졌다. 생산량을 끌어올림에 있어 첫 번째 관문이 강철이었다.

강철 생산 품종이 많고 강철 관련 전통이 구전한 지역은 다름 아닌 상하이였다. 이를 감안한 중앙은 상하이 강철의 장점을 통해 용도가 다양한 강철품종을 생산하려 했다. 하지만 상하이는 강철이 부족해 절반은 전국 여러 지역에서 조율해 상하이로 가져와야 했다. 그때 전국 여러 지역에서 조율해 상하이로 생철을 가져왔는데 갈수록 상황이 어려워지면서 공급과 수요의 모순이 점점 더 첨예해졌다. 이런 상황에서 상하이는 자체적으로 용광로를 건설해 제철하려는 계획을 세웠다.

린후쟈(林乎加) 상하이시위 서기이며 상하이시 혁명위원회 부주임이 국가계획위원회, 야금부를 찾았다. 그들은 상하이에서 관련 조사를 한 후 상하이에 용광로를 세워 자체적으로 강철을 생산할 계획을 세웠다. 제1공장에 2천㎥의 용광로를 건설할 계획이었다.

이때부터 시위의 업무 중심은 운동에서 경제로 바뀌었다. 중앙은 상하이시

혁명위원회의 업무를 회복하는 일에 대해 비준하고 나를 시 혁명위원회 부주임으로 임명했다. 혁명위원회의 업무를 회복하기 전의 5~6월 동안 강철을 제련하는 문제를 해결하기 위해 린후쟈는 강철공장 신축 등을 포함한 관련 업무에 나더러 참여하라고 했다. 12월에 들어서자 나를 혁명위원회 부주임으로 임명하고 경제 분야를 맡겼다. 조직에서는 시 계획위원회 주임 직무까지 겸임하라고 요구했다. 그때 린후쟈가 기본건설위원회를 맡고 있었지만 그는 나에게 건축위원회의 일상적인 업무를 협조해 관리할 것을 요구했다.

1977년 11월, 바오강 프로젝트 가동에 대한 목소리가 갈수록 높아졌다. 그때에는 바오강이 아니라 신축 강철공장이라고 불렀는데 쉬옌(許言)이 책임자였다. 시위, 시정부가 관련 프로젝트를 나에게 맡기기로 결정했다. 쉬옌은 바오강에서 일한 지 1년도 안 되었기 때문이었다. 경신(耿心)은 쉬옌이 전근시킨 기술자였다. 그리고 야금지질총국의 천다퉁(陳大同)을 포함해 모두가 이때 전근해왔다.

1978년 10월, 바오강의 영도체제가 바뀌었다. 기존에는 상하이를 주로 했지만 1978년 10월 이후에는 야금공업부로 전환되었다. 예즈창 부부장이 상하이에서 바오강 건설 프로젝트를 총지휘하게 되었다. 하지만 그때 쉬옌이 그보다 직무 등급이 낮았기 때문에 호흡을 맞추기가 껄끄러웠다. 이런 점을 감안해 시위에서는 나를 바오강 건설 프로젝트 총지휘부 부서기로 임명했다. 그때 예즈창(훗날에는 그가 퇴임하자 내가 서기로 일했다)이 서기였다. 나는 1983년 3월, 상하이에서 전근되기까지 바오강에서 프로젝트 총지휘부 당위 서기, 정치위원으로 일했다.

바오강에서는 6년 동안 일했다. 전 2년간은 일부만 관리하는 정도였다. 그때 시에서 계획위원회 주임을 겸임하면서 경제분야를 주관했기 때문에 업무가 아주 바빴지만 바오강의 일이라면 언제든지 달려갔다. 평일에는 시간이 없었기 때문에 토요일과 일요일에는 무조건 바오강으로 찾아가 상하이에서 해야 하는 일을 포함해 비교적 중요하다고 생각되는 문제를 예즈창과 토론하곤 했다. 그리고 이후 4년은 바오강에서 직접 직무를 맡아 업무를 처리했다. 바오강에서 일한 6년 동안 예즈창, 마빈(馬賓), 리페이핑(李非平), 마청더(馬成德), 류우쉐신(劉學新), 그리고 훗날의 리밍(黎明) 등 야금부의 부부장 6명이 바오강에서 일했다. 이중에서도 예즈창, 리페이핑, 마청더가 주요 직무를 맡아 바오강의 업무를 주재했다. 그중에서도 마청더가 일한 시간이 제일 길었다. 야금부는 부부장 6명을 바꿨지만 나는 줄곧 바오강의 당위서기, 정치위원으로 일하면서 단한 번도 직무를 바꾸지 않았다. 계획추진 단계부터 건설에 이르기까지 주요한 경험자라고 할 수 있다.

6년 동안 바오강에서 한 구체적인 업무는 대체로 아래와 같다.

첫째, 상하이시 야금공업의 계획과 실시를 책임졌다. 상하이강철 제1공장에 용광로를 건설하는 데 관한 계획부터 상하이강철공업의 원료문제 해결, 그리고 훗날의 바오강 건설까지 관리했다. 그때 국가계획위원회에서 책임지고 있는 계획에 참여했다. 국가 차원의 계획인 만큼 전반적인 방안을 확정 짓고 나면 전국에서 강철을 얼마나 필요로 하는지? 상하이에 얼마나 줘야 하는지? 상하이가 얼마나 모자라는지? 등에 관련된 문제를 조율해야 했다. 그리고 상하이의 생산, 공급과 판매, 원료와 상품의 전입과 전출 등을 전국의 계획과 연결시키고 종합적으로 균형을 잡아 생산 공급이 영향 받지 않도록 보장해야 했다.

둘째는 상하이에서 바오강을 건설하는 데 관한 계획과 정식보고서 작성을 연구하고 심사하는데 참여했다. 여기서 말하는 보고서는 "3개 위원회, 한 개 부, 한 개 시"의 보고서였다. 위원회는 국가계획위원회, 국가건축위원회, 국가경제위원회이고 부는 야금공업부, 시는 상하이시다. 위의 5개 부, 위원회와 시에서 공동으로 일본의 선진적인 기술장비를 도입해 상하이에 강철공장을 건설하자는 보고서를 중앙, 국무원에 올렸다. 바오강의 법적 의거는 바로 "3개 위원회, 한 개 부, 한 개 시"의 보고서였다. 보고서는 야금부가 책임지고 연구 및 작성했는데, 바오강 건설과 관련된 내용, 생산 강령, 경제 효익 등이 포함되었다.

셋째는 베이룬항(北侖港) 부두 선택을 포함해 공장 소재지를 확정짓는 일이었다. 그때 많은 사람들은 처음부터 우쑹(吳淞)지역의 웨푸(月浦)를 최적의 장소로 생각했다. 웨푸가 창장 입구와 가까워 항운조건이 탁월했을 뿐만 아니라, 철거해야 하는 주민도 별로 없고, 빈 땅도 많았기 때문이었다. 게다가 낡아서 폐기된 웨푸공항이 있었는데 그곳에서 프로젝트를 건설하기에 적합해 보였던 것이다. 이곳을 선택할 수 있을지에 대해서는 내가 책임지고 구체적인 조사업무를 전개했다. 린후쟈가 앞장서 조사를 하면서 웨푸 일대에서 합당한 곳을 찾아다녔다. 그 해 창장 반대편에는 토질로 된 제방이 있었는데 제방 위에는 야생 갈대가 많이 자랐던 걸로 기억된다. 2008년 바오강 건설 착공 30주년 경축 기념대회에서 왕안석의 시구를 인용해 백발이 되어 다시 바오강을 찾아오니 그 해에 봤던 곳은 찾을 수 없다고 말했다.

"30년 전 아버지와 형님에게 이끌려 이곳으로 와 여기저기를 돌아봤건만, 오늘날 백발이 되어 다시 와보니 그 해의 모습은 전혀 찾아볼 수 없어 막연하기만 하도다."

예전의 제방이 없어지고 상하이제1강철공장, 제5공장의 강재(鋼滓)산이 없어졌다. 웨푸공항, 농경지도 없어져 예전의 모습을 전혀 찾아볼 수 없었던 것이다.

철광석 부두에 관해서는 재미난 이야기도 전해지고 있다.

바오강 건설 재료로 처음부터 광석을 수입했다. 광석 선박의 적재량이 너무 적으면 수지가 맞지 않았기 때문에 반드시 10만 톤급 이상이어야 했다. 하지만 창장의 항도(航道 : 항로와 도로의 융합개념)가 깊지 않아 10만 톤급 선박은 들어올 수가 없었다. 그러니 상하이의 인근에서 다른 곳을 선택해 하구에 부두를 지어야 했다. 우리는 연해지역으로서 합당한 곳을 찾아 떠났다. 뤼화산(綠華山) 등의 섬을 돌아보기도 했다.

쑤전화(蘇振華) 상하이시위 제1서기, 상하이시 혁명위원회 주임은 특별히 미사일 구축함을 배치해줬다. 현재 아덴만에서 호위임무를 수행하는 군함과 같은 유형이다. 우리는 미사일 구축함으로 이동하며 강철공장 건설에 필요한 부두를 찾아다녔다. 고금동서를 둘러봐도 우리처럼 미사일 구축함을 이용해 이

동한 실례는 없을 것이다. 먼저 뤼화산으로 갔다. 뤼화산의 수역은 수심이 깊어 30~40m는 족히 되었다. 하지만 단점도 있었다. 광석을 두려면 육지의 면적이 커야 했는데 이곳에는 땅이 없어 이곳을 거쳐 다른 곳으로 운송해 갈 때 광석을 둘 곳이 없었다. 그리고 뤼화산의 수역이 겉으로는 평온해 보이지만 수면 아래에는 파도가 거셌다. 이 2가지 요소 때문에 결국 뤼화산을 포기했다.

계속 남쪽으로 운항해 닝보(宁波)에 도착했다. 이곳에서는 베이룬항을 선택했다. 베이룬항에는 10만 톤에서 20만톤 급의 선박이 정박할 수 있었다. 광석을 실은 선박이 그곳에서 절반가량 내려놓고 난 후 5만 톤급이면 창장 입구로 들어갈 수 있다. 또 베이룬항에 부두를 건설할 경우 닝보의 건설력을 빌릴 수 있어 프로젝트를 순조롭게 추진할 수 있을 것으로 보였다. 우리는 항저우에 도착한 후 저장성 성위와 의견을 나눴다. 모두 같은 생각이었다. 이렇게 되어 베이룬항을 바오강 광석 수입 부두로 건설하게 됐던 것이다.

네 번째는 지도부를 구성하고 인재를 불러들이는 업무였다. 그때 내가 지도부의 구성 업무를 맡았는데 인재를 불러들이는 일이 결코 만만치 않았다. 시위 상무위원회에서 이렇게 얘기했다. "인재를 불러들이는 업무를 빨리 추진해야 합니다. 인재가 없으니 일도 추진할 수 없습니다. 인재를 모으는 일이 발등에 떨어진 불로 됐습니다." 자오전칭(趙振淸) 상하이 시위 상무위원 겸 조직부 부장은 나를 적극적으로 지지하면서 직접 나서 인재의 영입을 도와줬다. 이튿날 그는 와이탄(外灘)에 위치한 시총공회 청사에서 회의실을 빌려 업무를 보기 시작했다. 시위에서 정한 인재 영입조건에 따라 주관회사에서 상의한 후 최종 명단을 결정하고 곧바로 통지를 보냈는데 3~5일 내에 반드시 도착해야 한다고 요구했다. 이런 규정 때문에 전근된 수많은 공정기술자가 빠른 시일 내에 부임했다. 기술자가 도착하자 지도부 구성 업무도 빠르게 추진되었다. 처음에는 인민광장에 있는 상하이시 인민대표대회 청사를 빌려 사용하다가 후에는 화이하이로(淮海路)에 위치한 사회과학원 청사로 옮겨 업무를 봤다. 두 번 옮기고 나니 현장으로 가야 되겠다는 생각을 하게 되었다. 그래서 쉬옌을 찾았다. "지금

당장 현장으로 가야겠습니다. 이제 더는 사무실에 앉아 탁상공론만 할 수는 없습니다." 그때 현장으로 들어가려는 사람이 많았다. 조사팀이 들어와야 했을 뿐만 아니라, 우한 조사연구원, 야금 부서에서는 이미 기술자들이 와 있는 상황이었다. 이렇게 되자 지도부 구성팀은 빠르게 현장에 위치한 레이펑(雷鋒)중학교에서 업무를 전개하게 되었다.

다섯 번째는 바오강의 부대 프로젝트와 관련된 업무이다. 건설임무에 따라 분공시키면서 건설을 맡겼다. 이건 상하이 석유화학공사 본부의 건설 경험이다. 도로와 다리를 수리하고 물과 전기를 통하게 하는 분야뿐만 아니라, 생활 서비스를 제공하는 분야에서도 지도부를 구성해야 했다. 하지만 지휘부에서 이 모든 업무를 책임지고 해결한다면 건설에 쏟아야 하는 힘이 분산될 것이 불 보듯 뻔한 일이었다. 결국 시에 있는 기존의 기구를 활용하기로 했다. 분공해 건설을 맡겼더니 업무가 일사천리로 추진되었다. 도로와 다리 수리, 수돗물공장, 가게, 병원, 학교 건설이 빠르게 추진되었으며 주축 프로젝트를 위해 봉사했다.

여섯째는 자금을 모아 전기(前期)의 업무를 추진하는 것이었다. 물과 전기를 통하게 하고 땅을 평평하게 하며 임시용 주택을 건설했다. 이런 부분에 투입되는 자금이 결코 만만치만은 않았다. 하지만 이때 프로젝트가 아직 허락을 받지 못했기 때문에 국가에서는 자금을 조달하지 않았다. 자금이 없으니 공사장의 일상적인 지출을 포함해 아무 것도 추진할 수가 없었다. 그러니 현재로서는 상하이시에서 대신 지불해야 했다. 사실 상하이시도 넉넉한 편은 아니었다. 내가 계획위원회 주임으로 있던 차라 그나마 조율하기는 편리했다. 그때 계획위원회에서 허리띠를 졸라매며 결국 7천 만, 8천만 위안에서 1억 위안 정도를 융통해 주었다.

바오강 프로젝트 건설 초기에 상하이시와 연관됐던 업무들이다. 시위에서 결정을 내려야 할 경우에는 그들의 의견에 귀를 기울이고 보고서를 올린 후 실천에 옮겼다.

바오강 건설, 상하이 시위·시정부의 적극적인 지지 받아

바오강 건설 프로젝트가 가동된 후 중국의 최대 공업 프로젝트라는 점을 깨닫게 되었다. 이처럼 방대한 규모의 바오강을 상하이에 건설한다는 것은 상하이에 대한 중앙의 믿음이자 상하이의 영광이기도 했다.

바오강 프로젝트를 바오산(寶山)현에 건설하기로 결정했다. 현급 지역에서 전국 최대 규모의 건설 프로젝트를 수용하기에는 체제 면에서도 문제가 있었다. 케익과 접시로 이들 관계를 비유한다면 큰 케익이 있는데 케익을 담을 접시가 너무 작아 올려놓지 못하는 격이었다. 그래서 바오산 체제를 전환시키는 방안을 연구하기 시작했다. 그때 바오산의 상부기구로는 상하이시 농업위원회가 있었는데 수많은 업무는 농업위원회를 거친 후에야 시정부에 보고를 올릴 수 있어 업무효율이 떨어졌다. 그래서 생각해낸 방법이 바오산현을 바오산구로 승격시키는 것이었다. 구로 되면 직접 시에 직속되기 때문에 농업위원회를 거치지 않고도 시위, 시정부에 보고를 올릴 수 있게 되었다. 시에서 결정한 후에는 중앙의 비준을 받아야 했다.

여기까지 얘기하고 나니 또 다른 일이 떠오른다. 그때 푸단(復旦)대학의 본관이 양푸(楊浦)구에 위치해 있었다. 본관의 교직원은 호적, 학습, 참군, 먹고 입는 문제에서부터 모두 도시의 기준을 적용하고 있어 도시의 대우를 누렸다. 훗날 푸단대학이 도로 맞은편의 바오산현까지 규모가 확장되었다. 바오산현에서 거주하고 있는 교직원의 호적 소재지가 도시에서 농촌으로 바뀌면서 자녀들의 입학 문제에서조차 '불평등 대우'를 받게 되었다. 그때 푸단대학에서 이 문제 때문에 교육 분야 담당자였던 나를 특별히 찾아왔다. 호적과 관련되는 문제는 해결하기 가장 어려운 부분이었다. 천왕다오(陳望道) 푸단대학 교장의 병세가 위독해졌다는 소문을 듣고 시위에서는 나에게 병문안을 가라고 했다. 그는 힘들어하면서도 더듬더듬 계속 얘기했다. "푸단대학 교직원의 호적 문제를 꼭 해결해 주십시오." 한 대학교에 2개 제도를 적용함에 따라 교직원들이 서로 다른 대우를 받고 있었던 것이다. 양푸구에 살고 있는 교원과 가족은 도시 호적 대우를 받고, 도로 맞은편의 바오산현에 살고 있는 교직원과 가족은 농촌 호적 대우를 받고 있어 그야말로 하늘과 땅 차이였다. 해결하기 어려운 문제였다. 푸단대학 교장으로 일했던 한 노인이 임종할 즈음에도 교직원의 호적 문제를 이토록 마음에 담고 있다는 점에 큰 감동을 받았다. "힘 써 보겠습니다. 호적문제를 해결하기 위해 최선을 다 하겠습니다"라고 대답했다. 그날로 바오산 현위에서 회의를 소집하고 바오산현을 바오산구로 승격시키는 일에 대해 연구했다. 만장일치로 동의했다. 그때 천왕다오가 부탁했던 일이 떠올랐다. 현을 구로 승격시키면 농촌이 도시로 되기 때문에 천왕다오가 부탁했던 일도 자연히 따라서 해결되었다. 훗날 국무원에서도 빠르게 비준해 주었다. 우쑹구를 바오산구로 바꾼 후 구위 서기가 지휘부 부지휘 직을 겸했다. 외지로부터 전근시켜온 5~6만에 이르는 노동자의 먹고 자는 문제를 해결해야 하는데 다행히 제때에 적절하게 해결되었다.

1977년, 1978년 여름, 찜통 날씨가 지속되었다. 북방에서 온 공사대원은 무더운 날씨에 적응하지 못했다. 공사장의 욕실이 턱없이 부족했기에 일부 노동자들은 강으로 목욕하러 다녔는데 수영 할 줄 모르는 몇몇 노동자가 물에 빠져 사망하는 불의의 사고도 발생했다. 그래서 다른 곳에 목욕할 수 있는 간이시설을 더 마련할 것을 여러 번 제기했다. 그때 공사장의 임시 가설물을 밭에 세웠는데 위에는 루핑을 덮었기 때문에 날씨가 더우면 안의 온도는 더욱 높아졌다. 그해 바오강의 창업 환경이 얼마나 어려웠는지를 잘 설명해주는 대목이다.

바오강 건설은 상하이 시위, 시정부의 적극적인 지지를 받았다. 전반적으로 볼 때 상하이 시위는 바오강 건설을 중시하면서 강하게 영도했다. 바오강의 프로젝트는 방대했기 때문에 문제가 생기면 바로 덩샤오핑, 천윈, 리셴녠에게 보도되었다. 조정을 하고 있을 때 누군가 이미 도착한 설비를 '여러 곳으로 분리시키자(五馬分尸)'고 제기했다. 즉 코크스 제조 설비, 용광로, 제강, 압연기 등을 여러 개의 대형 강철공장에 하나씩 분배해 주자는 것이었다. 미국 유학파인 중국과학원 야금소 전문가는 바오강 건설을 아주 단호하게 반대했다. 바오강의 논증을 들은 후 시위는 보고서를 청취하고 결정을 내렸다. "코크스화 작업을 계속 추진해 만들어 낸 코크스는 상하이에 주고 전기공장도 계속 운영해 상하이에 전기를 공급합니다. 이러면 바오강에서도 수입을 얻을 수 있어 건설을 중단하지 않아도 됩니다."

방안이 통과된 후 얼마 지나지 않아 야금소의 그 전문가가 마훙(馬洪)을 거쳐 시정부 주요 간부에게 편지를 보냈다. 시정부의 간부는 전문가가 보내 온 편지를 보고나서 그의 견해에 동의했다는 태도를 밝혔다. 그 간부가 편지를 보라며 나에게 건네줬다. 나는 그때 바로 불쾌함을 드러냈다. "바오강에서 방금 논증을 마쳤고 시위에서도 보고서를 청취하고 나서 이미 결정을 내렸습니다. 그 전문가의 의견은 시위와 논증방안을 반대하는 것인데 어찌 찬성한다고 할 수 있습니까?" 이렇게까지 얘기하자 그는 변명할 여지가 없었는지 연신 자세히 보지 않아서 그랬다고만 했다. "자세히 보지도 않고 어찌 태도를 표할 수 있습니까? 이 편지를 자오쯔양이 본다면 시위 영도자가 어떻게 이런 판단을 할 수 있는가 하며 추궁하지 않겠습니까?"

바오강에 몸 담은지 6년 동안 시위와 시정부는 바오강을 적극적으로 지도하고 관련 업무에도 참여했다. 그러한 업무는 다음과 같았다.

첫째, 바오강을 상하이에서 건설하도록 노력했다. 국가 차원에서 설비를 도입해 새로운 강철공장을 건설하기로 결정하자 허베이, 장쑤, 산둥, 톈진 등 여러 성과 도시에서는 모두 이 프로젝트를 자신들의 도시에서 건설하려고 했다. 서로 프로젝트를 가져가려고 다투는 시점에서 중앙의 태도는 아주 중요했다. 화궈펑부터 리셴녠, 위치우리(余秋里), 야금부 부장, 계획위원회 분관 주임, 쑤전화, 니쯔푸(倪志福), 펑충(彭沖), 린후쟈(林乎加) 그리고 나까지 모두 프로젝트를 따오려고 신발이 닳도록 뛰어다녔다. 우리는 베이징으로 그들을 찾아갔다. 또 그들이 상하이로 오면 우리는 관련 업무를 보고했다. "상하이에 건설하는데 대해서는 걱정하지 마십시오. 꼭 잘 이끌어 나가겠습니다." 결국 프로젝트 건설 도시는 최종 상하이로 확정했다. 만약 1977년에 확정하지 못했다면 이듬해에 착공할 수 없었다.

둘째, 시위, 시정부의 주재로 야금부에서 작성한 "3개 위원회, 한 개 부, 한 개 시"와 관련된 보고서를 심의했다. 심사회의는 진장호텔(錦江飯店) 예당에서 열렸다. 진장호텔은 닉슨 미국 대통령이 방중했을 때 저우언라이 총리와 '상하이공보'를 체결했던 곳이다. 이날 회의에는 시위 서기도 참석했다. 상무위원은 한결같이 찬성하며 적극적으로 지지한다고 했다. 그들이 토론과 결정에 참여하지 않았다면 보고서는 무게가 없어 발표되지 못했을 것이다. 가령 발표되었다 하더라도 논쟁이 치열할 때는 다양한 목소리가 들려오게 될 것이고, 따라서 당위의 유력한 정치적 지지를 받지 못하게 될 수도 있었다.

셋째, 공장입지와 항구부두의 건설을 추진했다. 쑤전화가 미사일 구축함을 보내왔다. 린후쟈가 팀을 이끌고 여러 부위와 상하이시 관련 부서의 분들과 함께 바다로 고찰을 떠났다. 최종적으로 베이룬항을 선택했다.

넷째, 지도부를 결성하고 책임자를 선출했다. 상하이 시위는 "3개 위원회, 한 개 부, 한 개 시"의 보고서를 작성함과 동시에 지도부를 결성했다. 그리고 야금공업에 여러 해 종사해 온 지도간부와 공정기술자 골간들을 선출해 전기의 업무를 추진했는데 하루도 지체하지 않고 최선을 다했다.

다섯째, 시 전체의 힘을 동원해 편리를 제공해 줘 업무가 빠르게 추진되었다. 시위가 레이펑중학교에서 구현급 간부회의를 소집했다. 평충 시위 서기가 회의를 주재하고 내가 동원연설을 했다. 상하이시의 수많은 업종은 농촌의 토지 징발, 도시의 철거, 관련 건축 청부, 대오의 공장 입주 등 면에서 바오강에 편리를 제공해줬다. 그때는 시위의 결정 없이는 마음대로 움직일 수 없었다. 그때 가장 어려운 부분이 바로 토지징발이었다. 계획된 징발면적은 $10km^2$였다. 그날 오후 우리는 레이펑중학교에서 구·현·국급 간부 현장 동원대회를 열었다. 그리고 그날 저녁에는 시위 상무위원회를 열고 1만 헥타르 토지를 징발하기로 했으며 "한 번에 비준하고 수요에 따라 사용해야 한다"는 요구사항을 제기했다. 그날 저녁으로 방안을 확정짓고 이튿날부터 구체적인 실시에 들어갔다. 그때의 후이위위(惠浴宇) 장쑤성 성장에게서 직접 전화가 왔다. "진화 씨, 1만 헥타르 토지징발을 단번에 비준받았다면서요. 어떻게 그토록 빨리 허락을 받아냈습니까?" 시위에서 이미 결심을 내린 덕분이라고 답했다. 시위의 지지가 없었다면 추진 자체가 불가능한 일이었다.

여섯째, 방안을 조정하기 전과 후, 현장의 정서 파동이 심했다. 시위의 영도들이 적극적으로 발 벗고 나서서 사상정치 업무를 전개해 민심을 안정시켰다. 공사장에서 외지뿐만 아니라 상하이의 대오도 있었다. 상하이의 대오를 안정시키지 못한다면 반드시 외지의 대오에도 영향을 미치게 되었을 것이다. 시위는 건설을 맡은 몇몇 기구에 민심을 안정시키는 일을 반드시 제대로 처리해야 한다고 당부했다. 상하이의 대오가 안정될 수 있었던 것은 시위의 유력한 영도 덕분이었다. 중앙에서 조정하라고 하면 우리는 잠시 건설을 중단하고 설비를 보수하라고 하면 바로 설비보수에 들어갔으며 추가건설을 요구하면 바로 추가건설을 시작했다. 훗날 국무원에 논증방안을 보고했을 때 국무원에서도 빠르게 조정방안에 동의했다. 시위의 지지가 없었다면 불가능한 일이었다. 개인의 역할은 제한되어 있어도 조직의 힘은 무궁하다는 점을 잘 설명해주었다.

일곱째, 바오강 1기 공사가 가동되고 이어 2기 공사를 착공했다. 1기공사를 채 건설하지도 못했는데 2기공사 방안이 나왔다. 하지만 그때는 이미 상하이를 떠난 후였다. 시위에서 덩샤오핑에게 보고서를 올렸고 덩샤오핑은 베이징으로 돌아와 자오쯔양, 야오이린을 찾아 이야기를 나눴다. 순풍에 돛을 단 듯 순조롭게 진행될 수 있었던 것도 시위의 관심과 적극적인 지지가 뒷받침된 덕분이었다. 중대한 결정이라면 시위에서는 중앙인지 상하이인지를 따지지 않고 적극적으로 밀어줬다. 시위의 정확한 지도 덕분에 지휘부의 업무도 잘 이끌어 나갈 수 있었다. 시위의 지시라면 무조건 들어줬고 지휘부에서 지시를 요청하는 일이라면 시위에서는 발 벗고 나서서 지지했다. 다른 프로젝트에서는 찾아보기 드문 정경이었다.

바오강에 근무하면서 처리하기 가장 어려웠던 일

첫째, 바오강이 제때에 착공할 수 있을지 여부였다.

1978년 11월, 현장에는 수만 명이 모였고 공사에 들어갈 준비가 본격적으로 시작되었다. 신일본제철회사와도 착공할 것이라고 얘기는 했지만 정확한 시간을 정하지는 못했다. 신일본제철회사에서 물어보면 여러 측에서 준비하고 있기 때문에 기다려야 한다며 자꾸만 착공시간을 미뤘다. 왜 정하지를 못했는가 하면, 그때 사회적으로 일부 나쁜 조짐이 보였기 때문이었다. 신일본제철회사는 자꾸만 언제 착공할 것인가 하고 다그치며 조급해했다. 중국에서 다시 '문화대혁명'이 발발할까 우려했던 것이다. 신일본제철회사에서 중국의 우한(武漢)강철공장과 협력해 1.7m 압연기를 건설하기로 했는데, 그때 마침 '문화대혁명'이 발생해 생산이 중단되고 투쟁이 치열한 상황을 겪은 적이 있었기 때문이었다. 그때 중국과 일본은 장기적인 무역 협정을 체결했는데 바오강이 최초이자 최대 규모의 프로젝트였다. 바오강 건설이 중국이나 일본에는 모두 큰 영향을 미쳤던 것이다. 신일본제철회사에서 자주 사람을 파견했다. 현장에 파견한 대표부터 오가키료(大柿諒)에 이르기까지 모두 나를 찾아와서는 '문화대혁명'이 다시 발발하고 바오강의 착공에 차질이 빚어질까 두렵다고 했다. 사실 그때 나도 뭐라고 확실한 대답을 줄 수 없었다. 과연 일이 일파만파로 커지지 않을지? 그리고 바오강이 제때에 착공할 수 있을지에 대해 확신이 없었던 것이다. 훗날 중국 공산당 11기 3중 전회가 소집되었다. 11기 3중 전회 전에 열린 중앙업무회의에서 많은 문제가 제기되었다. 우리도 조급하기는 마찬가지였다. 신일본제철사는 어느 날로 확정할 수 있을지 확실한 답을 달라며 자꾸만 독촉했다. 그래서 바오강의 프로젝트는 변하지 않을 것이고 '문화대혁명'도 다시 발생하지 않을 것이라며 모호하게 답변하기만 했다. 11기 3중 전회가 아직 끝나지 않았기 때문에 회의 참석차 베이징으로 간 상하이 시위 주요 책임자들은 착공식에 참석할 수 없었고, 국무원에서도 관계자를 파견할 수 없었다. 국무원과 시위의 책임자들이 착공식에서 빠진다면 자연히 바오강의 수준을 떨어뜨리게 될 것이 뻔했다. 베이징에서 열린 회의에 참석한 펑충에게 여러 번 전화를 하며 전체회의가 언제쯤이면 끝날 수 있을지 물어봤다. 전체회의가 끝나는 날짜를 확정짓지 못하면 착공날짜에 차질이 빚어지고 결국에는 신일본제철회사에게도 정확한 답변을 줄 수 없게 되기 때문이었다.

중앙업무회의가 끝나고 2, 3일 만에 3중 전회가 소집되었다. 회의에서 펑충은 바오강의 상황을 리센녠, 화궈펑에게 얘기했다. 중앙에서는 전체회의가 끝나는 이튿날 바로 구무(古牧) 국무원 부총리를 파견하겠다고 약속했다. 그때서야 비로소 신일본제철회사에 정식으로 통지를 보냈는데 기껏해야 4, 5일 밖에 안 되었다. 신일본제철사 측에서는 이나야마 요시히로(稲山嘉寛) 회장이 직접 방문했다. 내가 공항으로 마중을 나갔고 배웅도 내가 했다. 현장으로 갈 때 이나야마 요시히로 회장과 같은 차량을 타고 궁허신로(共和新路)를 따라 이동했다. 그때 궁허신로 양쪽의 판자촌 규모는 상당했다. 이나야마 요시히로는 판자촌을 보면서 물었다. "언제부터 이런 모습이었습니까?" "해방 전에 남겨진 것들입니다. 해방 후 차오양신촌(曹楊新村) 등 일부 판자촌을 개량하긴 했습니다만 규모가 워낙 크다 보니 점차 개량하는 수밖에 없습니다"라고 솔직하게 대답했다. "전쟁 후 일본도 비슷한 상황이었습니다. 개량하려면 오랜 시간이 걸리지요"라고 대답했던 일이 기억난다.

그때는 시간이 비교적 촉박했다. 이나야마 요시히로 회장이 요청을 받고 중국을 방문하기까지 준비할 시간은 4, 5일 밖에 안 되었다. 그는 착공식이 성공적으로 치러진데 만족한다면서 소규모의 연회를 베풀겠다고 했다. 야금부의 탕커(唐克), 예즈창, 대외무역부의 류시원(刘希文)을 초청했다. 그가 청하려는 분들은 모두 신일본제철사의 바오강 프로젝트와 연관된 중국 측의 주요한 부급 관리였다. 그 시각의 기쁜 마음을 충분히 보여주는 대목이었다. 이나야마 요시히로는 수행원에게 진장호텔에 물어보라고 했다. "이나야마 요시히로 회장님이 한턱 내려 합니다. 이곳의 최고 기준은 얼마입니까?" 개혁개방 전이라 사실

수십 위안도 괜찮은 수준이었다. 바이준(白尊) 진장호텔 사장은 대답했다. "이곳의 최고 기준은 일인당 2백 달러입니다." 이나야마 요시히로는 기뻐하면서 3백 달러 기준으로 준비하라고 했다. 하지만 진장호텔은 단 한 번도 3백 달러 기준으로 음식상을 마련해 본 적이 없었다. 후에 음식상에 올라온 것을 보니 반찬들이 변변치 않았다. 바이준에게 물었다. "3백 달러 기준인데 음식이 별로더군요." "딴 마음이 있어서가 아닙니다. 시간적으로 너무 촉박했습니다." 그때 시간적 여유가 전혀 없었음을 설명해주는 부분이다.

이나야마 요시히로를 배웅하러 갈 때였다. 그는 차량으로 이동하는 내내 걱정이 있는 듯한 표정이었다. 그러더니 결심한 듯 물었다.

"중국에서 다시 '문화대혁명'이 발발하지는 않겠지요?"

그래서 그에게 확신을 줘야 한다고 생각했다.

"얼마 전 중국공산당은 11기 3중 전회를 소집했습니다. 어제 신문에서 공보를 발표했는데 향후 중국은 경제건설을 중심으로 한다고 했습니다."

"그래요? 참 잘 됐군요."

"중국 정부는 바오강 프로젝트를 아주 중시하면서 인프라건설을 주관하는 국무원의 주요 책임자이자 국가건설위원회 주임인 한광을 파견해 바오강의 구체적인 조율문제를 책임지게 했습니다."

"네, 그렇군요. 좋은 소식이군요."

둘째는 제5기 전국인민대표대회 제3차 회의에서 대표들의 질의를 받은 것이다.

제5기 전국인민대표대회 제3차 회의에서의 질의는 베이징, 톈진 등 가장 영향력 있는 5개 대표단에서 제기되었다. 회의가 끝난 후 바오강에서 그들이 제기한 문제를 종합했는데 총 60여 개나 되었다. 하지만 핵심적인 내용은 모두 바오강에서 잘못된 선택을 했고 투자 규모가 너무 커 밑 빠진 항아리와 같다는데 집중되었다. 대표들은 투자를 회수할 수 있을지, 상하이의 지질층은 주로 연토층(軟土層)으로 구성돼 있어 바오강이 창장으로 빠져들어 가지는 않을지에 대해 질의했다. 한편 상하이 대표는 오염문제를 제기했다. 제3, 제5공장 그리고 시 구역의 몇몇 공장은 '황룡(黃龍)'인데 바오강이 상하이의 새로운 '황룡'이 되지 않을 확신이 있는가 하며 추궁하기도 했다.

인민대표대회의 대표들은 대체 뭘 믿고 바오강과 같은 규모의 프로젝트를 추진하고 이토록 엄청난 투자를 마다하지 않는지에 질의했다. 사실 우리도 아는 것이 없기는 마찬가지였다. 그 누구도 사전에 우리에게 알려주거나 통보한 적이 없었기 때문에 『인민일보』에 실린 통보를 보고서야 알게 되었다. 『인민일보』는 전면을 할애하며 인대 대표의 의견을 실었다. 왜 그러는지? 대체 어떤 목적이 있어서인지? 아니면 단순한 비판이거나 질의하고 나서 더는 추진하지 못하게 하려는 것인지 우리는 전혀 감을 잡지 못했다. 만약 이대로 프로젝트를 중단하게 된다면 그 많은 사람들은 또 뭘 해야 할지? 신문에서 글로만 떠드는 문제가 우리에게도 진짜 총과 칼 같은 현실적인 문제였다. 현장에 5만에서 6만 명이 대기하고 있었으니까 말이다. 신문을 보고 알게 된 신일본제철회사는 일본 주중대사관으로 관계자를 파견했다. 국내의 지시를 받지 못한 대사관은 함부로 답변을 줄 수 없다고만 했다. 훗날 신일본제철회사는 베이징의 대표를 대외무역부로 파견해 그때 구체적으로 프로젝트를 맡은 중국기술수출입총회사를 찾아가게 했지만 여전히 확실한 답을 얻지는 못했다.

이런 상황에서 신일본제철사는 스즈키(鈴木)라는 중개상을 상하이로 보내 나를 찾아오게 했다. 바오강에 대한 베이징의 질의가 도대체 어떻게 된 것인지를 알아보려는 것이었다. 스즈키는 물었다.

"신일본제철사의 이나야마 요시히로 회장님의 관심이 대단하십니다. 어떻게 된 일인지 물어보라 하셨습니다."

사실 우리도 확신이 없기는 그들과 마찬가지였지만 그렇다고 모른다고도 할 수 없는 일이었다.

"인민대표대회에서 대표들이 바오강을 두고 야금부에 질의했습니다. 이는 중국의 최고 권력기구에서 민주 권리를 행사하는 것이고 국가 정치민주화의 새로운 기상을 보여준 것입니다. 좋은 일입니다. 민주니깐 모두 의견을 발표할 수 있습니다. 질의한 것도 바오강에 대해 관심을 표한 것이고, 야금부에 그만큼 기대가 크다는 것을 의미합니다. 바오강은 '중일 장기적 무역협의'의 첫 번째 대형 프로젝트입니다. 중국정부는 예로부터 신용을 아주 중시해왔습니다."

"일본에서 신간선을 건설할 때 국회에서도 논쟁이 심했고 오랜 시간의 의견 마찰이 있었지 않습니까? 나리타공항(成田機場)이 건설된 것도 얼마나 긴 시간이 흘렀습니까? 그러나 지금도 논쟁을 하고 있으니 중국의 바오강 프로젝트도 이와 같은 도리입니다."

"이나야마 요시히로 회장님은 (야금부의) 탕커 부장님이 퇴임할까 두려워하고 있습니다."

하지만 탕커 부장이 퇴임하지 않을지는 잘 몰랐다.

"중국 정부는 영도간부의 직무 종신제를 폐지한다고 선포했습니다. 그러니 그 누구도 영원히 부장으로 있는 건 불가능합니다. 탕커 부장의 퇴임여부는 중국 정부가 고려할 문제입니다."

영원히 바꾸지 않는다고도 말할 수 없었다.

"직무에 인사이동이 있다 할지라도 바오강 프로젝트는 변하지 않을 것입니다. 중국 정부는 신용을 지키니까요."

스즈키는 또 물었다.

"이나야마 요시히로 회장님은 앞으로 상하이에서 인민대표대회를 소집할 경우 천 시장도 탕커 부장님처럼 질의를 받지 않을지 걱정하고 있습니다."

물어보니 실사구시적으로 대답하는 수밖에 없었다.

"그럴 수도 있습니다. 바오강 프로젝트를 상하이에서 추진하고 있으니까 말이죠. 상하이 인민대표들이 바오강 프로젝트에 각별히 관심을 두는 것도 정상적인 현상입니다."

"이나야마 요시히로 회장에게 전해주십시오. 인민대표대회의 질의는 중국 국가 정치 민주화의 새로운 기상으로 좋은 일입니다. 바오강에 대한 질의도 바오강에 대한 관심으로도 풀이됩니다. 현재로서는 탕커 부장의 인사변동 소식을 듣지 못했습니다. 앞으로 변동이 있다고 해도 아주 정상적인 것입니다. 하지만 바오강 프로젝트가 영원히 변하지 않는다는 점은 약속드릴 수 있습니다.”

“마음을 놓으라고 전해주십시오. 바오강 프로젝트 건설을 반드시 착실하게 이끌어 나가겠습니다.”

스즈키와 만남을 가진 후 상하이 외사판공실에 전반적인 연설내용 기록을 정리한 후 구무 국무원 부총리에게 전달할 것을 요청했다. 그리고 구무에게 편지 한 통을 더 보냈다. “인민대표대회의 질의에 따른 영향이 아주 큽니다. 신일본 제철회사에서 곳곳을 찾아다녀도 정확한 답을 얻지 못하자 대표를 파견해 상하이로 저를 찾아왔습니다. 대표자에게 한 얘기인데 정확하게 전달했는지 확인 부탁드립니다.” 훗날 구무 부총리의 답변을 받지 못했다. 그때 나는 인민대표대회의 대표가 아니었다. 장쓰주(張世珠) 상하이 시정부 비서장은 상하이 대표단의 비서장 신분으로 제5기 인민대표대회에 참석했다. 회의를 마치고 돌아온 후 인민대표대회의 관련 상황을 들려줬다.

“논쟁이 아주 치열했습니다. 상하이 대표단도 만만치 않았습니다. 한 대표는 바오강이 가동되면 상하이 시위의 책임을 물어야 한다며 장본인은 린후쟈, 천진화라고 목에 핏대를 세우며 쏘아댔습니다.”

그때 한저이(韓哲一) 시위 서기가 보다 못해 한 마디 했다.

“조급해 하지 말고 천천히 얘기하십시오.”

사실 한저이는 우선 의견부터 들어보라는 뜻에서 한 말이었다. 하지만 이 말을 듣자 그 대표는 더욱 목소리를 높였다.

“제가 왜 조급하지 않겠습니까? 바오강에 200억 위안을 투자하면 전국 국민 당 20위안을 투자한 셈입니다. 20위안을 내고도 말 한마디 못하겠습니까?”

나는 그 대표와 안면이 있었다.

“저에 대해 의견이 있는 것은 뭐라 할 수 없지만 저를 장본인이라고 얘기하는 것은 저를 과대평가한 것입니다. 바오강 프로젝트는 제나 리센녠이 결정한 것이 아니라 덩샤오핑이 결정하고 추진하라고 한 것입니다. 덩샤오핑이 신일본

기미쓰(君津)제철소를 방문했을 때 직접 이나야마 요시히로의 얘기를 듣고 그 공장의 경험을 본 따 중국에서 건설하기로 한 것입니다."

베이징으로 전근되어 온 1983년, 한 단위가 왕푸징 중국인민세계평화보위위원회 대원(大院)에서 중요한 포럼을 개최했다. 얼떨결에 나도 요청을 받고 회의에 참석했지만 발언은 하지 않았다. 회의에서 한 전문가가 격앙된 어조로 바오강을 비난했다.

"바오강에서 거액을 투자해 수많은 외국인을 청해오고 사치스러운 호텔을 지어 독일인과 일본인이 거주하도록 했습니다. 하지만 독일인과 일본인이 함께 거주하면서 자주 다투자 싸우는 것을 막기 위해 독일인들에게 따로 거처를 지어줬습니다."

이런 말을 듣고 나니 정말 화가 났다. 전혀 없는 일을 함부로 지어낸 것이었기 때문이었다. 바오강에서 지은 외국 전문가 주택에 더는 들어갈 방이 없어 한 채를 더 지은 것뿐이었다. 일본인, 독일인에 전혀 차별을 두지 않고 바오강에 도착하면 순서에 따라 입주하게 했다. 그때 바오강을 비난하는 것이 유행으로 번질 때라 바오강에 대한 비난은 국가에 대해 책임을 지는 태도를 보여주는 좋은 기회였다.

셋째, 바오강 건설계획을 조정했다.

1980년 12월 23일 밤, 자오쯔양이 중앙재정영도소조회의를 주재했다. 바오강 프로젝트 규모가 아주 큰 만큼 중앙재정영도소조는 바오강 문제를 토론하기 위해 특별히 회의를 소집했는데 완리(万里), 야오이린, 구무 등 지도자들이 참석했다. 회의에서 야금부, 국가계획위원회 대표들은 한 마디도 하지 않았다. 오직 비판 받기 만을 기다렸다. 중앙재정영도소조에서 회의를 소집하기로 결정한 이틀 전에 통지를 받았다. 그래서 한칭취안(韓清泉)에게 전화했다.

"바오강 현장에서 시공하는 사진을 많이 찍어 모레 오전 중으로 보내주십시오."

한칭취안은 용광로, 회전로, 소형 압연기, 부두를 찍어 12(호)로 확대해서는 인편으로 보내왔다. 저녁에 회의에 참석해야 하는데 점심에야 받았다. 회의장에 도착한 후 사진을 구무에게 전달했다. 토론 과정에 자오쯔양이 연설하고 나서 나더러 얘기하라고 했다. 그래서 현장에 몇 명이 왔는지, 설비는 어느 정도 준비되어 있는지, 재료는 얼마만큼 구입했는지 등에 대해 구체적으로 얘기했다.

"프로젝트를 중단한다는 것은 어려움이 너무 큽니다."

오랜 시간을 두고 차츰 문제를 해결해야 한다는 방안을 제안했다.

"프로젝트를 중단할 수는 없지만 진도를 조금 늦출 수는 있습니다."

그 누구도 의견을 발표하지 않았다. 이어 그들은 구무에게 얘기하라고 했다. 구무는 중단하라고도 중단하지 말라고도 주장하지 않은 채 손에 사진을 꺼내들며 말했다.

"바오강 프로젝트가 현재는 이런 수준까지 건설됐습니다. 이제는 고려하지 않으면 안 됩니다."

이어 그는 사진을 자오쯔양 등에게 보여줬다. 내가 현장의 상황을 그 누구보다 잘 알고 있기 때문에 그들이 고려하지 않을 수가 없었던 것이다. 대체 어떻게 해야 할까? 그때 천궈둥이 한 마디 했다.

"한 번 더 논증해야 되지 않겠습니까?"

현장의 분위기가 그제야 조금은 완화되었다. 아니면 언제까지 그런 상태로 있을 수만은 없었을 테니까 말이었다. 자오쯔양도 긴장된 분위기를 느꼈는지 따라서 한 마디 했다.

"좋습니다. 그렇게 합시다. 1기 프로젝트를 다시 논증합시다."

그때 마훙 국무원 부 비서장과 리징자오(李景昭) 국가건축위원회 부주임을 지목해 논증을 책임지고 추진하게 했다. 훗날 논증회의 전반 부분은 베이징에서 열고 후반부분은 바오강 현장에 가서 열었다. 그날 저녁 1기 프로젝트를 완전히 중단하지 않고 다시 한 번 논증하자는 것으로 의견을 같이 했다.

회의가 끝나자 밤 11시가 다 되었다. 상하이시 정부 주 베이징판사처로 돌아온 후에도 계속 그 일만 생각했다. 현재의 규모까지 건설했는데 완전히 종료한다면 손실이 너무 컸기 때문이다. 상부기관은 현장의 상황을 잘 모르는 것 같았다. 정책결정자와 구체적으로 일을 추진하는 자 사이에는 늘 격차가 있게 마련이었다. 다시 한 번 시도해 보려고 왕위칭(王玉清)에게 전화를 걸었다. 그는 천원(陳雲) 사무실의 주임인데 전에는 야금부 부부장으로 있었다. 방금 끝난 중앙 재정영도소조회의에 관한 상황을 그에게 얘기했다.

"천원이 상하이에 있을 때 바오강에 어려운 점이 있으면 찾아오라고 했습니다."

"현재로서는 바오강 문제를 해결하기가 아주 어렵습니다. 천원에게 직접 상황을 보고하고 싶습니다."

그는 국무원에 재정경제위원회가 있다고 알려줬다. '4인방'을 무너뜨린 후 결성된 것인데 천원이 주임, 리셴녠이 부주임으로 있었지만, 지금은 천원이 주임이 아니라며 중앙에서 따로 재정팀을 조직해 자오쯔양이 조장을 맡고 있다고 했다. 왕위칭은 천원이 더는 재정위원회를 맡고 있지 않으니 바오강 문제 때문에 나서는 것은 합당하지 않다고 했다. 하지만 나도 결코 포기하지 않았다.

"반드시 직접 만나 보고하고 싶습니다. 내일 점심 12시 항공권을 구입했으니 만약 천원이 만나주겠다고 한다면 11시 전에 전화를 주십시오."

이튿날 오전 11시까지도 전화가 없었다. 다시 상하이로 돌아오는 수밖에 없었다. 상하이로 돌아오는 내내 그 문제를 생각했다. 이토록 중요한 프로젝트를 현재의 규모까지 건설했는데 반대의견이 있다 해서 그대로 중단한다면 영원히 한으로 맺힐 것 같았다. 일본인 오가키료가 나에게 이런 말을 한 적 있었다.

"당신들은 날마다 달걀을 먹습니다. 하루도 빠짐없이 달걀을 사다 먹곤 하지요. 이때는 그 누구도 의견이 없습니다. 2개, 3개, 5개, 8개, 얼마를 사와도 전혀 싫은 소리하는 사람이 없습니다. 하지만 이제는 달걀을 낳는 암탉을 사오자 여기저기 의견들이 참 많군요."

"암탉 사는 것을 두려워하고 있는데 당신들의 현재 상황이 바로 이러합니다."

비아냥거리는 말투라 듣기 거북하긴 하지만 딱 맞는 말이 아닌가? 그래서 다시 한번 쟁취해 봐야겠다고 생각했다.

상하이로 돌아온 후 마청더, 황진파(黃錦發), 한칭취안, 팡루위(方如玉) 등 몇몇 부지휘를 시위 판공실로 불렀다.

"다시 한 번 쟁취해 봅시다. 이대로 프로젝트를 중단한다면 손실이 너무 심각합니다."

그들은 당연히 찬성했다.

"좋습니다. 회의에서 전면적으로 얘기하지 못했습니다. 더 많은 자료를 수집해야겠습니다. 설비, 재료, 공사일꾼, 생산양성일꾼 등의 규모가 얼마나 되는지에 대해 구체적으로 통계를 내 주십시오."

훗날 자오쯔양, 완리(万里), 야오이린(姚依林), 구무에게 전달하는 편지를 보냈다. 그후 편지의 부본을 천궈둥(陳國棟), 후리쟈오(胡立教), 왕다오한(汪道涵)에게도 전달했다.

"개인적인 소견입니다. 잘못된 부분은 제가 책임지겠습니다."

하지만 그들은 아무런 태도도 밝히지 않았다. 그때의 논증은 대응하기가 어려웠다. 말뚝기초이동, 내리막길과 같은 문제에 대해서는 그나마 자신이 있었기 때문에 별로 큰 압력을 느끼지 못했다. 말뚝기초가 움직인다면 바오강이 창장 밑으로 빠져 들어가지 않을지 약간 걱정되기도 했다. 기술적인 문제라 상하이의 전문가를 불러 조사연구회를 열었다.

"천진화 씨, 걱정하지 마십시오. 아무 문제없습니다. 쑤저우 강변의 와이바이두챠오(外白渡桥) 옆에 상하이빌딩을 건설하지 않았습니까? 상하이빌딩은 규모가 엄청납니다. 만약 좌우 양쪽에서 아래로 힘을 가한다면 땅이 두 쪽으로 갈라지면서 다리가 붕괴될 것입니다. 하지만 수십 년이 지난 현재에도 와이바이두챠오는 아주 안전하고 강변에도 안전문제가 없습니다."

들고 보니 일리가 있는 얘기였다. 지질상황으로 미뤄 볼 때 상하이빌딩, 와이바이두챠오 그리고 우쑹이 비슷한 시간에 건설됐기 때문에 토질도 비슷했다. 전문가들의 얘기가 도리가 있다고 생각되어 한광에게 와이바이두챠오 실례를 얘기했다. 그도 듣고 나서 일리가 있다고 했다.

바오강에서 일한 몇 년 간, 골치 아팠던 몇 가지 일이 있었다. 일부 사람들은 상황을 제대로 알지 못하면서 언성을 높이며 자주 싸웠다. 그리고 일부 사람들은 권력은 아주 큰데 얘기해도 도리가 통하지 않았다. 그렇지만 또 얘기하지 않으면 일을 추진하지 못할까 두렵기도 했다. 이런 상황을 겪지 않았다면 그 몇 년 동안 흰머리가 갑자기 많아졌다는 사실을 알지 못할 것이다.

건설 초기, 체제·메커니즘에서의 돌파

'4인방'을 무너뜨린 후 우리는 총 22개 특대형 프로젝트를 유치했는데 총 금액이 68억 달러였다. 그중에서 바오강이 절반을 차지했다. 바오강의 발전은 그 해 우리의 예상을 크게 빗나갔다. 바오강 건설 초기는 계획경제 체제를 실행하는 단계였다. 현재처럼 사회주의 시장경제 체제를 실행하는 단계가 아니어서 시장배치의 수단으로 사회융자를 유치할 수 없어 융통성이 없었다. 바오강을 건설하는 과정에 꾸준히 모색하고 개혁하고 완벽화했다. 아래 몇 가지는 잘 이끌어 나간 부분이라고 생각된다.

첫째, 중국 최대 규모의 공업도시인 상하이에 바오강을 건설해 상하이의 방대한 기술과 인적, 물적 징점을 활용했다. 아주 탁월한 선택이었다. 바오강 프로젝트 기획준비 단계에 상하이를 주로 하는 체제를 도입했다. 위의 체제를 실행하지 않았다면 상하이는 시 전체의 힘을 동원할 수 없었을 것이다. 상하이는 인력이나 물자가 충족하고 부서가 완전히 갖춰져 있어, 설비, 재료, 인재 등 대다수 분야에서의 부족점을 자체로 해결할 수 있었다. 그때는 야금부에서 직접적으로 참여하지 않았기 때문에 국가에서는 일전 한 푼도 주지 않았다. 상하이에서 시 전체의 힘을 동원하는 과정에 가장 중요한 것은 관련 부서에 건설을 맡기는 것이었다. 전기공장을 화동전력관리국에 맡기자 화동전력관리국에서 팀을 구성해 전력공장을 건설했다. 그러니 바오강은 별로 힘 들이지 않고도 빠르게 전력공장을 건설할 수 있었다. 그리고 대형 수돗물공장을 건설하는 관련 프로젝트를 수돗물회사와 도시건축국에 맡겼다. 설비가 들어오자 빠르게 가동되었다. 전에 중앙재정영도소조회의에서 제출한 보고서에 첨부한 사진에서 2년도 안 된 사이 현장에는 상당한 수준으로 프로젝트가 추진됐고 설비가 전부 설치됐음을 볼 수 있었다. 만약 다른 도시에 바오강을 건설했다면 이런 수준까지 이르지 못했을 것이다.

둘째, 1년 후 상하이를 주로 하던 데서 야금부를 주로 하는 체제로 바뀌었다. 정확하고도 적시적인 선택이라고 보았다. 야금부를 주로 하게 된 후부터 예즈창 부부장은 현장에서 건설 업무를 주재했다. 처음에는 상하이에 수 만 명에 이르는 공사일꾼들이 모였지만 훗날에는 모두 속속 돌아갔다. 특히 그때 상하이에는 전문적인 공사, 용광로, 제강, 강철압연 등 분야에서의 전문적인 기술이 없어 제대로 할 수가 없었다. 야금부는 관련된 야금건설회사를 불러왔다. 이런 회사들은 한칭취안이 여러 해 동안 지휘해 왔기 때문에 그의 한 마디면 모두 적극적으로 호응했다.

셋째, 국무원에서 대표를 파견하기로 했다. 상하이와 야금부는 바오강 건설 가운데서 부딪히는 대다수 문제를 해결하지 못했다. 이런 문제를 해결할 더 높은 차원의 부서가 필요했다. 중화인민공화국 제1기계공업부나 교통부, 전자부, 물자부 등 부서들은 야금부, 상하이시와 급별이 동등했기 때문에 상의만 할 뿐 결단을 내리지 못해 쉽게 일을 그르칠 수 있었다. 이때 국무원 대표를 파견해 조율하게 된다면 효과가 아주 좋을 것이라고 생각했다. 그때 한광은 책임성이 아주 강했다. 1년에 한두 번은 회의를 소집했는데 그때마다 여러 부서와 관련 도시의 책임자를 불러오곤 했다. 관련 부서에서 각각 책임지게 하고 바오강에는 없지만 다른 부서에는 있을 경우 그 부서에서 가져오도록 했다. 이처럼 그는 아주 영리하게 조율했다. 힘을 모아 큰일을 해결하는 사회주의 제도의 우월성을 보여줬다. 이건 제도적인 장점으로 그 누구도 혼자의 힘으로 해결할 수 없는 부분이었다. 예를 들어 바오강에서 스스로 발전소를 건설하려면 어려움이 많을 것이다. 야금부 발전소의 규모가 크지 않았기 때문에 발전소를 실력이 막강한 국가전력부 소속 화동전력관리국에 맡기면 손쉽게 해결될 수 있었다. 바오강에서 자체로 발전소를 건설하는 과정에 대외협상을 진행했다. 기술과 디자인 문제가 연관되어 있어 화동전력관리국에서 협상에 나섰지만 결국 일본 미쓰비스와는 협의를 이루지 못했다. 결국 그들은 전력부에 지원을 요청했다. 그후 전력부는 전국의 모든 발전소에서 가장 능력있고 대외 협상경험이 풍부한 인재들을 집중시켜 다시 미쓰비스와의 협상에 들어갔다.

"이번에는 실패했습니다. 국가 차원에서 싸우니 저희들은 질 수밖에 없습니다. 우리는 한 회사에 불과하니까요."

그러나 결국 협상에는 성공했다. 훗날 미쓰비스도 사회주의제도의 우월성을 느꼈다며 인정했다.

넷째, 다양한 분야의 인재를 집중시켜 고문위원회를 결성했다. 이런 형식으로 상하이의 여러 분야에서 가장 유명한 전문가를 모셔왔다. 물속에 함유된 염소이온이 설비와 재료를 부식시킬 수 있는 우려가 있었기 때문이었다. 상하이에 전국에서 가장 유명한 부식방지 전문가가 있었는데 창장 입구의 수질이 기준에 부합되는지에 대해서는 그가 최고 권위였다. 고문위원회가 결성되면 좋은 점이 많았다. 예를 들어 기술, 음용수, 말뚝기초 이동 등에 문제가 생겼을 때 모두 제때에 전문가를 모셔올 수 있기 때문이었다. 수원지를 선택하는데 대해 서로 많은 의견을 내놓았다. 그들은 서로 뒤지려 하지 않으면서 각자가 양호하다고 생각하는 물을 사용할 것을 주장했다. 모두 일리가 있었다. 그래서 도무지 혼자서는 결단을 내릴 수 없어 리궈하오(李国豪)에게 물었다.

"여러 가지 의견들이 많습니다. 기술적으로도 복잡하구요. 결정해 주십시오. 의견에 따르겠습니다."

결정을 내려야 할 때가 되니 리궈하오는 30분쯤 시간을 내줬다.

"좋습니다. 바오강의 일이라면 절대 지체할 수 없습니다."

이튿날 출근도 하기 전에 와이탄(外灘)의 시정부 사무실로 그가 찾아왔다. 그는 창장 입구 저수 방안이 마음에 든다고 했다.

"좋습니다. 그렇게 하지요. 오후에 열리는 시위 회의에서 관련 방안을 정하겠습니다."

약속대로 오후에 열린 시위 서기 업무회의에서 물 문제를 얘기했다.

"디엔산호의 물은 사용할 수 없습니다. 상하이의 민간용수와 자원을 쟁탈할 수 있어 향후 큰 문제가 생길 수 있습니다. 기타 지역의 물은 수질과 물량에 모두 문제가 있습니다. 그러니 창장 입구에 저수지를 만들어 조수를 이용해 '담수를 저장하는 것'이 좋을 듯 합니다."

시위 서기도 찬성했다. 바오강으로 돌아가 회의를 소집하고 구체적인 실행을 선포했다.

"물 관련 방안을 정했습니다. 이제 더 기다리면 생산가동을 지체하게 됩니다."

오늘에 와서 다시 돌이켜보니 이런 것이야말로 지식과 인재를 존중하는 지혜로운 결정이며 진정한 민주라고 생각되었다. 중대한 프로젝트에 대한 결정일수록 이런 민주가 필요하다고 생각한다.

다섯째, 건설 수요에 바오산현을 바오산구로 격상시켰다.

지방정부로서 바오강 건설이 차질 없이 진행되도록 협조해야 한다. 수많은 후방근무 보장 업무를 현지에서 해결해야 하고 상급은 현지 정부에 조건을 마련해줘 그들에게 업무를 해결할 수 있는 힘을 갖게 해야 한다. 이런 것들은 그 어느 개인의 일이 아니다. 사실 구위 서기가 바로 예전의 현위 서기였다. 바오강은 2년 만에 이토록 방대한 규모의 프로젝트 건설을 질서있게 추진했다. 천원도 바오강 업무를 잘 추진했다며 높이 평가했다. 바오산현을 제때에 바오산구로 격상시키면서 조직의 중요한 역할을 충분히 발휘했으며 체제, 메커니즘은 제도적인 우월성을 충분히 보여줬다.

바오강에서 일하면서 가장 인상 깊었던 일

첫째, 중국 특색의 사회주의제도 힘은 무궁무진하다는 것이었다. 바오강 건설 초기, 건설을 재촉하기 위해 모든 분야에서 허락해줬기 때문에 업무가 순조롭게 추진되었다. 기타 국가에서는 있을 수 없는 일이었다. 바오강과 관련된 일이라면 누구든 지지하고 모두 바로 추진하라며 적극적으로 밀어줬다. 바오강 건설에 대한 기여를 국가에 대한 기여로 생각하면서 영광과 사명감을 느꼈던 것이다. 미사일 구축함에 탑승해 민간상품공장 소재지를 선택하러 다닌다 것은 고금동서에서도 찾아보기 어려운 선례였다. 쑤전화가 미사일 구축함을 파견하면서 한 말이다. "시간이 너무 소중합니다. 1분 1초라도 쟁취해야지요. 군함을 파견하겠습니다." 이 같은 제도는 잘만 활용하면 무궁무진한 에너지를 방출할 수 있는 우월성을 갖고 있는 것이다. 바오강 건설 초기 모든 분야에서 적극적으로 밀어준 것이 바로 가장 좋은 증명이다.

반면 이런 제도에는 가히 상상할 수 없는 걸림돌도 뒤따랐다. 바오강을 잘 이끌어 나가지 못하고 있다느니, 바로 중단하고 조정해야 한다느니, 모든 분야에서 안 된다며 금지령을 내리기도 했기 때문이다. 1979년 연말 이후, 우리는 계속 그곳에서 일했다. 그때 입에 담지 못할 정도로 상스러운 욕을 먹었지만 그대로 드높은 열정으로 바오강 건설에 뛰어들었다. 외부에서 아무리 욕해도 우리는 하루하루 즐거운 마음으로 건설에 참여했으며 별로 영향을 받지 않았다.

천천히 추진하라고 하는데 설비, 재료가 오면 어떻게 하겠는가? 창고를 지어 보관해야 했다. 창고를 짓는 것은 국가에서 이미 허락한 일이다. 하지만 창고를 짓는데 투입하는 자금을 창고가 아닌 작업장 건설에 투입할 계획이었다. 작업장을 짓고 나면 기계를 직접 작업장에 둘 수 있기 때문에 기존에 창고를 지으려 했던 땅을 절약할 수 있었다. 일거양득이라 얼마나 좋은 일인가? 기계를 작업장에 오래 놔두면 변형될까 우려되기도 하는데 기계를 대좌(基座)에 두면 된다. 이를 '제자리 보관(就位保管)'이라고 한다. 기계를 운반대에 올려놓은 후 설치해 전기를 연결시키면 바로 작동할 수 있다. 그때 정밀기계는 보수에 힘쓰고 전기와 연결시켜 파손되지 않도록 해야 한다고 제기했다. 바오강이 형식적으로 반년간 중단되긴 했지만 실제로는 건설을 멈춘 적은 없었다.

바오강의 대오는 잘 건설되었다고 본다. 1980년 12월 재차 논증하기로 확정되었다. 이듬해 6월 말 자오쯔양이 상하이에 도착했고 8월 1일 회복건설을 허락했다. 제자리 보관 방법을 도입하면서 시간을 지체하지 않았기 때문에 훗날 건설 진도가 아주 빨랐다. 그 과정에 일할 때는 정말 목숨 걸고 열심히 일했다. 그리고 중단하라고 했을 때는 언젠가 다시 회복건설을 할 때를 대비해 좋은 조건을 마련하려고 노력했다. 이렇게 할 수 있었던 것은 대오와 여러 지휘부를 포함해 훌륭한 지도부 덕분이다. '보루는 내부에서 공파(攻破)하기 제일 쉽다'는 말이 있다. 하지만 바오강의 보루는 든든했다. 내부에 줄곧 문제가 생기지 않았기 때문이다. 지도부에만 20여 명, 여러 지휘부까지 합치면 수백 명은 되었다. 외부에서는 바오강 건설을 중단하라고 목에 핏대를 세웠지만 바오강 내부에서는 그 누구도 이에 호응하지 않았다. 2008년 바오강 건설 착공 30주년 기념행사에 참석했던 이유는 이 기회를 빌어 오랜 친구를 만나기 위해서였다. 몇 년 동안 만나지 못한 여러 지휘부의 많은 분들이 일찍 퇴직했다. 그날 그들도 기념행사에 참석했다. 직접 찾아다니면서 술을 권하자 모두 기뻐했다. 한 평생 살면서 이런 경험을 할 수 있다는 것은 참으로 위로가 되는 일이다. 그때가 가장 깊은 인상 깊었던 일이기도 했다.

둘째, 인민대표대회의 질의를 받아서부터 조정에 이르기까지 상상 그 이상의 압력을 견뎌야 했다. '보하이2호(渤海二号)' 해상 탐사정 플랫폼에 사고가 발생했을 때 쑹전밍(宋振明) 석유부 부장이 해임되었다. '보하이2호'는 해상 석유 탐사정 플랫폼인 만큼 책임사고라 해야 햇다. 플랫폼은 규모가 수천 m²에 이르렀는데 플랫폼 아래 수면과 맞대인 부분에 수십 개의 격벽을 만들어야 했다. 선창이 파손됐을 때 바로 격벽을 닫지 않으면 물이 격벽의 선창에 유입되어 플랫폼이 결국 가라앉게 되었다. 하지만 플랫폼을 구입했을 때는 경험이 없었기 때문에 격벽의 중요성을 깨닫지 못해 선창에 물이 들어오자 그대로 가라앉고 말았던 것이다. 그때 무모하게 진행하고 제멋대로 지휘했다며 욕을 엄청 많이 먹었다. 일각에서는 바오강에 대해 '무모한 진행'이라며 '양약진(洋躍進)'의 산물이라 하기도 했다. '보하이2호'의 사고에 대해, 시위에서는 지난 6년간의 업무종합까지 합쳐 지난 1기 지도부의 3년간 업무에 대해 옳고 그름을 따지자고 하니 비바람이 몰아칠 것 같은 느낌이 들었다. 린후쟈에게서 연락이 왔다. 그가 상하이를 떠나 톈진시 서기로 있을 때였다.

"진화 씨, 누군가 당신에게 죄를 물을 수도 있으니 바오강과 관련된 모든 문자자료를 남겨두십시오. 억울한 누명을 벗으려면 증거가 있어야 하니까요."

우리는 사이가 아주 좋았다. 나는 그를 형님으로 존중했다. 그도 나를 아끼는 마음에서 조언해준 것이다. 바오강에 있는 동안 내 손을 거친 중요한 지시, 답변, 문서를 전부 정리해 완벽하게 갖추어 보관했다. 훗날 바오강을 떠나면서 주얼페이(朱尔沛)에게 전했다. 사실 그때는 스트레스가 굉장히 컸다. 가족에게 사상준비를 하라고 알렸고, 만에 하나 죄를 묻는다면 결백함을 믿어달라고 했다. 내가 혹시 문제를 과대평가한 것일까? 그렇다고 단정 짓기는 힘들다. '보하이2호'사건이 터지지 않았더라면 이토록 심각하게 생각하지는 않았을 것이다.

셋째, 바오강 공장 소재지를 상하이로 정한 것은 정확한 선택이었다. 그때 바오강은 세계적으로 가장 선진적인 기술장비를 도입했다. 국가 차원에서 엄청난 노력을 들여 도입한 만큼 우리는 제때에 생산을 가동해야 했을 뿐만 아니라 기술을 소화하고 받아들이는 과정에서 혁신도 해야 했다. 그때 기술장비를 도입하는 상대가 한 개 국가나 한 개 회사인 것이 아니라, 여러 개 국가, 여러 개 회사였기 때문에 여러 개 국가와 회사의 기술을 한데 융합시키는 능력을 갖춰야 했다. 상당한 기술수준을 갖추지 못하고 상당한 전문기술을 장악하지 못했다면 이 일을 성사시키지 못했을 것이다. 그때의 실제상황을 보면 중국에서 상하이를 초과할 만한 성, 직할시, 자치구가 없었다. 상하이에는 인재가 집중되고 업종이 다양하며 상호 협동 조건이 뛰어나 문제가 생기면 시 전체에서 해결방법을 찾을 수 있었다. 바오강 프로젝트에 돌을 던지려거든 그럴만한 영향력 있는 사람이 해야 했다. 아니면 별 효과를 거두지 못했다. 반면 높이 평가하려 해도 영향력 있는 사람이 나서서 얘기해야 했다. 덩샤오핑은 바오강 건설이 정확하다는 점을 역사가 증명해 줄 것이라고 했다. 우리가 목이 터지게 얘기해도 들어주는 사람이 없을 것이다. 덩사오핑은 그 어느 기업과도 이 같은 말을 한 적이 없었다. 바오강을 상하이에 건설해야만 바오강을 높은 위치에 두고 모두가 눈여겨 볼 수가 있었다. 만약 바오강을 다른 곳에 건설했다면 덩샤오핑이 자주 갈 수 있었을까? 그럴 수는 없었을 것이다. 상하이에 가면 그는 바오강을 찾아갔다. 천원도 마찬가지였다. 그때 베이징에 있는 중앙지도자, 국무원, 인대, 정협의 관계자들이 모두 보러갔다. 이처럼 수많은 지도자들이 보러 다닌 공장은 바오강 밖에 없을 것이다. 이에 따라 많은 지도자들이 관심을 가졌는데 그때는 비난도 독촉하기 위한 것이었다. 만약 그때의 비난이 없었다면 엄격하게 시행하지 못했을 것이다. 그때 칭찬을 받아 열정이 높아졌다고 하면, 더 이상 열정을 높일 여지가 없게 될 것이고, 그렇다면 덩샤오핑이 어떻게 칭찬할 수가 있었겠는가 말이다. 이런 일은 상하이가 아닌 다른 곳에서는 추진할 수 없었던 것이다.

넷째, 바오강은 중국 신형 공업화 건설에서 기업발전루트를 개척했다고 할 수 있다. 이는 본보기이자 모델이었다. 마오 주석은 강철에 각별한 관심을 보였다. 1960년 그는 리푸춴(李富春), 보이보 등을 찾아 얘기를 나눴다. "우리는 실력이 있어야 합니다. 실력이 없으면 절대 안 됩니다. 수중에 쥔 쌀이 없으면 닭들도 오지 않습니다. 중국이 오랜 세월 능욕당하고 없인 당한 것은 바로 우리의 강철생산량이 적기 때문입니다." 마오 주석은 줄곧 강철생산량을 끌어올리려고 했다. 하지만 강철생산량을 어떻게 끌어올려야 할까? 소련에서 지원 건설한 안강(鞍鋼), 바오강(包鋼) 등 기업에 대해 마오 주석은 "생산량이 적고 속도가 느리고 품질이 낮고 소모가 크다"고 지적하며 불만을 드러냈다. 그러면서 "강철생산을 중심으로 하는 정책"을 실시했으며, 7천만 명이 산으로 들어가 강철을 제련하는 대중운동을 일으켰다. 하지만 결과적으로 실패로 끝났다.

1960년대 초기에는 '안강헌법(鞍鋼憲法)'을 제창하면서 기업에 대한 당의 지배를 강화하려 했다. 하지만 6개월이 지나도 여전히 강철생산량을 끌어올리지 못했다. 개혁개방 전의 1978년에 이르러서도 중국의 강철생산량은 고작 3,100여 만 톤에 불과했다. 그후 30년간 연간 강철생산량이 5억 톤을 실현할 수 있었던 것은 정확한 발전의 길을 찾아냈고 알맞은 발전 모델을 선택한 덕분이었다.

여기서 말하는 발전모델은 바로 사회주의 시장경제체제이다. 대외개방을 실시하면서 광석을 수입하고 세계의 선진적인 기술장비를 도입했을 뿐만 아니라 인재와 혁신에 노력을 기울이고 에너지절약과 소모 그리고 환경보호를 중시했기 때문에 생산력이 크게 향상됐던 것이다. 현재 바오강의 규모와 기술수준은 기존의 예상을 훨씬 벗어났다. 이것이야말로 개혁개방이 가져다준 원동력이 아니겠는가! 바오강의 의미는 바오강에만 국한된 것이 아니다. 바오강의 현대화 건설, 환경보호와 기업관리가 전국 여러 업종에 모두 적극적인 영향을 미치고 있다. 처음으로 일본을 방문했을 때가 1977년 말이었다. 그 전에 특별히 톈진 강철공장, 항저우강철공장, 상하이강철공장을 둘러본 적 있었다. 그때 신일본 제철회사를 방문했을 때 우리 나라의 강철공장이 아주 뒤떨어졌다는 것을 느끼게 되었다. 하지만 지금에 와서는 바오강의 발전에 모두가 기뻐하고 있다. 카스트로(CasTro)를 동행해 바오강을 방문했을 때 카스트로는 세계의 여러 국가를 둘러봤지만 바오강처럼 훌륭한 공장은 없다고 했다.

바오강이 건설된 후 전국에서 모범역할을 했다. 뿐만 아니라 하나도 빠짐없이 모든 자료를 공개해 형제 강철공장에게 보여줬다. 그들이 보고싶 어 하면 무조건 보여주고 그들이 원하는 자료는 뭐든지 구해줬다. 그리고 기술인재 양성을 요구하면 인재대오 건설에 도움을 줬다. 수도강철공장의 용광로는 바로 바오강을 참고로 해 건설한 것이다. 바오강이 없었다면 설계도도 얻지 못했을 것이다.

현재 중국공업이 대형화, 자동화, 시장국제화, 인재고급화, 융자다원화의 길로 나아가면서 기업의 시야가 넓어지고 발전공간이 생겨났다. 강철공업에서 가

전제품산업에 이르기까지, 그리고 자동차부터 고속철도에 이르기까지 모두 위와 같은 발전의 길을 걸었다. 1978년 중국에서 대외개방의 길을 가장 먼저 걸은 기업이 바로 바오강이다. 바오강의 뒤를 잇는 대오는 갈수록 방대해졌다.

바오강에서의 주요 경험과 칭찬받아야 할 일

첫째, 국문을 나서 세계로 진출했다는 점이다. 1977년 예즈창 야금공업부 부부장이 대표단을 이끌고 일본을 방문했다. 1977년 이전에는 봉쇄, 반봉쇄적인 상태였기 때문에 대외에 대해서는 잘 알지 못했다. 간혹 문자로 된 자료를 보긴 했지만 그것마저도 간접적이고 추상적인 것이었다. 세계강철공업이 어떤 수준으로 발전되어 있는지 잘 모르고 있었다.

1977년 덩샤오핑은 모두 외국으로 나가 보라고 하면서 자신도 국문을 나섰다. 국문을 나서 세계의 변화를 둘러보면 사상을 해방하고 관념을 바꿀 수 있도록 추진하는 것은 물론 새로운 형세에서 빠르게 발전할 수 하도록 이끌 수도 있는 것이다. 예즈창을 주로 한 대표단의 일본 방문은 바오강이나 중국의 강철공업에 적극적이고 시범적인 역할을 일으켰다. 1977년 여름 국무원은 이론학습 토론회를 열었다. 10년간의 '문화대혁명' 탓에 많은 귀중한 시간을 잃었고, 경제가 내리막길을 걷고 있는데다 국민경제가 붕괴의 변두리에 다다르고 있어 반드시 빠른 발전을 실현해야 한다고 제기했다. 여러 부위에서 모두 발전을 가속화하는데 관한 방향과 계획목표를 제기했다. 하지만 결론적으로는 탁상공론에 불과했다. 구체적으로 어떻게 빠른 발전을 실현할 수 있을지 알고자 한다면 고찰하고 관련 조사연구를 해야 한다.

1977년 9월 예즈창 야금공업부 부부장은 전문가들과 함께 일본 고찰을 떠났다. 돌아올 때 영화, 환등용 슬라이드를 포함해 수많은 자료를 가져왔다. 가져온 영화와 환등용 슬라이드를 중앙지도자들에게 보여줬다. 훗날 상하이 시위의 간부들이 보도록 상하이에 빌려줬다. 외국의 강철공업을 보고 난 후 다시 우리의 강철공업을 보니 격차가 엄청 크다는 것을 느끼게 되었다. 예즈창은 특별히 보고서를 작성해 깊이 있게 분석하고 대조하면서 중국과 일본의 격차를 지적하고 건의를 제기했다. 보고서는 1960년 중국의 강철 생산량이 1,866만 톤, 일본의 생산량이 2,200만 톤으로 양국 간 격차가 300만 톤이었지만, 훗날 일본의 강철생산량이 크게 향상되었다고 지적했다. 1973년 일본의 강철생산량은 1억 1천 9백만 톤에 이르렀지만 중국은 고작 2,522만 톤으로 격차가 3배 넘게 벌어졌다.

  길지 않은 10여 년 동안 양국 간 강철생산량 격차가 왜 이토록 커진 것일까? 예즈창 등 책임자들은 분석을 대조한 후 일본의 강철공업 발전경험을 소개했다. 바로 세계의 선진적인 기술을 도입하고 광석을 수입하는 외에 설비의 대형화, 자동화를 실현하고 인재를 중시하는 등의 조치를 취했음을 알게 되었다. 다른 산에서 나는 보잘것없는 돌이라도 자기의 옥(玉)을 가는 데에 쓸모가 있다는 것을 뜻하는 타산지석 가이공옥(他山之石 可以攻玉)이란 말이 있질 않은가? 이것이야말로 타산지석이었다. 이런 상황에서 중국은 당연히 급할 수밖에 없었다. 잃어버린 시간을 되찾고 발전을 가속화해야 했기 때문이었다. 예즈창의 고찰 보고서, 그들의 분석과 이를 바탕으로 제기한 건의는 바오강 뿐만 아니라 중국의 강철공업이나 기타 업종에 모두 영향을 미쳤다. 국무원 여러 부의 지도자들이 보고서를 보고나면 사상을 해방하고 관념을 전환하도록 격려할 수 있을 것이라고 여겼다. 이것이 칭찬받아야 할 첫 번째 일이라고 생각한다. 그때 고찰하지 않고 보고서를 작성하지 않았다면, 중앙 지도자의 마음을 움직이지 못했을 것이고, 일본의 선진적인 기술을 들여와 바오강을 건설할 결심을 내리 지조차 못했을 것이다. 훗날 큰 논쟁으로 번지고 건설을 조정해야 했지만 중앙 지도자의 결심은 변하지 않았다. 예즈창의 고찰 보고서가 크게 한몫 했던 것이다.

  둘째, 사상을 해방하고 '좌'의 관념과 정책을 돌파했다는 점이다. '좌'의 사상이 오랫동안 우리의 사상과 관념을 속박했다. 외국의 선진적인 기술장비를 도입하면 맹목적으로 외국의 것을 숭배하는 것이고 모든 것을 스스로 해결해야만 자력갱생이라고 생각하는데서 집중적으로 표현되었다. 바오강은 세계적으로 가장 선진적인 기술과 설비를 과감하게 도입했다. 일본이 아닌 독일에 있는 설비라면 독일에서 도입하고 신일본제철회사에 없는 기술은 다른 회사에서 도입했다. 용광로의 무료종(無料鐘), 코크스로 등 설비는 사상을 해방하지 못했다면 도입하지 못했을 것이다. 자력갱생과 외국의 선진적인 기술을 따라배우고 도입하는 관계를 정확하게 인식하고 처리하는 것이 중요한 문제로 대두했다. 중앙은 도입을 지지했다. 바오강은 일본이나 신일본제철회사에만 국한된 것이 아니라 독일을 포함해 여러 국가의 가장 선진적인 기술을 한데 결부시켜 새롭게 혁신했다. 여러 국가의 선진적인 기술을 도입한 후 서로 결부시키는 것도 혁신이었다. 인재를 육성하고 경험을 축적하게 되었다. 이런 기초 위에서 2기, 3기 프로젝트를 추진했다. 현재에는 이런 일들이 평범해 보이지만 30년 전만 해도 '좌'의 사상과 '좌'적인 정책에서 벗어난다는 것은 결코 쉬운 일이 아니었다. 이에 따라 바오강의 발전은 세계의 선진적인 기술과 관리를 바탕으로 실현하게 되었다. 이처럼 한 단계 높은 수준에서 발전을 시작했으니 컴퓨터 사용, 자원의 순환이용, 환경의 엄격한 관리 등 면에서 바오강은 빠르게 발전할 수 있었다. 바오강의 물사용 순환 이용률은 97%에 달했다. 용광로 석탄가스에 의한 발전(發電)이 바로 자원을 순환적으로 종합 이용한 것이다. 이 또한 현재 강조하는 과학적인 발전관이기도 하다. 30년 전에 이렇게 할 수 있었다는 것은 참으로 대단한 일이었다.

중국석유화학총회사의 사장으로 있을 때, 상하이의 유명한 월극 배우인 위안쉐펀(袁雪芬)이 집으로 찾아왔다. 그때 그녀는 전국인대 상무위원이었다. 얘기를 나누다가 그녀는 바오강에 대한 의견이 있다고 했다. 상하이에 '황룡(黃龍)'이 증가되지 않을까 걱정했던 것이다. 기존의 강철공장에서는 먼지 제거 설비가 없었기 때문에 연기를 배출할 때 먼지까지 따라서 배출돼 붉은 색과 노란 색의 연기기둥을 형성하곤 했는데 이를 '황룡'이라 불렀던 것이다. 위안쉐펀와 이런저런 얘기를 나눴다. "위안 누님, 그런 걱정도 옳습니다. 일본에 가본 적 있는데 거기에도 바오강과 같은 공장이 있습니다. 하지만 일본의 공장에서 배출하는 것은 수증기로 연기도 흰색이었습니다." "덩샤오핑도 가 봤는데 바오강도 일본의 공장과 비슷한 상황입니다. 실은 우리가 건설한 바오강이 일본의 공장보다 더 훌륭합니다." "위안 누님, 이토록 관심을 가져주시니 참으로 고맙습니다. 하지만 사회적인 지위가 있으니 바오강 문제를 자꾸 얘기하면 바오강은 스트레스가 너무 커집니다. 누님의 관심을 바오강에 전달하겠습니다. 그들에게 스트레스를 주지 않으려면 될수록 얘기하지 않는 것이 옳다고 생각합니다." 훗날 바오강 프로젝트가 가동된 후 위안쉐펀이 직접 찾아가 보고는 화원식 공장 같다며 너무 아름답다고 연신 감탄했다는 것을 바오강에서 일하는 분한테서 전해 들었다. 존재가 의식을 결정한다. 국민의 관념은 실천에서 얻은 것이다. 실천이 없다면 수많은 관념은 허위에 불과해 결코 진실하지 못하다. 전에 위안쉐펀은 '황룽'이 환경을 오염시킨다고만 알고 있었다. 바오강을 직접 보지 못했기 때문이다. 바오강은 영예를 따냈다고 생각한다. 바오강에서 이뤄낸 결과는 아주 훌륭한 것이다. 셋째, 지도자의 결심, 주로는 덩샤오핑의 결심이 흔들리지 않았다는 점이다. 치열하게 논쟁하며 바오강 프로젝트를 중단하라고 여기저기서 목에 핏대를 세우고 있을 때 덩샤오핑은 상하이시 상무위원회를 찾아 얘기했다. "바오강을 두고 국내외에서 논쟁이 치열합니다. 하지만 후회는 없습니다. 바오강 프로젝트를 잘 이끌어 나가는 것이 관건입니다." 덩샤오핑의 강력한 지지가 없었다면 바오강이 직면한 어려움, 겪게 되는 파란곡절, 받게 되는 손가락질이 더욱 많아 졌을 것이고 따라서 2기 프로젝트 건설도 지연됐을 것이다. 지혜로운 지도자는 많은 문제에서 미래지향적인 안목으로 10년, 20년 후 어떻게 되는 지를 내다보곤 한다. 중앙문헌연구실의 인터뷰를 받았을 때다. 그때 강철에 대한 제1대 지도자들의 각별한 사랑과 관심에 대해 얘기했다. 그들이 혁명에 참가했을 때는 서방과 일본제국주의 침략을 받아 중국은 반식민지·반봉건 사회로 전락되어 있었다. 그 때문에 중국에서 운명을 바꾸고 국가를 부강하게,

병사를 강하게 키우려면 반드시 견고한 군함과 예리한 대포가 있어야 했을 뿐만 아니라, 강철이 있어야 한다는 것을 더욱 절실하게 느꼈다. 강철에 대한 제1대 지도자들의 각별한 사랑과 관심은 국가, 민족의 운명과 한데 연결되어 미래 지향적인 안목으로 국가 발전에 대한 강철의 중요성을 보았다는 데서 비롯되었다. 1977년 말, 신일본제철사를 방문했을 때 이나야마 요시히로 회장의 초대를 받았다. 식사 전에 이런저런 얘기를 주고받다가 그는 강철이 한 국가의 현대화에 아주 중요한 역할을 한다고 했다. 나도 이에 충분히 수긍한다고 말했다. "마오 주석은 양식과 강철만 있으면 어떤 일이든지 모두 해나갈 수 있다고 말씀하셨습니다"라고 했더니 그는 연신 "맞습니다. 지당한 말씀입니다"라며 맞장구를 쳤다.

개방을 추진하는 과정에 덩샤오핑은 논쟁하지 말 것을 강조했다. 바오강에 대한 그의 태도가 바로 이러했다. 논쟁하지 말고 이왕하기로 했으면 착실히 하라고 했다. 덩샤오핑은 상하이 시위와도 "절대 후회하지 않을 것이다"라고 했는데 모두 바오강에 대한 태도를 보여주는 대목이다. 그렇기 때문에 최고 결정자가 문제에 대한 인식과 결심은 아주 중요한 역할을 하는 것이다. 그리고 바오강 지휘부의 분들도 업무를 착실히 잘 수행했다. 만약 우리가 흔들리고 약간의 비난에도 움츠려들거나 뒷걸음질 치거나 아예 포기했다면 오늘의 수준까지 발전하지 못했을 것이다. 덩샤오핑의 결심에 대해서는 가히 이해할 수 있을 뿐만 아니라 이를 잘 수행할 수 있는 자신감도 있었다. 그때 국가에서는 중단하라고 했지만 나는 창고가 아닌 작업장을 지어 제자리에서 보관하기로 했다. 허락만 떨어지면 전기를 꽂아 작동시킬 수 있었는데 위아래가 합심하고 있음을 보여주었던 것이다.

넷째, 바오강은 정확한 발전 모델을 찾았다는 점이다. 세계의 최첨단 기술을 들여온 후 소화, 혁신 과정을 거쳐 대규모, 고품질의 대형화, 자동화 설비를 생산했다. 그리고 인재, 환경보호와 자원의 순환이용에도 중시를 돌렸다. 공장소재지는 대형 선박을 정박할 수 있는 연해로 선택했으며, 국내국제 시장을 이용해 광석을 수입하고 상품을 수출했다. 이는 경제 글로벌화에 적응되는 개방형 모델이다. 오늘날에는 별 문제가 아닌 듯 보이지만 그때에는 정말로 대단한 문제였다. 예젠잉(葉劍英) 총사령관이 직접 물었다.

"정말 전쟁이라도 발발해 말라카해협을 봉쇄하게 된다면 어떻게 할 예정입니까?"

나의 생각은 이러했다.

"그때는 별수가 없지요. 국내에도 광석이 있지만 품질이 떨어지고 바오강의 수요에 적합하지 않을 수도 있습니다. 하늘이 무너져도 솟아날 구멍이 있다고도 하지 않습니까! 계속 생산하려면 딴 방법을 생각해야겠지요."

중국에서 신형 공업화를 실현한 기업은 모두 생명력과 경쟁력이 있는 기업들이다. 신형 공업화의 길을 선택하지 않았다면 자동차, 가전제품 등을 포함한 수많은 업종들이 문을 닫는 건 시간문제다. 기술이 선진적이고 원가가 꾸준히 줄어들고 새로운 상품을 꾸준히 개발해 낸다면 경쟁력은 향상될 것이다.

바오강에 대한 건의와 희망

지금까지 바오강에 불만을 품은 적은 없었다. 1978년 중국에서 22개 대형 프로젝트 도입했는데 그중 9개를 맡아 관리했다. 그중에서 내가 직접 건설에 참여하고 가장 긴밀한 관계를 유지한 것은 오직 바오강 뿐이다. 바오강의 2차 창업계획을 봤었다. 정말로 훌륭한 아이디어라고 생각되어 적극적으로 찬성한다고 했다. 30년간 지속적이고 안정적으로 번창한 발전세를 유지하는 기업은 결코 흔치 않다. 하지만 바오강은 해냈다. 30년간 줄곧 꾸준한 성장세를 유지했고 시대의 발전에 보조를 맞춰 발전을 이끌어 나갔을 뿐만 아니라, 교육, 빈곤퇴치, 재해구조 등 면에서의 사회적인 책임도 충실히 수행했다. 현재의 기업 이미지는 생산에만 국한된 것이 아니라 경영효율, 대중의 이익에 관심을 두는 문제에서도 표현되고 있다.

한 기업에서 대중들의 이익과 복지에 관심을 돌린다면 훌륭한 기업이라고 자부할 수 있다. 이런 부분에서 바오강은 아주 훌륭하다고 본다. 현재 강철시장의 변화가 아주 크고 시장변화에 따른 구조조정도 갈수록 두드러지고 있다. 오랫동안 중국은 공급부족 경제의 영향을 받아 "크고 강하게 발전시키는 것"을 비교적 중시했다. 그중에서도 "크게 발전시키는데" 더욱 치중했다. 이 때문에 향후에는 바오강에서 기업을 강하게 발전시키는 일이 더욱 중요해졌다.

최근 리룽룽(李榮融) 국무원 국유자산 감독관리위원회 주임이 중국의 20개 기업이 세계 500대 기업 순위에 들었다고 얘기했다. 하지만 이런 기업들은 규모만 클 뿐 경쟁력은 떨어지고 있다. 그래서 이런 설법은 정확하지 않다고 본다. "크게 발전시키는 것"과 "강하게 발전시키는 것"은 배척이 아닌 상호 인과관계이다. 기존에는 수준이 비슷했지만 남보다 더 크고 강하게 발전하려면 그만큼 남보다 재주뿐만 아니라 경쟁력이 있어야 한다. 이런 재주와 경쟁력이야말로 치열한 경쟁 속에서도 강해지고 승리할 수 있는 보물이다. 남보다 몸집만 크고 강하지 않다면 경쟁력이 떨어지는 수밖에 없다. "크게 발전시키는 과정"에 "강하게 발전시키는 것"도 포함되어 있기 때문에, 강하게 발전시키지 않으면 크게 발전하는 것도 운운할 수 없다. 하지만 "크게 발전시키는 과정"에 "강하게 발전시키는 것"을 경시하는 경우가 있는데 민영기업이 바로 그러하다. 일부 기업은 "크게 발전하고자" 맹목적으로 확장하려고 인수 합병하는 과정에서 큰 코를 다치기도 했다. 39그룹이 바로 맹목적으로 회사를 확장했다가 큰 문제가 생긴 대표적인 실례이다. 사실 39약업은 약품을 제조하는 탄탄한 회사였다. 하지만 훗날 "크게 발전시키는"데만 눈이 멀어 다양한 분야로의 확장을 시도했는데 자동차, 항공회사, 농업까지 범위를 넓혔다. 무모한 확장이 잘못된 선택이었다고 생각한 사장은 상장회사의 자금을 유용하다가 결국 체포되었다. "크게 발전시키는 과정"에 "강하게 발전시키는 것"을 강조하지 않는다면 결코 크게 발전시킬 수 없기 때문에 "크게 발전시키는 과정"에서 "강하게 발전시키는" 것에 대해서도 중시해야 한다. 사실 모종 의미에서 보면 "강하게 발전시키는데"에 더욱 치중점을 둬야 할 것이다. 이 또한 "크게 발전시키는데" 유리하며 "크게 발전시키는 것"과 "강하게 발전시키는 것"사이의 변증관계이기도 하다.

바오강은 8천 만 톤의 생산 목표를 제기했다. 나는 이에 찬성한다. 그때 아이바오쥔(艾寶俊)이 사장이었다. 그때 나는 바오강의 몇몇 지도자들에게 편지를 보냈는데 내용은 이러했다.

"인수합병을 찬성합니다. 기업을 '크게 발전시키는데' 도움이 될 것입니다. 하지만 합병할 때 상대의 자질을 잘 파악해야 합니다. 만약 자질이 너무 낮으면 바오강에게는 짐이 됩니다. 지방정부는 어떻게든 지방의 기업들을 바오강과 관계를 맺게 하려 합니다. 명성이 높아지고 여러 면으로 좋은 점이 많아지니까요. 하지만 실제적으로 그런 기업들은 그럴만한 기초가 없습니다."

그래서 아이바오쥔에게 인수합병 과정에 이런 문제점을 충분히 고려해야 한다고 말했다. 지위와 형편이 꼭 바오강과 걸맞아야 한다는 뜻은 아니지만 그래도 비슷해야 한다고 본 것이다. 8천 만 톤의 목표는 그때의 기대치였다. 현재의 시장형세 변화가 아주 큰데 중국은 이미 5~6억 톤의 생산력을 갖췄다. 중국에서 이토록 방대한 규모의 강철이 필요할까? 현재 중국 강철공업의 능력을 볼 때 1억 5천만 톤이 남아돌고 있다. 심지어 이보다도 더 많을 수도 있기 때문에 생산 과잉현상이 심각하다. 하지만 현재 미국의 강철생산량은 1억 톤 미만이고 일본과 한국의 생산량도 꾸준히 하락되고 있다.

국내외 시장의 변화가 잦은 현재 "강하게 발전시키는 임무"가 더욱 과중해졌다.

기존에 강철기업의 최대 고객이 자동차, 건축, 교통설비 등 기업이었지만 이제는 가전기업에까지 범위가 확대되었다. 이런 기업들에 변화가 찾아들었다. 그들이 전통재료에 대한 사용에도 변화가 생기기 시작했다. 예를 들어 현재는 에너지절약과 친환경을 가장 중요한 부분으로 생각하고 있다. 철강재는 어떻게 에너지절약과 친환경을 실현할 수 있을까? 바오강은 이를 실현할만한 수준과 기술을 갖췄다. 이런 부분에서 바오강이 앞장서고 있으니 그 장점은 더욱 커졌다. 그리고 현재는 신에너지를 특별히 강조하고 있다. 오바마 미국 대통령이 정권을 잡은 후 신에너지 전략을 향후의 전략으로 확정했다. 그는 신에너지 개발과 생산을 통해 세계를 주도하려고 하는 것이다. 신에너지는 지속가능하고 재생할 수 있다. 더욱이 깨끗하고 친환경적이어서 저탄소 경제로도 불린다. 미국은 서로 다른 역사시기에 모두 두각을 나타냈다. 미국은 제2차 세계대전 전에 원자탄을 발명했다. 제2차 세계대전 후에는 원자탄의 원자력 기술을 발전에 활용해 세계 원자력 발전을 이끌었다. 한편 미국의 자동차산업은 오랜 세월 동안 세계의 선두를 달렸다. 훗날 미국에서 컴퓨터, 소트프웨어, 인터넷, 고속정보 도로 등을 발명했다. 미국은 이를 제반 분야에 운용시켜 시장을 점령하면서 세계를 리드했다. 현재 다른 국가에서도 이런 기술을 장악하고 있으니 미국은 장차 무엇에 의거해 세계를 리드할 것인가? 오바마 대통령은 신에너지를 개발하고 활용해 새로운 산업의 우위를 형성함으로써 세계를 리드할 목표를 세우고 있는 것이다. 신에너지를 발전시키려면 설비를 제조해야 하고 철강재가 있어야 한다. 그러려면 철강재가 신에너지 발전의 요구에 부합되어야 하고 또 유리해야 한다. 바오강에서 신에너지 전략을 단순하게 에너지부서의 일로 간주해서는 안 된다고 생각한다. 에너지부서에서 발전하려면 설비를 제조해야 하는데 그러려면 또 재료가 있어야 한다. 만약 바오강의 철강재가 신에너지 발전의 수요에 적합하고 경쟁력이 있다면 신에너지 부서는 자연히 바오강의 철강재를 사용하게 될 것이다.

바오강은 향후의 발전과정에서도 지속적으로 우위를 점해야 할 것이다. 바오강은 기술, 인재 차원에서 장점을 가지고 있기 때문에, 연구개발, 기술혁신에서도 바오강 만의 장점을 비러 남들이 만들지 못하는 것을 만들어야 한다. 누구나 생산할 수 있는 일반 품질의 강재를 굳이 바오강에서 생산할 필요가 없다는 말이다. 전에 자동차 패널은 바오강에서만 생산할 수 있었지만 현재는 안강(鞍鋼)과 우강(武鋼)에서도 생산할 수 있다. 바오강은 6억 톤의 강철 생산력을 통해 향후 남들이 생산하지 못하는 강철제품을 생산해야 한다. 그러려면 기술에서 지속적으로 선두적인 지위를 유지해야 할 뿐만 아니라 국내 강철공업도 이끌어

가야 할 것이다.

　나는 꽃다운 청춘을 바오강에 바쳤다. 바오강 덕분에 기쁜 일도 많았지만 스트레스를 가장 많이 받았을 때도 바로 바오강에서 근무했을 때였다. 함께 창업하면 쉽게 마음의 벽을 허물고 서로 친해질 수가 있다. 지금에 와서 그때의 노지휘자를 얘기해도 여전히 존경스럽고 친근하게 느껴진다. 그들은 지위가 높지는 않았지만 평범한 일터에서 최선을 다하며 수많은 성과를 이뤄냈던 것이다.

바오강, 국제금융위기에서 실물경제 활성화에 앞장서야

바오강 건설 30주년 기념대회에 참석하게 되어 영광이었다. 바오강 30년의 거대한 발전과 변화를 보면서 레닌이 "중국 11세기의 위대한 개혁가"로 평가했던 왕안석의 시구가 떠올랐다. "30년 전 이곳을 왔을 때는 아버지와 형에 이끌려 동서로 다녔거늘, 오늘 다시 이곳으로 왔을 때는 이미 머리에 흰 서리가 내렸고 그전의 모습을 전혀 찾아볼 수 없어 막막할 뿐이로다"라는 심정이었다. 30년 전의 옛 풍경과 모습은 없어지고 모든 것이 새로워졌다. 활기찬 새로운 모습이 자랑스럽고 고무적이었다.

바오강을 떠난 지 20여 년이 흘렀지만 줄곧 바오강의 개혁과 발전에 관심을 두고 있었다. 바오강에 새로운 발전과 성과를 거뒀다는 소식을 보거나 듣게 되면 진심으로 기뻐했으며 여러 사람들과 함께 그 기쁨을 나누고 싶었다.

2003년 세계 500대 기업 행렬에 들어선 바오강의 순위가 해마다 꾸준히 상승하는 추세이다. 이런 소식을 들을 때마다 얼마나 기쁜지 몰랐다. 오늘날 바오강의 발전은 그해 우리의 상상과 기대치를 훨씬 뛰어넘었다. 얼마전 CCTV의 인터뷰를 받았을 때 기자가 바오강에 대한 생각을 물었다. 그대 나는 "바오강이 건설됨에 따라 세계급의 강철연합기업을 설립했습니다. 더욱 중요한 것은 과학적인 발전관을 실천하는 모델을 제공했고 중국 강철공업의 강대한 발전을 이끌었습니다. 또한 중국 강철공업이 세계적 수준과 경쟁력을 한층 더 향상시켰습니다"라고 말했었다.

전에도 얘기한 적이 있었다. 중화인민공화국은 이제 곧 건국 60주년을 맞이한다. 강철공업이 이전 30년간의 발전보다 왜 이후 30년의 발전이 훨씬 빠르고 양호할 수 있었을까? 이후 30년간의 빠른 발전은 개혁개방 덕분이라고 생각한다. 개방이라는 양호한 환경에 힘 입어 강철공업이 빠르게 발전할 수 있었던 것이다. 이 같은 변화과정에서 바오강이 모범적인 역할을 보여주었다. 이는 반드시 종합해야 할 부분이다.

"바오강에서 오래 일한 사람으로서 오늘 이 자리를 비러 바오강의 조기 창업자를 대표해 30년간 생산건설에 몸바쳐 온 바오강의 간부, 전문가, 직원과 그 가족에게, 그리고 바오강에서 일했던 퇴직 간부, 전문가, 직원과 그 가족에게 위안과 진심으로 경의를 표합니다. 바오강의 생산과 건설을 적극적으로 지지해준 국무원 각 부위, 상하이시 시위, 시정부와 다양한 업종의 여러분들에게도 진심으로 고마움을 전합니다. 오늘 이 자리에서 바오강의 건설에 심혈을 기울이고 정확하게 이끌어준 전 야금공업부에게도 특별히 고마움을 전하고 싶습니다. 야금공업부는 전국 강철업종의 인력, 물력, 자원을 적극적으로 동원하고 조직하는 등 바오강의 건설을 전력으로 지지하고 참여해주었습니다. 바오강의 역사는 지지해준 모든 고마운 분들을 기억할 것입니다.

30년간, 바오강은 1, 2, 3기의 프로젝트 및 후속적인 중대한 프로젝트 건설을 거쳐 국제적인 선진 공예기술과 관리 경험을 따라 배우면서 발전해 왔습니다. 따라서 바오강은 기술, 생산, 관리 등 면에서 혁신적인 성과를 거뒀습니다. 바오강인은 피나는 노력으로 등덩샤오핑의 영명한 판단을 성과로 전환시켰습니다. "역사는 바오강 건설이 정확한 것이었음을 증명하게 될 것입니다."

강철공업은 국가의 기초산업입니다. 따라서 강철공업의 현대화 수준은 국가 공업의 현대화를 가늠케 하는 중요한 표징 중의 하나입니다. 당중앙, 국무원 개혁개방 방침의 지도를 받아 현재 바오강은 큰 발전을 가져왔습니다. 중국의 강철시장은 이미 전 세계적으로 잠재력이 가장 크고 성장이 가장 빠른 주인공으로 부상했습니다. 자연히 세계 여러 강철기업의 관심을 한 몸에 받고 있습니다.

그러나 중국이 비록 강철대국이기는 하지만 아직 강철강국의 행렬에는 들어서지 못했습니다. 강철대국에서 강철강국으로의 발전 행보를 다그치려면 더 많은 노력을 기울여야 합니다. 바오강은 중국에서 현대화 수준이 가장 높은 강철기업으로, 중국 강철공업의 선두주자로서 중국 강철공업의 발전을 추진하고 국유기업의 개혁발전을 이끌어야 하는 역사적인 사명을 갖고 있습니다.

특히 현재와 같은 시점에 바오강의 발전, 더 나아가 중국 강철공업의 발전은 심각한 도전에 직면해 있습니다.

미국의 서브프라임 모기지론 위기에 따른 금융위기, 글로벌 경제의 쇠퇴와 침체는 강철공업의 발전에 마이너스 영향을 미쳤으며 그에 따라 강철기업의 이익이 대폭 위축됐습니다. 이번 금융위기의 도전을 이겨내고 강철기업을 어려움 속에서 벗어나게 하는 것이 바오강 앞에 놓인 새로운 도전입니다.

바오강이 당 중앙, 국무원, 상하이 시위, 시정부의 지도와 관심 그리고 지지에 힘입어 국내의 형제기업과 함께 경제위기에서 발전기회를 잘 활용해 외부 경제의 불리한 영향을 최대한 줄이고 어려움 속에서도 용감하게 앞으로 나아가기를 바라겠습니다.

그리고 30년간의 영광스러운 전통과 우수한 기풍을 고양하는 한편, '학습 특히 혁신에 능한 정신'을 갖고 세계 강철공업의 최첨단기술에 보조를 맞추면서 기술적으로 독자적인 혁신을 강화해 바오강 만의 기술과 특허기술을 장악해야 할 것입니다. 바오강을 중국에서 가장 중요한 강철 정품기지로 건설하기 위해 노력하고 국내외 시장에서 바오강의 경쟁력을 꾸준히 향상시켜 바오강을 중국의 우수한 국유기업의 본보기로 키우기를 진심으로 고대합니다.

바오강은 11기 3중 전회가 폐막한 이튿날 착공 건설되기 시작했습니다. 지난 30년간 바오강이 걸어온 길은 11기 3중 전회에서 가리킨 개혁개방의 길입니다. 오늘부터 시작되는 새로운 30년 동안, 바오강은 11기 3중 전회에서 제시한 개혁개방의 길을 지속적으로 걸어 나가야만 합니다. 과학적인 발전관을 실천하는 과정에서 새로운 발전을 도모하고 국유기업의 사회적 책임도 마땅히 다 해야 합니다.

　중국의 강철강국으로서의 꿈, 국민경제의 발전과 사회의 진보를 위해 새로운 기여를 해야 할 것입니다."

※ 이글은 2008년 12월 23일 바오강 건설 30주년 기념대회에서 한 연설원고임.

충성·기여·최선을 다한 팡루위(方女玉)를 기념하며

━━━━━

1977년 12월 초, "상하이 신축 강철공장(상하이 바오산 강철 본공장으로 공식 명명되기 전의 이름)프로젝트 지휘부"가 정식 설립되었다. 쉬옌이 지휘를 받았고 시위, 시정부의 결정에 따라 바오강 건설 업무는 내가 맡아 연계하기로 했다. 1978년 8월, 국무원 지도자의 비준을 거쳐 바오강의 지도자체제가 야금공업부를 위주로 하게 되었다. 예즈창 부부장이 당위서기 겸 지휘, 내가 부서기 겸 부지휘를 맡게 되었다. 1983년 3월 상하이에서 전출돼 베이징에서 중국 석유화학공사그룹 사장을 맡기까지 6년간 그곳에서 일했다.

바오강에서 일했던 시간이 마침 팡루위가 바오강에서 사업했던 시기(1978년 2월~1983년 9월)와 같아 우리는 명실상부한 바오강 동료이다. 바오강에서 일했던 6년간, 바오강이 세간의 이목을 받으며 건설을 시작해서부터 온갖 비난 속에서 프로젝트 건설이 중단되었다가 조정하는 과정을 거쳐 최종 정상적으로 재가동하기까지 우여곡절이 많았다.

파란만장한 바오강의 건설 과정을 겪고나니 1400여 년 전 당 태종 이세민이 쓴 시구가 생각난다.

"질풍만이 바람에 질긴 풀을 알아보듯, 세월이 흘러야 진실한 신하를 알아볼 수 있다(疾風知勁草, 板蕩識誠臣)."

풍파가 많았던 바오강의 지난날은 "성실한 신하"를 가려내는 세월이기도 했다. 항일전쟁 초기 혁명에 참가했던 노 동지인 팡루위는 고등교육을 받은 지식분자였다. 그는 오랜 전쟁과 건설 과정에서 충성을 다하고 맡은 바 업무에 최선을 다하며 사심 없이 기여하는 우수한 품격을 쌓았다. 이 같은 우수한 품격이 이 시기 바오강 프로젝트 건설에서 충분히 보여 졌는데 평생 잊지 못할 아름다운 추억으로 남아 있다.

"바오강 건설 시기, 팡루위는 전에 하얼빈(哈爾濱), 우한(武漢), 마안산(馬鞍山), 지우취안(酒泉), 번시(本溪) 등 지역의 프로젝트 건설을 이끌었을 때와는 전혀 다른 차원의 환경에 적응해야 했다. 여러 야금건설 부서, 항구부서, 전력부서 그리고 상하이시의 여러 건축그룹을 지휘해야 했기 때문에, 높은 수준의 조직능력과 지휘능력이 있어야 하는 것은 물론, 유력한 사상정치 업무도 뒷받침 되어야 했다.

그는 지휘와 배정하는데 일가견이 있어 수십 개 개별 프로젝트가 동시적으로 진행됐지만, 호흡이 척척 잘 맞아 프로젝트 진척이 순조롭게 진행되었다. 따라서 중대한 모순이 생긴 적도 없었다.

그때 국내 최대 규모의 공사장에서 먼저 "3가지를 통하게 하는" 임시적인 시설을 건설할 것이 아니라, 오히려 공사장의 주간선 도로를 닦고 상하수도 공사를 진행했다. 부분적인 콘크리트 원심관 말뚝을 철관 말뚝으로 바꿨으며 자체로 설계해 조합식, 기준화한 강철 템플릿과 강철 비계를 제작했다. 이 같은 혁신적인 성과는 시간을 단축했고 노동조건을 개선했을 뿐만 아니라 새로운 문명 시공의 귀감이 되어 전국으로 확산되면서 널리 호평을 받았다. 말뚝의 기초가 움직이는 등 중요한 프로젝트 난제에서도 관련 부서와 효과적으로 협력해 문제를 하나씩 풀어나갔다.

총 지휘부는 프로젝트 건설을 단 한 번도 걱정한 적이 없었다. 그들은 프로젝트 프로세스, 안전품질, 투자통제 등 면에서 모두 착실하게 업무를 이끌어나가 그 누구를 실망시킨 적이 없었다. '바오강'이 빠른 속도로 건설하는 과정에서 사회적으로 양호한 이미지를 구축했다. 바오강 프로젝트를 중단해야 한다고 했을 때, 그가 보여준 주도면밀한 계획과 탁월한 견식이 더욱 큰 역할을 발휘했다고 생각한다. 중앙은 바오강에 대해 "반품과 프로젝트 중단"이라는 결정을 내렸다. 지휘부에서 명령과 금지를 엄하게 집행하고 구체적으로 실행, 배치했다.

현장에 모인 7~8만 명에 이르는 건설대오, 약 30만 톤에 이르는 설비와 재료를 어떻게 반품하고 중단하는가 하는 문제에 초점이 집중되었다. 중단한 후 앞으로는 뭘 해야 하는지? 앞으로 다시 건설을 회복할 희망은 있는지? 현재로서는 어떤 일을 할 수 있는지

총 지휘부 당위는 "반품, 프로젝트 중단"과 "1기는 중단를 잠시 완화하고, 2기는 추진하지 않으며, 2개 강판(열 압연 강판과 냉각 압연 강판)의 반품' 실시 방안 및 구체적인 배치를 두고 토론했다.

회의 전에 마청더가 나의 허락을 받은 후 팡루위, 루자오치(陸兆琦), 오정량(吳增亮), 후쯔홍(胡志鴻) 등으로 구성된 설비 보수팀을 조직하고, 팡루위가 소장으로서 실시방안을 제시하기로 했다. 지휘부 당위회의에서 팡루위는 "제자리 보관"과 "동태적인 보수방안"을 골자로 한 보고서를 제출하면서 분석 설명까지 내놓았다.

즉 "프로젝트 추진을 중단하게 되면 설비재료를 보관하는 창고를 지어야 한다. 그러려면 투자해야 하고 토지를 수용해야 하며 대량의 재료를 사용해야 한다. 이런 상황에서는 오히려 공장건물을 짓는데 투자하고 재료를 사용하는 것이 나을 듯 싶다. 창고 대신 공장건물에 설비재료를 보관하면 공사 설계도를 바탕으로 기초를 잘 다지고 설비를 제대로 보관할 수 있어 지상에 오래 나둬 설비가 변형하는 것도 막을 수 있었다. 컴퓨터, 정밀기계 등 정밀한 설비는 선로를 연결해 전기가 통하게 하고 동태적인 보수를 진행한다면 정밀기계가 파손되는 것도 막을 수 있다"고 했다.

회의 참석자들은 서로 의견을 주고받으면서 의견 차이를 좁혀갔다. 이로서 "반품하고 중단된 업무를 잘 이끌어 나가야 한다는 원칙"이 더욱 적극적으로 실

행되는 조건을 마련해주었다. 현재의 실제상황에서 출발했고 미래도 충분히 고려한 탁월한 선택이었다. 또한 손실을 최대한 줄였을 뿐만 아니라 향후의 재건에도 조건을 마련해주고 시간을 쟁취했다. 창의성 있는 지혜로운 방안은 국가건설위원회와 야금공업부의 허락을 얻어냈다. 훗날의 실천은 "제자리 보건과 동태적인 보수방안" 덕분에 파손되고 도둑맞은 설비와 재료가 단 하나도 없었다는 점을 입증했다. 이는 몇 개월 후에 추진된 바오강의 재건업무에 아주 유리한 조건을 마련해 주게 되었다.

팡루위 등은 우수한 분들이라고 줄곧 생각했다. 그토록 어려운 환경과 극심한 압력을 받으면서도 그들은 그 누구도 원망하지 않았고 소극적으로 대응하지? 않았으며 더구나 뒤로 물러서지도 않았다. 오히려 개인적인 이해관계는 뒷전으로 한 채 국가가 필요로 하는 것에 관심을 돌리고 사업을 가장 중요한 위치에 놓았다. 또한 어려움 속에서 출로를 찾고 최적의 해결방안을 모색하는 등의 업무에 최선을 다하는 책임성 강한 태도를 보였다.

팡루위 등 지식 있는 간부들은 전쟁과 건설과정에서 단련 받아 미래지향적인 안목으로 전반적인 국면을 잘 파악한다. 더구나 어려움 속에서도 뒤로 물러서지 않고 반드시 해나갈 수 있다는 자신감을 갖고 있기 때문에 임무를 그들에게 맡기면 마음을 놓을 수 있었다.

중국의 사회주의 현대화사업에 이런 분들이 있었기 때문에 오늘의 성과를 거둘 수 있었던 것이다. 그들의 충성심, 기여정신 그리고 사업에 최선을 다하는 태도는 후인들이 따라 배우고 본받아야 할 부분이다. 팡루위는 인프라건설 공병대 야금지휘부 참모장이었다. 그는 대오건설에 많은 심혈을 기울였다. 그가 이끈 대오도 언제나 국가 건설에 뛰어들었다.

1982년 말, 건설형세의 변화를 감안하여 국가는 일부 공병을 개편해 배치하기로 결정했다. 제대로 배치하지 못하면 후유증을 남길 수 있는 중대한 사안이자 해결하기 어려운 문제이기도 했다. 국무원과 중앙군사위원회의 통지를 받은 팡루위가 찾아왔다. 어떻게 했으면 좋을지, 그리고 바오강 건설에 참여했던 야금 제2지대, 제3지대를 어떻게 배치해야 할지를 물어봤다.

그때 상하이에 호적을 올린다는 것은 하늘의 별 따기와 같았다. 만약 상하이가 아닌 다른 도시로 배치한다면 이 두 대오에 큰 상처를 줄 것이라는 점을 잘 알고 있었기 때문에 양심적으로 그렇게 할 수가 없었다. 게다가 해결하지 못하면 바오강의 건설에는 더욱 불리했다. 토론 결과 바오강에 남는 쪽으로 결정했지만 이곳에 남으면 아려운 과정을 거쳐야 했다.

이 때문에 먼저 왕궈량(王国良) 상하이시 건축공사국 국장을 찾아갔다. 공무를 처리하는 시정부의 행정절차에 따라 먼저 건축공사국의 의견을 수렴해야 했다. 따라서 자연히 처음으로 의견을 발표하는 왕궈량의 역할이 아주 중요했다. 국무원, 중앙군사위원회의 통지정신, 그리고 팡루위와 상의했던 의견을 얘기했다. 상황을 듣고 난 왕궈량은 바로 입장을 밝혔다.

"두 대오가 상하이에 남는 것을 환영합니다. 대오의 자질이 높고 기풍이 좋습니다. 상하이도 이런 대오를 필요로 하고 있습니다."

왕궈량의 동의를 얻고나서 시건축위원회를 찾았다. 시건축위원회에서도 찬성했다. 그후에는 문서를 들고 직접 천궈둥 시위 서기를 찾아가 시건축위원회, 시건축공사국의 태도를 전달했다. 천궈둥은 관련 문제를 시위서기회의에서 토론해 결정하겠다며 적극적인 태도를 보였다. 천궈둥의 적극적인 태도에 힘을 얻게 되자 상하이 시위회의에서는 더욱 자신감이 생겼다. 회의에 보고서를 제출했는데 한결같은 찬성을 이끌어냈다. 결국 인프라건설 공병 제2지대, 제3지대를 상하이에 남기고 기지의 기술자와 관리자 및 그 가족을 상하이 호적에 올리기로 했다. 이렇게 경사스러운 일이 또 어디 있겠는가?

야금 공병대오는 국가건설의 야전부대이자 주력군으로 무릇 임무가 간고한 곳이면 언제든지 파견되곤 했다. 하지만 그들은 조건이나 '수입'은 전혀 고려하지 않았다. 수십년간 간고한 환경 속에서 남북을 오가며 각지의 건설을 위해 자신의 힘을 발휘하며 이바지했다.

국가에 능력이 있으면 그들을 돌봐주고 적절하게 배치해야 한다고 생각한다.

야금 공병부대에 대한 팡루위의 관심과 사랑은 혁명 대가정의 우정과 인간세상의 무한한 사랑을 보여줬다.

바오강에서 팡루위와 함께 일한 6년 동안, 회의에서 토론할 때나 사적으로 의견을 주고받을 때 단 한번도 논쟁이나 모순이 생긴 적이 없었다. 우리는 줄곧 서로를 지지하고 존중했다.

그의 이 같은 태도는 부대에서 키운 조직 기율성 만이 아니라 오랜 세월의 혁명대오 가운데서 형성된 지도자 자질이자 충성을 다하고 맡은바 사업에 최선을 다하며 사심 없이 기여하는 단체정신이기도 했다.

바오강 지휘부 지도부성원은 가장 인상깊은 그룹이자 자부심을 느끼고 평생 잊지 못할 그룹이다. 팡루위는 그룹 내의 우수한 성원으로 영원히 마음 속에 남아있을 것이다.

※ 이 글은 팡루위 가족의 부탁을 받고 '팡루위 기념문집'을 위해 특별히 쓴 글이다

제3장

중국 화학공업의 역사적인 도약

조국과 더불어 발전한 중국의 석유화학

석유완제품 가격 조정 메커니즘의 실시를 건의하다

조국과 더불어 발전한 중국의 석유화학

(2009년 9월 30일)

───

사업에 참가한 지 어언 60여 년이 흘렀다. 그중 30년은 방직공업 부서에 근무하면서 두 세대 방직 동문들과 함께 중국인의 의류문제를 해결하기 위해 수많은 노력을 기울였다.

석유화학공업은 백성들의 '의, 식, 주, 행, 용'과 긴밀하게 연관되어 있다. 백성들의 의류문제를 해결하기 위해서는 화학섬유를 발전시켜야 했다. 그래서 가장 먼저 외국의 선진적인 석유화학 기술장비를 도입했다.

새 중국 설립 이후 당과 정부는 줄곧 국민의 생활을 개선하기 위해 노력해왔다. 그중 의류가 가장 심각한 문제로 꼽혔다. 면화와 양곡 재배에 따른 토지 쟁탈이 이어지면서 국내 방직공업 원료 공급이 부족한 모순이 오랜 세월동안 중국정부 지도자들의 고민거리였다.

마오 주석이 남방 고찰을 떠났을 때다. 1971년 8월에서 9월 창사에 머물러 있는 동안 마오 주석은 임원들에게 종종 휴가를 주며 거리에 나가 물건을 사오고 사회조사를 하라고 시켰다.

그중 한 임원이 돌아와 마오 주석에게 반나절이나 고생스럽게 줄을 서서야 겨우 데이크론바지 한 장을 샀다고 전했다. 이 말을 들은 마오 주석은 깜짝 놀랐다고 한다. 훗날 마오 주석은 저우 총리에게 이 일을 얘기하면서 왜 더 많이 생산할 수 없는가 하고 물었는데, 저우 총리는 기술이 없어 아직은 생산할 수 없다고 답했다. 그러자 마오 주석은 살 수는 없는가 하고 물었고, 저우 총리는 당연히 구입할 수 있다고 했다. 그후부터 수입을 본격적으로 계획하기 시작했다고 한다.

1950년대 소련, 동유럽에서 기술 장비를 대규모적으로 도입한데 이어, 1972년 새 중국 설립 후 두 번째로 기술 장비를 대량 도입했다. 그때는 경공업부 계획팀 부소장, 기술장비도입 판공실 부주임을 겸임하면서 도입 관련 업무에 직접적으로 참여했다.

26개 프로젝트 가운데서 상하이 석유화학 총공장, 랴오양 석유화학섬유 총공장, 쓰촨 나일론공장, 톈진 석유화학섬유공장 등 4개 화학섬유 프로젝트와 난징 도데실벤젠(세척제 원료) 프로젝트의 도입과 조직에 직접 참여했다. 이 모두는 1970년대 초기에는 세계적으로 선진적인 기술이었다.

이번에 도입한 4개의 화학섬유 프로젝트가 '어미 닭'의 역할을 톡톡히 해냈다. 특히 1978년 이후의 개혁개방을 거쳐 중국 화학섬유공업이 비약적인 발전을 가져오면서 방직원료 문제도 근본적으로 해결할 수 있게 되었다.

1984년 중국 정부는 30년간 실행해 오던 옷감표 증빙 공급제도를 취소했다. 2008년 중국의 화학섬유 생산량이 2천 4백만 톤으로 미국 생산량을 한 배 이상 넘어섰다. 이로써 중국은 세계 제1 화학섬유 대국과 방직대국으로 부상했다.

예로부터 의류문제는 중국의 민생과 연관되는 대사였다. 역사적으로 이름난 성세시기에도 몸을 가릴 복장이 없었다는 기록을 찾아볼 수 있을 정도였다. 예를 들면, 두보의 '석호리'에는 "손자의 어미는 아직 집에 있으나, 입고나갈 치마조차 성한 게 없다하네"라고 적어 그 당시의 정경을 생동적으로 그렸다.

이정 화학섬유공장 설립이 추진될 때 설립된 후면 전 국민들에게 1인당 해마다 화학섬유 옷감 2벌을 제공할 수 있다고 했다. 훗날 데이크론이 많아지면서 국민들의 의복 종류도 갈수록 풍부해졌다.

현재 백성들의 "의, 식, 주, 행, 용"가운데서 제일 잘 해결된 부분이 바로 '의복'부문이라고 생각한다. 그리고 국내와 국외, 선진지역과 후진지역, 도시와 농촌 가운데서 격차가 제일 작은 부분도 '의복'부문이라고 본다. 50년도 안 된 사이에 10억 여 인구의 의류문제를 해결했으므로 역사적인 기적이 아닐 수 없는 것이다.

3개월간의 준비를 마치고 1983년 7월 중국 석유화학공사 그룹이 공식적으로 설립되었다. 설립대회가 끝날 즈음 총리, 부총리를 포함한 국무원 지도자들이 전체 대표들과 만남을 가졌다. 설립대회가 끝난 뒤 완리 부총리가 나를 불렀다.

"천진화 씨, 임무를 주겠습니다. 2000년까지 중국의 에틸렌 생산량이 소련을 초과할 수 있도록 힘써 보십시오."

그때는 소련의 에틸렌 생산량이 대체 얼마이고 중국과의 격차가 대체 얼마인지를 몰라 명확하게 태도를 밝히지 못한 채 그저 모든 방법을 동원해서라도 따라잡기 위해 노력할 것이라고만 했다.

훗날 자료를 찾아보니 당시 소련의 에틸렌 생산량이 208만 톤에 이르렀지만, 중국의 생산량은 고작 65만 톤에 불과했다. 소련을 따라 잡는다는 건 17년 사이에 기존 생산량의 4배 이상을 창출해야 된다는 뜻이었다. 격차가 너무 커 자신이 없었다. 하지만 20여 년의 노력을 거친 현재 중국의 에틸렌 생산량은 이미 러시아의 3배를 훨씬 웃도는 수준에 이르렀다. 실천을 통해 완리가 그때 제기한 목표가 미래지향적이었다는 점을 증명했다.

그는 석유화학 총공사 대표와 만난 자리에서 중국의 많은 업종이 모두 세계의 선진수준을 초과하는 것은 불가능한 일이지만 전망있는 2, 3개 중점 분야를 선택해 다른 나라와 경쟁하는 것은 가능한 일이라며, 석유화학 업종은 국제무대에서 경쟁해야 한다고 했다.

중국은 다양한 석유 제품 가운데서 에틸렌을 세계화 상품으로 정하고 모든 힘을 동원해 중점적으로 발전시켰다. 우선 옌산(燕山)석유화학, 상하이진산(金山) 등 기업을 기지로 기존의 에틸렌 설비를 개조하고 확장 건립함으로써 생산력을 한층 향상시켰다. 그때 옌산의 예상생산 규모는 30만 톤이었지만, 실제 생산량은 고작 20여 만 톤에 불과했다. 하지만 현재는 90만 톤으로 증가되었다. 한편 그때 진산의 생산량은 11만 톤이었는데 현재는 90만여 톤으로 대폭 늘어났다. 그때 기존의 설비를 개조한 것이 얼마나 발 빠르고 자금을 절약하는 훌륭한 선택이었는지를 잘 설명해주는 대목이다.

이밖에 1978년, 선진적인 대형 프로젝트 22개를 도입했다. 그중 4개가 에틸렌 관련 프로젝트였는데 다칭(大慶), 치루(齊魯)에 각각 한 세트, 그리고 나머지는 장쑤에 가져갔다가 훗날 한 세트는 다시 상하이로 가져왔다.

기존의 설비를 개조하고 선진적인 프로젝트를 도입한 덕분에 2000년 중국의 에틸렌 생산량이 470만 톤으로 대폭 늘어났다. 하지만 소련이 해체되면서 러시아의 에틸렌 생산량은 189만 톤으로 줄어들었다. 그때 완리가 기존 생산량의 4배를 실현하라는 목표를 제기했을 때 명확한 태도를 밝힐 수 없었지만 실제로는 약 6배 늘어난 셈이었다. 2008년 중국의 에틸렌 생산량은 러시아의 3.5배인 1천만 톤에 이르렀다. 같은 해 러시아의 생산량은 283만 톤에 불과했다.

중국 석유화학공업의 발전은 개혁이 생산력을 해방시키고 발전시킨 것임을 잘 보여주고 있는 것이다.

만약 개혁개방을 추진하지 않고 개혁개방의 동풍을 외면한 채 중국 석유화학 총공사를 설립하지 않았을 뿐만 아니라, 관련된 체제와 운영 메커니즘을 구축하지 않았더라면, 현재 중국 석유화학공업의 성과는 이뤄낼 수 없다.

2009년 중국 석유화학은 세계 500대 기업 리스트에서 9위에 올랐다. 이 명함은 중국 대기업의 이미지를 대변하는 것으로서 나라를 위해 영예를 떨치는 일이었다. 기업이 세계시장으로 진출하려면 명함이 있어야 할 뿐만 아니라 브랜드와 국제적인 이미지도 구축해야 한다.

중국 석유화학은 26년 간, 그 어떤 어려움에도 머리를 숙이지 않고 꿋꿋이 앞만 보고 달려왔다. 결국 2009년 세계 500대 기업 가운데서 당당히 앞 10위에 올라 글로벌기업의 위상을 알렸다.

1997년 초 중앙은 원자바오(溫家寶) 주재로 15대 보고초안팀을 결성했다. 그리고 그때 내가 경제팀 소장, 류궈광(劉國光)이 부소장이었다. 몇 달 뒤 보고서가 기본적으로 구성된 후 장쩌민 총서기가 중앙 당교에서 성부급 간부, 그리고 당교에서 학습하고 있는 지방급 간부들에게 보고서의 내용을 소개하며 그들의 반영과 의견에 귀를 기울였다.

보고서는 국유기업이 국민경제에서의 역할과 지위를 골자로 한 것이었다. 이에 관해서는 이런 구절이 있었다. 사회주의 기본 경제제도 가운데서 국유경제가 공유제의 기초인데 국민경제에 대한 작용은 통제력에서 집중적으로 표현되고 있다. 국유기업은 스스로 발전하고 방대해져야 할 뿐만 아니라, 국민경제에도 영향을 줘야 한다. 여기까지 얘기하고 난 총서기는 불만 섞인 어조로 "지금까지 우리나라 가운데서 세계 500대 기업에 오른 기업은 단 한 개도 없습니다"라며 꼬집었다. 이런 얘기를 들으면서 중국 기업이 세계 500대 기업에 오를 자격이 없는 것이 아니라 신청을 하지 않았기 때문이라고 생각했다.

1985년 중국 석유화학공사 그룹에서 근무할 때 량궈페이(梁國培) 계획부 주임에게 그때 중국에서 생산한 여러 가지 석유제품, 블라스틱, 화학섬유, 고무 등 석유화학상품을 국제시장의 평균가격에 따라 계산하라고 했다. 그 결과 총가치는 약 130억 달러에 이르렀다. 하지만 그때 세계 500대 기업에 들어가기 위한 문턱은 고작 수십 억 달러였기 때문에 중국은 입선될 자격이 충분했다. 신청하지 않은 것 뿐이었다. 그때 총서기가 이 문제를 제기했으니 신청해야 된다고 생각했다. 그래서 리펑 총리에게 개인의 생각을 적은 편지를 보냈고, 그 편지를 다시 총서기에게 전해 줄 것을 부탁했다.

1999년 중국 석유화학이 공식적으로 세계 500대 기업 심사에 참여했다. 그해 여기에 들어갈 수 있는 기준은 89억 달러였는데, 중국 석유화학은 영업액이 340억 달러였기에 73위에 이름을 올렸다. 2009년 중국 석유화학은 영업액 2,078억 달러로 세계 500대 기업 가운데서 당당히 9위에 이름을 올렸다. 중국 국유기업을 강하고 크게 발전시켰을 뿐만 아니라 국제무대에서도 중요한 자리를 차지할 수 있었던 것이다.

국유기업은 국가의 이익, 국민의 복지와 긴밀하게 연관되어 있는 만큼 크고 강하게 발전시키는데 취지를 둬야 한다. 세계경제의 전반적인 형세 가운데서 한 나라의 지위와 역할은 주로 3가지 요소에 의해 결정되었다.

첫째, 국가의 경제총량인데 즉 덩샤오핑이 제기한 "몸집이 커야 한다는 것"이 그것이었다.

둘째, 국가의 경제구조에 반드시 첨단기술 산업과 현대서비스업이 있어야 한다. 일반 가공업과 원료공업 만을 발전시키는 나라는 세계에서 지위뿐만 아니라 권위도 없다.

셋째, 국제 경쟁력을 갖춘 대기업그룹과 대기업이 없다면 국제 경쟁력을 운운하는 것은 공언에 불과하다.

위의 3가지 요소는 한 나라의 현대화 수준과 경제실력을 결정하는 중요한 요소이다.

당의 15대 보고서에는 명확하게 "공유제가 사회주의 경제제도의 기초이다. 국유경제가 국민경제 명맥을 통제함으로써 경제발전에 주도역할을 일으키고 있다. 국유경제의 주도역할은 주로 통제력에서 표현된다." 했다.

중국 석유화학을 크고 강하게 발전시킬 수 있었던 것은 자체 핵심 산업을 크고 강하게 발전시키는 것을 견지한 덕분이었다. 그 과정에서 이런저런 다른 업무에 현혹되어 귀중한 자원을 분산시킨 것이 아니라, 오히려 주업을 발전시키는데 주력함으로써 시장경쟁력을 한층 향상시켰던 것이다. 미국의 GM사가 파산된 것은 금융업무가 너무 많은 자원을 소모했기 때문이다. 따라서 국유기업은 핵심업무를 크고 강하게 발전시키는 것을 견지하고 자원을 집중시켜 최적화할 수 있도록 배치 해야 하는 것이다.

현재 중국 석유화학의 핵심 업무는 갈수록 방대해지고 시장 경쟁력과 리스크 대항력이 한층 증강되면서 국가와 사회에 대한 기여도가 나날이 커지고 있다. 앞으로도 지속적으로 핵심 가치관과 핵심 목표에 따라 꾸준히 추구하고 일을 해 나가야 하며 국가이익을 우선 자리에 놓아야 할 것이다.

또한 온갖 방법을 동원해 국가의 자원을 잘 활용하고 중국 석유화학 사업을 꾸준히 크고 강하게 발전시킴으로써 중국 특색의 사회주의 사업과 소강사회를 전면적으로 건설하는데 더 크게 기여해야 할 것이다.

석유완제품 가격 조정 메커니즘의 실시를 건의하다

브라운 경 영국석유화학회사(BP) 이사장의 요청으로 올해 5월, 런던 BP 총부에서 그와 만남을 가졌다. 브라운 경 이사장은 중국 석유화학주식회사와의 전략적 협력문제(재작년 BP총부를 방문했을 때 얘기했던 몇 가지 문제임)를 주로 얘기했다. 반면 나는 석유가격에 관심이 있었던지라 석유 선물거래와 관련된 투기문제에 대해 얘기했다.

그때 여러 가지 핫머니가 우발적인 요소를 비러 꾸준히 유가를 끌어올리고 있는데 사회의 눈총을 받고 있는 만큼 여러 다국적 석유화학회사에서는 이를 중시하고 이에 상응하는 제재 조치를 취해야 한다고 했다. 그랬더니 그는 시장 행위인 만큼 그 어떤 힘으로도 좌우지 할 수 없다면서 순응해야 할 뿐 별다른 선택의 여지는 없다고 자신의 입장을 밝혔다.

재작년 베이징에서 그와 만남을 가졌을 때도 이 문제에 대해 의견을 주고받은 적이 있었다. 그때의 유가는 배럴당 40달러 미만이었다. 그때도 시장행위를 강조하면서 핫머니의 시장 유입에 따른 투기는 필연적인 현상으로 시장규칙이 허락하기 때문에 세계적인 추세라고 했다.

국제 에너지기구의 책임자가 전 세계 석유의 공급과 수요가 기본적으로 균형을 이뤘으며 유가가 안정세를 유지함과 동시에 점차 떨어질 것이라고 했던 애기를 그에게 전하자, 그건 사무실에서 연구해낸 생각일 뿐이니 믿을 바가 못 된다고 했다. 2년이 지난 현재, 유가가 배럴당 78달러까지 폭등했다. 그때 그가 했던 말이 모두 적중했다. 국제 유가가 고공행진 속 파동을 이어가고 중국의 자원이 모자라는 것은 이미 돌이킬 수 없는 장기적인 추세가 되었다.

중국 석유의 자급률이 50% 이하로 빠르게 떨어지게 될 것으로 예상된다. 중국 석유화학그룹회사에서 가공한 수입 원유는 이미 전국 수입원유 총량의 80%를 차지하고 있다. 수입 원유량이 많고 가격이 비싸기 때문에 국내 석유제품 시장가격과 동시적으로 조절할 수 없는 모순을 야기했다. 이 때문에 석유정제기업은 갈수록 생존하기 어려워졌는데 일부 잘 나가던 석유화학기업도 막중한 부담을 감당하기 어려워 점차 위축되는 추세를 보였다.

석유화학의 상품경쟁력이 약화됨에 따라 반드시 탐사력이 제약받게 될 것이라 생각했다. 특히 최근 쓰촨성 동북부 등 지역의 천연가스 개발과 국제협력 투자가 영향을 받게 된 사건을 계기로 국가 자원과 직접적으로 연관되고 중국 국유 대기업의 국제협력, 국제 경쟁력과도 관계가 있는 중대한 사안에 대해 사람들은 많이 불안해하고 있었다.

얼마 전 랴오닝, 광저우, 상하이 등 성과 시를 방문했을 때의 일이었다. 그때 석유화학기업의 책임자들이 찾아왔는데 약속이라도 한 듯이 한 결 같이 기업의 심각한 결손문제를 언급했다. 임원진의 스트레스가 심한 것은 물론 반드시 해결해야 하는 발등에 떨어진 불처럼 돼 직원들의 눈총을 받는다며 기업의 앞날을 우려했다.

2004년 하반기 때 석유정제기업은 결손범위가 빠르게 늘어나고 결손액도 급속하게 증가되었다. 현재는 전 업종이 결손을 보고 있는 상황이다. 금년 상반기만 해도 전 회사의 결손액이 335억 위안이었는데 원유를 가공할 때마다 배럴당 477위안을 손해 보는 셈이었다. 만약 되파는 가격이 구입가격보다 높은 상황을 바로잡지 못한다면 전년의 결손액은 700~800억 위안이 될 것으로 예상되었다.

그동안 전체 석유그룹회사에서 이익을 창출할 수 있는 것은 유전, 화학공업과 판매기업 덕분이었다. 이처럼 결손이 꾸준히 늘어나고 있는 상황에도 시장 공급을 보장하기 위해 석유정제기업들에서 여전히 최선을 다해 생산하고 있는 점을 특히 강조하고 싶었다. 과감하게 국가의 중임을 나눠 짊어지려는 국유기업의 헌신정신을 고스란히 보여주고 있는 대목이었다.

중국석유화학은 극히 엄밀하고 투명한 실적 평가심사제도를 통과한 후 뉴욕, 런던과 중국 홍콩에서 각각 상장했다. 최근 2년간 중국 석유화학의 석유정제업종은 심각하게 결손을 보고 있어, 회사의 주식가치와 자산가격에 미치는 영향이 갈수록 커지고 있었다.

얼마 전, 미국『포춘(財富)』지에서 발표한 세계 500대 기업에 19개 중국 대륙 기업이 이름을 올렸는데 그중 중국석유화학은 23위였다. 주식투자자, 투자회사, 매니저 모두가 중국 석유화학의 핵심 산업인 석유정제가 최근 2년간 결손이 갈수록 심각해지는 원인에 대해서, 그리고 심각한 결손을 야기한 원인, 이런 상황을 개선할 수 있는 방법이 무엇인지를 물어왔다. 하지만 실적보고서와 로드 쇼에서는 정확하게 대답하기 어려운 부분이었다.

중국은 WTO에 가입하는 약속을 지키기 위해 계속 석유제품 판매시장을 개방했는데 현재 민영 주유소가 이미 상당한 비율을 차지하고 있다. 예를 들어 선전의 민영 주유소가 전국의 4분의 1을 차지하고 있다. 유가에 약간의 파동이 생기면 그들은 바로 공급을 중단하고 사재기를 하며 가격이 오르기만을 기다릴 것이다. 이 때문에 소비자들은 부득이하게 국유주유소로 가서 줄지어 구입해야 했다. 그러니 시장파동과 소비자의 불만을 불러올 수밖에 없었다. 여러 가지 상황을 종합적으로 분석한 결과 근본적인 차원에서 유류 완제품가격 메커니즘에 문제가 있다고 보았다.

최근 몇 년간, 당 중앙, 국무원이 이 문제 대한 중시는 대단했다. 선생님도 여러 번 회의를 주재하고 연구토론하면서 일련의 중요한 정책조치를 제정한 것으로 알고 있다. 특히 올해 발표된 종합 부대 개혁방안, 석유 특별 수익금 수취 등 정책과 유류 완제품 가격을 두 차례 조정한 것은 모두 시장공급을 보장하고 약소군체와 대중의 이익을 고려해서 한 것이다. 따라서 국민경제의 평온하고 빠른 발전을 추진하는데 중요한 역할을 했다고 볼 수 있다.

현재의 문제는 원유가격이 국제화를 실현한 반면 유류 완제품 가격이 새로운 가격에 따라 메커니즘을 구축하지 못했으며, 이에 상응하여 제대로 조절되지 못하고 있다는 점이다. 이로써 유류 완제품과 원유를 되파는 가격이 구입가격보다 낮은 상황이 갈수록 심각해지고 있다. 이런 상황이 오랜 시간 지속될 경우 기업과 국가는 결국 버텨내지 못할 것이다.

현재, 국민경제가 양호한 추세로 발전하고 있고, 사회가 전반적으로 안정적이며, 국가와 지방의 재정상황도 역사적으로 가장 좋은 시기에 처해 있다. 국무원에서 종합 부대 개혁방안을 실행하고 유류 완제품 가격의 조정 메커니즘을 실시할 수 있는 절호의 기회를 잡은 셈이다. 석유제품 가격을 상향조절하면 관련 산업과 소비자에게 일정한 영향을 미치기 마련이다. 국가에서는 상황에 따라 상응하는 대책을 마련할 수 있다.

농업용 석유제품이 총 소비량의 13.2%, 어업이 3.7%, 택시가 1.2%로 합계 18%를 차지하고 있다. 국가에서는 이미 석유 특별 수익금을 징수하기 시작함과 동시에 소비세 징수 범위를 확대하고 보조금도 조달했다. 각급 정부의 가격 보조금이 실제로 조달되고 제대로 이용된다면 위의 산업에 큰 영향을 미치지는 않을 것이다.

민항, 철도, 도로운수 등 중점 업종의 시장운송비를 조절하는 것으로 상향조절된 가격을 소화할 수 있다. 자가용 소유 집단은 유가를 감당하는 능력에 큰 문제가 없다. 이 업무를 잘 이끌어 나간다면 사회에서 석유자원을 절약하는데도 유리할 것이다.

구체적으로는 단수 가격 조절폭을 통제하고 적당하게 조절하는 방법을 취해 빠른 시일 내에 국내외의 가격 차이를 줄임으로써 가격이 진실한 공급과 수요 관계, 자원의 희소한 상황을 반영하게 해야 한다.

그리고 약소 군체와 공익성 업종에 대한 보조금 메커니즘과 관련 업종의 가격

연동 메커니즘 구축을 추진한다면 생산, 공업의 정상화와 시장의 안정성을 보장할 수가 있다.

제1차, 제2차 석유위기를 겪은 후, 선진국은 강도 높은 에너지 개발과 절약 정책을 추진하고 있다. 그들이 성공할 수 있었던 것은 가격 지렛대 역할을 충분히 활용해 전 사회적으로 석유자원 절약 분위기를 조성한 덕분이다.

현재 중국의 경제발전 수준에 비해 석유가 지나치게 무절제적으로 소비되고 있는데 이는 결코 정상적인 현상이 아니다. 중국도 선진국처럼 가격 지렛대 역할을 충분히 활용해 절약형 사회 건설에 박차를 가해야 할 것이다.

현직에서 물러난 지 오래됐기 때문에 더 깊이 얘기하기에는 적절하지 않다. 하지만 예전의 여러 가지 관계로 이런저런 문제점을 반영하는 목소리를 자주 들어왔다. 이처럼 사안이 중대한 만큼 선생님에게 특별히 진실한 상황을 알려드리고 개인적인 생각과 건의를 얘기하는 것이다.

석유정제기업에서 하루빨리 곤경에서 벗어나고 석유화학기업들이 지속적으로 국가를 위해 새롭고 더 크게 기여하길 바란다. 개인적인 소견이니 참고로 보내드린다.

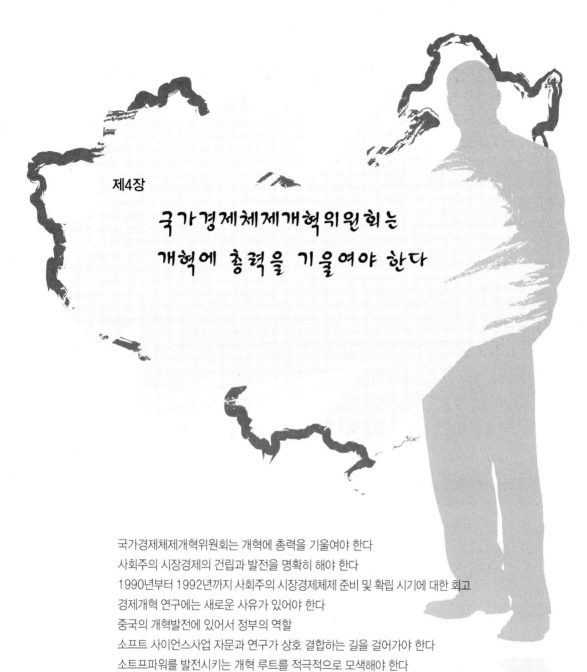

제4장

국가경제체제개혁위원회는
개혁에 총력을 기울여야 한다

국가경제체제개혁위원회는 개혁에 총력을 기울여야 한다

사회주의 시장경제의 건립과 발전을 명확히 해야 한다

1990년부터 1992년까지 사회주의 시장경제체제 준비 및 확립 시기에 대한 회고

경제개혁 연구에는 새로운 사유가 있어야 한다

중국의 개혁발전에 있어서 정부의 역할

소프트 사이언스사업 자문과 연구가 상호 결합하는 길을 걸어가야 한다

소프트파워를 발전시키는 개혁 루트를 적극적으로 모색해야 한다

국가경제체제개혁위원회는 개혁에 총력을 기울여야 한다

1990년 8월부터 1993년 3월까지 국가경제체제개혁위원회에서 근무했다. 이때는 중국 개혁의 중요한 시기이기도 했다. 그때 국내에서 개혁에 대한 논쟁이 큰 것은 물론 국외에서도 의논이 분분했다. 국가경제체제개혁위원회의 업무는 사실상 침체상태였다. 일부 개혁 조치를 취해야 하는 시점에 들어선 것이다. 정세가 준엄하고 업무가 비교적 어려운 현 시점에서 국가경제체제개혁위원회의 업무를 맡게 되었다.

국가경제체제개혁위원회에 파견된 이유는?

전에 덩샤오핑은 총리가 개혁에 총력을 기울일 것이라고 말한 적 있다. 때문에 국가경제체제개혁위원회가 설립되자마자 총리 두 분이 선후로 주임직을 겸임했다.

내가 취임한 후 홍콩 잡지는 나의 자격과 경력이 미달이라며 크게 떠들었다. 일부 잡지는 "중국 양화 리펑 보좌"(대체적인 뜻)란 제목의 글을 실었다. 이중 한 사람은 국가계획과 출산위원회 주임 저우자화이고 다른 한 사람은 국가경제체제개혁위원회 주임 천진화였다.

이러한 기사는 여론에서 큰 센세이션을 불러일으켰다. 왜 굳이 나를 국가 경제체제위원회로 전근시켰는지, 어떤 배경이 있는지에 대해 말들이 많았다. 솔직히 그때 스스로도 이해가 되지 않는 부분이기도 했다.

1990년 5월 하순, 리펑 국무원 총리 주재로 회의를 소집하고 상반기 거시적 경제의 형세를 토론했다. 총리, 부총리와 주요부서의 책임자를 포함해 총 20명이 참석한 소규모 회의였다. 나는 그때 중국석유화학총회사의 당조 서기 겸 총경리를 맡고 있었다. 예상 밖으로 회의에 참석하라는 통지를 받았다.

일주일 지속된 회의에서 각 부서는 관련 상황을 소개하고 의견을 제기했을 뿐만 아니라 적극적으로 토론했다. 회의가 끝나자 리펑, 야오이린(姚依林)이 나를 불렀다.

리펑이 말했다.

"장쩌민이 방금 상하이에서 왔습니다. 중공중앙의 업무가 너무 많아 골고루 돌볼 틈이 없다고 합니다. 당신을 국가경제체제개혁위원회 주임으로 전근시키려고 합니다."

예기치 못했던 일이라 그때에는 놀랐을 뿐이었다. 아직 사상적으로 준비를 못했기 때문에 솔직히 얘기하는 수밖에 없었다.

"며칠간 보고서를 봤는데 모두 개혁에 대해 얘기하곤 있지만 자신보다는 남을 개혁하려 하고 있더군요. 이런 상황에서는 업무를 이끌어 나가기 어렵습니다. 잘 해낼 수 있을지 두렵습니다."

야오이린도 개혁 가운데서 조율해야 하는 임무가 중대하기 때문에 당신을 전근시키려 한다고 했다. 그러자 리펑이 말했다.

"그래도 개혁은 추진해야 합니다. 개혁 가운데서 조율해야 할 임무가 중요하고 조율해야 하는 모순도 많습니다."

그는 간부로서 격식에 얽매인 말을 한 것이 아니라 아주 간절하게 얘기했다.

그래서 "고려해 보겠습니다. 될 수 있으면 한번 해보겠습니다. 하지만 만약 안 되면 다시 석유화학총회사로 돌아가게 해주십시오"라고 부탁했다.

리펑은 이틀 뒤 답변을 달라고 했다.

이틀 후 한번 해 보겠다고 리펑에게 답변을 보냈다. 당시 조직부서를 분관하는 쑹핑(宋平) 중앙정치국 상무위원이 찾아왔다.

"개혁업무가 아주 어렵습니다. 현재 '왼쪽도 안 되고 오른쪽도 안 되며 급해서도 안 되고 느려서도 안 되는' 상황에 직면해 있습니다. 하지만 중앙에서 임무를 맡겼으니 한번 해보겠습니다. 만약 안 되면 다시 돌아가게 해주십시오."

그랬더니 쑹핑은 "충분히 해낼 수 했습니다. 당신의 능력을 믿습니다"라고 했다.

국가경제체제개혁위원회 사무실에서

그때 능력 있는 분들이 많았는데 왜 굳이 나를 국가경제체제개혁위원회 주임이라는 중요한 직무로 파견했는지 많이 고민해봤다.

사실 리펑을 잘 알지는 못했다. 상하이 부시장으로 있을 때 화동전력망 전력 배치 연구회의에 참석했었는데 그때 리펑을 만난 적이 있었다. 그때 그는 수력발전부의 부부장이었고 그후로는 한 번도 만난 적이 없었다. 아마도 이런 몇 가지 일이 리펑에게 좋은 인상을 남긴 듯 했다.

대형 석유화학공업 프로젝트 대륙 투자 건으로 1989년 말, 타이쑤(台塑)그룹의 책임자 왕용칭(王永慶)이 베이징을 방문했다. 덩샤오핑이 왕용칭 및 그 가족을 회견했다. 회견 전에 덩샤오핑은 양상쿤(楊尚昆) 등 회견 수행원들에게 아주 적극적이고 열정적으로 왕용칭을 맞이하라고 전했다. 그리고 리펑에게 왕용칭이 대륙에서 발전하는 것을 환영할 뿐만 아니라 그와 협력하고 합자해 프로젝트를 건설할 의향이 있다는 점을 공식적으로 밝히라고 말했다.

하지만 리펑은 그 공장의 상황에 대해 잘 알지 못했기 때문에 푸젠(福建) 샤먼(廈門)으로 가 직접 공장을 둘러보고 연구하기로 결정했다. 그때 내가 석유화학의 사장으로서 석유화학을 관리하고 있었기 때문에 함께 가자고 했다. 전용기에서 그는 '육경(六輕)'은 대체 어떻게 된 것인가 하고 물었다. 그래서 '육경'은 '제6경유파해공장(第六輕油破解廠)'의 약칭이라고 소개했다. "경유란 바로 경질유로 원유 가운데서 추출해낸 석유화학공업의 원료입니다. 국민당이 타이완에 5개 경유파해공장을 세웠는데 독점화된 관료자본을 바탕으로 하고 있습니다." "하지만 여섯 번째 공장부터 산업개방을 실시하면서 사회자본의 투자를 허락했기 때문에 왕용칭의 '제6경유파해공장'이 건설됐고 '육경'이란 약칭이 생겨나게 됐습니다."

이렇게 얘기했더니 리펑은 곧바로 알아들었다. 아마도 이토록 복잡한 일을 두세 마디로 정확히 얘기하는데서 내 머리가 그리 나쁘지 않다는 인상을 받은 듯했다.

왕용칭의 실력에 의구심을 품으면서 생긴 일이다. 그때 왕용칭이 타이완에서 '육경'을 투자 건설하는 데 대해서 생각하고 있었는데 그 규모가 상당했다. 그래서 일본산업은행에 일부 조사를 위탁했다. 산업은행에서는 대량의 자료를 보이면서 왕용칭이 방대한 규모의 공장을 건설할 수 있을지에 대해 많은 문제를 제기했다. 게다가 왕용칭은 가족기업가이기 때문에 나이가 들고 변화가 생기면 가족모순으로 투자에 영향을 줄 것이라고 귀띔했다.

그때 리펑에게 "아직 조사연구 해야 할 부분이 있다"며 은행 자문 관련 상황을 얘기했다. 이로써 관련 측에서는 왕용칭과의 협력을 더욱 신중하게 고려했다. 리펑은 이번 일에서 내가 실무적이고 쉽게 어리석은 생각을 할 사람이 아니라는 인상을 받은 것 같앗다.

리펑의 주재로 1990년 초 열린 회의에서 푸젠성 정부, 샤먼시 정부의 보고서를 청취했다. 푸젠성 정부, 샤먼시 정부의 관련 책임자들은 문제를 쉽게 생각하며 조급한 마음을 보였다. 리펑이 의견발표를 요구하자 업무의 어려움, 복잡성을 언급하며 절대 과소평가하지 말아야 한다고 얘기했다.

그때 푸젠성은 중국석유화학과 협력해 취안저우(泉州)에서 비교적 큰 현대화한 연유공장을 건설하기로 했다. 푸젠성과 샤먼시는 왕용칭의 프로젝트를 가동하기 위해 우리와의 프로젝트를 중단시켰다. 나는 단호하게 반대했다. "왕용칭과의 협력을 잘 이끌어 나가려면 우리의 공장을 더 잘 건설해야 합니다. 그래야만 협상에서 실력을 과시하고 내세울만한 것이 있게 됩니다."

아마 위의 몇몇 사건이 리펑에게 내가 믿을만한 사람이라는 인상을 남겼으며 이로써 국가경제체제개혁위원회에서 중임을 맡기게 된 듯했다.

당시 '4인방'을 처리한 후 상하이 중앙업무팀, 중공중앙 상하이 시위, 시정부에서 근무했던 경력, 특히 중국석유화학공업총회사의 업무를 실행하는 과정에서 당중앙, 국무원의 결정을 열심히 관철시키,고 개혁과 발전 측면에서 거둔 실적이 중요한 요소로 작용한 것 같았다.

이런 기반이 없었더라면 한 번의 기회만으로 국가경제체제개혁위원회 주임이라는 민감하고도 중요한 자리에 나를 전근시키지는 않았을 것이엇다.

대오를 안정시키고 업무를 회복하자

1990년 8월 18일, 중앙에서 나를 국가경제체제개혁위원회로 전근시키려 한다는 통지가 발표되자 국가경제체제개혁위원회는 홍후(洪虎) 비서장을 중국석유화학공업총회사로 파견해 나를 대신하게 했다.

하지만 그때는 바로 갈 수 없다고 했다.

"지금은 갈 수 없습니다. 인민대표대회의 정식 임명을 통과해야 국가경제체제개혁위원회 기관으로 갈 수 있습니다. 지금 가는 것은 옳지 않습니다. 우선 상황을 이해할 수 있게 먼저 일부 자료를 보내주시고 다음은 안쯔원(安志文)(당시 국가경제체제개혁위원회 당조 서기)을 찾아가 임원진과 간부문제를 얘기해보겠습니다."

이튿날 홍후가 몇 주머니의 자료를 가져다 줬는데 내용은 개혁 전반에 관한 업무내용이었다. 이렇게 많은 자료를 받고 보니 대체 중요한 문제가 어디에 있는지 전혀 갈피를 잡을 수가 없었다.

자료에는 전국 경제체제개혁에 대한 요점이 있는가 하면, 도농개혁 시범, 농촌개혁, 국유기업개혁, 금융개혁, 재정세무개혁, 상업개혁 등도 포함돼 있었다. 한번 훑어보긴 했지만 어떻게 해야 할지가 막막했다.

훗날 기관으로 들어와 일부 상황을 듣고 나서야 업무 외에도 현재 대오를 안정시켜 국가경제체제개혁위원회의 정상적인 업무를 하루빨리 회복시키는 것이 발등에 떨어진 불이라는 점을 깨닫게 되었다.

당시 중앙은 전문 조사팀을 몇 개 회사로 파견해 조사에 도움을 줬는데 그중에는 국가경제체제개혁위원회도 있었다. 내가 임명됐을 때, 국가경제체제개혁위원회의 조사가 아직 끝나지 않았다. 조사는 몇 달간 지속됐고 조사팀이 가지 않는 한 민심을 안정시키기는 어려웠다. 많은 업무를 가동할 방법이 없는 국가경제체제개혁위원회는 거의 마비상태에 처해 있었다.

그 당시 조사팀 책임자인 가오시우(高修)를 찾아갔다. 그때 상업부 부부장이었던 그는 자격과 경력이 충분한데다 알고 지낸지 오래되고 사이도 좋았다.

"조사업무는 어떻게 됐는가요? 큰 문제는 없는지요?"라고 물었다. 까오시우는 "큰 문제는 아닙니다. 사건의 발생에는 원인이 있지만 조사해도 실제적인 증거가 없습니다. 국가경제체제개혁위원회에서 동란에 참여했거나 지지했다는 것은 결코 성립되지 않습니다"라고 했다.

그래서 "만약 큰 문제가 없다면 적당한 장소에서 국가경제체제개혁위원회에서 큰 문제를 발견하지 못했고 조사업무가 끝났다고 얘기해 주면 안 될까요? 이래야만 정상적인 업무를 이끌어 나갈 수 있습니다"라고 했다.

까오시우도 이에 동의하면서 위에다가 보고했다. 곧바로 조사업무가 끝났음을 빠르게 선포했다. 그때 저우샤오촨(周小川)은 국가경제체제개혁위원회의 위원이었다. 젊은이들 가운데서는 비교적 우수했고 위에서도 그를 마음에 들어 했다. 그래서 그에게 대외무역 경제협력부 당조 성원직을 겸임하게 하고 대외무역경제 력부 당조활동에 참여해 대외무역 개혁을 추진하도록 했다.

사실 이는 무척 고심해서 내린 결론이었다. 하지만 대외무역 경제협력부는 오래된 부서이기 때문에 한 사람을 파견하는 것만으로는 근본적인 역할을 할 수 없게 되어 있었다. 그곳으로 파견된 저우샤오촨은 성과를 내기가 아주 어려웠다. 저우샤오촨은 위의 신임을 받아 중용됐지만 현재 위에서 문제가 생겼기 때문에 그도 스트레스가 장난이 아니었고 업무에 매진할 방법이 없었다.

이 때문에 저우샤오촨이 언젠가 찾아왔었다. 관련 상황에 대한 소개를 듣고 나서야 그에게 문제가 없다는 점을 느꼈다. 그래서 까오시우에게 물었더니 까오시우도 문제가 없다고 얘기했다.

하지만 국가경제체제개혁위원회에서 업무를 배치하기 어려웠기 때문에 중공 중앙 조직부를 찾는 수밖에 없었다. "저우샤오촨은 우수한 인재입니다. 나라에는 이런 인재가 있어야 합니다."

훗날 그는 중국은행 부행장으로 전근되었다.

그때 천샤오루(陳小魯)가 국가경제체제개혁위원회에 예속되어 있었다. 출국해야 했지만 누구도 감히 허락하지를 못했다. 정책 문제가 걸려있었기 때문이었다.

만약 천샤오루가 출국할 수 있다면 정치면에서 그에 대한 믿음을 표명하는 것이기 때문에 천샤오루와 같은 상황에 놓인 사람들도 짐을 내려놓을 수가 있었다.

훗날 심사비준부서에서 나를 찾아왔다. 나는 "무슨 상관이 있겠습니까? 도망이라도 치겠어요? 도망치리라고는 생각하지 않습니다"라고 말했다. 이렇게 되어 그는 허락을 받고 출국하게 되었다. 솔직하게 얘기하자면 그때 그의 출국을 허락하는데 위험이 없는 것은 아니었다.

국가경제체제개혁위원회로 오고 나니 이곳이야말로 진정으로 청렴한 부서라는 점을 느꼈다. 간부들의 주택문제를 줄곧 해결하지 못해 일부 사람들은 오랜 시간 사무실에서 살고 있었다. 걱정꺼리를 해결해 주지 못하는 것이 늘 마음에 걸렸다. 거주할만한 주택이 없는데 어찌 마음 놓고 업무를 볼 수 있겠는가?

국가계획위원회에서 기본 건설을 책임진 야오전옌(姚振炎) 부주임을 통해 자금을 조달받고 주택을 구입했다. 그후 유색금속총회사의 땅에 기숙사를 지었다. 이로써 간부들의 주택문제가 해결되었다.

그때 누군가 일부 간부들이 국가경제체제개혁위원회를 '발판'으로 생각한다면서 이곳에서 발탁돼 주택을 배분받은 다음 도망칠 수 있다고 했다. 그래서 "그건 막을 수 없는 일입니다. 우리는 응당 해야 할 일을 계속 할 분입니다"라고 했다. 이런 일은 기관의 민심을 안정시키는 것과 연관되는 일이기 때문에 주택문제를 제대로 해결하지 못한다면 정상적으로 업무를 전개할 수 없었기 때문이었다.

기존에 경제체제개혁위원회에서는 전반적인 계획을 한 것 외에도 여러 부위의 개혁을 조율하는 일도 맡았다. 여러 부위의 모든 개혁방안을 모두 국가경제체제개혁위원회에 제출해 의견을 청구해야 했고 국가경제체제개혁위원회의 조율을 거친 후에야 위에 보고할 수 있었다.

1989년 정치적인 풍파가 끝나자 국가경제체제개혁위원회에게 전반적인 계획에서 손을 떼라는 요구를 해왔다. 따라서 여러 부와의 조율이 중단되면서 국가경제체제개혁위원회에 더는 자료를 올리지 않았다.

리펑을 찾아 관련 상황을 설명하며 국가경제체제개혁위원회의 기존 직능을 회복시켜 줄 것을 요구했다. 훗날 국무원은 공문을 발표해 각 부처에서 국가경제체제개혁위원회에 올리고 발표하는 모든 개혁방안은 우선 국가경제체제개혁위원회와 소통하고 조율해야 한다고 요구했다.

3~4개월이 지난 1990년 말, 조사가 끝나고 간부들도 안정되었다. 그리고 여러 부서와의 관계가 원활해졌으며 특히 그때 국가경제체제개혁위원회에 의견이 비교적 컸던 기구와도 소통이 잘 되었다. 이제부터는 마음껏 일할 수 있게 되었다.

만약 이런 문제를 해결하지 못했다면 업무를 전개하기 어려웠고 개혁의 수요에도 적응하지 못했을 것이다.

덩샤오핑은 1992년의 남방 연설에서 개혁업무를 강도 높게 비난했다. 만약 국가경제체제개혁위원회에서 남방 연설 전후의 개혁 형세에 적응하지 못했다면 존재하기 아주 어려웠을 것이다.

계획과 시장관계에서 돌파구를 찾아야

여러 면에서 개혁에 대한 생각이나 논쟁이 아주 많다는 점을 느꼈지만, 그중에서도 계획과 시장의 관계를 처리하는 문제가 가장 심각하다는 것을 알게 되었다. 이는 전반적인 국면에 영향을 주는 부분이라고 생각되었다. 훗날 국가경제체제개혁위원회에 공식적으로 취임된 후 우선 연구한 것이 바로 계획과 시장의 관계였다.

그래서 홍후에게 양자 간의 관계를 정리할 것을 부탁했다. 하나는 국내 관련 계획과 시장 관계 논쟁에 대한 자료이고, 다른 하나는 계획과 시장에 대한 외국의 종합자료였다.

이런 업무를 배치한데는 그럴 만한 배경이 있었다. 내가 취임되기 전에 장쩌민이 허광후이(賀光輝)에게 국가경제체제개혁위원회에서 소련과 동유럽국가의 개혁, 변화발전에 대해 추적, 분석하는데 주의를 기울려야 한다며 전화연결을 했다. 때문에 관련 자료를 정리하는 것은 위의 수요에 적응하기 위한 것이기도 했다. 그때 이 일은 아주 민감한 사안인 만큼 절대 밖으로 새어나가지 못하게 해야 한다고 그들에게 거듭 강조했다.

1989년 정치 파동 이후, 일각에서는 중국의 개혁이 시장에 의해 파괴됐기 때문에 시장을 방향으로 하는 것을 반대해야 한다는 목소리가 아주 높았다. 심지어 자본주의 길과 연결시켰기 때문에 '죄명'이 아주 크다고 주장했다. 그래서 더욱 조심스러웠다. 업무를 시작하기도 전에 자본주의 죄명을 뒤집어 쓸 수는 없었기 대문이었다.

장춘저(江春澤) 국외경제체제제사 부사장은 여러 해 동안 국제경제학과 비교경제학을 연구해온 전문가다. 당시 누군가 그녀에게 문제가 생길 수 있으니 하지 말라고 충고했다. 심지어 누군가는 "장 사장이 자료를 정리해내면 바로 자본주의가 어디 있냐고 물어질 것이고, 그러면 바로 국가경제체제개혁위원회 국외경제체제사에 있습니다"라고 말할 것이라 했다.

하지만 그녀도 결코 의지를 굽히지 않았다. "위의 지도자가 시킨 일이고 그 사람만 보는 것이기 때문에 밖으로 새어나갈 수 없습니다. 그렇지 않으면 우리가 있을 필요가 없잖습니까?" 그러고는 혼자 하기 시작했다.

열흘도 더 지난 1990년 9월 30일, 장춘저가 "외국에서의 계획과 시장문제에 대한 논쟁, 실천 및 중국의 계획과 시장관계에 대한 논평"을 정리해 가져왔다. 한번 봤는데 정곡을 잘 꼬집었다고 생각했다.

계획과 시장에 대한 개념은 가장 먼저 빌프레도 파레토 이탈리아 경제학자가 제기한 것인데 그때에는 사회주의가 없었다.

자료는 서방 학술계, 계획과 시장문제에 대한 사회주의 국가의 논쟁과정을 소개했다. 그리고 계획과 시장은 근본적인 차원에서 볼 때 자원배치의 수단으로 사회제도와 아무런 연관이 없다고 설명했다. 훗날 소련은 이런 것들을 한데 연결시켜 스스로 금고(禁錮)를 만들어 자신을 그 속에 가뒀다.

자료가 아주 훌륭해 상부에 올려 보내야 겠다고 생각했다. 하지만 국가경제체제개혁위원회에는 인쇄공장이 없었기 때문에, 문서자료를 모두 국무원 인쇄공장으로 보내 인쇄해야 했다.

만약 밖으로 새어 나간다면 영향이 커질 지도 몰랐다. 그래서 중국석유화학총회사 산하에 있는 인쇄공장으로 가져갔고, 절대 밖으로 새어 나가게 하면 안된다고 신신당부했다. 총 20여 부를 찍었다. 그리고 장쩌민과 리펑에게 각각한 부씩 보냈다.

장쩌민은 자료를 보고나서 문제를 정확하게 얘기했다고 했다. 10월 하순 무렵에 특별히 전화가 왔다. "자료를 봤습니다. 너무 좋아 두 번이나 봤습니다. 오늘 저녁 랴오닝으로 가는데 가져가서 다시 한번 꼼꼼히 보려고 합니다." 훗날 그는 다른 중앙 지도자에게 돌려볼 것을 지시했다.

리펑은 보고나서 당의 13기 7중 전회 문건 기초팀에서 참고할 것을 지시했다. 중앙판공청에서도 20~30부 더 인쇄할 것을 요구했다. 그때의 계획과 시장에 대한 논쟁은 이론계 뿐만 아니라, 구체적인 실제업무부서, 심지어 고위층들 사이에서도 의견차이가 있었다. 때문에 모두가 받아들일 만한 방법을 찾아내는 것이 발등에 떨어진 불이었다.

11월 5일부터 7일까지, 국가경제체제개혁위원회는 옌산석유화학회사 초대소에서 "계획과 시장 국제 비교 심포지엄"을 열었다. 7일 새벽, 허광후이(賀光輝), 류훙(劉鴻) 등 집에 있는 부주임을 옌산석유화학초대소로 불렀다. 반나절 동안, 종합성을 띤 심포지엄 발언을 청취했다.

이어 그날 오후, 징시호텔에서 일부 성, 시 국가경제체제개혁위원회 책임자들과 좌담회를 열고 "8차 5개년' 계획 기간의 경제체제 개혁의 기본 사고방향과 주요 임무, 그리고 계획경제와 시장조절을 서로 결부시키는 원칙을 구체화할 수 있는 방안"을 고안했다. 그리고 장춘저에게는 "계획과 시장 국제 비교 심포지엄"의 성과를 잘 정리하라고 했다.

12월 3일 심포지엄의 요록 "소련과 동유럽 나라 및 중국이 계획과 시장을 처리함에 있어서의 다양한 생각, 다양한 효과"를 리펑에게 보냈다.

12월 5일, 리펑에게서 답변이 왔다.

"읽어봤습니다. 잘 썼더군요. 개혁의 목적은 생산을 안정시키고 발전시키는 것이 관건이지 스스로 합리적이라고 생각하는 체제모델이 아닙니다."

그때 장쩌민 총서기가 중앙에서 업무를 시작한 지 얼마 되지 않아 여러 측면의 인식이 통일되지 않은데다 업무난도가 커 고위층의 인식을 통일시킬 수 있는 뭔가가 필요했다.

중국공산당은 사상정치 업무를 잘 이끌어 나가고 인식을 통일시키는데서 뿐만 아니라, 중대한 결책을 앞두고 반복적으로 업무를 추진하는 특징과 장점이 있었다. 업무를 추진하려면 뭔가가 있어야 했고, 내가 올려 보낸 2부의 자료가 인식을 통일시킴에 있어서 추진적인 역할을 했다.

국가경제체제개혁위원회에서 이번 일을 깔끔하게 처리했고, 문제를 깊이 있게 연구했다는 것을 설명해 주었다. 예전에 국가경제체제개혁위원회의 자료가 중앙에서 이토록 중시를 받아본 적이 없었기 때문에 이번 일은 영향이 아주 컸다.

1992년 3월 20일부터 4월 3일까지, 제7회 전국인민대회대회 제5차회의가 베이징에서 열렸다. 나는 안후이성의 전국인대대표로서 시위안호텔에 묵게 되었다.

4월 1일 저녁 11시, 이미 잠이 들었는데 장쩌민에게서 전화가 걸려왔다.

"다음 단계에는 개혁을 어떻게 해야 할지 열심히 연구해보고 중앙에 건의를 해야 하지 않을까요?"

그러면서 자신도 이 문제를 연구하고 있다고 했다.

인민대표대회가 끝나자 광둥, 산둥, 장쑤, 쓰촨, 랴오닝 등 5개성의 경제체제개혁위원회 주임을 불러 중국석유화학총회사 초대소에서 84시간 동안 좌담회를 가졌다.

좌담회에는 10명밖에 참석하지 않았으며 엄격한 비밀조치를 취했다. 그리고 조수를 데려오지 못하게 하고 기록도 하지 못하게 했다. 더욱이 토론한 사항은 절대 밖으로 새어나가게 해서는 안 된다고 강조했다. 밖으로 새어나갈 경우 불필요한 문제가 생길까 우려해서였다. 그들에게는 총서기가 전화했었다는 것도 알려주지 않았다.

좌담회에서 개혁의 목표가 바로 사회주의 시장경제 발전과 정부기구 개혁이라는 점에 의견을 모았는데 전자에 대해 집중적으로 토론했다. 이 일을 밖으로 새어나가지 못하게 해야 한다고 신신당부했을 뿐만 아니라, 좌담회가 끝난 후에는 절대 다시 이 문제를 꺼내지 말 것을 요구했다.

좌담회를 마치고 장쩌민, 리펑에게 편지를 보내 직접 받을 수 있게 했다. 편지는 내가 썼다. 사전에 그 누구와도 상의하지 않았고 작성된 후에도 누군가에게 보인 적도 없었다.

　편지 내용은 이러했다.

　"5개성이 모두 대성이고 비록 계획과 시장의 관계에서 서로 다른 차원의 개혁 개방 도를 대표했지만, 모두 당의 14대에서 계획과 시장관계에 대해 일정한 진전이 있기를 희망합니다. 5개성 경제체제개혁위원회 주임은 모두 향후 '사회주의 시장경제를 구축하고 발전시키는 것'을 명확히 해야 한다고 제기했습니다. 그리고 보고서 뒷면에 통계표 한 장을 첨부했는데, 이 통계표는 5개성의 1978년과 1991년의 GDP, 고정자산투자, 수출액, 수입액, 도시주민 소득, 농민 일평균 순수입 등 8개 거시적 경제지표를 나열한 것입니다.

　동시에 1991년과 1978년의 성장 숫자를 대비하며 경제를 발전시키고 국민생활을 개선함에 있어서 시장의 큰 역할을 설명했습니다. 대비를 통해서 시장메커니즘을 잘 활용한 지역의 여러 가지 지표가 모두 현저하게 선두를 달리고 있다는 점을 볼 수 있었습니다.

　그리고 장쩌민, 리펑에게 보내는 편지에 키신저가 저에게 보낸 편지도 함께 넣었습니다. 이에 앞서 포럼에 키신저를 초청한 적이 있습니다. 하지만 그때 그는 '경제발전과 정치안정'이란 제목의 논문만 보내왔는데 계획과 시장의 관계를 주요 골자로 하여 얘기했습니다.

　그의 편지와 논문을 자세히 보고나서 정치적 편견이 없고, 의식형태가 뒤섞여 있지 않아 비교적 객관적이라는 느낌을 받았습니다. 그중 일부 중요한 논점은 중국의 개혁실천과도 비슷했습니다. 그래서 그의 논문을 참고할 수 있겠다고 생각했던 것입니다.

　훗날 덩샤오핑은 남방에서 한 연설에서 이 문제를 아주 명확하게 얘기했습니다. 그때 저는 당의 14대 문건기초팀에 참여하고 있었습니다. 당의 14대 보고서는 사회주의 시장경제 체제를 실행한다고 명확히 규정했습니다. 그리고 당의 14대 보고서는 14대에서 통과한 결의에 따라 사회주의 시장경제의 구체적인 실시

요강을 제정할 것이라고 제기했었습니다.

이 결정에 따라 국가경제체제개혁위원회는 전문팀를 만들어 저와 왕스위안(王仕元)이 비서장으로 선출돼 사회주의 시장경제체제를 구체화하는 일을 맡고, 사회주의 시장경제체제 건설을 깊이 있게 추진하는 것에 대해 연구했습니다. 몇 달간의 연구 끝에 초안을 제시했는데, 비록 업무를 아주 깊이 있게 이끌어 나가기는 했지만, 일부 원인으로 말미암아 상부에 보고하지는 못했습니다.

1993년 3월, 국가경제체제개혁위원회를 떠나 국가계획위원회에서 근무하게 됐을 때, 중앙재정지도소조 판공실 주임은 정페이옌(曾培炎)이었습니다. 그도 국가계획위원회 부주임이었기 때문에, 국가경제체제개혁위원회에서 제정한 줄 알고 가져갔습니다.

5월 말 14기 3중 전회의 소집을 준비하기 위해 중앙은 문서기초팀을 결성했습니다. 원자오바오가 소장, 정페이옌과 왕웨이청(王維澄) 중앙정책연구실 주임이 부소장을 맡았습니다. 문서기초팀이 가동되고부터 반년 만에 '사회주의 시장경제체제와 관련된 약간의 문제를 건립하는 데 관한 중공중앙의 결정'을 내렸습니다.

1990년부터 2년간 인식을 통일하지 않고 비교적 어려운 상황에서도 시장경제에 대한 우리의 사상이 아주 명확했을 뿐만 아니라 이 같은 생각을 고수했습니다. 연구 자료를 상부에 보고해 고위층인사들이 읽을 수 있게 했고, 정책에 대한 건의를 제기했으며, 14대 보고기초팀에 참가하면서 사회주의 시장경제를 어떻게 구체화 할 것인지에 대한 전반 과정을 아주 완벽하게 했습니다.

다행히도 경제체제 개혁이라는 핵심문제에서 국가경제체제개혁위원회는 당연한 역할을 발휘했고, 훗날의 역사가 증명하다시피 이 역할은 아주 적극적이고 정확했습니다."

주식제 개혁 추진

개혁 초기 시장은 아주 민감한 문제였다. 구체적으로 말하자면 주식제가 더욱 민감한 부분이었다. 그때 많은 사람들이 주식제를 실시하는 것은 자본주의의 길을 걷고 사유화를 실시하는 것이라고 생각했기 때문이다.

주식제에 대한 생각, 주식제 실시 여부에 대해 1989년 정치 파동 이후 덩샤오핑은 간부 회의에서 우리의 개혁개방을 변화시킬 수 없을 뿐만 아니라 계속 이끌어 나가야 한다고 강조했다.

그때 덩샤오핑이 개혁개방은 물러설 수 없고 계속 추진해야 한다고 그토록 긍정적으로 단호하게 얘기했으므로 개혁의 기치를 높이 들고 개혁 가운데서 가장 어렵고 이슈가 되는 문제를 과감하게 해결해 나가야 한다고 생각했다. 그렇지 않으면 개혁은 빈말에만 그칠 것으로 여겨졌다. 그래서 주식제를 실시함에 있어서는 과감하게 어려움과 맞서야 한다고 주장했다. 주식제는 사유화가 아니다. 마르크스도 주식제가 자본주를 지양하는 것이라고 주장했는데 어찌 주식제를 사유화라 하겠는가?

1991년, 국가경제체제개혁위원회는 14개 기업의 시범적인 상장을 허락했다. 그리고 규범화된 실시의견을 제시했으며 부대 정책 4개를 실시했다. 국가경제체제개혁위원회는 1992년 2월 초 나의 주재로 선전에서 주식제 시범 관련 회의를 소집했다. 주로 '주식제 기업 기구 및 시범업무 잠정방법'과 부대 정책 4개를 토론했다.

그때 일부 사람들은 주식제를 실시하고 싶어도 어떻게 해야 할지를 잘 몰라 인도해 주는 사람이 있어야만 했다. 나는 회의에서 주식제를 걱정하는 사람도 있을 것이고 이런 길을 선택하는 것이 정확한 것인지에 대해서는 도전해 봐야 알 수 있다고 했다. 도전하지 않으면 영원히 옳고 그름을 알 수 없다고도 강조했다. 그래서 적극적으로 시범에 뛰어들었으며 여러 성의 경제체제개혁위원회에서도 과감하게 어려움에 도전해 봐야 한다고 주장했다.

그때 정치적인 위험요소가 컸기 때문에 우리도 모험적인 일이었다. 그리고 일부 사람들은 주식제를 사유화와 연결시키면서, 주식제의 시범적인 추진을 지지하는 것은 국가경제체체개혁위원회에서 사유화를 지지하는 표현이라며 비난했다.

사실 이럴 땐 어떻게 해야 할지를 잘 알고 있었다. 주식제를 실시함에 있어 임원들이 주주가 되고 사회자금을 집중시키면 생산력을 해방시키고 발전시킬 수 있는데 이는 자본주의 사유화에 대한 지양임이 확실했다.

회의가 끝난 뒤 얼마 지나지 않아 『선전(深圳)특구보』는 덩샤오핑의 남방 연설 정신을 계속 발표했다. 처음에는 모두가 몰랐지만 훗날 이 사실이 알려지면서 전국적인 열기를 불러일으켰다.

주식제가 최대의 이슈로 떠올랐다. 곳곳에서 주식제를 실시하고 증권거래소를 개업하려 했다. 이런 상황에서는 정확하게 이끄는 문제가 뒤따랐다. 마음대로 하면 절대 안 되었다.

그래서 선전(深圳)에서 열린 회의에서 토론했던 상황을 장쩌민에게 전했다. 훗날 그는 하루빨리 부대정책을 제정하고 빠른 시간 내에 전달할 것을 여러 번 촉구했다. 주룽지도 여러번 전화로 부대정책이 왜 아직도 전달되지 않느냐고 물었다. 부대정책은 류훙루(劉鴻儒), 훙후가 맡았는데 주로 류훙루가 주도했다.

1992년 하반기, 부대정책이 계속 발표되면서 주식제가 정규화로 나아가도록 이끌었다. 이밖에 주식제와 연관되어 있는 여러 지역의 규범화된 문서는 모두 경제체제 개혁위원회의 심사비준을 거쳐야 했다.

그때 상하이, 선전, 톈진, 베이징, 선양, 시안, 우한 등 지역에서 모두 증권거래소 설립을 추진했다. 국가경제체제개혁위원회는 증권거래소를 상하이와 선전 이외의 지역에서는 설립할 수 없다고 명확히 했다.

국가경제체제개혁위원회는 주식제를 잘 이끌어 나갔다. 처음 시작했을 때는 14개에 불과했지만 2009년 7월에 이르러 중국 국내의 상장회사가 1,628개로 늘어났고 시장가치가 24조 위안에 달했다. 이는 같은 해 중국 GDP의 80%를 차지했다.

국내 상장회사의 누계 융자액은 5조 4천만 위안이었다. 참으로 엄청난 숫자였다. 그리고 154개 회사의 해외 상장을 허락했고 대량의 자금을 모았다.

2000년 중국 석유화학공사 그룹은 뉴욕, 런던, 중국 홍콩에서의 상장을 통해 35억 달러를 모으면서 기업의 재력이 탄탄해지고 규모가 더욱 커졌다. 2009년은 회사를 설립한지 26년이 되는 해였다. 그때는 내가 책임지고 설립했다. 하지만 경제적으로 많이 어려웠기 때문에 아래 기업에서 20만 위안을 빌려서야 겨우 문을 열게 되었다. 사무실도 변변치 않아 노동자체육장 관람석 아래에서 업무를 봤다.

그리고 공무용 차량 한대도 없어 상하이시 정부 주베이징 판사처에서 옛날 상하이 승용차 한대를 빌려다 몰았다.

2009년 발표한 세계 500대 기업에서 중국 석유화학공사가 9위에 이름을 올렸다. 이는 주식제의 비율이 더 크면 나쁜 점보다 오히려 이득이 더 많다는 점을 충분히 설명해주었다.

만약 주식제를 실행하지 않았다면 이토록 빠른 발전을 가져오지 못했을 것이다. 누군가 개혁은 생산력을 해방하고 발전시키는 것이라고 했다. 일리가 있는 얘기였다.

국유기업 개혁

기업은 시장의 주체이고 기업 개혁은 줄곧 개혁의 관건적인 문제였다. 만일 기업 개혁을 제대로 추진하지 못한다면 다른 개혁도 영향 받게 될 것이 틀림없었다.

중앙에서 하달한 개혁문서는 국유기업 개혁이 전반적인 개혁의 중심 고리라고 강조했다. 하지만 기업 개혁은 상당히 긴 시간 내에 마땅한 루트를 찾아내지 못한채 도급제를 실시했다.

솔직히 도급제가 기업의 적극성을 불러일으키면서 수입을 늘이긴 했지만, 국가의 세금수입은 갈수록 줄어들어 도급방식을 지속적으로 이끌어 나가기 어려웠다.

1985년 펑전(彭眞)의 주재로 전국 범위 내에서 조사연구에 들어갔다. 몇 년간의 시간을 이용해 "중화인민공화국 전민소유제 공업기업법"의 초안을 작성했다.

초안은 1988년 제7회 전국인민대표자대회 제1차 회의에서 공식적으로 통과되었다. 위의 법률은 기업이 시장의 주체로 되어야 한다고 명확히 규정했다. 비록 '기업법'이 발표되긴 했지만 실제로는 정부관리 기업의 체제가 바뀌지 않았고 한 기업을 상대로 수십 명의 '시어머니'가 모두 지휘하려 하는 국면이 초래되었다. 하지만 누구도 생산에 대해서는 책임을 지려하지 않았으니 시장이 주체가 될 수가 없었다. 기업은 하고 싶은 일을 하지 못하면서도 오히려 하기 싫은 일은 타인에 의해 울며 겨자 먹기식으로 해야만 했다.

1991년 1월 나는 기업문제를 중점적으로 잡으려 했다. 중앙에서 기업의 개혁이 바로 개혁의 중점이라고 강조했기 때문이었다. 현재까지 '기업법'이 제대로 실행되지 못한 것은 '기업법'을 실천에 옮기지 못하고 기업의 경영자주권을 실행하지 못해서라고 보았다.

그래서 리펑에게 '기업법'를 실행하는 것에 관한 구체적인 실행세칙을 실시하고 기업들이 '시어머니'의 그늘에서 벗어나 진정으로 자주권을 행사할 수 있게 해야 한다며 지시를 요청했다. 얼마 지나지 않아 리펑은 바로 허락했고, 주룽지와 나에게 임무를 맡겼다. 주룽지가 찾아와 함께 연구했으며 우리는 좌담회를 여러 번 열고 조사를 하면서 기업의 경영자주권을 실행하는데 걸림돌은 어디에 있는지, 어떻게 하면 이 걸림돌을 제거할 수 있을지에 대해 연구했다.

그 결과 한 기업이 14개 면에서 자주권이 있어야 했다. 하지만 기업을 관리하는 '시어머니'만 수십 명이 있었는데, 여기에는 심지어 해방군 총정치부도 포함되었다. 해마다 제대하는 군인을 모두 기업에 취직시켜야 했던 것이다. 그리고 장애인연합회도 있었는데 장애인들이 사회에서 일자리를 찾지 못하면 기업에서 배치를 도와줘야 했기 때문이었다. 그래서 '시어머니'를 하나씩 찾아갔다. 그들의 권력 경계선을 명확히 해 기업에 대한 간섭을 줄이기 위해서였다.

국무원에서는 주룽지 주재로 17번이나 토론회를 가졌고, 국가경제체제개혁위원회에서는 나의 주재로 21번의 토론회를 소집했다. 그때에는 그 누구도 양보하려 하지 않았다. 문서로 작성된 후에는 '시어머니'의 권력을 행사할 수 없으니까 말이었다. 그들은 관리를 하려 하고 우리는 관리에서 벗어나려 했다. 우리는 장장 10개월 동안 연구했으며 큰 수정만 7번을 했다. 소소한 수정은 얼마나 했는지도 모른다.

1992년 6월, 국무원 제106차 상무회의는 토론을 거쳐 "전민 소유제공업기업 경영 메커니즘 전환 조례"를 원칙적으로 통과시켰다.

같은 해 9월 중공중앙과 국무원의 명의로 이 문서를 하달했다. '기업법'을 실행하는 중대한 절차이고 덩샤오핑의 남방 연설을 실천에 옮기는 중대한 조치이기도 했기 때문에 여러 지역에서 착실히 실행해야 한다고 강조했다. 주룽지도 이 문서를 보고나서 역년 기업개혁과 관련된 최고의 문서라며 높이 평가했다.

문서에서 공업기업의 경영메커니즘 전환문제를 언급했는데, 이때 상업기업은 어떻게 해야 할 것인지가 문제였다. 몇달 후 상업부, 국가경제체제개혁위원회 등 부서는 "전민소유제 공업기업 경영메커니즘 전환 조례"를 참고로 "전민소유제 상업기업 경영메커니즘 전환 조례"를 실행했다.

기업의 개혁은 한걸음씩 차근차근 실행되었다. 만약 위의 과정이 없었더라면 현대의 기업제도가 현재까지도 완벽화 되지 못했을 것이다.

주택제도 개혁

주택문제는 국가경제와 국민생활 가운데서 가장 중요한 문제이자 해결하기 가장 어려운 부문이기도 하다. 전에는 "복지로써 주택을 나눠주었기 때문"에 어느 회사에서 주택문제를 잘 해결하면 모두 그 회사로 가려 했다. 이런 회사는 권력도 있고 돈도 있었다.

하지만 청렴한 부서는 주택문제를 해결하지 못했기에 모두 이런 회사로 가려하지 않았다. 복지형 주택 배분 제도로 야기된 모순이 갈수록 격화돼 해결하기 더욱 어려워졌다. 국내외의 성공적인 경험으로 미루어 볼 때 반드시 복지형 주택 배분 제도를 점차 상품주택 제도로 바꿔, 돈이 있으면 시장에서 구입할 수 있게 해야 했다.

내가 국가경제체제개혁위원회로 전근되기 전에 국무원에 주택제도개혁지도팀이 있었는데 소장은 천쥔성(陳俊生) 국무위원 겸 국무원 비서장이었다.

내가 국가경제체제개혁위원회로 전근된 후 국무원은 나를 주택개혁지도팀 팀장으로 임명했다. 그때는 주택제도 개혁을 하루빨리 실행해야 한다고 여겼다. 그래서 해마다 한 차례 씩 주택제도개혁회의를 소집하고 주택제도개혁을 추진할 수 있는 문건을 하달했다.

주택제도 개혁은 난이도가 큰데다, 자칫 헛된 수고만 할 수 있었는데 굳이 국가경제체제위원회에서 그 일을 맡을 필요가 있을까 하고 생각했다.

그때에는 주로 아래의 몇 가지 부분을 고려해서였다.

첫째, 복지형 주택배분제도에 의견이 아주 많았다. 관계가 있는 사람들은 주택을 여러 채 배분받을 수 있고, 관계가 없는 사람들은 한 채도 차례가 가지 않았다. 그러니 복지형 주택 배분은 분배가 고르지 못하고 부패의 온상으로 되기 쉬웠다. 누군가 국가경제체제개혁위원회에서 이것저것 개혁했는데 왜 주택개혁에 선뜻 나서지 못하는가 하고 질책했다. 그때는 대중들의 눈총을 받고 있는데다 경제와 사회발전 가운데서 반드시 부딪쳐야 하는 문제였으니 한번은 손을 대보려고 생각했다. 1980년 덩샤오핑이 상품주택을 추진할 것을 제기했지만 줄곧 실행되지 못했다.

둘째, 누군가 국가경제체제개혁위원회가 형식적인 것에만 눈을 돌린다고 비난했다. 사실 우리도 실제적인 일을 하고 싶었다. 탁상공론만 하고 있었으니 백성들에게는 아무 것도 보여주지 못했다. 국가경제체제개혁위원회의 업무는 실무적이어야 하고 하루종일 이론만 늘어놓으면서 큰 소리를 쳐서는 안 되었다. 그러니 주택제도 개혁을 하면 국가경제체제개혁위원회의 기풍도 전환시킬 수 있을 것이라 생각했다.

셋째, 상하이의 경험에서 계시를 받았다. 주택 개혁 업무를 인계받고 얼마 지나지 않아 주룽지가 상하이시 시장으로 임명되었다. 그때 상하이시의 주택 모순이 첨예하고 백성들의 의견이 많았다. 이런 문제를 해결하기 위해 그는 특별히 싱가포르, 중국 홍콩의 주택건설과 주택제도를 고찰했다고 들었다. 훗날 주룽지가 상하이 주택제도 개혁을 적극적으로 추진하면서 싱가포르 경험을 얘기했다. 그때 깊은 인상을 받은 2가지 일이 있다. 주택공적금 구축과 부동산 개발업체들이 10~15%를 염가주택건설에 투자해 가난한 사람들이 거주하도록 한 것이다. 그러면 메커니즘상으로 문제를 해결할 수 있었다. 훗날, 상하이시에서 솔선수범하여 주택공적금제도를 실시했다.

국무원은 상하이시 주택제도개혁방안을 허락하면서 전면적으로 보급하라고 지시했다. 그래서 리펑을 찾아갔다. 국무원판공청은 공식적으로 발표하는데 동의했다. 이 일은 전국적으로 영향이 아주 컸고 훗날 여러 지역의 주택개혁은 모두 상하이의 방법을 참고로 했다.

국무원에서 상하이, 베이징의 주택개혁방안을 보급하라고 허락한 후, 여러 지역이 본받을 것을 요구했지만 결국에는 전부 허락하는 것이 적합하지 않다고 생각되어 전달을 중단하기로 했다. 이런 결정을 전해들은 녜비추(聶璧初) 톈진시 시장이 직접 전화를 걸어왔다.

"국무원의 허락을 받은 상황에서 톈진을 허락해 주지 않으니 더는 시장으로 일할 수가 없습니다. 정 그러면 사직하겠습니다." 나는 하는 수 없어 가능한한 쟁취해 보겠다고 약속했다.

훗날, 허춘린(何椿霖) 국무원 부 비서장과 상의한 후 국무원 지도자의 동의를 거치고 톈진의 주택개혁 방안을 허락했다. 국무원 주택제도개혁지도자소조는 베이징, 톈진의 주택개혁방안 보고서를 청취했을 뿐만 아니라, 전국에 베이징, 톈진의 주택개혁 방안을 전달했다. 베이징, 톈진, 상하이 3대 직할시의 주택개혁을 추진하면서 전국 주택개혁의 전면적인 시작을 이끌었다.

주택공적금제도 제정은 주택제도 개혁 가운데서 항상 제창하던 조치였다. 하지만 부서의 권리, 이익조정과 연관되어 있기 때문에 줄곧 별다른 진전이 없었다. 주룽지가 상하이에서 주택공적금제도의 제정을 제기했을 때, 우리는 상하이의 개혁 사고방향을 적극적으로 지지함과 동시에, 전국 주택제도개혁회의에서 이를 소개하고 보급시켰다.

2001년에 이르러 전국의 주택공적금은 이미 5,600여 억 위안의 규모를 이룬 반면 발급한 주택대출금은 절반도 안 되었다. 하지만 생활이 어려운 320만 가구의 주택문제를 해결하게 되었다.

현재는 주택개혁 성과가 아주 크지만, 그만큼 문제점도 많아 백성들의 의견도 만만치 않았다. 그때 미처 생각지 못했던 부분이었다. 예전의 사고방향에 따라 공적자금으로 융자문제를 해결하고 15%의 할당액을 분담하는 방법으로 공평하게 문제를 해결할 수 있다고 생각했다. 게다가 계속 실천하면서 정책이 제대로 실행되게 한다면 여러 가지 면을 골고루 돌본 완벽한 조치라고 여겼다. 안정된 생활을 누려야 즐겁게 일할 수 있는 만큼 상품주택시장이 사회와 동떨어지고 민심을 등져서는 안 되었던 것이다.

국가경제체제개혁위원회 업무에 대한 전반적인 회고

맡겨준 일이라면 무조건 열심히 하고 중임을 저버리지 않으려 하는 것이 장점이라고 생각한다. 국가경제체제개혁위원회의 경우 만약 정치적으로 유력한 지지를 받지 못한다면 업무를 잘 이끌어 나갈 수 없엇다. 나를 그곳으로 전근시킨 리펑은 무조건 지지했다. 그리고 야오이린도 얘기를 주고받는 가운데서 지지한다고 얘기했었고 장쩌민도 지지한다는 태도였다. 국가경제체제개혁위원회에 있는 동안 장쩌민, 리펑, 야오이린, 그리고 훗날의 주룽지까지 일이 있으면 직접 나를 찾아왔고 어떤 때는 집으로 전화를 걸어오기도 했다. 그래서 일이 있으면 자발적으로 그들에게 보고를 하고 지시를 기다리면서 시시각각 자신의 위치를 제대로 인지하는데 주의를 기울였다. 국가경제체제개혁위원회는 국무원의 소속 부서로 중앙의 지도하에 업무를 전개해야 하기 때문에, 문제에 부딪히면 반드시 많은 지시를 요청하고 많이 보고를 해야지 절대 일인자로 자칭해서는 안 되었다. 그때는 별로 부담이 없었던 지라 방문해야 할 경우에는 무조건 그 사람을 찾아갔다. 장쩌민, 리펑, 야오이린, 주룽지 모두 나를 많이 지지해줬다. 그래서 일이 있을 때마다 그들을 찾아갔는데 원하는 건 모두 들어줬다.

나는 예전의 업무 방식대로 리펑의 비서에게 국가경제체제개혁위원회의 당조회의에 참석해 줄 것을 요청했다. 회의에서 토론하는 중대한 문제나 일부 중요한 결정이 있을 때마다 그가 수시로 리펑에게 보고하도록 부탁했다. 이 같은 제도와 체제에서는 성공여부가 노력에 달려 있기 때문에 일을 잘 처리하기 위해서는 빈 틈이 없도록 해야 했다. 전에 누군가 국가경제체제개혁위원회의 직원들이 남에게 부탁하기 싫어하고 지시를 요청하거나 보고하기를 싫어한다고 하는 얘기를 들은 적 있었다. 그러면 국가경제체제개혁위원회의 업무를 전개하기 어려운 것은 물론이고, 그 아래 각 성의 경제체제개혁위원회에서도 업무를 전개하기가 아주 어려워질 것이 분명했다.

중앙의 경제체제 개혁위원회 설립 결정은 아주 정확한 선택이었다. 개혁은 이익국면의 조정과 연관되기 때문에 권력 있고 이익을 얻는 부서에서는 모두 양보하려 하지 않았다. 그리고 외부에서 개혁에 참여하는 것을 싫어했을 뿐만 아니라 스스로도 개혁하려 하지 않았다. 이런 상황에서 권력, 이익 국면과 연관이 없는 부서가 나서서 연구하고 조율하고 중재하고 추진해야 했다. 그래서 경제체제개혁위원회의 역할을 낮게 평가하면 안 된다는 느낌을 받았다.

국가경제체제개혁위원회는 수많은 인재를 모았고 또 수많은 인재를 육성했다. 일부 사람들은 개혁의식이 강하고 현대경제에 대해서도 비교적 잘 알고 있었다. 현재의 인민은행, 건설은행, 증권감독위원회, 은행감독위원회에 근무하는 간부들 가운데는 경제체제개혁위원회에서 간 분들도 있다. 저우샤오촨, 러우지웨이(樓繼偉), 리젠거(李劍閣), 궈수칭(郭樹清) 등이 바로 그러하다. 그때 궈수칭은 국가계획위원회 소속 한 연구소에서 근무하고 있었는데, 경제체제 개혁위원회에서 그를 욕심냈고 그도 경제체제개혁위원회에 가기를 원했었다. 그래서 팡웨이중(房維中) 계획위원회 부주임을 찾아 그를 보내달라고 요청했지만, 주관 부주임이 동의하지 않아 줄곧 성사되지 못했다. 그러나 내가 계획위원회 주임으로 전근된 후 그를 보내줬다. 경제체제 개혁위원회에서 근무한 경력 덕분에 그들의 사유, 의식, 전반적인 관념 등 모두가 전과는 많이 달라졌다.

경제체제개혁위원회의 대다수 업무는 시대를 앞서갔기 때문에 개혁의식이 뚜렷했다. 예를 들어 주식 상장회사가 20년도 되지 않아 1,600여 개로 늘어났는데 처음에는 고작 14개에 불과했다. 선물도 경제체제개혁위원회에서 제기한 것이고, 종합개혁 부대 시범, 현급 개혁 시범도 마찬가지였다. 이처럼 경제체제개혁위원회는 앞서가는 사상을 갖고 정성껏 지지했다.

경제체제개혁위원회에 있을 때 2년에 한 번씩 현급 종합개혁회의를 소집했던 기억이 난다. 1992년 4월, 허광후이(賀光輝) 주재로 창수(常熟)에서 전국 현급 종합개혁회의를 소집하기로 했다. 그때 이 소식을 절대 흘려들으면 안 된다고 생각하고는 바로 리펑에게 보고를 올렸다. 리펑은 "가겠습니다"라고 말했다. 창수에 도착한 리펑은 회의에서 중요한 연설을 했다. 이때는 덩샤오핑이 남방 연설을 발표한지 얼마 지나지 않아서였다. 덩샤오핑은 개혁하지 않으면 물러나야 한다며 심각하게 얘기했다. 개혁 진척에 대한 불만이 역력했던 것이다.

리펑이 전국 현급 종합개혁회의를 개최하는 기회를 비러 개혁에 대해 연설했는데 평판이 아주 좋았다. 경제체제개혁위원회의 업무가 정치적 민감성이 강하기 때문에 중대한 사안을 제때에 파악하지 못한다면 기회를 놓치고 전반 업무의 진척에 영향을 미치게 된다는 걸 느꼈다.

이제 국가경제체제개혁위원회라는 기구가 없어졌고 직원들도 붙잡지 못했으며, 일부 중요한 개혁도 지속적으로 심도 있게 진행되지 못하고 있다. 경제체제개혁위원회가 빠르게 사라졌다. 2년 전 누군가가 경제체제개혁위원회 회복을 건의했으나 그때는 이미 이제는 그럴 수도 없고 다시 회복할 수도 없다고 얘기했던 기억이 난다.

※ 본 글은 2009년 9월 2일 중국 경제체제 개혁연구회의 인터뷰를 받았을 때 정리한 것으로 2011년 (5) 『백년조(百年潮)』에 게재한 글임.

사회주의 시장경제의 건립과 발전을 명확히 해야 한다

중앙의 지도자가 4월 1일 밤 전화로 전달한 지시대로 저는 바로 광둥, 장쑤, 산둥, 랴오닝, 쓰촨 등 5개성의 경제체제개혁위원회 부서의 주요책임자와 만나 전문적인 좌담회를 열고 계획과 시장문제를 토론했습니다.

회의에서 그 어떤 배경과 의도도 얘기하지 않고 모두 자신들의 생각을 솔직하게 털어놓으라고만 했습니다. 그리고 좌담회는 덩샤오핑의 지시와 정치국 회의의 결의를 학습하고 인식을 교류하기 위해 마련됐기 때문에, 회의실을 나서면 발언은 모두 없었던 일로 할 것이라고 강조했습니다.

이 다섯 개 성은 모두 큰 성으로 비록 계획과 시장관계에서 서로 다른 차원의 개혁개방 정도를 대표했지만, 당의 14차 대표대회에서는 아래와 같은 두 가지 면에서 발전을 가져오기 바란다고 했습니다.

첫째, 계획과 시장의 관계. 5개성이 보여준 경제발전의 생기와 활력에서 앞으로 사회주의시장경제를 건립하고 발전하는 길을 명확히 해야 한다는 점을 깨달았다. 사회주의가 공유제의 기초, 노동에 따라 분배하는 원칙, 정권의 성질, 국가가 거시적 경제에서의 계획과 중대한 결책 범위를 확정지어야 하며, 수단과 방법의 역할을 하는 시장경제에서도 오직 사회주의만을 위해 봉사해야 한다.

둘째, 단호한 마음가짐으로 당정군 기구를 간소화하고, 정부직능을 절실하고도 효과적으로 전환시킴으로써 경제발전 변화의 수요에 적응하게 하고 경제기초를 위해 더욱 잘 봉사토록 해야 한다.

회의를 마치고 특별히 5개성의 통계자료를 조사하면서 차이가 생긴 원인과 출로를 찾아 보았습다. 첨부하여 보고드리니 참고하시기 바랍니다. 어제 미국 키신저의 서면 발언원고를 받았습니다. 이것도 함께 첨부하여 보내드리오니 보시기 바랍니다. 반쪽밖에 안 되지만 만약 시간이 없으면 결론만 보셔도 됩니다.

※ 이 글은 1992년 4월 21일 저자가 장쩌민, 리펑에게 보낸 편지임

1990년부터 1992년까지
사회주의 시장경제체제 준비 및 확립 시기에 대한 회고

중국 경제체제 개혁과정에서 계획과 시장문제에 대해 오랜 세월 동안 줄곧 서로의 의견차이가 있었다. 장쩌민이 중앙에서 업무를 주재한 후로 국내에서 직면한 가장 큰 문제이기도 했다. 장쩌민이 직접 좌담회를 주재했는데도 경제학자들이 아주 치열하게 논쟁하며 한 치도 양보하지 않았다. 학술계, 언론계뿐만 아니라 당내 지도자 간부들 사이에서도 생각이 서로 달랐다. 장쩌민은 이쪽, 저쪽 의견을 다 들어야 했으니 서로 다른 의견을 어떻게 취사선택해야 할지가 가장 큰 고민이었다.

전에 이런 얘기를 한 적 있었다. 여러 측의 의견을 모두 들어야 하고 마지막에는 덩샤오핑과 다른 일부 노 세대 혁명가들의 의견도 들어야 한다. 결정을 하기 위해서는……

덩샤오핑은 줄곧 계획과 시장이 수단에 불과할 뿐 사회주의와 자본주의 본질을 구별하는 근본적인 것은 될 수 없다고 여겼다. 하지만 여러 사람들의 인식이 서로 달랐기에 덩샤오핑은 이 일에 대해서 아주 신중했다. 일을 너무 빨리 추진하지 않고 생각을 바꾸는 면에서도 될수록 큰 변화를 가져오지 않게 하는데 주의를 기울였다.

이런 상황에서 장쩌민도 아주 신중한 태도를 보였다. 전에 소련의 실패한 교훈과 중국의 경제발전 가운데서 나타나는 일부 문제에 대해 서로 의견을 나눈 적이 있다. 소련의 실패한 교훈은 문제가 있다는 점을 증명하기 때문에 바로잡아야 한다고 주장했다. 국내의 양호한 비공유제 경제 발전추세에 대해서는 긍정하면서도 서방시장 경제의 부정적인 영향에 대해서는 주의를 돌려야 한다고 했다.

그리고 국내 경제발전 가운데서 나타나는 나쁜 조짐에 대해서는 경각성을 높이고 적합한 모식을 찾아내 바로잡음으로써 중국 경제체제 개혁을 추진하려 했다. 장쩌민은 계획과 시장문제에 대한 국내외의 연구 상황을 주의 깊게 살펴보고 좋은 건의를 열심히 받아들였다.

1990년 경제체제 개혁위원회로 전근된 후 경제체제 개혁 문제를 연구하는 과정에서 직접적으로 직면한 첫 문제가 바로 계획과 시장 관련 문제였다. 상황을 정확히 알아보고 문제를 진일보 연구하기 위해 경제체제개혁위원회 외국경제체제사에 계획과 시장에 관련된 외국의 오랜 논쟁과 현재의 문제에 대한 생각을 반영하는 자료를 정리하라고 조치했다.

제목은 "계획과 시장 논쟁과 실천 및 중국의 계획과 시장관계에 대한 외국의 논평"이었다. 이 자료는 아주 정확하게 정리되었다. 20세기 초에 이미 계획과 시장에 관한 논쟁이 있었으며, 자원배치 방식에 대한 선택에서 비롯되었다는 점을 설명해 주었다.

그때 세계에는 아직 사회주의 국가가 없었다. 소련이 새 경제정책 조정 시기에 들어섰을 때에야 이 논쟁이 사회주의제도와 한데 연결되었다. 이 논쟁에 대해서는 경제체제개혁위원회 내부에서도 우려의 목소리가 들려왔는데 서로 간의 의견격차가 만만치 않았다.

1990년 12월 초 이 자료를 장쩌민, 리펑에게 전달했다. 자료를 보고 난 장쩌민에게서 전화가 걸려왔다. 자료를 두 번 봤는데 문제점을 아주 똑똑히 볼 수 있었고, 인쇄 발행해 중앙의 관계자들에게 돌리라 했다고 전했다.

그땐 중요한 문제였다. 그때 장쩌민은 쉽게 입장을 밝힐 수 없었기 때문에 될수록 개별 연설이나 좌담회, 연구 자료를 인쇄발행하는 등의 방법으로 이 일을 추진했다. 궁극적으로는 당내 특히 지도자 간부들 가운데서 인식을 높이고 사상을 통일시키는 업무였다. 그렇게 한걸음 한걸음씩 많은 사람들의 이해와 지지를 얻어냈다.

1992년 봄, 덩샤오핑이 남방연설을 발표하면서 새로운 사상해방 열조를 불러일으켰다. 덩샤오핑은 계획경제는 사회주의가 아니기에 자본주의에도 계획이 있으며, 시장경제는 자본주의가 아니기에 사회주의에도 시장이 있다고 말했다. 계획과 시장은 모두 경제 수단이라는 것이었다. 그럼에도 불구하고 당 내외와 14차 당대회 보고기초팀 내부에서 계획과 시장관계 문제에 대한 인식이 서로 달랐다.

이런 상황에서 중공중앙 총서기로서의 장쩌민의 태도는 아주 중요했다. 장쩌민은 이 문제에 대해 깊이 있게 연구하고 고민했다. 그 과정에서 나는 장쩌민에게 자료를 보낸 적도 있었다.

1992년 '양회'기간 동안 장쩌민에게서 전화가 왔다. 지금 경제체제 개혁에 대한 의견이 서로 다르기 때문에 앞으로 어떻게 추진하면 좋을지, 그리고 지금 모두 중앙에서 어떤 태도인지를 기다리고 있다고 했다. 그러면서 계속 기다릴 수만은 없기 때문에 경제체제 개혁위원회에서 경제체제개혁의 목표에 대해 열심히 연구한 뒤 중앙에 건의를 제기하라고 했다.

경제체제 개혁위원회에서만 연구해서는 안 된다고 생각되어, 서로 다른 대표성을 띤 광둥, 장쑤, 쓰촨, 랴오닝, 산둥 5개성의 경제체제개혁위원회 주임들과 좌담회를 가졌다. 소규모로 진행된 이번 좌담회에는 비서가 참석하지 않았다. 당시에는 장쩌민이 이 문제를 연구하라고 요구했다는 점을 알리지 않았다. 그저 모든 사람들에게 사상을 해방하고 마음껏 의견을 제기하라고만 얘기했으며 대외적으로는 비밀로 하라고 했다. 회의에서는 경제체제의 개혁과 정부기구의 개혁을 두고 토론했는데 중점은 경제체제의 개혁이었다.

좌담회가 끝난 후인 4월 21일, 장쩌민과 리펑에게 편지를 보냈다.

내용을 요약하면 다음과 같았다.

"앞으로 '사회주의 시장경제를 구축하고 발전시키며' '시장경제가 한 가지 수단, 방법으로 사회주의를 위해 봉사할 수 있다'는 점을 명확히 제기했다. 이밖에 두 가지 재료를 첨부했는데 그중 하나가 바로 키신저가 보내온 서면 연설고였다. 5개 성의 경제체제 개혁위원회 주임들과 좌담회를 개최하기 전에 국제적인 심포지엄을 가진 적이 있다. 그때 많은 외국 전문가를 요청했는데 그중에 키신저도 있었다. 키신저가 나한테 편지를 보내왔는데 거기에는 그의 서면 발언고가 첨부되어 있었다. 그는 아주 객관적으로 얘기했고, 정치적인 색채가 없을 뿐만 아니라, 여러 나라의 상황이 다르기 때문에, 각 나라에서 각자의 길을 걸어야 한다는 점을 강조했음을 느꼈다. 참조 가치가 있다고 생각되어 장쩌민에게 경제개혁 관련 재료를 보낼 때 키신저의 편지도 함께 전했다. 그리고 5개성의 경제발전 숫자를 비교한 자료도 보냈는데 시장화가 다름에 따라 생기는 발전격차를 설명했다."

1992년 6월 9일, 장쩌민은 중앙 당교에서 연설을 발표했다.

당시 연설에서 그는 경제체제에 대한 여러 가지 생각을 얘기했다. 동시에 "개인적으로는 '사회주의 시장경제체제'라는 표현법을 사용하는 것이 좋을 듯 싶다"고 했다. 연구토론이긴 하지만 실은 입장을 밝힌 것이기도 하다. 당시 연설 이후, 그는 덩샤오핑에게 보고를 했고, 덩샤오핑은 찬성한다면서 이 일을 확정지었다.

그리고 14차 당대회에서는 관련 주제가 생기게 되었다. 14차 당 대회의 보고서는 바로 사회주의 시장경제체제를 건립하는 기본정신에 따라 작성했던 것이다. 14차 당대회의 보고서 초안을 작성하는 과정에서 장쩌민은 기초팀의 성원들에게 엥겔스가 미국을 방문한 뒤 쓴 한편의 글을 보라고 추천했다.

엥겔스가 1888년 미국을 고찰한 뒤 "미국 여행 인상"이라는 제목의 글을 발표했는데, 다음과 같았다.

"발전이 가장 빠른 민족은 단순하게 실제적인 이익에서 출발해 바로 새로운 개혁방안을 실천에 옮긴다. 만약 좋은 방안이라고 인정될 경우 이튿날이면 바로 실천에 옮긴다. 미국에서는 모든 것이 새로워야 하고 합리적이야 하며 실제적이어야 했는데 이런 부분은 우리와 많이 달랐다."

모두가 돌려봤다. 엥겔스가 미국에서 새 사물을 빠르고도 고효율적으로 받아들이는데 대해 높이 평가했는데 사실 이는 시장 메커니즘에 따른 효율을 얘기한 것이었다. 개인적인 생각으로는 장쩌민이 엥겔스의 관념을 빌어 여러 사람들의 사상인식을 통일시키려 했지만, 그는 이런 뜻을 드러내지 않고 저술 학습을 통해 여러 사람들의 인식을 높이고 사상을 통일시키려 한 듯했다.

장쩌민이 중앙에서 업무를 주재해서부터 1992년까지, 3년간 중대한 문제에서 전 당의 인식을 한데 모으고, 나중에는 사회주의 시장경제체제라는 표현법을 사용하는데 의견을 통일시켰다. 결코 쉬운 일이 아니었다. 이 과정에는 세밀하고 적절하게 인식을 높이고 사상을 통일시키는 업무과정이 뒷받침 되어야 했다. 만약 이런 과정이 없었다면 어떤 결과가 나타났을까? 문제해결에서의 어려움을 가히 상상할 수 있는 것이다.

사회주의 시장경제를 발전시킴에 있어 국제적으로 의견이 서로 다르고 반대하는 목소리도 있었다. 장쩌민이 이와 관련한 문제를 두고 영국 대처 수상과 논쟁한 적 있다고 들었다. 대처 수상인이 중국을 방문했을 때, 사회주의 시장경제의 길은 실패할 것이며 발전할 수 없다고 말했던 것이다. 시장경제가 사유제와 한데 연결되어 있기 때문에 사유제를 발전시키지 않으면 시장경제를 발전시킬 수 없다고 여겼기 때문이었다. 하지만 장쩌민은 대처 부인의 견해에 대해 다른 의견을 내놓았다. 그는 앞으로도 공유제를 주체로 하고 여러 가지 소유제 경제를 함께 발전시키는 길을 따라 추호의 흔들림도 이 길을 걸어갈 것이고 사회주의라는 전제에서 시장경제를 성공적으로 발전시킬 것이라고 강조했다.

20여 년에 걸친 개혁개방 성과와 실천은 중국에서 선택한 사회주의 시장경제체제의 길이 정확한 것이었음을 증명했다. 더욱이 중국은 시장경제체제에 힘입어 큰 성과를 거뒀던 것이다.

※ 이 글은 중앙문헌연구실 「문헌과 연구」 잡지에 전재된 글임

경제개혁 연구에는 새로운 사유가 있어야 한다

오늘은 중국경제체제개혁연구회 설립 20주년이다. 이처럼 뜻 깊은 기념일에 중국 개혁에 관한 대형 심포지엄을 개최하는 것은 큰 의미가 있다. 과거를 되돌아보고 미래를 지향하는 뜻 깊은 만남이기 때문이다.

얼마 전, 중공 16기 3중 전회에서는 '사회주의 시장경제체제를 완벽하는데에 관한 몇 가지 문제에 대한 중공중앙의 결정'을 통과시켰다. 이로써 새 세기 경제 체제 개혁을 완벽화 하며 활력있는 개방된 경제체제를 구축하는데 대해 전략적인 조치를 하게 되었다. 중국 경제체제 개혁위원회는 마땅히 20년 전처럼, 11기 3중 전회의 결정을 옹호하던 때처럼, 추호의 흔들림도 없이 중공 16기 3중 전회의 결정을 옹호하는 한편, 결정을 배우고 홍보하며 실천에 옮겨야 할 것이다.

"20년간, 중국경제체제개혁연구회는 전국 경제체제 개혁의 관리, 학자, 기업가들과 함께 사상을 해방하고 실사구시적으로 경제체제개혁을 실천에 옮기는 데에 총력을 기울였습니다. 그리고 이론과 실천을 서로 결부시켜 대담하게 모색하고 중국 개혁개방 가운데서의 중점, 난점문제를 에워싸고 종합성, 전국성과 조작성을 띤 연구를 이어갔습니다. 덕분에 정부의 개혁 정책과 기업의 발전에 많은 유용한 건의를 제공할 수 있었을 뿐만 아니라, 중국의 개혁개방과 현대화 사업을 추진하는 데서도 적극적인 역할을 발휘했습니다. 이 기회를 빌어 '중국 경제체제 개혁위원회 설립 20주년 포럼'을 개최하게 된데 대해 진심으로 축하를 드립니다. 그리고 지도자 동지, 전문가, 경제체제 개혁연구회의 오래된 동료들이 20년간 업무에 기울인 노력과 기여에 진심으로 경의를 표합니다.

　25년간의 개혁개방을 거쳐 역사적인 성과를 거뒀고 풍부한 경험을 쌓았습니다. 현재 중국은 이미 생산력발전을 효과적으로 추진하는 중국 특색의 사회주의 시장경제체제뿐만 아니라, 공유제를 주체로 하고 여러 지 소유제경제를 함께 발전시키는 기본경제제도도 구축했습니다. 중국은 갈수록 왕성한 경제의 성장을 보여주고 있습니다. 지난달, 저장성의 원저우, 닝보, 샤오싱(紹興), 항저우에서 조사연구하면서 그곳에서 일어난 거대하고도 심각한 변화를 피부로 느꼈습니다. 10년 전과 비교할 때, 경제가 빠르게 발전되고 재부가 크게 늘어났으며, 국민들의 생활이 꾸준히 향상됐고 도시와 농촌의 면모가 일신됐습니다. 그리고 기업은 여러 가지 형식으로 국문을 나서 대외무역을 추진하고 있는데, 사회주의 시장경제체제가 가져다 준 거대한 발전공간과 생기를 보여줬습니다.

　더욱 중요한 것은 사람들의 사상관념과 정신상태가 현저하게 향상됐고, 시장경제라는 큰 국면이 여러 가지 유형의 인재를 육성했다는 점입니다. 원저우 라이터회사는 강적들 앞에서도 두려워하지 않고 과감하게 도전에 맞서 싸웠습니다. 그들은 유럽에서 진행한 반덤핑조사에 대담하게 응했으며 합법적으로 권익을 지켰습니다. 그들은 유럽연합에서 2차례 파견한 전문팀의 심사를 성공적으로 통과했습니다. 상품의 원가 구성, 가격, 경영상황 등 상세한 자료를 제공하고, 온 힘을 다해 권익을 수호함으로써 아주 엄격한 유럽연합의 심사를 순조롭게 통과했습니다. 그들은 지혜롭고도 성공적으로 조사에 응했습니다.

　10년 전에만 해도 시장경제라는 치열한 경쟁 속에서 가장 강한 상대와 겨눈다는 것은 가히 상상할 수 조차 없는 일이었습니다. 하지만 초보적으로 구축된 사회주의 시장경제체제인지라 아직은 완벽화 되지 못했고, 글로벌적인 경제추세와 중국이 WTO에 가입한 후의 새로운 형세에 적응하지 못하고 있습니다. 게다가 개혁의 진척이 불균형했기 때문에 여러 가지 문제를 지속적으로 찾아내고 실천하며 완벽화 해야 합니다. 외부환경의 거대한 변화는 중국의 개혁목표와 진척에 새로운 요구를 제기해 주고 있습니다.

당의 16기 3중 전회는 사회주의 시장경제체제를 완벽화 하고, 더욱 활력 있고 개방적인 경제체제를 구축하는 문제에 대해 전략적으로 조치했습니다. 그리고 개혁과 발전 과정에서 5가지를 통합하고, 5가지를 견지할 것을 실현하고, 전면적인 발전과 조화로운 발전, 지속가능한 발전을 실현하는 발전관을 가지며, 경제발전이라는 기초 위에서 사회의 전면적인 진보와 인간의 전면적인 발전을 추진해야 한다고 요구했습니다.

이런 문제는 이론적인 의의와 실천적인 지도적 의의가 있어, 새로운 사유를 갖고 경제체제의 개혁 목표와 조작 과정에서 새로운 사고의 방향을 연구할 것을 요구하고 있습니다. 경제체제 개혁이 생산력 발전을 추진하는데 유리할 뿐만 아니라 사회주의제도의 발전과 완벽화, 중국이 전면적으로 사회주의 현대화를 실현하는데도 유리합니다. 중국의 개혁개방은 광범한 도시의 경제체제 개혁 연구기구, 그리고 학자와 기업자들에게 넓은 공간을 제공해 줬습니다.

우리는 마땅히 새로운 역사기회를 잡고, 20여 년간의 우량한 전통을 전승 및 고양시킴으로써 시대와 함께 발전하고 적극적으로 업무에 임해야 합니다. 또한 덩샤오핑 이론과 '3가지 대표'라는 중요한 사상의 지도 하에 중국의 개혁개방과 현대화사업을 위해 지속적으로 새로운 기여를 해야 할 것입니다."

※ 본 글은 2003년 10월 30일 저자가 중국개혁포럼 및 중국경제체제개혁연구회 설립 20주년 경축모임에서의 연설문임.

중국의 개혁발전에 있어서 정부의 역할

시장경제 조건 하에서의 정부 역할과 정부의 개혁은 중국 경제를 전환하는 과정에서 중대한 과제였다. 1997년, 중국(하이난, 海南) 개혁발전연구원(이하 '중개원'으로 약칭), 국가계획위원회 거시적경제연구원, 독일기술협력회사, 유엔개발계획서와 세계은행에서 공동으로 주최하는 "시장경제 조건 하에서의 정부의 역할"국제심포지엄 참석차 하이커우(海口)로 갔다.

회의는 정부와 시장, 정부와 기업, 중앙정부와 지방정부의 관계 등 문제를 에워싸고 깊이 있게 토론했는데 깊은 인상을 남겼다. 회의는 중국 고위층 정책 결정자의 이목을 집중시켰다.

7년 후인 오늘, 또 한 번 중개원과 독일기술협력회사에서 공동으로 소집한 "제50차 중국 개혁 국제포럼"에 참석해 정부의 기능 전환과 중국경제의 조화로운 발전 관계 문제를 토론하게 되었다. 이번 심포지엄이 개최된 데는 2가지 새로운 배경이 뒷받침된 것으로 보인다.

제16기 중국공산당 중앙위원회 제3차 전체회의는 인간을 기본으로 하고 경제사회를 조율하는 과학적인 발전관을 제기했다. 그리고 제16기 중국공산당 중앙위원회 제4차 전체회의에서는 당의 집정력(執政力) 건설을 강화하는데 관한 결정을 통과시켰다.

새로운 형세는 새로운 사고방향이 뒷받침되어야 했다. 정부의 위치를 다시 정하고 정부의 역할을 더욱 잘 발휘하며 집정력을 한층 향상시키는 것이 앞으로 연구해야 하는 새로운 과제가 되었다.

이번 심포지엄에서 토론한 의제는 아주 중요했다. 그래서 회의에 참석한 국내외 전문가들의 지혜를 모아 심포지엄의 성과가 새로운 시기 중국정부의 개혁을 추진하는데 유익한 건의가 제공되기를 바랐다.

아래의 3가지 문제점을 제기하겠다.

1. 집정당의 능력 건설과 정부 기능의 전환에 대한 절박한 요구를 제기하다

후진타오 총서기는 제16기 중국공산당 중앙위원회 제4차 전체회의에서 당의 집정력 건설을 강화할 것을 제기했다. 우리 당이 새로운 역사방위와 역사사명에 대한 정확한 인식과 과학적인 판단을 구현했다고 본다. 우리 당은 혁명, 건설, 개혁을 거쳐 이미 2가지 근본적인 전환을 실현했다. 국민을 이끌고 전국의 정권을 쟁취하기 위해 분투하던 당이 국민을 이끌고 전국 정권을 장악함과 동시에 장기적으로 집정하는 당이 되었다. 그리고 외부의 봉쇄와 계획경제를 실행하는 배경에서 국가건설을 지도하던 당이 대외개방과 사회주의 시장경제을 발전시키는 전제 하에서 국가건설을 지도하는 당이 되었다.

위의 2가지 근본적인 전환에서 우리 당이 이룬 거대한 성과를 엿볼 수 있을 뿐만 아니라, 집정당의 건설에 많은 새로운 과제를 제기했다고 생각한다. 당의 집정력은 구체적인 집정을 통해 체현되어야 한다. 공산당이 영도하는 다당협력 체제 내에서 당의 집정력과 정부의 행정력은 직접적으로 연관되어 있다. 당의 집정력은 정부에서 시장경제를 통제하는 능력과 사회 공공사무를 관리하는 능력에서 집중적으로 구현된다. 즉 당의 집정력을 향상시킴에 있어서의 수많은 문제가 정부개혁의 정체와 연관이 있다는 뜻이다.

현 단계에서 정부의 전환은 당의 집정력을 향상시킴에 있어 실질성이 가장 강한 절차이다. 중국 경제사회 발전에서 직면한 불균형과 도전은 당의 집정력에 새로운 임무를 제기했고, 이 임무를 완수하기 위해서는 정부 능력 건설에 총력을 기울여야 한다. 정부 기능의 전환 문제를 장악해야만 중국 개혁과 발전 가운데서 나타나는 전국성적인 문제를 해결할 수 있고, 궁극적으로는 당의 집정력을 향상시킬 수 있다.

제16기 중국공산당 중앙위원회 보고서에서 21세기 전 20년 사회주의 시장경제체제를 건립하고 완벽화 활 것을 제기했는데 이는 복잡한 체계의 프로젝트이다. 완벽화한 사회주의 시장경제체제를 구축하려면 반드시 과학적 발전관을 수립해야 한다.

그리고 도시와 농촌의 발전, 지역발전, 경제사회발전, 인간과 자연의 조화로운 발전, 국내 발전과 대외개방의 통합을 실현해야 한다. 현재 우리는 점차 사회, 문화, 정치 체제 관련 개혁을 실시하고 있는데 이에 따라 개혁의 연관성과 복잡성이 전에 없이 커졌다. 이런 것들은 정부가 전환해야 한다는 것을 더욱 절박하게 요구하고 있다.

올해의 거시적 조절 과정에서 반영된 문제를 볼 때 개혁은 아직도 갈 길이 멀고, 정부개혁이 당면하고 있는 개혁의 중점 부분이라는 점을 알게 되었다. 1980년대 말부터 기술진보와 경제발전에 힘입어 글로벌 경제의 진척이 뚜렷하게 가속화되면서 오히려 개방이 개혁을 압박하는 국면이 나타났고 국제경쟁이 한층 치열해졌다.

현재 말하여 지고 있는 장점이란 정부의 고효율과 고수준의 시장 완벽화 정도를 얘기하는 말이다. 국제 분공모델에 변화가 생겼고, 생산요소가 전 세계적으로 유동하는 방식이 갈수록 보편화되고 있다. 동시에 다국적 회사의 역할이 갈수록 두드러지면서 다국적 회사의 네트워크에 포함되는 다국적 회사가 꾸준히 늘어나고 있다. 국제기구, 비정부기구의 역할이 갈수록 커지고 경제 글로벌화가 정부의 역할에 새로운 과제를 제기하고 있다.

중국이 WTO에 가입하고 세계경제와의 접목을 실현한 후, 시장과 산업의 개방, 위안화 환율, 국제 관례의 제정 및 적응 등 문제에서 국제적으로 집정의 보편적인 규칙을 연구하고 정부가 전환해야 하는 발걸음을 재촉해야 하며 집정력을 향상시켜야 한다는 점을 깨닫게 되었다.

2. 중국 경제사회 전환기에서 정부의 역할이 무엇인지를 열심히 연구하자

중국은 이미 성공적으로 개혁개방을 실시했고 경제가 20여 년간 고속성장을 이뤄냈다.

중국이 계획경제에서 사회주의 시장경제로 전환함으로써 국민들이 혜택을 보게 됐고 정부는 국민의 믿음을 얻었을 뿐만 아니라 체제를 전환하려는 국가에 풍부한 실천경험을 제공했다. 전반적인 개혁 과정에서 당과 정부의 강력한 영도가 없었다면 이토록 찬란한 성과를 거두지는 못했을 것이다. 정부의 주도로 개혁개방에서 상당한 수입을 얻은 반면 엄청난 대가를 치르기도 했다. 현재 정부는 개혁의 주도자이자 개혁의 대상이기도 한 것이다.

정부의 역할과 계선을 뚜렷하게 확정짓는 문제가 개혁을 한층 심화시키고 완벽화 하는데 있어서의 중요한 열쇠가 되었다. 정부의 기능이 제 역할을 발휘하고 본분을 지키려면 다음과 같은 3가지 문제를 열심히 연구해야 할 것이다.

첫째, 정부의 전환과 발전 사이의 관계를 연구해야 한다. 발전은 당이 집정해 나라를 발전시킴에 있어서의 첫 번째 임무이자 정부의 우선적인 임무이기도 하다.

20여 년간, 당과 정부의 영도를 받아 괄목할 만한 성과를 거뒀다는 점은 이미 논쟁할 수 없는 사실이 되었다. 하지만 GDP성장을 간단하게 발전과 동일시하는 경향도 있다. 20여 년간의 개혁을 거친 오늘날, 개혁성과를 누리려는 생각이 모순의 새로운 이슈가 되었다. 만약 정부에서 단순하게 GDP성장을 주도하는 데만 열중하고 사회문제 특히 약소 군체가 요구하는 이익을 경시한다면 사회모순이 격화될 뿐만 아니라 개혁을 의심하고 저지하는 세력이 생겨날 것이다. 따라서 개혁 목표가 실현되기에는 더욱 시간이 걸리게 된다.

인류의 역사진보가 증명하다시피 발전에는 경제발전만 있는 것이 아니라, 사회, 문화, 기타 여러 면이 함께 발전해야 한다. 그리고 경제발전이 GDP성장과 동일하지 않기 때문에 더욱 중요한 것은 경제성장의 품질, 효율 그리고 그에 따른 자원, 환경의 대가를 가늠해야 한다는 점이다. GDP성장이 공업과 물질상품의 성장만을 가리키는 것이 아니고 서비스업과 노무 상품의 성장도 포함하고 있다. 발전은 물질문명, 정신문명과 정치문명의 전면적인 수요에 적응해야 한다.

둘째, 정부의 체제 전환과 경제사회의 조화로운 발전관계를 연구해야 한다. 국제적인 경험에서 볼 때 일인당 GDP가 1천 달러에 이른 후면 경제사회 발전은 반드시 분배가 고르지 못한다는 등의 사회문제를 해결해야 한다. 앞으로 10~20년에 중국 경제의 지속적인 성장을 예기할 수 있다. 하지만 경제사회의 조화로운 발전 여부는 갈수록 불거지는 사회모순을 타당성 있게 해결할 수 있을지에 달려 있다.

자연환경, 인문역사, 경제기초의 차이로 인해 현재 중국은 이미 세계적으로 소득격차와 도시와 농촌 격차가 비교적 크고, 공공의료와 의무교육 등 공공서비스 등 면에서의 문제점이 비교적 돌출한 국가 중 하나가 됐으며, 부패가 비교적 심각하다.

국제경험이 증명하다시피 발전과 소득격차 간의 문제, 경제사회의 조화로운 발전 문제를 완전히 시장메커니즘에만 의거해서는 타당성 있게 해결할 수가 없다. 이 때문에 정부가 나서야 하고 정확한 정책인도와 합리적인 조정메커니즘이 있어야 하는 것이다.

셋째, 정부에서 관리하는 문제의 범위를 연구해야 한다. 중국은 13억 인구를 가진 개도국으로 전 국민에게 사회보장을 제공하는 문제가 현재 직면하고 있는 최대 과제가 되었다. 시장경제라는 조건에서 여러 가지 기초시설과 공공시설을 건설했다. 교육, 보건, 양로, 스포츠 등 공공서비스를 발전시키는 면에서 정부의 역할은 아주 중요할 뿐만 아니라 그 무엇으로도 대체할 수 없는 존재다.

전면적으로 소강사회를 건설하는 과정은 중국의 기본 국정에서 출발해 공공서비스 분야에서의 정부의 중요한 역할을 충분히 발휘하고, 공공서비스의 제도 개혁을 추진하는 한편, 사회보장 보급률을 향상시키고 경제발전 수준에 적응하는 공공서비스시스템을 구축하는 것이 현재 시급히 해결해야만 하는 문제가 되었다.

3. 개혁의 해결단계, 개혁에서의 정부의 역할

중국의 경제체제 개혁은 여전히 깊이 있게 완벽화 하는 단계에 처해 있다. 이런 배경에서 정부가 시대의 앞장에 서서 어떻게 개혁을 지도하고 이끄는 것은 아주 중요하고도 긴박한 문제이다.

개혁개방 26년의 역사적인 진척을 돌이켜 볼 때 경제사회 발전이 중요한 역사 단계에 들어설 때마다 정부는 기회를 포착하여 과단성 있게 일련의 정책조치를 취했으며, 발전에 강력한 원동력을 꾸준히 주입했고, 현대화 건설이 꾸준히 진보할 수 있도록 이끌었다.

정부는 개혁과정에서 전반적인 국면을 고려하며 출발하여 이성적으로 개혁의 원가와 수익을 계산하는 한편 개혁방안을 계획 및 설계해야 한다. 사회에서는 개혁비용을 공평하게 분담해야만 백성들이 개혁의 성과를 누릴 수가 있다.

개혁 조직 면에서 대중의 창시적인 사상을 존중해야 할 뿐만 아니라 기층과 기업에서 개혁의 중점과 난점을 둘러싸고 대담하게 모색하도록 격려해야 한다. 동시에 정부에서는 여러 가지 개혁사업에 대한 통일적인 영도와 조율을 강화하고 적시에 좋은 방법을 종합하고 보급시켜야 한다. 정부는 개혁 가운데서 지도자 역할을 충분히 발휘해 개혁 과정에서의 이익관계 조율문제를 적절하게 처리해야 한다.

중국 사회주의 시장경제체제 구조가 점차 구축됨에 따라 여러 가지 독립된 경제사회 이익주체가 형성되었다. 이익 주체가 누가되든지를 막론하고 모두 정부의 "사회적 공평과 정의"를 바라고 있다. 마르크스는 사람들이 노력해 쟁취한 것들은 모두 그들의 이익과 연관이 있다고 말한 바 있다. 하지만 이익관계의 조정은 사회의 개인이나 이익주체가 스스로 해결할 수 있는 부분이 아니다. 특히 이익관계를 조정함에 있어서의 원칙과 규범은 정부에서 만이 해결할 수 있다. 정부가 구체적인 이익관계에서 벗어나야 공평한 재판자의 역할을 할 수 있고 개혁 과정에서 이익관계가 공평하게 조정될 수 있도록 보장할 수 있다.

이익관계 조정 원칙에 대해 원자바오 총리는 올해의 국경절 연설에서 "경제체제 개혁, 정치체제 개혁과 기타 다른 면에서의 개혁을 추진하려면 모든 적극적인 요소를 동원해 생산력을 해방시키고 발전시키며 사회주의 공평과 정의를 더 잘 실현함으로써 모든 노동자와 건설자들이 경제발전과 사회진보의 성과를 함께 누릴 수 있게 해야 한다"고 말했다.

원자바오의 연설은 현재의 개혁과정에서 드러난 문제를 겨냥한 것이다. "도대체 누구를 위한 개혁인가"라는 문제는 정부에서 개혁을 추진하는 것에 대한 현실적인 요구뿐만 아니라 개혁 과정에서의 기본적인 가치취향이기도 한 것이다. 개혁은 소수인들만 먼저 부유해지게 하는 것이 아니라 모든 노동자와 건설자고 경제발전과 사회진보의 성과를 모두 누리게 해야 한다. 그리고 개혁은 다수인의 요구를 반영하고 다수인들에게 혜택이 돌아가게 해야만 강력한 원동력을 얻을 수가 있다.

정부는 개혁 가운데서 정부의 지도자 역할을 충분히 발휘해 개혁의 발전과 안정 사이의 관계를 타당하게 처리해야 한다. 이는 26년간 중국의 점진식 개혁 가운데서 거대한 성과를 얻을 수 있었던 기초적인 경험이자 정부가 다음 단계 개혁 가운데서 전반적인 국면을 파악하는 근본적인 원칙이기도 하다.

그러면 현 단계에서의 개혁 발전과 안정 관계의 돌파구는 어디에 있는 것일까?

제16기 중국공산당 중앙위원회 보고서에서는 국민의 생활을 꾸준히 개선하는 것을 개혁의 발전과 안정 사이의 관계를 처리하는 중요한 결합점이라는 점을 제기했다.

첫째, 사회주의 초급단계에 처해 있는 현재 중국사회의 기본모순은 여전히 갈수록 늘어나는 국민의 물질문화 수요와 낙후한 생산력 간의 모순이기 때문에, 이 같은 현실을 경시한다면 개혁의 발전과 안정은 기초를 잃게 된다.

둘째, 사회주의시장경제체제를 구축해야 하며, 출발점과 귀속점은 모두 빈곤과 낙후한 국면에서 벗어나 국민의 생활을 개선하는 것이다. 인간을 근본으로 할 것을 제기했는데 바로 이 요구를 반영하기 위해서다.

셋째, 개혁, 발전, 안정은 모두 국민의 생활을 떠나서 운운할 수 없다. 국민생활 문제를 제대로 파악하면 3자 간 관계의 주류를 장악한 것과 같다.

집정당의 능력을 강화하고 정부의 체제 전환을 실현함에 있어 연구하고 해결해야 할 문제는 많다. 사실도 그렇다. 이 자리를 비러 위와 같은 3가지 문제를 제기하는데, 전문가들의 지적을 부탁드린다. 이번 심포지엄이 성공적으로 개최되길 진심으로 바라마지 않는다.

※본 글은 2004년 하이커우에서 열린 '제50차 중국개혁국제포럼'에서의 연설원고임

소프트 사이언스사업 자문과 연구가
상호 결합하는 길을 걸어가야 한다

제7회 이사회는 심의를 거쳐 연구원의 업무보고서, 규정, 기금회의 규정을 통과시키고 새로운 이사회와 연구원 지도부를 선출했으며 학술위원회와 기금회를 설립했다.

6개월 간, 선전시위의 관심과지지 하에 연구원의 리하오(李灝), 하이톈(白天), 친원쥔(秦文俊), 마웨이화(馬蔚華), 예리청(葉黎成) 등 분들이 이번 이사회의 성공적인 개최에 기울인 노력에 진심으로 고마움을 전한다. 현재 회의는 모든 일정을 마치고 성공적으로 막을 내렸다. 마지막으로 4가지 건의를 제기한다.

1. 연구원 17년 업무에 대한 종합과 평가

연구원의 17년 업무에 대한 이사회 업무보고서의 전반적인 평가에 찬성한다. 1989년 2월 설립된 연구원은 없던 데서 있는 데로, 작은 데서 큰 데로의 전환을 실현했으며, 정책연구, 기업자문, 인재육성, 출판전매를 주로 하는 업무시스템을 기본적으로 구축했다.

게다가 연구와 자문분야에서 끊임없이 새로운 국면을 개척했고 국내외 경제계와 학술계에서 갈수록 중요한 지위와 영향력을 형성했다. 연구원의 창업발전 과정은 개혁을 모색하는 과정이자 연구원을 끊임없이 강하고, 크게 발전시키는 과정이기도 했다.

현재 형성된 국면은 결코 쉽게 얻은 것이 아니다. 오늘의 성과를 얻을 수 있었던 것은 마홍(馬洪), 리하오, 그리고 이 자리에 계신 부이사장의 오랜 세월 동안의 사업열정 덕분이다. 그리고 연구원 여러분이 사업을 위해 많은 기여를 했고, 리뤄리(李羅力)가 다년간 일상 업무를 주재하면서 탁월한 성과가 있는 일을 많이 했을 뿐만 아니라, 역대 선진시위, 시정부에서 여러 면으로 관심을 주고 지도하고 유력하게 지원한 덕분이라고 생각한다. 여러 면에서 협력하지 않았다면 연구원은 현재와 같은 양호한 국면을 이루지는 못했을 것이다.

연구원은 많은 성과를 거두었고 인재를 육성했으며 양호한 기반시설 환경을 건설하는 데만 그친 것이 아니라, 개혁의 정신으로 연구원을 이끌어 나가야 한다는 국무원의 요구를 관철시키면서 자주적 성격을 띤 연구기구의 길을 모색해 냈다. 이 길은 중국 소프트 사이언스의 발전에 아주 적극적인 의미가 있다.

현재 중국에 소프트 사이언스 연구기구가 많고, 일부는 규모가 비교적 크긴 하지만, 체제, 메커니즘상의 문제로 적지 않은 기구의 성과는 마땅히 기여해야 할 수준에도 미치지 못하고 있다. 그러나 선전종합개발연구원의 체제와 메커니즘은 활력이 있으며 효율적이었고, 여기서 모색해낸 길은 중국의 소프트 사이언스의 전반적인 사업을 발전시키는데 아주 유익했다.

연구원의 내부는 독립적이고 민주적인 분위기가 아주 짙다. 이는 마홍, 리하오의 업무기풍과도 연관이 있는데, 업무의 권한을 내려주면서 그들은 크게 지지를 받았다. 비록 내부적으로 의견 차이가 있었고 논쟁뿐 아니라, 심지어 말다툼까지도 있었지만, 전반적으로는 화목했고 응집력이 있었다. 독립적으로 사고하는 사상성 활동에 종사하는 연구기구이기 때문에, 포용력 있는 환경이 없으면 성과를 이룰 수가 없다.

일각에서는 이런 것들이 이미 연구원의 문화와 특색이 되었다고 하는데 일리가 있는 말이다. 그렇지 않으면 이토록 짧은 시간 내에 그렇게 많은 업무를 처리하고 직원들의 적극성을 불러일으킬 수 있었다는 점에 대해서는 해석할 수 없게 된다.

하나의 연구기구를 이끌어감에 있어서는 여러 가지 요소가 필요한데, 그중에서도 창조적인 활동을 전개하는데 유리한 사업 환경과 문화적 분위기를 조성하는 것이 가장 중요하다.

작은 범위 내에서 포용력 있는 환경을 마련하면 내부와 외부의 적극성을 불러일으킬 수 있을 뿐만 아니라, 협동적으로 힘을 보태야 제반 분야, 제반 학과에서 협력을 도모할 수 있기 때문에 연구를 이어나가는데 유리한 것이다.

다른 한편으로는 최근 몇 년간 연구원 밖에서는 자문서비스를 통해 사회, 정부, 시장에 지식상품을 제공해 주었다. 그 과정에서 단순히 임무를 찾고 소득내원을 찾는 데만 그친 것이 아니라, 연구와 자문을 결부시키고 연구업무 이론을 실제와 연결시킴으로써 전통적, 봉폐적, 경원적인 연구에서 벗어나기 위해 노력했다.

만약 개방적이고 시장, 사회를 향한 자문서비스가 없었다면, 현재의 메커니즘을 형성하지 못했을 것이고, 현재와 같이 활기찬 모습을 보여줄 수도 없었을 것이다. 연구원 내부의 민주적이고 독립적이며 자유로운 연구 분위기와 문화는 우리가 시장의 메커니즘을 활용해 내부개혁을 추진하고 연구원의 발전을 추진하는데 유리한 것이다. 연구원 내부의 민주적인 분위기와 자주적인 연구가 외부시장을 향한 자문봉사와 서로 결부되어 연구원에 생기와 활력을 불어넣었으며 연구원의 중요한 특색이 되었다.

연구원의 이런 문화와 특색은 17년간 모색해 얻은 가장 귀중한 성과라고 말할 수 있다. 그래서 이런 국면을 유지하고 고양하는 것이 옳다고 생각한다. 당연히 여기서 멈출 것이 아니라 발전하고 완벽화 하여 한층 업그레이드된 발전을 실현해야 할 것이다.

미국연구개발회사의 관련 자료를 본 적 있는데, 연구개발회사의 연구업무와 자문봉사를 긴밀하게 한데 연결시킨 기초 위에서 생기와 활력을 불러일으켰기 때문에 연구수준이 꾸준히 향상됐다는 것을 알았다.

개인적으로는 현재 연구원에서 걷는 길과 방향이 미국연구개발회사와 같다고 생각한다. 차이점이라면 연구개발회사의 연구자문 차원이 높고, 전략적인 문제와 중대한 공공정책문제 등을 연구하는데다 군과 정부부서의 중요한 주문과 경비루트가 있다는 점이다. 연구와 자문을 결부시킨 길을 지속적으로 걸어나가야 할 뿐만 아니라 꾸준히 혁신하고 확장해 나가야 할 것이다.

2.연구원의 방향 결정문제에 대해서

정관 제4조는 다음과 같이 규정했다. "본 원은 국무원의 동의하에 건립됐으며 홍보에 입각점을 두고 전국을 향한 종합성, 민간성, 공공서비스형의 업무를 시행하는 정책연구와 자문기구이다."

국무원 지도자의 지시정신을 구현한 위의 설명은 아주 정확한 것으로 바로 현재 우리의 위치라고 생각했다. '홍보에 입각한다는 점을 두고 전국을 향한다'는 말은 연구대상에 한해 얘기한 것이다. "종합성, 민감성, 공공서비스형"은 연구원의 성격이 정부 측도, 전통적인 연구기구도 아니라는 점을 설명해준다.

"정책연구와 자문 업무"에 종사한다는 것은 바로 연구원의 기능과 주요한 서비스내용을 가리킨다. 정관이 통과된 후에는 인식을 위의 차원으로 통일시켜야 한다. 이 같은 방향결정에 따라 업무를 처리한다면 발전공간도 무한할 것이라 본다.

"홍보에 입각한다는 점을 두고 전국을 향한다"는 말에서 많은 걸 할 수 있다는 것을 엿볼 수 있지만 현재까지 많은 일을 하지는 못했다. "홍보에 입각한다는 점을 둔다"는 것은 홍보를 위해 지속적으로 잘 봉사해야 한다는 뜻이다. 홍보에서 강대한 하드파워를 형성함과 동시에 이에 상응하는 소프트파워도 발전시켜야 한다. 연구원의 업무는 선전의 기업, 사회, 정부를 위해 봉사하고 새로운 장점을 발굴하는데 힘을 보태는 것이다. 또한 선전을 연구하고 홍보하며 추천하는 것이기도 하다.

중국의 개혁과 개방은 서로가 조건이 되고 서로가 추진하는 관계이다. 실천 효과면에서 볼 때 줄곧 개혁의 선두에서 달리는 선전에 있어야 '개방'의 역할은 더욱 이르고 광범위하게 발휘될 수 있다. 모종의 의미에서는 특구의 개방형세, 개방조건 때문에 내부의 개혁, 변화, 발전이 추진되고 가속화 되었다고 볼 수 있다.

선전은 이미 중국에서 개방도가 가장 높은 지역으로 자리매김했고, 중국 사회주의 시장경제체제 실천경험이 가장 풍부한 지역으로 떠올랐다. 제14차 중국 공산당 중앙위원회 대회가 개최될 무렵, 덩샤오핑은 장쩌민의 보고를 듣고 나서 사회주의 시장경제체제를 건립하는 것이 14차 당 대회의 주제라고 명확히 지적함과 동시에 선전이 하는 것이 바로 사회주의시장경제라고 했다.

아직까지 덩샤오핑의 논술, 그리고 이런 체제의 형성 및 개방관계에 대한 연구가 깊지 않아 여러 측면에서의 논술이 필요한 것은 물론이고, 연구 성과를 국내외에 소개해야 할 것이다.

1980년대 주강(珠江)삼각주의 흥기와 발전은 70년대 후기, 80년대 초기, 선전 등 특구의 개방 덕분에 비롯된 것이다. 그리고 90년대 장강(長江)삼각주가 훗날 빠르게 발전되고 주강삼각주를 초월할 수 있었던 것도 푸동(浦東)의 개방, 개발 덕분이었다.

현재 중앙에서 서부대개발, 동북 등 노후공업기지 진흥, 중부의 굴기, 톈진 빈하이 신구 개발 등에 이를 제기함과 동시에 많은 중대한 조치를 제정했다. 그 중에서도 가장 중요한 부분이 개방이라고 생각된다. 가장 최근의 실례로는 멍젠주가 장시(江西)를 주관하면서 대 개방을 통해 전면적인 발전을 이끌 것임을 명확히 제기한 후 현재까지 장시의 발전은 눈부실 지경이다.

연구원은 선전에 입각점을 두고 전국을 향해야 한다. 그리고 선전을 착실히 연구하고 선전에서 개방으로 개혁과 발전을 추진한 실천경험뿐만 아니라, 연구 개방으로 형성된 새로운 관념, 체제, 메커니즘과 이와 관련된 정부 직능, 법률 환경도 연구해야 할 것이다.

소프트파워를 반영하는 이념과 가치 취향은 서부대개발, 동북 등 노후공업기지의 진흥, 중부의 굴기에 대해 모두 적극적인 추진역할을 할 것이다. 선전의 발전에 입각하여 이러한 경향이 전국을 향한다는 것은 단순히 지리적인 위치의 개념만을 강조하고 행정소속지의 구분을 얘기하는 것이 아니라, 더욱 깊이 있고 넓은 뜻이 들어 있는 것이다.

중국 개혁개방 연선의 양호한 환경, 개혁개방에서 한발 앞서 발전한 관념, 제도, 정책, 그리고 이곳의 개방문화에 의거해 연구·종합·서술하는 과정은 전국의 개혁개방을 위해 더 많은 공헌을 했다. 특히 개방이 비교적 늦게 진행되고 아직은 개방도가 낮은 지역과 기구를 위해 큰 기여를 했다. 이런 배경 하에서는 더욱 큰일을 해낼 수가 있다. 이는 우리가 사상을 해방하고 연구업무에 목표를 두며, 틀에 박힌 말을 하지 않을 것을 요구하고 있다.

우리는 독립적인 연구기구로 이익 군체의 영향을 받지 않는 것은 물론, 객관적인 입장과 과학적인 태도로 연구보고서를 발표하고 자문과 건의를 제공하는데, 이 또한 우리의 장점이라고 본다. 위치를 제대로 파악하면 많은 일을 할 수 있고, 더 나아가 전국을 위해 더 잘 봉사할 수 있다.

국무원판공청의 통지에서 "선전에 입각점을 두고 전국을 향한다"는 뒷면에는 '세계진출'이라는 뜻도 포함되어 있다. 연구원의 위치를 파악함에 있어 이 말을 잘 판단해야 할 것이다. 세계를 향한 진출은 현재의 열풍이자 전반적인 발전추세이기도 하다. 선전연구원에서 무언가를 해내려면 반드시 세계로 진출해야 한다. 그리고 세계로 진출해야만 더 높은 차원의 단련을 받을 수 있다.

현재 전 세계적으로 중국의 발전모델 즉 중국의 소프트파워를 의논하고 있다. 중국의 발전모델 가운데서 선전의 실천과 경험은 아주 중요한 구성부분이다. 세계에 중국을 홍보하고 소개하려면 반드시 이 부분의 내용을 중요시해야 한다.

세계진출은 양 방향적이다. 자신을 대외에 소개하고 추천할 수 있을 뿐만 아니라, 외국의 모든 우수한 문명성과를 배우고 받아들일 수도 있다. 상호 보완하고 추진할 수 있도록 이 2가지를 동시에 잡아야 한다. 하지만 세계진출의 기초는 국내에 있다. 국내 업무를 잘 이끌어 나가지 못한다면 세계진출은 실제를 벗어난 빈말에 그친다. 그러니 국내업무는 기초이자 출발점이다.

3. 연구원의 향후 임무에 대해서

2004년 1월, 중공중앙은 "철학사회과학을 진일보 번영 발전시키는 문제에 대한 의견"을 발표했다. 총 27조인데 제1조에서 이미 "번영 발전된 철학사회과학은 당과 국가 사업발전의 전 국면과 연관 된다", "철학사회과학의 연구력과 성과는 종합국력의 중요한 구성부분이다", "과학기술로 나라를 발전시키는 전략에는 자연과학과 사회과학을 번영 발전시키는 2가지 면이 포함 된다"고 명확히 지적했다.

자연과학과 사회과학의 지위, 그리고 과학자를 육성하고 전 민족의 과학자질과 역할을 향상시키는 등의 면은 모두 중요하다고 강조했다.

문서는 "소강사회를 전면적으로 건설하고 사회주의 현대화를 추진하는 새로운 발전단계에서 철학사회 과학업무가 새로운 시대적인 과제에 직면하게 됐으며 새로운 역사적 임무를 짊어지게 되었다"고 요구했다.

중공중앙판공청은 2004년 10월 "'사립 사회과학연구기구 관리업무를 강화하는 문제에 관한 의견"에서 사립 사회과학연구기구에 대해 다음과 같이 명확히 요구했다.

"연구원(연구소)의 방침과 과학연구 방향은 마르크스-레닌주의, 마오쩌둥의 사상, 덩샤오핑의 이론과 '3가지 대표'의 중요한 사상을 지도로 하고, 종사하는 여러 가지 활동은 집정당의 노선 방침 정책을 관철해야 하며, 국가의 법률과 법규를 지켜야 한다."

국무원판공청에서 발표한 "연구원(중국·선전)을 종합적으로 개발하는데 관한 관련 문제에 대한 통지"는 "개혁적인 사상을 갖고 연구원을 자체 특색을 갖춘 연구기구로 발전시키고 적극적인 결책자문역할을 발휘해야 한다"고 지적했다. 중공중앙과 국무원의 이런 지시와 요구는 마땅히 훗날 연구원에서 임무를 제정할 때의 지도방침이 되어야 할 것이다.

연구원의 향후 임무에 대해서는 업무보고서에서 이미 건의한 바가 있다. 여러 명의 이사가 아주 중요한 의견을 발표했고 판강(攀綱)과 새로운 연구원의 업무지도부에서도 구체적인 업무계획을 제정했다. 연구원에서 더욱 자각적으로 선전 시위, 시정부와 국무원 연구실의 지도를 받아들이고 실행업무를 더욱 잘 이끌어 나가야 한다고 생각한다.

전에도 언급한 적이 있지만, 다시 한 번 강조하고자 한다.

첫째, 연구업무를 강화하고 중점 브랜드를 구축한다. 중앙의 의견은 "중국의 개혁개방과 현대화 건설의 실제적인 문제와 현재 추진하고 있는 일을 중심으로" 하며 적극적으로 연구업무를 전개하라고 요구했다. 향후 연구원에서 연구하는 중점분야는 국가와 선전시의 수요, 그리고 연구원의 업무기초, 인재구조를 토대로 전문가위원회의 연구를 거친 후 과제를 확정짓게 된다. 범위가 너무 좁으면 연구를 제대로 할 수 없고, 업무가 마땅히 있어야 할 깊이를 보장할 수 없기 때문에, 중점이 있어야 한다. 중점분야와 중점과제를 명확히 하고, 연구원 내외의 힘을 합쳐 장점부분을 형성해야 중점 브랜드를 구축할 수 있다. 예를 들어 최근 몇 년간 물류 문제에 대해서는 연구원에서 대량의 일을 함과 동시에 국제적으로 유명한 기구와 협력관계를 구축했는데 앞으로도 지속적으로 유지해야 한다.

그리고 전에 마홍의 주재로 연구원에서는 거시적 경제문제를 중점적으로 연구해 연구 성과가 로이터통신사 등 서방 주류 매체들에 의해 인용 보도되기도 했지만, 훗날 관련 연구업무를 전개함에 있어 힘이 달려 멈추는 수밖에 없었다. 지금 돌이켜보면 응당 주의를 기울였어야 할 부분이었다. 거시적인 안목이 없다면 거시적 경제 분야에 대해 연구업무를 전개할 수는 없다. 더욱이 "선전에 입각점을 두고 전국을 향하며 세계로 진출하는 근거"가 될 만한 부분이 없어지고 국가의 가장 중요한 분야에서 우리의 목소리가 없어지게 된다.

판강, 리더용(李德永)은 모두 오랫동안 중국의 거시적 경제를 연구해온 전문가와 정부 관리이다. 연구원은 이런 분야의 연구업무를 전개해야 할 뿐만 아니라 선전특구의 양호한 환경과 장점을 비러 중점 브랜드를 구축하고 영향력을 높이는 등 정부의 결책을 위해 봉사할 수 있는 조건을 갖추어야 한다.

또 개혁개방 20여 년간, 중국 경제가 지속적으로 빠르게 발전하면서 거대한 생산력을 창조했고 풍부한 경험을 쌓았다. 하지만 빠른 발전에는 사회문제, 즉 경제와 사회의 협동발전 문제가 뒤따르기도 했다.

중국공산당 제16차 전국대표대회에서 과학적인 발전을 제기한 후 여러 측에서는 경제의 지속적이고 빠른 발전을 견지함과 동시에 직면한 중대한 사회문제를 중시하고 해결하는 과정에서 정부의 직능이 공공정책과 연관되어 있다는데 의견을 같이 했다.

이전에 종합개발연구원에서는 이런 문제에 대해 전문테마를 제시해 연구 토론했는데 일정한 성과도 거뒀다. 아직 잠재력이 있기 때문에 선전 실천 가운데서 현재 수준을 넘고 효과가 있는 분야에서 중점 연구를 펼칠 수 있다고 생각한다.

국가에서 발등에 떨어진 불로 생각하는 부분에서는 생각을 같이 해야 한다. 이런 중점 분야에서는 계획적으로 영향력 있는 과제를 선택하는 한편 권위 있는 연구보고서를 연구 및 발표하고 브랜드를 열심히 구축해야 한다.

특색 있는 포럼을 개최하는 것은 연구원에서 브랜드를 열심히 구축하는 또 다른 표현이다. 선전은 개방 환경이 좋아 해마다 중요한 국제행사가 개최되곤 하는데 그때마다 국제적으로 유명인사들이 많이 방문했다.

연구원은 중요하고 영향력 있는 인사를 초청하고 강연토록 해야 한다. 이를 선전시의 중요한 행사로 추진해야 한다.

전에 영국 부총리의 초청으로 런던국제전략연구소에서 보고서를 작성한 적 있는데, 그때 영국 경제계와 언론계에서 적극적인 영향을 불러일으켰다. 연구 업무를 전개함에 있어 가장 큰 문제는 바로 인재와 자금이다. 인재의 확충에는 2가지 면이 포함된다.

한 면은 연구원 자체의 대오를 확충하는 것인데 계획적으로 우수한 연구인재를 받아들여야 하고 특히 중국 소프트과학사업의 발전을 연구하려는 신념이 있는 젊은 연구인재를 모아야 한다.

다른 한 면으로는 "작은 기구, 큰 네트워크"의 요구에 따라 정보네트워크를 통해 외국 전문가를 포함한 연구원 밖의 전문가와 연계하고 정합해야 한다. 과제만 잘 선택하면 성과를 거둘 수 있고 인재를 육성·집중시킬 수 있다고 생각한다.

가오상취안(高尙全), 판강, 린링(林凌) 등은 모두 학술연구 분야가 넓은 것은 물론 국내외의 많은 전문가, 학자들과 모두 연계성을 갖고 있다. 연구원은 응당 이런 자원이 갖는 장점을 충분히 활용해 연구원 밖에서 전문가와 연계하고 그들을 채용하기 위해 총력을 기울여야 한다. 이 길은 개혁의 길이자 혁신의 길로 반드시 잘 걸어 나가야 할 것이다.

둘째, 자문 업무를 지속적으로 잘 이끌어 나가고 정부와 기업을 위해 봉사해야 한다. 자문봉사는 연구원의 장점이다. 소유한 인재, 경험, 업무네트워크와 운영메커니즘은 독특한 장점으로 일부 지방정부와 기업의 환영을 받고 있다. '선전에 입각점을 두고 전국을 향한다'는 면에서 볼 때, 선전의 개혁개방 실천과 경험은 전국적으로 소개할 수 있고 전국을 위해 봉사할 수 있다. 국가에 대한 선전의 기여는 여러 가지 경제지표나 재정, 세금수입, 외화수입 면에서의 기여에만 그치는 것이 아니라, 선전이 경제 글로벌화의 협력과 경쟁 가운데서 형성한 개방사상, 글로벌 시야와 시대에 보조를 맞춘 정신에서도 보여진다.

‘소프트파워’를 영향력이라 하지 않는가? 국내외에서 선전의 역할을 볼 때 영향력의 중요한 내용은 바로 개혁이고, 개방 가운데서 형성된 문화이자 드넓은 흉금이며 혁신에 대한 진취적인 정신이기도 하다.

자문봉사는 매개체에 불과하기 때문에 내용에는 프로젝트, 지표, 숫자 등 하드 타깃 만이 아니라 문화, 이념, 가치관 등 소프트 타깃도 포함된다. 하드 타깃과 소프트 타깃을 함께 고려하면 새로운 생산력을 창조할 수 있고 활력 있는 종합실력을 갖출 수 있다.

자문과 연구는 상호 보완하고 추진되어야 한다. 자문봉사는 구체적인 대상이 있어야 하고 생동적인 실천내용이 있어야 한다. 자문에 따른 성과는 연구대상과 이론 차원으로 업그레이드되는 요소가 되어야 한다.

자문봉사는 연구 성과를 비러 다양한 실천을 할 수 있으며 실천 가운데서 자문품질을 완벽화 하고 업그레이드시킬 수 있다. 연구업무를 자문과 결합시킨다면 자문봉사 가운데서 경험을 얻을 수 있고, 제1선에서 얻는 실천지식을 들을 수 있어 실제를 떠난 논술을 극복할 수 있다.

자문과 연구를 결부시키면 생기와 활력을 불러일으킬 수 있고 밝은 사업 환경을 개척할 수 있다. 관련 자료를 찾아본 결과 2002년 말, 전국에 소프트과학연구기구가 총 1,634개, 인수가 48,589명이었다. 그중 대다수 기구는 지도자의 결책을 위해 봉사할 뿐 기업, 사회, 다른 지역, 다른 부서를 위해서는 봉사하지 않는다.

전에 다른 부서와 지방에서 연구업무에 참여했거나 지도한 적이 있는데 공통적인 결점은 실천이 적고 생기와 활력이 모자라는 것이라고 생각된다. 연구와 자문을 서로 결합시키면 이론과 실천을 서로 결합시키는 것뿐만이 아니라, 각자 분야에서의 수준을 업그레이드시키는데도 유리하다.

이 길은 정확한 길이고 사회주의 시장경제체제에 적응한 발전의 길이다. 마땅히 변함없이 견지해야 하며 더 깊이 있게 더 잘 해나가기 위해 노력해야 할 것이다.

셋째, 개혁을 견지하고 혁신적인 정신으로 연구원을 이끌어 나가야 한다. 국무원판공청에서 발표한 "종합개발연구원(중국·선전) 관련 문제에 대한 통지"에서 "개혁정신으로 연구원을 자체 특색을 갖춘 연구기구로 건설해야 한다"고 요구했다.

17년간, 연구원은 줄곧 이렇게 해 왔다. 이제는 자체적인 특색을 갖췄고 국내외에서 갈수록 뚜렷해지는 지위와 역할을 확립했다. 연구원에서 직면한 형세와 임무로 인해 우리는 꾸준히 개혁을 심화시켜야 한다. 이번에 이사회에서 통과된 '본관'과 '기금회 본관'은 개혁 의념을 보여줬다. 그리고 여러 측의 관심과 지지를 지속적으로 받기를 원하고 개혁을 심화시키는 것을 통해 연구원을 크고도 강하게 발전시키려는 의지도 보인다.

판강이 전에 이런 얘기를 했다. "연구원 내부를 개혁해야 하는 것은 물론이고 자체 개혁을 통해 중국에서 소프트과학을 발전시키는 영도체제와 운영메커니즘을 모색해야 한다".

중앙의 "철학사회과학을 한층 번영시키고 발전시키는 문제에 관한 의견" 제4조에는 "철학사회과학 관리체제를 진일보 개혁해야 한다"고 명확히 제기했다.

그리고 12조에서는 "정확한 방향을 파악할 수 있고, 철학사회과학 발전의 활력을 불러일으킬 수 있는 지도메커니즘을 구축하는데도 유리하다"고도 하고 있다.

그때는 판강에게 이렇게 얘기했다.

"연구원은 책임이 있을 뿐만 아니라 업무기초도 있어 개혁을 지속적으로 모색하고 경험을 창조함으로써 국가의 전반적인 국면에 건의를 제공해야 합니다."

4. 기금회 문제에 대해서

여러 이사님들이 위의 문제를 설명한 마웨이화의 보고서에 관심을 가지고 지지해 주시기를 부탁한다. 그리고 이사님들의 막강한 영향력을 비러 업무교류가 있는 기업, 기업가들을 동원해 함께 관심을 가져 주시고 지지해 주시기를 간절히 부탁드린다.

현재 연구원에는 기업, 자문봉사로 얻는 수입이 있다. 몇 년간 많은 일을 했으며 근면한 노동으로 창출된 수입으로 연구원의 사업을 이끌어 나갔다. 하지만 엄청난 부담으로 연구원의 연구업무에 지장을 주고 있다. 그래서 또 다른 분야를 개척해 기존의 자문봉사와 함께 연구원의 운영을 이끌어 나가야 한다고 생각한다.

사회주의 초급단계에 처해 있는 중국에서 공익사업이 아직은 사회 각계의 주목을 받지 못하고 있다. 선진국의 경우 수많은 중요한 공익사업은 서로 다른 재단에서 이끌어나가고 있는데, 특히 대기업의 도움을 많이 받고 있다. 수십 년, 백여 년의 지지가 뒷받침 되었던 덕분에 국제적으로도 이름을 널리 알린 연구기구를 포함한 공익기구를 육성할 수 있었던 것이다. 저명한 미국 랜드연구소는 1948년 포드재단의 자금 지원으로 설립되었다.

중국 소프트과학의 번영, 연구기구의 발전을 실현함에 있어 중국의 많은 기업, 특히 대기업의 지지를 받을 수 있기를 간절히 바라는 바이다.

현재 여러 분야에서 기업에 손을 너무 많이 내밀고 있어 기업도 어려움이 있고 도와주지 못하는 경우도 있다.

하지만 그중에서 수많은 협찬은 사회적인 의미만 있을 뿐 결코 국가에는 이득이 안 되는 것이라고 생각한다. 여러 측의 노력을 거쳐 점차 이런 상황을 바로잡았으면 한다.

기업에서 그리고 기금으로 연구업무를 지원한다면 연구업무는 발전될 것이다. 그러면 중국의 소프트파워가 향상될 뿐만 아니라 양호한 시장 환경을 구축하고 흡인력도 커지게 될 것으로 기대된다. 따라서 중국의 기업들이 더욱 빠르고 양호하게 발전할 수가 있다.

새로운 연구원 지도부에서 참고하시기 바란다.

소트프파워를 발전시키는 개혁 루트를
적극적으로 모색해야 한다

우선 중국(하이난, 海南)개혁발전연구원 설립 20주년을 진심으로 축하드린다. 그리고 중앙의 여러 관련 부서, 지방 당위, 정부와 기업, 여러 형제 연구단위의 관심과 지지에도 감사드립니다. 특히 중공 하이난성 성위, 성인민정부, 중공 하이커우(海口)시 시위, 시인민정부와 국무원 발전연구센터, 국가발전과개혁위원회 및 고문, 전문가들의 지속적인 관심과 지지에 감사의 뜻을 표합니다. 여러분들의 영도와 지도, 지지가 없었다면 오늘과 같은 중국개혁발전연구원의 양호한 국면은 없었을 것입니다. 류젠펑(劉建鋒), 가오상취안(高尚全), 저 그리고 츠푸린(遲福林)은 모두 중국개혁발전연구원의 창시자들입니다. 이 자리를 비러 진심으로 되는 고마움을 전합니다.

중국개혁발전연구원은 중국 개혁의 산물아입니다. 따라서 개혁의 정신을 안고 중국개혁발전연구원의 업무를 이끌어 나가야 한다고 여러 번 말한 적이 있습니다. 중국개혁발전연구원이 20년간 걸어온 길을 돌이켜 보면 위의 말이 옳다고 생각됩니다.

중국 개혁개방 이후 형성된 전반적인 사회 환경으로 창조된 체제와 메커니즘이 중국개혁발전연구원의 산생, 성장, 발전에 아주 좋은 조건을 마련해 주었기 때문에 중국개혁발전연구원이 중국 개혁의 산물이라고 말하는 것입니다. 이런 환경에서 건강하게 발전하고 적극적으로 업무를 이끌어 나가면서 국가, 사회, 기업을 위해 유익을 일을 해왔습니다.

중국개혁발전위원회는 줄곧 행정체제와 행정 권력에 의거하지 않고 민간기구에서 독립적으로 연구하는 길을 견지했기 때문에, 개혁정신을 갖고 연구원을 이끌어 나가야 한다고들 얘기합니다.

그리고 소기구, 네트워크화, 국제화의 체제와 운영메커니즘에 따라 업무를 전개하고 중국 개혁 발전 가운데서 나타나는 이슈, 난점을 적극적으로 대응함으로써 중국의 국정에 어울리는 소프트과학발전 경로를 모색하고 정부, 기업, 사회를 위해 봉사해야 한다는 것입니다.

당면하고 있는 중국 소프트파워의 상황에 대한 저의 소견을 말씀드리겠습니다.

① 중국의 종합적인 국력을 증강시키려면 하드파워와 소프트파워에 의거해야 합니다. 중국의 하드파워는 이미 성장해서 세계 제2대 경제체제로 부상했습니다. 중국 특색의 사회주의를 건설하는 과정에서 소프트파워를 이용해 이념, 정책, 발전모델, 종합을 이론의 높이로 끌어올리고, 사고방향, 모델, 지혜로 업그레이드시킴으로써 사람들의 눈길을 사로잡고 사람들에게 감동을 주는 힘이 되게 해야 합니다. 중국의 소프트파워는 하드파워에 많이 뒤져 있습니다. 중국에서 종합국력 건설을 강화하려면 소프트파워를 강화해야 한다고 봅니다.

② 중국의 소프트파워 발전을 보면 정부에서 설립한 연구기구뿐만 아니라, 비정부에서 설립한 연구기구도 "짧은 다리(短腿, 발전이 안 되거나 미약한 부분-역자 주)'가 되고 있습니다.

정부에서 설립한 연구기구는 영도, 체제와 연구 역량 등 면에서 장점을 갖고 있지만 국한성도 있어, 일부 경우에는 독립적으로 문제를 모색하고 새로운 상황의 연구에 영향을 줍니다. 혹은 행정체제, 권력, 이익국면의 제약을 받아 객관적이고 과학적인 연구에 영향을 주기도 합니다.

선진국의 경우 정부에서 설립한 연구기구가 있을 뿐만 아니라, 비정부에서 설립한 여러 가지 민간 연구기구도 있습니다. 이런 2가지 체제의 연구기구는 상호 보완함으로써 서로 다른 차원에서 국가의 전반적인 이익에 적극적인 지원을 제공하고 있습니다.

③ 연구원 자체를 볼 때 기구건설을 꾸준히 강화하고 인재가 많다고 해도 할 수 있는 기여가 여전히 제한되어 있으며, 모든 전문가들의 장점을 모아 일을 전면적으로 이끌어 갈 수가 없습니다.

사회자원과 여러 방면의 지원기구, 서로 다른 전공의 연구 성과를 비러 다른 사람의 장점을 많이 받아들이고 더욱 풍부한 지혜와 양호한 이념, 정책을 형성할 수 있습니다. 네트워크 협력을 적극적으로 발전시키고 현대의 네트워크기술과 사회자원을 연구원 자체의 연구업무와 결부시켜 보급범위가 더욱 넓은 자원을 형성할 수 있습니다.

위의 3가지 면에서 볼 때 중국개혁발전연구원의 지난 20년간 업무와 모색은 의미가 있는 것입니다. 중국은 이런 모색이 필요합니다. 이런 탐색은 혁신적인 의미가 있습니다.

현재 선진국의 경우 발전 가운데서 제기되는 상당한 좋은 아이디어는 정부연구기구에서만 제기한 것이 아니라 더 많게는 비정부를 통해 얻은 것입니다. 이런 지원성과가 국가 정신적 재부의 중요한 구성부분이 된다면, 국가, 세계, 인류를 위해 적극적으로 기여할 수가 있습니다. 중국개혁발전연구원은 지난 20년간 위에서 제기한 실천, 모색, 혁신을 둘러싸고 많은 탁월하고도 성과 있는 업무를 전개했습니다.

첫째, 국외협력을 추진하고 국내외에서 포럼을 개최하는 등 여러 가지 루트를 비러 중국 특색의 사회주의와 중국 개혁개방의 방침, 정책, 성과를 널리 알렸습니다. 중국을 세계에 더 널리 알림으로써 중국과의 친선적인 관계를 발전시키고 협력을 추진했습니다. 선진국뿐만 아니라 개도국과의 협력과정에서도 홍보, 성과 송출, 협력을 통해 수많은 국내외 전문가를 양성한 후 연구 분야에서 영입했습니다.

둘째, 중국개혁발전연구원은 양성업무를 아주 중요시 했습니다. 그들은 국내외의 지원자원을 동원해 개혁인재와 기업관리인재를 육성했습니다. 상하이 바오강, 이치그룹, 상하이석유화학 등 대기업그룹과 모두 양호한 협력관계를 유지하고 있다. 여러해 동안의 협력에서 중국개혁발전연구원은 이런 기업에 중고급 관리인재를 배출했습니다. 중국개혁발전연구원도 이런 기업의 양성협력을 통해 현대화 사업의 실천에 참여하고 자체의 연구내용을 풍부히 했습니다.

셋째, 중국개혁발전연구원의 성과가 정부, 사회, 기업의 결책자문에 이용되면서 지원봉사 역할을 톡톡히 했습니다. 국가에서 현재 어떤 중대한 문제를 행하고 있는지, 어떤 개혁을 추진하는지, 어떤 좋은 개혁 아이디어가 있는지에 대해 중국개혁발전연구원은 국내외 전문가를 조직해 연구함과 동시에, 성과를 정부에 보고함으로써 생각을 모으고 이익을 늘리는 자원 역할을 해왔습니다. 중국개혁발전연구원의 많은 연구 성과가 중국 정부의 관심을 불러일으켰고, 일부는 정부의 정책 경정에 참고로 제공되었습니다.

중국은 이런 연구 성과를 절실하게 필요로 하고 있습니다. 연구기구로서 이런 연구 성과를 거둘 수 있다는 것은 국가의 현대화 사업과 한데 연결되고, 중국 특색의 사회주의건설과 한데 융합되었다는 것을 의미합니다.

중국개혁발전연구원의 홍보와 인재육성이 정부, 기업에 자문봉사를 제공했는데 모두 성과가 있다고 생각합니다. 그래서 중국개혁발전연구원이 갈수록 환영받고 괌심을 받는 것입니다.

중국은 이런 연구기구를 필요로 합니다. 더구나 활력 있고 중국 현대화사업과 긴밀하게 결부됐으며 광범한 지식계와 긴밀한 연계를 가진 지낭(智囊, 지혜주머니)기구가 있어야 합니다. 중국개혁발전연구원의 지난 20년간 업무를 돌이켜 보는 것은 이전 20년에 대한 종합이자 향후 20년에 기초를 마련하는 과정이기도 합니다. 이런 기초만 있으면 중국개혁발전연구원은 새로운 출발점에서 업무를 더욱 잘 이끌어 나갈 수 있을 것이고, 정부, 사회, 기업을 위해 더 잘 봉사할 수 있을 겁니다.

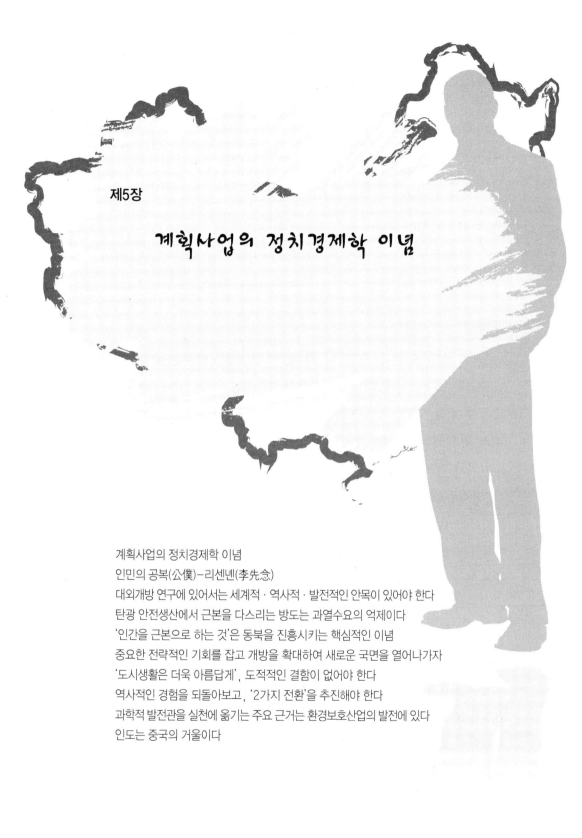

제5장

계획사업의 정치경제학 이념

계획사업의 정치경제학 이념
인민의 공복(公僕)−리센녠(李先念)
대외개방 연구에 있어서는 세계적 · 역사적 · 발전적인 안목이 있어야 한다
탄광 안전생산에서 근본을 다스리는 방도는 과열수요의 억제이다
'인간을 근본으로 하는 것'은 동북을 진흥시키는 핵심적인 이념
중요한 전략적인 기회를 잡고 개방을 확대하여 새로운 국면을 열어나가자
'도시생활은 더욱 아름답게', 도적적인 결함이 없어야 한다
역사적인 경험을 되돌아보고, '2가지 전환'을 추진해야 한다
과학적 발전관을 실천에 옮기는 주요 근거는 환경보호산업의 발전에 있다
인도는 중국의 거울이다

계획사업의 정치경제학 이념

중국의 계획사업에서 '조(條)'와 '괴(塊)'의 관계를 처리하는 것이 가장 어려운 부분이다. '조'는 늘 얘기하는 '조조(條條, 종적 관리체제)인데, 즉 중앙정부에서 각 부서 및 그에 소속된 각 유형의 업종을 가리킨다. '괴'는 늘 얘기하는 '괴괴(塊塊, 횡적 관리체제)로, 즉 지방, 성, 자치구, 직할시 및 관할하는 지역, 시, 현을 가리키는데 지리적 개념이자 행정적인 경계선이기도 하다.

일반적인 상황에서 '조조'는 전공을 익숙히 알고 있으면서 전국적인 균형에 주목하는 것이고, 반면 '괴괴'는 시장, 자원개발을 중시하고 민생의 관심사에 주목하는 것을 말한다. 국가계획은 바로 '조'와 '괴'의 환경을 통합시키고 여러 측의 이익을 두루 돌봄으로써 균형과 조율을 실현하고 종합적으로 발전케 하려는 것이다.

1970년대 초부터 1970년대 중기까지, 나는 경공업부 계획팀(즉 현재의 계획사) 부팀장이었을 때 '조조'직책의 계획사업에 참여했다. 70년대 하반기부터 80년대 중기까지, 중공 상하이시 시위 부서기 겸 상무부시장, 시계획위원회 주임으로 있었을 때는 '괴괴'계획을 맡았다. 1990년대 초부터 후기까지, 국가계획위원회 주임으로 있으면서 '조'와 '괴'의 관계를 통괄했으며, 국민경제와 사회발전 관련 연도 및 중장기 계획을 세웠다.

나의 30여 년의 경력은 그야말로 인연은 우연한 기회에서 만난다는 말 그 자체였다. '조조'와 관련된 부서의 계획 주관으로 일했고, '괴괴'와 관련된 지방 계획 책임자로도 있었으며, 맨 나중에는 '조'와 '괴'의 관계를 종합하는 국가계획 작성 책임자로도 일했다. '조'와 '괴'에 관련된 업무를 모두 해봤으니 이 바닥은 잘 알고 있다고 할 수 있다.

계획은 절대 단순한 경제업무가 아니라 집정이념이자 관리정책이며 대중의 수요와 시장변화가 한데 융합된 결과이기 때문에, 어느 한 면만 고려해서는 일을 잘 이끌어 나갈 수 없다. 정치경제학 작가는 정치경제학을 전반적인 범주로 생각하고 연구하고 있다. 그들은 경제활동 뒷면의 인간관계를 과학적으로 관찰하면서 생산력에 대한 생산관계의 거대한 능동력을 강조했다. 정치경제학을 단순한 경제학으로 변화 발전시킨 것은 훗날의 일이다.

2008년 글로벌 경제위기가 발발한 후 초래된 글로벌 정치와 사회의 불안정한 국면은 북미, 서구, 아시아, 아프리카에까지 확산되었다. '99% 인구'를 대표하는 여러 국가의 '점령운동'은 모두 정치경제학 작가들의 탁월한 견해를 재차 증명했다.

'조조', '괴괴' 계획부서에서 느낀 정치경제학 이념은 교과서와 여러 가지 계획 숫자에서 찾아볼 수 없는 것들이다. 여기서 2가지 예를 들겠다. 경공업부 계획팀에서 부팀장으로 있었을 때 가장 골치 아프고 해결하기 어려웠던 부분이 바로 투자를 나눠주는 일이었다. 경공업부에는 방직, 화학섬유, 복장, 제지, 제당, 염업, 일용기계(손목시계, 자전거, 재봉틀 등), 가죽플라스틱, 공예미술 등 수십 개의 큰 업종이 있었는데, 모두 발전하려 하고 모두 투자받으려 하니 투자자가 적은 상황에서 모든 업종이 만족스러운 결과가 있을 수 없었다. 그리고 예상치 못한 사건을 그 시기에 해결하고 특별히 조치해야 했다.

1970년대 초, 키신저가 처음으로 중국을 비밀리에 방문했을 때의 일이다. 여느 '중국통'의 얘기를 들었는지 아니면 불현 듯 떠올린 생각이었는지 미국인들이 베이징을 떠나기 전에 모두 중국 황주(黃酒, 샤오싱주[紹興酒])를 구입하려

한다는 것이다.

하지만 그때 베이징의 여러 대형 상가에는 황주가 없었고, 상가의 창고를 뒤져서야 겨우 4단지(단지 당 5근)를 찾아냈다. 이런 돌발적인 상황이 결국 국무원 리센녠 부총리의 귀에 들어가게 되었다. 그래서 그때 대응예비안을 연구하면서 사전에 황주를 많이 준비해뒀다.

경공업부에 명령이 떨어졌다. 차오루(曹魯) 부부장의 주재로 회의를 소집하고 전문적으로 연구 조치했는데 샤오싱(紹興) 술 공장에서 3천 단지의 황주를 증가생산해 공급하기로 했다. 샤오싱 술 공장은 증가 생산해 공급할 수는 있지만 술 담을 단지가 없다고 문제를 제기했다. 그때 단지는 산둥 쯔보(淄博) 도자기공장에서 공급했다. 그래서 쯔보 도자기공장을 찾아갔더니 공장에서는 2백만 위안을 투자해 생산력을 끌어올려야만 생산할 수 있다고 했다. 생산 작업장을 개조하고 확장하기에는 시간이 턱없이 부족했다. 이건 분명 가격을 올리려는 속셈이었지만 정치적 임무가 긴박한 만큼 동의하는 수밖에 없었다.

훗날 닉슨이 공식적으로 방중했을 때 수행한 방대한 대오가 많은 중국 상품을 구입했지만 황주는 한 단지도 구입하지 않았다. 이 상황을 경공업부에 반영하자 술 분야 관계자가 불만을 드러냈다. 하지만 이것이야말로 "변화가 계획보다 빠르다"는 잘 설명해주는 부분이라고 생각했다. 앞으로도 이 같은 정치적 임무가 계속 있을 것이니 굳이 따질 필요가 없다고 본다.

국가계획위원회 내부의 일이었다. 1997년의 어느 날, 국가계획위원회 판공실에서 업무를 보고 있었는데 비서가 들어오더니 시장(西疆)자치구의 책임자가 만나러 왔다고 전했다. 그대로 수중의 업무를 내려놓고는 문을 열고 손님을 맞이했다. 전부터 잘 알고 있던 사이인지라 서로 반갑게 문안을 주고받고는 무슨 일로 계획위원회판공실을 찾아왔는지 물어봤다.

"담배공장을 건설하려고 합니다. 국가계획위원회에서 지표를 40만 상자만 늘려주십시오. 부탁드립니다."

그때 담배생산에 대해 국가에서는 지령을 내려 생산을 엄격히 통제했기 때문에 허락과 지표가 없이는 단 한 상자도 더 생산할 수가 없었다. 그때 시장은 고원지대였던지라 어떻게 담뱃잎을 생산할 수 있는지 물었다. 그랬더니 린즈에서 재배할 수 있다고 했다. "담배공장을 세우면 시장의 재정수입을 늘리고 경제를 발전시켜 시장인들의 생활수준을 개선할 수 있습니다"라고 했다.

그때 열심히 연구해 보겠다고 했다. 손님을 보내고 담배 건설생산을 주관하는 경공업사를 찾아 연구했는데 그들은 관련 상황에 동의할 수 없다고 했다. 시장의 상황이 특수해 민족관계가 정치적인 문제로 번질 수 있는 만큼 융통성 있게 고려할 여지를 두면 좋겠다고 건의했다. 그들도 찬성하는 눈치였다. 이것이야말로 계획 업무 가운데서의 정치경제학이 아닐까 생각해본다.

이번의 인민대표대회에서 통과된 정부업무보고서에는 "적당하게 긴장된 재정 통화정책을 견지하고 완벽화 해야 한다"고 제기했다. "완벽화 해야 한다"는 부분에 대해 잘 연구해 봐야 한다. 만약 이 부분이 없다면 향진기업, 수출기업, 시장과 효익성을 갖춘 기업과 생산이 모두 활성화 되지 못할 것이다. 시장이 없으면 활성화 자체를 운운할 수가 없기 때문이다.

기초시설, 중점 프로젝트 외에 생산, 시장에 대해서도 조치를 취해야 한다. 현재 부동산시장 규모가 크기 때문에 이에 관한 관련 조치가 없다면 빠르게 효과를 볼 수가 없을 것이다. 미국은 1930년대 주택대출, 분할지급을 실시했는데 지금까지도 이런 방법을 도입하고 있다. 반면 중국은 제대로 추진하지 못하고 있다.

중국의 은행은 대량의 대출을 고급 사무실, 상가, 별장을 건축하는데 투입하는 반면, 부동산 개혁, 주민들의 주택건축에 대해서는 큰 관심을 기울이지 못하고 있다. 문제점이 대체 어디에 있는 것인지 지금까지도 그 답을 찾지 못하고 있다. 만약 경제성장률이 8% 이하로 떨어진다면 국내 취직과 홍콩에 큰 영향을 미칠 것이라고 생각된다. 정페이옌과는 5년간 함께 일했다. 그는 주로 중앙재정지도소조에서 업무를 봤을 뿐만 아니라, 계획위원회에서 근무하는 동안 국가의 거시적 경제의 안정과 개선에 대해서도 많은 노력을 기울였으며 기여도 했다. 그는 전문성이 강하고 문화수준이 높으며 사상기풍도 우수하기 때문에 그가 계획위원회의 업무를 주재하고 왕춘정(王春正)과 기타 부주임들이 협조한다면 훌륭하게 계획위원회를 이끌어 나갈 것이라 본다. 마지막으로 계획위원회 전체 임원들이 5년 동안 저를 지지해 준 점에 대해 진심으로 고마움을 전한다. 많은 회사에서 근무해 봤지만 계획위원회는 아주 훌륭한 회사였다고 생각된다. 계획위원회 전체 임원들과의 깊고 돈독한 우의를 영원히 마음 속 깊이 간직하겠다.

인민의 공복(公僕)−리셴녠(李先念)

올해는 리셴녠 탄신 100주년이다. 오늘날 리셴녠의 사적을 널리 알리고 따라 배우는 것은 아주 큰 의의가 있다. 언론에서 중대한 탄광사고를 보도할 때마다 마음을 조이곤 한다. 일부 탄광사고에는 수십 명 심지어 수백 명에 이르는 사상자가 생겨나면서 수많은 가정에 돌이킬 수 없는 치명적인 재난을 가져다줬기 때문이다. 이 같은 탄광사고의 뒷면에는 늘 이익에 눈이 멀어 서로 결탁하는 관리와 상인뿐만 아니라, 대중의 생명안전을 무시하는 사람들이 있었다. 이런 사람들에게 리셴녠 등 노 세대 혁명가들의 민족정서와 다양한 업적을 많이 얘기해 줘 그들이 좋은 일을 많이 하고 벌 받을 짓을 하지 말 것을 타일러야 한다고 늘 생각해왔다. 약 2개월 전, 리셴녠의 부인 린쟈메이(林佳楣)로부터 편지가 왔다. "중앙의 허락을 받고 '인민의 공복'이란 제목으로 리셴녠 다큐를 촬영하고 있다 들었습니다. 제가 총 프로듀서를 맡았으면 합니다." 리셴녠에게 경의를 표할 수 있는 좋은 기회라고 생각돼 동의한다는 답변을 보냈다. 인민의 공복이란 수식어로 리셴녠의 일생을 종합하는 것은 아주 정확하다고 생각했다. "인간을 근본으로 하고 국민을 위해 집정하는 것"을 강조하는 리셴녠의 일생은 공복의 일생이었고, 국민을 위한 일생이었다. 마오 주석, 유소기(劉少奇), 주덕 총사령, 천윈, 덩샤오핑 등을 포함한 중국 제1대 중앙지도자는 모두 대중들에게 관심을 두고 대중들의 생각에 귀를 기울였으며 대중을 위해 실제적인 일을 하려는 염원과 행동이 아주 간절했던 사람들이었다. 이중에서도 한평생 백성들의 일에 심혈을 기울이고 발 벗고 나서서 백성들을 도와 준 저우 총리와 리센녠의 사적은 가장 특출하다고 생각된다. 리센녠은 국무원 부총리로 있던 26년간 재정업무를 맡아 국민들의 생활을 돌봤다. 업무 때문인 것도 있겠지만 리센녠은 마음속으로부터 늘 백성을 걱정했다. 혁명이 승리한 후 고향과 그 해 전쟁을 치렀던 지역을 돌며 전에 함께 혁명에 참가했지만 현재는 평범한 일상으로 돌아간 파트너를 찾아 이런저런 생활이야기를 나눴다. 노 세대 혁명가 가운데서도 민간 백성들의 질고를 알아본 사람은 결코 그리 많지 않다. 그들은 늘 중대한 정책문제를 조사연구하고 백성들의 진실한 이야기를 듣기 위해 출생지와 근거지를 찾았다. 오직 리센녠 만이 퇴직 후가 아닌 직무를 맡고 있을 때 고향과 노 근거지를 여러 번 방문해 그들의 어려움을 알아봤을 뿐만 아니라, 노 근거지를 위해 좋은 일을 많이 했다. 국가의 일부 중점 프로젝트에 관해서도 그는 피하려 하지 않고 노 근거지에 건설할 수 있도록 조치했으며, 노 근거지 인민들이 빈곤에서 벗어나 부를 이룰 수 있도록 도와주었다.

인민들의 생활은 집정의 근본이다

집정당은 대중과 동떨어져서는 안 된다. 대중들의 질고에 대해 진정으로 관심을 두는 것이야말로 영원히 청춘을 유지할 수 있는 보배이다. 세계의 일부 정당은 집정하기 전에는 대중들과 긴밀한 연계를 취하고 있다가 집정하고 나면 자신을 옹호한 대중들에게서 등을 돌리고 대중들과 떨어지려 할 뿐만 아니라, 권력으로 개인적인 이익을 도모함으로써 빠르게 집정의 기초를 잃어버리고 결국 스스로 집정무대에서 내려오곤 했다. 새 중국 설립 후 공산당이 집정당으로 되었다. 대중들의 생활에 관심을 둠에 있어 국가가 빈곤하고 국력이 약한 시점에 제한된 자원을 경제건설과 국민생활 가운데서 어떻게 분배할지 여부가 큰 문제로 되었다. 첫 번째 5개년 계획에서 중공업을 우선적으로 발전시키는 방침을 실행함에 따라 농업, 경공업의 발전에 영향을 미쳤다. 하지만 공산당은 대중투쟁 가운데서 성장한지라 대중의식이 강하고 대중들의 생활을 관심을 두었기 때문에 큰 문제를 초래하지는 않았다. 1958년 두 번째 5개년 계획이 실시되던 첫 해에 "강철 제련을 주로 하고 강철생산량을 맹목적으로 추구하는 '대약진운동'이 발발해 국민경제 비율관계가 심각하게 파괴되면서 농업, 경공업 발전이 더욱 축소되었다. 이어 세 번째 해에는 자연재해가 발생한데다 업무 중 실수로 국민생활이 극도로 어려워졌다. 1959년 7월 2일 마오 주석은 중앙정치국확대회의에서 토론할 18개 문제를 제기했다. 그중에는 "기존에는 중공업, 농업, 경공업 순으로 배치했는데, 이제는 농업, 경공업, 중공업 순으로 발전해야 하지 않을지 고민해봐야 한다"는 내용이 있었다. 중앙은 마오 주석의 건의를 받아들였고 "농업, 경공업, 중공업" 방침을 실시하기로 결정했다. 국민경제를 조정하고 국민경제 계획을 배치할 때, 우선 농업과 경공업을 발전시키고 수요를 만족시켜야 한다는 점을 제기했던 것이다. 마오 주석은 또 "의식주용행"을 잘 배치해야 한다면서 이는 국민생활 가운데서 가장 기본적인 부분이자 6억 5천만 국민들의 안정여부와 관계되는 큰 문제라고 강조했다. 1961년 12월 2일, 중앙서기처 회의는 10년 계획을 실시하기로 결정하고 2개 단계로 나누었다. 1967년 이전(즉 세 번째 5개년 계획 기간)은 의식용 문제를 기본적으로 해결해야 했다. 1962년 초 중앙에서 시러우(西樓)회의를 소집했는데, 그때 저우 총리가 명언을 남겼다. 현재 국민경제의 방침으로 주련(柱聯)을 쓴다면 상반 구절은 "의식용을 먼저 해결하고" 하반 구절은 "농업, 경공업, 중공업을 실현하자"라고 써야 할 것이다. 국무원에서 재정무역 분야를 맡고 있는 리셴녠 부총리는 "농업, 경공업, 중공업" 방침의 중요한 집행자로써 국민들의 먹고, 입고, 쓰는 문제를 잘 해결하기 위해 심혈을 기울였으며 중요한 기여를 했다. 업무상으로 리셴녠과의 만남을 가지게 된 것도 그 시기부터였다. 그때 나는 방직공업부에서 근무했고 선후로 정책연구실 부주임, 주임직을 맡았다. 전에 방직공업부는 공업 교통 분야에 속해 보이보(薄一波)가 맡고 있었다. 그때의 전반적인 방침은 중공업의 우선적인 발전을 일방적으로 강조했기 때문에 공업 교통 분야의 국가자원 분배와 중점 프로젝트 배치 등 면에서 방직공업부에는 차례가는 것이 거의 없어 대중들의 의류와 관계되는 큰 문제를 해결하지 못했던 것이다. 중앙은 "농업, 경공업, 중공업" 방침을 실시하기로 결정하고 나서, 1959년 공업 교통 분야에서 방직공업부, 제1경공업부, 제2경공업부를 분리시킨 후 재정분야에 귀속시켰다. 그리고 전반 업무를 리셴녠에게 맡겼다. 그때 리셴녠은 주일마다 회의를 소집했다. 첸즈광 부장을 따라 국무원 재정 판공실에서 '뒷좌석 의원'으로 회의를 청취했기 때문에, 리셴녠이 아주 어려운 상황에서 국가를 위하고 백성을 위해 심혈을 기울인 점에 대해 잘 알고 있었다. 만약 방직공업부, 제1경공업부, 제2경공업부 등 부서를 리셴녠에게 맡기지 않았다면 국민들의 의식용 문제를 해결하지 못했을 것이다. 하지만 그에게 맡겼다 할지라도 그가 만약 진심으로 대중에게 관심을 두지 않고 많은 심혈을 기울이지 않았더라면 의식용 문제를 잘 해결하지는 못했을 것이다. 그럼 아래에는 리셴녠이 의식용 문제를 해결하기 위해 취한 일련의 중대한 정책을 얘기하고 인민의 공복인 리셴녠의 일생을 되돌아보고자 한다.

"백성은 식량을 생존의 기본으로 여긴다"는 이념에서 양곡생산을 해결해야

중국의 밥 먹는 문제는 협력을 통해 초급사에서 고급사에 이르기까지 농업발전이 비교적 순조로웠고 잘 해결되었다. 하지만 훗날 '대약진운동'시기 인민공사를 건설하고 공공식당을 대거 세워 돈을 내지 않고 밥을 먹게 되면서 농업생산이 크게 파괴됐고 양곡 생산량이 대폭 줄어들었다. 그리고 성과를 부풀리는 현상이 확대되면서 여러 지역에서는 허위로 날조하고 양곡 생산량을 점점 높게 보고했다. 게다가 문제를 발견해도 바로잡기는커녕 오히려 그대로 거짓 보고서를 올렸다. 양곡을 대량으로 수매하면서 농민들에게 양곡을 지나치게 거둬들인 탓에 국민들의 생활이 갈수록 궁지에 몰렸다. 1958년 방직공업부는 기관 간부, 고급 지식분자, 공정기술자 등 총 140여 명을 허난성 농촌으로 내려 보냈다. 우리가 간 곳은 허난 옌스(偃師)현 대구공사였다. 부국장이 팀장, 나와 다른 분이 부 팀장을 맡아 각각 60~70명을 이끌고 몇 개의 촌에 머물렀다. 부국장은 노 간부로 현위 지도부 성원이었다. 처음에는 고급사의 부주임, 부서기직에 이름을 걸고 있었지만 얼마 지나지 않아 고급사가 인민공사로 이름이 바뀌면서 인민공사의 부서기 직에 이름을 걸어놓았다. 우리는 촌에서 마을 사람들과 함께 먹고, 자고, 일했다. 공사로 가고 회의에 참가하는 것은 물론, 상급부문의 지시를 듣고 현지의 일부 업무문제를 토론하기도 했다. 그때 백성들의 생활은 정말 고달팠다. 먹을 만한 음식이라고는 고구마 밖에 없었기 때문에 자주 화장실을 다녀야 했다. 훗날 보릿고개 시절에는 너무 먹을 것이 없어 '약진모(躍進饃)'를 먹었다. '약진모'라는 이름은 그럴 듯하지만 실은 아주 적은 양의 옥수수가루에 느릅나무잎과 느릅나무꽃을 한데 으깨서 만든 것인데 먹고 나면 위에 열이 생기고 속이 더부룩해지곤 했다. 그해 국경절이 지나서 베이징으로 돌아오자 중공중앙조직부는 농촌의 상황을 보고하라고 했다. 방직공업부 영도들은 문제점만 얘기하지 말라며 문제와 성적이 "한 개 손가락과 아홉 개 손가락"의 관계라는 점을 절대 잊어서는 안 된다고 여러 번 언급했다. 하지만 나는 백성들의 어려운 생활과 간부들이 실속 없이 성과를 부풀리며 억압적으로 명령을 내리는 기풍을 그대로 보고했다. 리센녠은 '대약진운동' 과정에서 생긴 심각한 문제를 정확하게 알게 되었다. 대중들의 생활문제를 맡고 있던 터라 리센녠은 조급해하는 눈치였다. 하지만 진실을 얘기한다는 건 그에게도 어려운 일이었다. 난닝(南寧)회의, 청두(成都)회의에서 그는 비판받는 당사자였다. 각지의 영도자들은 마오 주석 앞에서 몇 헥타르의 경작지에서 얼마만한 생산량을 올렸다고 자신 있게 얘기했고 신문에서도 그럴 듯하게 허풍을 떨었다. 더욱이 루산(盧山)회의에서 팽덕회(彭德懷)의 의견서를 기본적으로 동의했기 때문에 리셴녠은 '우경기회주의'라는 누명을 쓰지는 않았지만, 우경사상을 가진 자로 몰려 억압적으로 검토받아야 했다. 하지만 리셴녠은 이런 것을 전혀 마음에 두지 않고 1960년 초, 몇 번이나 마오 주석과 중공중앙에 보고서를 올려 전국의 양곡 위기상황을 보고하고 해결 방안을 제기했다. 그의 보고서는 마오 주석의 주의를 불러일으켰다. 그후 어느 날, 마오 주석은 리셴녠과 약속을 잡고 거처에서 업무를 토론하기로 했다. 리셴녠이 중난하이 펑저위안(豐澤園)에 도착했을 때 마오 주석은 침대에 기대 책을 보고 있었다. 마오 주석은 리셴녠을 보더니 웃으면서 말했다.

"기(杞) 나라 사람이 왔군, 어서 앉게나."

리셴녠이 양곡문제에 대한 보고서는 '기인우천(杞人憂天)'이라는 뜻에서 한 말이다. 마오 주석은 말했다.

"왜 그러오. 신문에서는 정세가 아주 좋다고 하는데 왜 자꾸 찬물을 끼얹는 게요. 뭐든지 나쁘다고만 말하고 대체 무슨 생각을 하는거요? '기인우천'이라는 이야기는 들어봤소? 기 나라 사람은 절대 따라 배우지 말게나."

그러자 리셴녠이 말했다.

"기인우천의 이야기는 들어봤습니다. 기 나라 사람처럼 하늘이 무너질까 두려워하는 것이 아니라 전국 억만 인민들이 먹을 것이 없을까봐 두렵습니다. 주석님은 걱정 안 되십니까? 신문에 실린 부풀린 뉴스를 믿지 마십시오. 현재 상황은 최악이라고 볼 수 있습니다. 백성들은 먹을 것이 없어 배고픔에 시달리고 많은 백성들이 굶어 죽었습니다. 일부 성에서는 양곡이 대풍작을 거뒀다고 말하면서도 보고서를 올릴 때에는 구제 양곡을 달라고 합니다."

리셴녠의 얘기를 들은 마오 주석은 몹시 놀라면서 양곡공급 상황이 얼마나 심각한지 자세히 얘기해 보라며 다그쳤다. 리셴녠이 사실 그대로 보고했다. 마오 주석은 자세히 들으면서 물어보기도 했는데 그때마다 리셴녠은 상세하기 대답했다. 이렇게 되어 마오 주석은 전국 양곡 구입판매의 실제상황을 알게 되었다. 이어 소집된 중앙정치국회의에서는 보고서를 청취하고 양곡문제를 토론했다.

그후로 중국은 양곡을 조달운송하고 외국에서 양곡을 수입했다. 또한 양곡소비기준을 통합적으로 배치하고 도시인구를 간소화하는 등 비상대응체제를 가동하기로 결정했다. 리센녠을 '오뚜기'라고 부르기도 한다. 하지만 결코 공정하지 못하고 무책임한 말이라고 본다. 리센녠이 여러번의 정치투쟁에서도 넘어지지 않은 것만은 확실하다. 왜 넘어지지 않았을까? 그가 개인적인 야심이 없고 전반적인 국면을 돌보며 모든 억울함을 견뎌내면서 당을 위해 최선을 다했기 때문이라고 생각한다. 당의 지시라면 무조건 총대를 멨다. 개인의 직무와 지위를 지키기 위해 남의 비위를 맞추려고 노력하지 않았고 더욱이 사실을 왜곡하지도 않았다. 중요한 문제에서 그는 늘 과감하게 진실을 얘기했다. 방금 전 얘기한 양곡문제가 바로 대표적인 예였다. 만약 자신의 이해득실만 생각했다면 엄청난 정치적 위험을 무릅쓰며 진실한 상황을 반영하지 못했을 것이다. 그러면 결국 손해보는 건 백성들뿐이었다. 이런 상황일수록 리센녠은 더욱 명확하게 얘기했다. 전에 그가 고급 장령에게 했던 말이 있다.

"제가 넘어지는 것은 쉬운 일입니다. 하지만 제가 넘어지면 훗날 누가 그 일을 맡아 백성을 해방시키겠습니까?"

그때 양곡문제가 잠시 완화되긴 했다. 하지만 불과 몇 년 만에 '3선건설'이 대규모로 전개되고 '문화대혁명'이 발발하면서 극좌사조가 범람했다. "'농업, 경공업, 중공업"의 방침은 점차 유명무실해졌고, 농업, 경공업이 파괴되면서 국민들의 생활은 극도로 쪼들렸다. 양곡, 면화생산 공급이 장기적으로 제자리걸음을 하거나 심지어 갈수록 줄어들었다. 1970년대 초, 리센녠의 주도로 중국에서는 두 번째로 산업기술 설비를 대규모적으로 도입했다. 그때에는 '43방안'이라 했다. 화학섬유 프로젝트 4개, 화학비료 프로젝트 13개를 도입하고나서 상황이 호전되었다. 이로써 80년대 먹고입는 문제를 궁극적으로 해결하는데 유력한 물질적인 기초를 제공해 주게 되었다. 양곡생산은 경작지면적의 제한을 받고 있다. 그래서 중국은 여러 해 동안 단위당 면적의 생산량을 높이기 위해 노력했다. 단위당 면적의 생산량을 높이려면 많은 조건이 구비되어야 하는데 그중 가장 중요한 조건이 바로 비료였다. 유명한 화학가 허우더방(侯德榜)의 도움을 받아 중국 화학비료공업은 "건류법으로 암모니아를 합성해 탄화수소암모늄으로 제조하는 기술"을 설계해냈는데 연간 생산 규모는 2천 톤이었다.

이것이 바로 평소 늘 얘기하는 "소형 화학비료 공장"인데 전국에 총 1,533개를 지었다. 소형 화학비료 공장 수량이 증가된 반면 품질은 여전히 낮았다. 효과적인 양분이 17.7% 밖에 안 됐고 일부는 이런 수준에도 미치지 못했다.

하지만 그때 국제 대형 화학비료공장에서 생산한 요소의 효과적인 양분이 46.3%에 달해 비료효과가 '소형 화학비료 공장'의 3배에 가까웠다. 농업부서의 사용자료에도 요소 1kg을 시용하면 곡물 증산량이 4~5kg에 이르는 것으로 소개되어 있다. 요소가 농민들의 큰 환영을 받았다.

'43방안'의 최초 계획은 화학섬유 프로젝트 4개와 화학비료 프로젝트 2개만 도입하는 것이었다. 하지만 훗날 이런 설비들이 선진적이고 생산해낸 요소의 증산효과가 아주 뚜렷하다는 점을 발견하면서 도입규모를 늘렸다. 리센녠은 더 많이 도입할 생각이었다. 저우 총리의 동의를 거친 후 화학비료 프로젝트를 13개로 증가 도입하기로 결정했다. 그후에도 도입은 계속됐으며 국산 설비와 서로 결부시켜 생산에 들어갔다. 대형 화학비료 공장의 프로젝트 총수가 33개에 달했는데 연간 요소 생산량이 1,593만 톤에 이르렀다. 4~5배의 증산효과로 미뤄볼 때, 1,593만 톤의 요소를 사용하면 약 6천 5백만~8천만 톤의 벼를 증산할 수 있는데, 이는 2000년 전국 양곡 총 생산량인 4조 6,218만 톤의 14~17%에 이르는 수준이었다. 현재 많은 사람들은 위에서 얘기한 부분을 잘 알지 못하고 양곡의 증산은 개혁개방 덕분이라고 생각하고 있다.

농촌에서 가정단위 별 농업생산책임제를 실시하면서 밥 먹는 문제를 일정 부분 해결했지만, 실질적으로는 위안룽핑의 잡교 벼를 대표로 한 고생산량 품종과 요소 덕분이었다. 이처럼 품질적인 기술조건이 뒷받침되지 못했다면 급격히 늘어난 시장의 양곡수요를 만족시킬 수 없었을 것이다.

새 중국 설립 후 늘 생산관계를 바꾸는 것으로 생산량을 끌어올리려 했다. 하지만 이로 인한 작용이 제한되어 있고 너무 다그치면 오히려 역효과가 생기기도 한다는 점을 알게 되었다. 농업이 발전하려면 근본적인 차원에서는 농업과학기술의 진보에 의거해야 한다. 농업과학기술에 남다른 통찰력을 가진 리셴녠은 기회가 생기면 일련의 중대한 조치를 실시했다.

오늘날 행복하게 생활하면서 제1대 지도자들의 피나는 노력을 잊어서는 절대 안 된다. 그들이야말로 우리에게 행복을 가져다준 진정한 전도사이기 때문이다.

'의복천하'의 마음가짐으로 방직분야를 적극 발전시켜야

의복문제는 위로는 중앙, 아래로는 가가호호와 연결되어 있다. 1954년 국무원이 "면직물 계획 수매와 공급을 실시하는 것에 관한 명령"을 실시해서부터 1983년 부표(布票)를 취소하기까지 중국은 장장 30년간 부표제도를 도입했다.

조사결과 1968년 중국 도농주민의 부표 정량은 일인당 9척으로 겨우 옷 한 벌을 만들 수 있는 수준이었다. 그래서 의복문제는 집집마다의 고민거리였다.

현재의 젊은이들은 "새로 삼년 낡아 삼년 깁고 꿰매 또 삼년, 첫째가 새 옷을 입고 둘째가 낡은 옷을 입으며, 셋째는 기운 옷을 입는다"는 말을 이해하지 못한다. 오히려 언제 적 얘길 하는 거야 하며 지나간 일이라고 생각지도 않으려 한다.

그때 의복문제를 해결함에 있어 가장 큰 어려움은 방직공업부의 원료 공급이 모자라는 것이었다. 그때 중국 방직공업의 원료는 주로 천연섬유였는데 천연섬유 가운데서도 면화가 위주였다. 하지만 면화의 생산량은 장기적으로 연간 4천여 만 담(擔, 1담은 약 92kg에 해당함)의 수준에 머물러 있었다.

전에 마오 주석이 "해방된 지 몇 년인데 아직도 밥 먹고 옷 입는 문제를 제대로 해결하지 못했으니 국민들 앞에 나설 면목이 있겠습니까?"라고 말한 적이 있다. 그러면서 반드시 양곡과 면화생산을 해결해야 한다고 지시했다. 하지만 실제적으로는 양곡과 면화 재배과정에서 땅을 두고 쟁탈하는 문제가 있었다.

면화 생산량을 끌어올리자면 면화 밭의 면적을 늘려야 하는데 그러려면 반드시 양곡을 재배하는 경작지가 줄어들게 되고, 따라서 밥 먹는 문제를 해결하는 데 차질이 빚어질 것이 뻔하므로, 궁극적으로는 전반 국면에 영향을 미치게 될 것이었다. 왜냐하면 양곡이 가장 중요했으니까 더 말할 필요도 없었다.

　　의복문제를 해결하는 출로는 어디에 있을까? 세계적으로 공업화를 실현한 국가는 화학섬유를 발전시키고 공업원료로 농업원료를 대체하는 길을 선택해 의복문제를 해결했다. 때문에 화학섬유가 방직용 원료 가운데서 차지하는 비율은 40% 심지어 그 이상이었다.

　　중국 방직업의 원료문제를 해결하고 나아가 의복문제를 해결하기 위해 방직공업부는 공업화를 실현한 국가의 경험을 참고로 중앙에 "천연섬유와 화학섬유를 발전 발전시키자"라는 '두 다리'로 걷는 방침을 제기했다. 중앙에서도 이를 허락했다. 화학섬유 발전이 결코 쉬운 것은 아니었다. 기술적인 문제를 일시적으로 해결할 수 없기 때문에 상당히 긴 과정을 거쳐야 했다.

　　첫 번째는 섬유소 섬유를 발전시키는 단계였다. 섬유소 섬유를 접착제 섬유, 인조 견사, 인조 면이라고도 부른다. 접착제 섬유는 목재를 주요한 원료로 사용하다가 훗날에는 면화씨의 린터(短絨)를 채취해 원료로 사용했다. 하지만 이렇게 접착제섬유를 발전시키기에도 원료가 여전히 큰 제한을 받았다. 중국에는 목재가 부족한데다 면 린터도 제한되어 있었기 때문에 50kg의 면화에서 0.5kg의 린터를 채취하기조차 어려웠다.

　　두 번째는 60년대 일본에서 기술을 도입해 석탄을 원료로 합성섬유(PVA)를 발전시키는 단계였다. 그때 전국 내 나일론공장이 총 9개 있었다. 부표제를 취소함에 따라 한동안 상품이 시장에서 아주 불티나게 팔렸다. 하지만 나일론으로 만든 옷을 입으면 불편하고 구김이 많았기 때문에 후줄근한 느낌이 들어 환영을 받지 못했다. 결국 이 길도 통하지 않았다.

　　세 번째는 석유를 원료로 한 합성섬유를 발전시키는 단계였다. 대중들의 선호도가 높은 테릴렌(상업명칭은 '데이크론'), 아크릴 섬유(인조양모)가 바로 이 부류에 속한다.

새 중국은 화학섬유를 발전시키는 화학섬유공업 기초가 없어 첫 시작은 아주 힘들었다. 1957년 소형 공장을 시범적으로 가동해 인조 견사를 제조했지만 연간 생산량은 고작 2백 톤이었다. 이뿐이 아니었다. 화학공업부에서 화학섬유공업을 주관하는 13년 동안, 화학섬유공업의 지위는 줄곧 거꾸로 1위였다. 자원을 분배받지 못했기 때문에 화학섬유 발전은 줄곧 침체상태였다.

중앙에서 다시 화학섬유공업을 방직공업부에 귀속시키고 리셴녠을 방직공업부를 책임자로 부임시키면서 화학섬유공업 발전의 진정한 시작을 알렸다.

접착제 섬유에서 합성섬유(PVA)에 이르기까지 모두 리셴녠의 영도와 지지를 갈라놓을 수가 없다. 접착제 섬유는 목재를 원료로 사용하고 가공 과정에 액체상태의 섬유펄프를 견사로 만들어야 하는데 그러려면 또 방적돌기가 있어야 했다. 방적돌기를 제조하는 데는 정밀 선반이 있어야 했지만 국내에서는 생산 능력을 갖추지 못해 국외에서 수입해야만 했다.

이런 설비 한 대에 약 백만 달러였는데 당시 경제상황에 비춰볼 때 아주 비싼 편이었다. 리셴녠이 마오 주석에게 지시를 요청했다고 들은 적이 있다.

그때 마오 주석은 "당신이 재정을 맡고 있질 않습니까? '세 번째 손'을 써도 되잖습니까?"라고 했다고 한다. 마오 주석의 이 말에는 깊은 뜻이 담겨 있다. 이른바 '세 번째 손'이란 바로 절차에 얽매이지 말고 융통성 있게 문제를 해결하라는 뜻이었다.

그때 규정대로 했더라면 아마 자금을 조달받지 못했을 것이다. 하지만 마오 주석이 '세 번째 손'을 쓸 수 있다고 하니 융통할 만한 근거가 생긴 것이나 다름없었기에 그 누구도 토를 달지 못했다. 훗날 리셴녠은 자금을 유치해 정밀 선반을 수입했다. 하지만 또 다른 문제가 생겼다. 방적 돌기에 사용하는 재료가 내부 부식이 아주 강했기 때문에 선반 표면은 반드시 백금을 사용해야 했던 것이다. 그때 인민은행을 주관하고 있던 때라 리셴녠은 백금을 관리하고 있는 인민은행에서 방직공업부에 백금을 조달해 줄 것을 지시했다.

70년대, 두 번째로 산업기술 장비를 대규모적으로 도입했다. 그중 가장 먼저 도입하기로 계획한 것은 바로 4개 세트의 화학섬유 프로젝트였는데, 합계 투자액이 총 투자액의 34.14%를 차지했다. 리센녠이 의복문제를 해결하려는 결심을 잘 보여주는 대목이다.

'4인방'을 무너뜨린 후 방직공업부는 장쑤성(江蘇省) 이정현(儀徵縣)에 특대형 화학섬유기업을 건설할 것을 제기했다. 기업이 건설되어 생산에 투입되고 기존 공장을 확장할 경우 전국 화학섬유 총 생산량은 1백만 톤에 이르게 되었다. 리센녠은 위의 계획에 찬성하면서 목표를 200만 톤으로 끌어올리자고 했다.

위의 예로부터 리센녠이 화학섬유를 발전시키고 의복문제를 해결하기 위해 기울인 노력을 엿볼 수 있을 것이다. 중앙에서 '천연섬유와 화학섬유를 함께 발전시키는' '두 다리'로 걷는 방침을 비준했다 해도 리센녠의 영도와 기획이 없고 중요한 문제를 해결하는 조치가 없었다면, 화학섬유는 빠른 발전을 실현하지 못했고 의복문제도 여전히 해결하지 못했을 것이다.

오랜 시간의 노력을 거쳐 화학섬유 프로젝트 4개 세트를 도입한 후 '늙은 어미닭(老母鸡)'의 역할을 충분히 발휘한데다 개혁개방이라는 동풍을 빌어 중국 화학섬유공업은 빠르게 발전하였다. 2008년 생산량이 2,405만 톤에 이르러 세계 제1섬유대국, 세계 제1방직품 생산과 수출 대국으로 우뚝 서며 세계에서의 위상을 높였다.

중국에서 사용한 방직품 원료 총량 가운데서 화학섬유가 3분의 2를 웃돌았다. 따라서 농업의 부담이 줄어들고 의복의 수량이 더욱 풍부하고도 다채로워졌다. 이런 것들은 사회 여러 계층의 수요를 만족시키는데 유력한 물질적인 조건을 마련해 주게 되었다.

중국의 의복문제에 천지개벽의 변화가 일어났다. 우리는 물을 마실 때 우물을 판 사람을 잊지 않는 정신을 가져야 하듯이 저우 총리와 리센녠의 미래지향적인 탁월한 견식과 훌륭한 영도력을 절대 잊어서는 안 될 것이다.

민심을 헤아리고 민생용품을 해결하고자 안간힘을 쓰다

마지막으로 용(用) 문제에 대해 얘기하고자 한다. 연관되는 범위가 큰 만큼 몇 가지 예만 들겠다.

첫째. 여성들이 사용하는 머리핀.

1950년대 말, 방금 리센녠과 안면을 트기 시작했을 때 깊게 인상을 받은 일이 있었다. 그때 첸즈광 부장님을 따라 국무원 재정무역판공실 회의에 참석했는데 그 회의에서 리센녠이 이와 관련된 문제를 제기했다. "현재 여성들이 머리핀을 살 수 없어 모두 산발하고 다닙니다. 머리 위에 꽂고 다니던 수백 톤의 강철이 없어졌기 때문이죠." '대약진'이 가장 고조되고 있을 시기라 "강철이 제반 업종에서 가장 중요한 위치에 놓여 있었으며" 대부분 중공업을 건설하는데 사용되었다.

머리핀은 수공으로 생산하는 상품인데 그때는 제2 경공업부가 관리하고 있었다. 여성들은 머리핀을 살 수 없자 상업부서에 항의했는데, 그러자 상업부서에서는 제2 경공업부를 찾았지만 강철을 주문받을 수 없어 생산할 수 없다는 말을 들어야 했다. 이 때문에 리센녠은 여러 부서를 신바닥이 닳도록 뛰어다녔다. 특히 야금부를 찾아 어떤 방법을 동원해서라도 몇 백 톤의 강철을 해결해야 한다면서 여성들이 더는 산발하고 다니게 해서는 안 된다고 강조했다.

피나는 노력 끝에 결국 문제를 해결했다. 리센녠이 확실히 대중들과 뜻을 같이 하고 있다는 점을 엿볼 수 있는 부분이다. 국가 부총리가 구체적인 일을 해결하기 위해 이토록 심혈을 기울이며 뛰어다니니 어떤 찬양도 과분한 것은 아니었다. 한 집정당의 강령이 얼마나 위대하다고 강조한들 만약 여성들이 산발하고 다녀야 한다면 여성들 마음속에서는 영원히 위대해 질 수 없는 것이다. 조그마한 머리핀도 살 수 없으니 어찌 당을 옹호할 마음이 있겠는가 말이다.

둘째, 세탁용 분말세제를 만드는 원료인 알킬 벤젠 프로젝트.

현재 세탁용 분말세제는 도시나 농촌을 떠나 가가호호에서 없어서는 안 될 물품으로 되었다. 하지만 전에는 표에 따라 공급했기 때문에 수량이 극히 적어 빨래할 때에만 주로 비누를 사용했다. 비누의 원료는 천연유지다. 가장 어려웠던 3년간 사람도 먹을 것이 없는데 어찌 유지로 비누를 만들 수 있었겠는가?

그때 리셴녠은 경공업부를 찾아 합성지방산 공예기술을 이용해 일련의 소형 공장을 세우고 화학원료로 비누를 생산하라고 했다. 하지만 기술적인 문제를 해결하지 못해 생산해낸 비누는 냄새가 아주 역했다.

이와 관련해 리셴녠이 아주 우스운 이야기를 들려준 적 있다. 전에 갱내 작업장에서 올라온 광부들이 비누가 없어 손을 씻지 못한데다 얼굴까지 새까맣게 되어 마누라가 침대에 올라오지 못하게 했다는 것이다. 하지만 훗날 합성유지산 비누로 씻어도 얼굴에 구린내가 나 마누라가 역시나 침대에 올라오지 못하게 했다는 것이었다. 이는 그때의 실제적인 상황이었다.

훗날 수십 개의 기술을 도입한 소형공장을 전부 닫아버리고, 70년대 '43방안'을 실시하는 가운데서 설비를 도입해 건설한 난징 알킬 벤젠공장에 주로 의지했다.

그때 도입한 규모는 연간 생산량 5만 2천 톤이었는데 훗날 개조·확건을 통해 2003년에는 9만 3,453톤으로 늘어났다. 이 공장을 기지로 타이완의 기업들과 합자해 또 2개의 공장을 세웠다. 2003년 3개 공장의 총 연간 생산량은 14만 6천 톤에 이르렀다. 국내 수요를 만족시키는 외에 외국에도 수출했다. 지금에 와서 돌이켜보면 세탁용 분말세제가 대단한 것은 아니었지만 그때에는 정말 해결하기 어려운 난제였다.

셋째, 중국 도자기.

몇 년 전 쑤저우 비단공학원이 『중국 비단역사』를 출판하면서 머리말을 부탁한 적이 있다. 훗날 학교는 이 책을 출판하기 위해 베이징에서 전문적인 기자회견을 가지고 많은 사람을 초청했다. 나도 그때 참석했으며 간단하게 발언도 했다. 그때 나는 중국의 4대 발명이 대단하다고 인정하면서 화약, 제지술, 활자인쇄술, 지남침은 인류에 대한 기여가 아주 크다고 했다. 하지만 도자기, 찻잎, 비단과 같이 중국 고대부터 현대에 이르기까지 가장 주요한 수출상품이 인류에 대한 영향이 4대 발명에 뒤지지 않을 뿐만 아니라, 심지어 모종 차원에서는 영향력이 더욱 크다고 생각한다고 했다.

중국의 역대 왕조가 이런 물품에 엄청난 심혈을 기울이긴 했지만 중국 도자기의 품질은 선진적인 기술을 자랑하는 독일, 프랑스, 영국, 일본의 고급 상품과 비교할 때 크게 뒤져 있었다. 여기서 리셴녠을 떠올리게 되었다. 리셴녠 덕분에 중국의 도자기 제조기술이 크게 향상됐기 때문이었다.

외국인들이 도자기를 보는 데는 몇 가지 요구 사항이 있다.

첫째는 도자기의 외관에 대한 요구가 아주 엄격한데 얼마의 수량이 되던 간에 모두 똑같아야 한다고 요구했다. 둘째는 모든 도자기의 무늬가 일치해야 하고 컬러도 짙거나 옅으면 안 된다고 요구했다. 셋째는 도자기의 밑 부분이 매끄러워야 한다고 요구했다.

하지만 그때 중국의 도자기를 보면 외형, 무늬가 일치하지 않은 것은 물론이고 밑 부분도 비교적 거칠었다. 언젠가 리셴녠이 이와 관련해 특별히 얘기하는 것을 들은 적이 있다. 수십 명이 한자리에 모여 식사하는 외국인들은 긴 테이블을 사용하기 때문에 복무원들은 접시를 던지는 식으로 올리는 경우가 많다는 것이다. 이때 만약 접시 밑 부분이 매끄럽다면 관성에 따라 정해진 위치까지 미끄러져 이동할 수 있지만, 밑 부분이 거칠 경우에는 테이블 위에 멈추게 된다는 것이다. 그래서 외국인들은 밑 부분이 거친 접시를 수입하지 않는다고 했다.

리셴녠은 대외무역 부서에서 설명받고서야 알게 됐다고 했다. 그는 문제를 해결해야만 수출을 늘릴 수 있다고 했다. 이런 문제를 해결함에 있어서의 핵심 고리는 가마와 구울 때의 온도를 잘 통제하는 것이었다. 이 문제를 해결하기 위해 리셴녠은 가마를 수입할 수 있도록 특별히 허락했다. 그리고 이를 참고로 기술을 진일보 개진할 것을 요구했다. 현재 중국 도자기의 품질은 전반적인 차원에서 한 단계 업그레이드되었다.

위에서 얘기한 것들은 리셴녠이 '농업, 경공업, 중공업'방침을 실행하고 대중들의 '식, 의, 용'문제를 해결하기 위해 추진한 수많은 업무 가운데서의 일부분일 뿐이다. 이 가운데서 가장 집중적이고 가장 돌출된 부분이 바로 '43방안'이라고 생각된다. 대규모적으로 산업설비를 도입하면서 "힘을 모아 국민경제 가운데서의 몇 가지 중요한 문제를 해결해야 한다"는 지도원칙을 지켰다. '43방안'에서 규정한 6개 도입 원칙중의 첫 번째였다.

그때 중국 국민경제 발전 과정에는 어려움이 많았는데, 그중에서도 8억 7천만 국민들의 먹고 입는 문제를 해결하는 것이 가장 큰 고민거리였다. '43방안' 가운데서 제기한 총 26개 프로젝트 중 "식, 의, 용" 문제를 해결하기 위해 추진한 화학비료, 화학섬유와 알킬 벤젠 프로젝트가 18개, 총 투자액이 136억 8천만 위안에 이르러 전 투자액의 63.84%를 차지했다.

역사에서의 지위와 역할을 평가하려면 그 사람이 민족독립, 국가부강, 국민행복 등 3개 면에서의 역할과 일으킨 영향력을 보아야 한다고 생각한다. 새 중국 설립 전후, 공산당과 국가의 지도자는 민족독립, 국가부강을 추구하면서 괄목할만한 성적을 거뒀다. 하지만 국민의 생활에서 늘 희생과 기여를 지나치게 강조했기 때문에 정책방침을 제정하고 실시하는 과정에서 일부 오차나 부족한 점들도 있었다. 모두가 짧은 시간 내에 효과를 거둘 수 있는 정책이었는지는 몰라도 오랜 시간이 지나면 별 효과를 보지 못한 정책들이 대부분이었다.

이처럼 리셴녠은 여러 면에서 모두 우수했던 것이다.

리셴녠이 민족독립, 국가부강을 위해 기울인 노력과 기여에 대해서는 모두 인정하고 있는 부분이다. 리셴녠의 일생 가운데서 서로군(西路軍)의 경력은 위대하다고 볼 수 있다. 서로군이 감내한 희생과 굴욕은 리셴녠 만이 견뎌낼 수 있었던 것이다.

오늘 이 자리를 비러 리셴녠이 국민의 행복을 위해 한 일들을 중점적으로 얘기했다. 그때에는 중국에서 중공업을 우선적으로 발전시키지 않으면 안 되었다. 국가의 안전을 지키고 민족독립을 수호하는 근본적인 문제와 연관되었기 때문이다.

하지만 그렇다고 해서 장기적으로 인민대중들의 생활문제를 해결하지 않아서는 안 된다. 리셴녠은 맡은 바 직무에서 일부 중요한 문제를 해결했을 뿐만 아니라 후인들을 위해 견실한 기초를 마련해 줬다. 역사적인 안목으로 볼 때 인민의 공복이란 단어로 리셴녠의 일생을 종합하는 것은 아주 합당하고 정확한 것이라고 할 수 있다.

※ 본 글은 『바이녠차오(百年潮)』 2009(7)에 실린 글임.

대외개방 연구에 있어서는
세계적 · 역사적 · 발전적인 안목이 있어야 한다

이 자리를 빌어 과제조의 탕후이젠(唐惠建), 탄강(譚剛), 펑쑤바오(馮蘇寶), 장위거(張玉閣)를 대표해 저서『개방과 나라의 흥망성쇠』의 좌담회를 마련해 주신 인민출판사, 종합개발연구원(중국 · 선전), 선전시(深圳市)종합연구소프트사이언스발전기금회에 진심으로 감사드린다.

본 저서의 연구, 집필, 출판 과정에 샹화이청(項懷誠), 판강(樊綱), 마웨이화(馬蔚華), 인민출판사 황수위안(黃書元), 그리고 훼이저우(徽州)시위, 시정부와 옌산석유화학회사에서 여러모로 관심과 지원을 보내주신데 진심으로 감사드린다.

오늘 많은 견해와 의견을 들었다. 진솔한 얘기라 모두 마음에 와 닿았다. 이런 이해와 지지야말로 우리에게는 큰 위안이 되는 것이다.

아래 저서에 대한 개인적인 생각을 얘기하겠다.

왜 이런 과제를 연구하게 됐을까?

'머리말'에서 이 과제를 주목한 지 오래되었다고 했다. 줄곧 관련 서적과 자료를 수집하고 읽었으며 계속 뭔가를 쓰고 개인적인 생각을 얘기하고 싶었다. 하지만 나이가 들면서 기력이 떨어져 특별히 선전종합개발연구원의 탕후이젠, 탄강, 펑쑤바오, 장위거 등에게 도움을 청했다. 저서로 편찬하는 업무는 주로 위의 네 분이 맡았다.

애덤 스미스의 『국부론』을 본 분들이 많을 것이다. 그는 "노동생산력 증진 원인과 노동생산물을 자연적으로 여러 계급에게 분배하는 순서를 논함"이라는 장절에서 "중국은 줄곧 세계적으로 가장 부유한 나라입니다. 토지가 비옥하고 경작지가 정밀하며 국민이 많으며 부지런한 나라입니다. 하지만 오래 전부터 침체상태에 처한 듯합니다. 오늘의 여행자들은 중국의 경작지, 근면성실함 그리고 인구밀도에 대한 보고서에서 500년 전 중국을 시찰한 마르크폴로의 서술과 비교해도 별다른 차이점이 없습니다"라고 언급했다.

이런 구절을 읽고 나니 정말 마음이 아팠다. 그 아픔은 평생토록 잊지 못할 것이다. 한 나라, 한 민족이 외국인들에게 500년간이나 침체상태에 처해있는 것으로 보여지고 있으니 엄청난 그늘이 아닐 수 없다. 우리처럼 옛 중국의 고난한 생활을 겪은 자들의 마음속에서 봉쇄, 침체, 낙후, 뭇매라는 침통한 역사는 모두 지울 수 없는 것이다.

2006년 7월에 열린 종합개발연구원 제7차 이사회에서 선전의 소프트파워 즉 선전의 영향력, 흡인력이 선전 개혁개방의 문화라고 제기했는데, 그 가운데서도 중요한 포인트가 바로 개방이라고 강조했다. 선전이 개방 가운데서 형성한 문화는 모든 것을 포용할 수 있는 흉금이고, 세계자원을 받아들이는데 유리한 지혜이며, 개방 가운데서 원시적인 혁신과 융합적 혁신을 추진하는 진취적인 정신이다.

선전이 국경의 조그마한 도시에서 훗날 선두를 달릴 수 있었던 것은 혁신력과 국제 경쟁력을 갖춘 현대화 도시로 부상하고 지역적 장점을 중시함으로써 개방이라는 중요한 시기를 충분히 활용한 덕분이다.

우리 세대는 새 중국이 반 봉쇄된 계획경제체제에서 개방된 사회주의 시장경제체제로 전환하는 과정을 겪었다. 머리말에 적은 것처럼 "중국의 대내개방, 대외개방은 중국이 세계에로 나아갈 수 있는 바퀴역할을 해냈다. 개혁과 대내외개방의 결부는 서로 보완하면서 추진됐다"는 느낌을 받았다.

이밖에 여러 번 구체적인 실례를 들어 중국 동부지역의 빠른 발전이 상당한 정도에서 대외개방 덕분이고, 개방 범위가 확대되면서 개혁이 꾸준히 심화되었다는 점을 증명했다. 개방과 개혁은 양성으로 서로 추진했기 때문에 경제 활력을 불러일으키는 효과적인 메커니즘으로 됐고, 30여 년간 경제의 지속적이고도 빠른 성장을 이끌 수가 있었다.

사실상 중국 역사와 현황에서 볼 때 개방은 심각하고도 영향범위가 큰 개혁이다. 생산력발전, 과학혁신과 융합적 혁신, 특히 젊은 세대들의 사상해방, 창업정신과 과감하게 세계로 나아가도록 추진하는 과정에서 개방의 영향력은 이미 중국 현대화사업의 발전에 의해 입증되었다.

1946년부터 올해까지 60여 년간 방직업, 경공업, 강철업, 석유화학공업 등의 부서에서 일했다. 그만큼 관련 부서의 핵심 산업을 잘 알고 있다. 예를 들어 방직공업의 화학섬유, 경공업의 가정용 전기제품의 비약적인 발전 모두 대외개방 덕분이다. 그리고 강철공업의 경우 새 중국 이전의 30년 동안 줄곧 중국경제의 용두역할을 했다.

전에는 "강철을 강령으로 한다(以鋼為綱)"가 국가를 다스리는 이념이었다. 마오 주석이 이를 친히 실행에 옮겼으며 당 중앙에서 이와 관련된 결의를 내렸다. 7천 만 명이 산으로 올라가는, 전 국민이 강철운동에 참여하는 운동이 일어나기까지 여러 차례의 우여곡절을 겪었다. 하지만 중국의 이전 30년 강철 생산량은 고작 3천 1백만 톤에 불과했다.

이후 30년 동안 중국의 기본 정치사회제도가 변화되지 않았고, 계속 공산당이 영도했다. 그리고 땅도 사람도 여전하다. 그리고 똑같이 30년이 지났다. 하지만 2008년에 이르러 중국의 강철 생산량은 5억 톤을 넘어섰고, 그해 전 세계 강철생산량의 38%를 차지했다. 전후 30년, 이토록 큰 격차와 근본적인 구별이 생길 수 있었던 주요한 원인은 모두 개방 덕분이었다.

중국의 강철공업은 상하이 바오강의 발전모델이 대표로 되는데, 개방을 통해 선진적인 기술 장비를 도입하고 세계자원과 글로벌시장을 활용했다. 그리고 과학기술을 혁신하고 과학적으로 관리함으로써 중국 강철공업의 비약적인 발전을 이끌었다. 만약 개방하지 않고 단순히 내부개혁에만 의거했다면 지금의 수준에 이르지 못했을 것이다.

현재 중국은 아직도 공업현대화 중기에 처해 있는 만큼 공업구조, 기술수준과 국제경쟁력이 모두 세계 과학기술 진보와 글로벌 자원 최적화 배치라는 심각한 도전에 직면해 있다. 역사와 현실은 도전에 대응하는 최선은 개방을 선택하는 길 밖에 없다는 점을 명확히 알려줬다. 개방해야 만이 활력을 지속적으로 불러일으킬 수 있고 강대한 적수가 많은 환경 속에서도 경쟁을 거듭하며 발전할 수 있다.

개방과 개혁의 기본국책은 새 중국 설립 60여 년간, 중화민족의 한나라, 당나라부터의 2천여 년의 역사, 특히 5백 년의 역사가 우리에게 부여한 가장 진귀한 치국이념이다.

대외개방에서 세계적 · 역사적 · 발전적인 안목은 필수이다

우리는 이런 요구를 "개방과 나라의 성쇠"를 연구하는 척도로 적용했다. 즉 본 저서의 '후기'에서 말한 것처럼 전 세계 개방의 역사를 경도로 하고 중국의 대외개방을 위도로 해 국내외 개방역사를 분석하고 개방규칙을 연구 토론했다.

2008년 개혁개방 30주년 기념과 관련된 글, 저서를 많이 찾아왔는데 개방에 대해 전면적으로 얘기하지 못했다는 감수를 받았다. 가령 얘기했다 해도 성과를 홍보하거나 정책을 해석하는 데만 그쳐 세계적 · 역사적 · 발전적 깊이가 부족했다.

이런 과제를 연구하는 것은 세계적·역사적·발전적인 안목으로 현재 추진하고 있는 업무를 자세히 살펴보기 위해서다. 본 저서가 이토록 높은 차원에 이르지 못했다 해도 이런 논의의 시작은 아주 중요하다고 본다.

이런 생각을 안고 중국과 세계의 역사, 세계에서의 중국의 지위 변화, 그리고 어떤 개방 기회를 잃었고, 또 어떤 받아들일만한 가치가 있는 경험이 있는지를 살펴봐야 한다. 이런 것들은 모두 연구 토론할 가치가 있는 과제이다.

저서를 통해 한나라와 당나라의 성세, 정화의 서양 항행, 건륭이 영국과의 통상 거절, 만청과 민국 초기의 '양무운동', '백일유신' 등 역사사건에 대해 논평했다.

15세기부터 시작된 지리상의 대발견과 대비해 중국이 융성에서 쇠망으로, 쇠망에서 다시 융성으로 나아간 오랜 역사를 연구했다. 한나라와 당나라의 융성은 개방으로 나라를 다스리고 외래의 문명을 융합하는데 뛰어나 중국의 번창을 추진했다.

정화가 일곱 번째 서양항행 후 실시한 해금(海禁)정책은 개방의 기회를 외면한 것이나 다름없다. 건륭은 천조에 "없는 것이 없다"라고 자처하면서 세계의 대세를 돌보지 않고 개방기회를 거절했다. 만청, 민국 초기는 주권을 잃고 굴욕적인 조약을 대량 체결하는 등 개방에 대한 태도가 아주 소극적이었다.

새 중국의 대외개방 특히 1980년대부터 시작된 대외개방은 글로벌 경제에 순응해 개방기회를 잘 활용했다. 개방기회에 대한 서로 다른 태도는 치국이념의 변화를 구현했으며, 중국의 운명에 아주 큰 영향을 미쳤다. 이것이 바로 우리가 전달하고 싶은 관점이다.

정화의 7차례 서양 항행은 명나라 때 중국의 국력이 강성하다는 점을 널리 알렸으며, 중국과 아시아, 아프리카 나라간의 정치, 경제와 문화의 우호관계로 발전되었다는 것을 엿볼 수 있다.

또한 조공무역이 추진되고 해상 실크로드가 원활하게 이뤄졌으며, 선진적인 항행기술, 설비 등을 인용했다는 것을 의미하는데, 이는 중국과 세계 왕래사, 항해사에서의 전에 없는 장거였다. 반면에 정화가 7차례나 서양 항행을 한 후

갑자기 중단한 것에 대해 의구심이 생기기도 한다. 『개방과 나라의 성쇠』에서 과제조는 "양계초(梁啓超)의 수수께끼", "조셉 니덤의 수수께끼"를 소개하면서 3개 방에서 원인을 분석했다. 이밖에 해양을 무시했던 깊은 차원의 원인도 있다고 본다. 따라서 중국 해양 조선업이 쇠락해지는 후과를 낳았다.

정화가 서양 항행을 할 때, 함대에는 매번 2만 7천 내지 3만 명이 동행했다. 현대의 항공모함 전투군의 경우 서로 다른 편대에 따라 계산하면 대체로 8천∼9천 명 수준이다. 정화함대의 최대 적재량은 1,500톤에 달했다. 반면 이로부터 수십 년 후 콜럼버스가 대서양을 항행하던 선박은 100∼200톤에 불과했다. 정화함대의 대규모 해상 원양 항행은 그때 가장 선진적인 선박을 동원했다. 또한 별을 따라 항행하고 나침반에 따라 방향을 정하며, 침로를 측정하는 등 선진적인 항행기술을 운용했다. 그들이 작성한 '정화항해도'는 세계지도학, 지리학사와 항해사에서도 중요한 지위를 차지하고 있다.

조셉 니덤 세계과학사 전문가이자 영국 박사가 한 말이다. "명나라 해군은 역사적으로 그 어떤 아시아 국가보다 훌륭했습니다. 심지어 동 시대의 그 어떤 유럽 국가, 더 나아가서는 모든 유럽 국가들이 한데 연합해도 명나라의 적수가 되지 않았습니다."

이처럼 모든 유럽 국가들이 한데 연합해도 막을 수 없다던 해군강국이 그후의 4백 년간 줄곧 쇠락의 길을 걸었다. 결국에는 적수가 되지 못했던 유럽과 일본의 견고한 선박과 예리한 대포에 무릎까지 꿇었다. 그후부터는 줄곧 극도로 야만적인 침략, 약탈, 억압을 받아 땅을 나눠주고 배상금을 지불하는 등 일련의 매국조약을 수없이 체결했다. 그 옛날의 세계 제1강국이 반식민지로 전락되는 처참한 신세가 되었던 것이다.

사건의 발단에는 모두 원인이 있다. 유럽에서도 감히 맞서지 못하던 해군강국이 왜 이토록 쇠락해졌을까? 타이완에서 출판된 『인물평화』에는 이렇게 쓰여 있다.

"명나라 성화 연간(기원 1465~1487년), 환관인 정화의 사적을 본따 함대를 재편성하고 다시 서양 항행을 하려 했다. 그때 명나라의 병부상서 명 효종의 '심복(尤親信)'인 유대하(劉大夏)가 환관이 정치에 간섭하는 것을 마음 속 깊이 증오했기 때문에 환관이 함대를 편성해 다시 서양을 항행하는 것을 결사코 반대했다. 환관의 항행생각을 뿌리채 뽑기 위해 그는 창고에 저장된 정화함대와 관련된 모든 선박제조 자료에 불을 질렀다. 이로써 환관들의 서양항행 계획도 물거품으로 돼버렸다. 갑자기 서양항행을 중단시킨 원인으로 해석할 수도 있다."

정화가 마지막으로 서양항행을 한 후의 3년 뒤, 명 왕조는 해선제조를 금지한다는 황제의 명령을 발표했다. 반세기 후, 두 외(桅) 이상의 해선을 제조하지 못한다고 명령했다. 이 같은 중대한 조치와 유대하가 해양선박 제조 자료를 전부 불태워 버린 것은 모두 해양을 무시하고 중국 해양 조선업의 발전을 말살해 버린 행동들이었다. 이는 영향력의 파급범위가 엄청난 크나 큰 실수였다.

훗날의 중국 역사가 증명하다시피 해양조선업을 잃으면 강대한 해군뿐만 아니라 육지변경, 해상변경, 나라의 통일을 수호하는 능력, 해양경제를 발전시키는 능력마저 모두 잃게 된다. 중국 명청 및 그후의 흥망성쇠는 모두 개방과 밀접한 연관이 있을 뿐만 아니라 해양에 대한 인식, 이용, 보위업무와도 정비례된다.

중국은 서태평양의 중요한 나라로 광대한 영해를 갖고 있다. 그리고 세계 제1화물수출대국인 만큼 90%의 수출입 화물이 모두 해상운송을 거쳐야 한다. 현재 세계의 100여 개 나라와 무역왕래, 양자 및 다자간 협력 이익을 구축하고 있다.

세계적·역사적·발전적인 안목으로 '양계초 수수께끼'와 '조셉 니덤 수수께끼'를 연구하고 중국 봉건왕조 특히 명청 두 조대가 해양을 무시하고 해양조선업을 말살함에 따른 엄중한 후과를 연구해야 한다.

그중의 심각한 교훈 특히 국가 성쇠와의 관계를 검토하는 것은 오늘의 개방사업을 추진하고 나라의 핵심이익을 수호하며 치국이념의 전략적인 내함을 풍부히 하는데 모두 필요한 조치이자 유익한 과정이다.

꾸준히 변화 발전하는 개방에 대한 중국의 자세

머리말에서 적은 말이다. "개방은 꾸준히 변화 발전하는 과제입니다. 세계, 중국뿐만이 아니라, 개방의 내용과 형식도 변화하고 있습니다. 하지만 역사와 현실은 개방이 국가가 강성으로 나아가는 과정에 반드시 걸어야 하는 길이라는 점은 변하지 않았다는 것을 우리에게 알려줬습니다." 이건 신념이자 본 저서를 집필한 취지이기도 하다.

개방에 따른 변화가 갈수록 경제, 정치, 안전, 사회, 문화 등 방방곡곡과 긴밀하게 연관되고 시시각각 새로운 상황과 문제가 나타나기 때문에 시종일관 명철한 두뇌로 과학적으로 대응해야 한다는 목소리를 전달하고 싶다.

개방이 순조롭게 진행되고 모든 것이 성공했다고 오해하면 안 된다. 오늘날 신문이나 TV를 통해 호평이나 칭찬을 자주 듣게 된다. 하지만 이런 것들을 자주 듣다보면 착각이 생기고 멍청해져 세계적인 대세를 정확하게 포착하고 판단하지 못하게 된다. 따라서 대외개방 사업의 건전한 발전에도 불리하게 된다.

중국의 개방에 따른 천지개벽의 변화는 전 세계의 존중과 호평을 받았다. 하지만 아직도 부족한 점이 있고, 여러 가지 도전에 직면해 있다는 점을 볼 수 있어야 한다.

그리고 개방 업무를 추진하는 과정에 일부 지방과 회사가 개방적이기는 하지만 여전히 사상적으로는 완전히 개방하지 못했다는 점을 느꼈다. 심지어 일부 사상은 반 봉쇄 상태에 처해 있는 것은 물론 인류의 문명성과에 대해서도 잘 알지 못하고 과학적인 사상도 없다는 것을 알게 되었다.

개방 가운데서 우수한 부분을 받아들이고 저속한 부분을 배제하려면 갈 길이 멀고 오랜 시간의 노력을 기울여야 한다. 특히 전 민족의 자질을 꾸준히 향상시켜야 한다.

중국은 개방될수록 더욱 겸손하고 신중해야 하며 화목한 세계를 건설하려는 마음을 갖고 개방사업을 지속적으로 추진해야 한다. 또한 개방 가운데서 인류

문명의 성과를 열심히 배워 중국 사업을 더욱 잘 이끌어 나가고 중국 특색의 사회주의사업을 꾸준히 추진해야 한다. 정확하지 못한 부분에 대해서는 비판하고 바로잡아주시기를 부탁한다.

오늘 참석해 주신 옛 친구, 그리고 새로운 벗들에게 다시 한 번 고마움을 전한다. 마지막으로 신문언론과 출판계 여러분들의 관심과 지지에도 감사드린다.

※ 이 글은 2010년 8월 28일 『개방과 나라의 흥망성쇠』(베이징, 인민출판사, 2010) 출판좌담회에서의 연설원고임.

탄광 안전생산에서 근본을 다스리는 방도는
과열수요의 억제이다

————

　광산의 안전은 주로 탄광생산의 안전을 가리킨다. 당 중앙, 국무원은 일련의 중대한 조치를 발표했다. 그리고 여기 앉은 두 분은 줄곧 이 일을 고민하고 여러 번 지시를 내렸다.

　상황이 개선되긴 했지만 중대한 사고가 여전히 끊이지 않고 있다. 사고가 발생하는 심층차원의 원인은 대체 무엇일까? 깊이 연구해 봐야 할 부분이다. 석탄시장의 수요가 지나치게 왕성한 것이 근본적인 원인이다. 지나친 시장수요는 경제성장 속도와 직접적으로 연관되어 있다고 본다.

　거시적 조정을 엄격히 해 경제성장 속도를 석탄의 합리적인 공급능력과 서로 어울리도록 하는 것이 현재 발등에 떨어진 불이 되었다.

　2006년 전국의 GDP 성장폭이 8%에 이르렀다. 만약 여러 측면에서 협력함면서 잘 이끌어 나간다면 평온하고 조화롭게 그리고 지속적으로 성장할 수 있을 것이다. 하지만 지표가 지방으로 전달된 후면 다른 양상을 보이게 될 것이다. 서로 비교하면서 지표를 늘리기 때문이다. 지난해 여러 성의 인민대표대회의 보고서를 보면 나라의 1, 2%포인트나 3%포인트 이상 초과한 성이 상당수를 차지했다.

　올해에도 이런 추세가 여전하다. 여러 지역에서 경제성장을 서로 비교하고 있는 현 시점에서 에너지가 우선적으로 쟁탈의 대상이 되는 기본적인 자원으로 되었다. 하지만 중국의 1차성 에너지소비 가운데서 석탄이 70% 이상을 차지하기 때문에 자원을 쟁탈하는 거대한 수요가 먼저 석탄으로 몰렸다. 현재 중국의 석탄자원 중 대다수는 경제가 발달되지 못하고 새로운 경제성장점이 없는 지역에 분포돼 있다.

시장의 거대한 수요와 이익의 유혹, 그리고 빠른 발전에 따른 도전과 현지 자원에 대한 일방적인 의지로 일부 지방과 석탄기업은 국가의 저지명령에도 불구하고 여전히 지속적으로 불법 채굴하고 있다.

규정을 어기고 작업했기 때문에 석탄자원이 파괴되고 생산조건이 악화되며 시장수요가 급격히 팽창하는 준엄한 국면이 초래되었다. 중국에 탄광기업이 22,309개소가 있는데 그중 소형 탄광기업이 전체 탄광기업의 90.66%를 차지하는 19,989개소에 이른다. 한편 연간 생산량이 20만 톤 이하인 소형 탄광의 생산량이 전국 석탄 총 생산량의 31.4%를 차지하고 있다.

탄광이 분산되고 넓게 분포된 데다 농촌 잉여노동력 이전과의 이존관계로 말미암아 안전생산관리 업무에 줄곧 차질이 빚어졌다. 시장 수요의 영향을 받아 이익에 대한 욕심이 강대한 추동력이 됐으며, 이에 따라 생산안전 조치가 요구 수준에 이르지 못했다.

지난해 중국 탄광 생산량이 전 세계의 3분의 1에 불과했지만, 탄광사고에 따른 사망자는 전 세계 탄광사고 사망인수의 80%를 차지했다. 탄광안전사고로 초래된 노동자들의 사상은 양호한 중국의 국제적인 이미지에 먹칠을 하고 있는 셈이다.

2006년이 곧 다가오고 이제 곧 새로운 5개년 계획을 실시되게 된다. 새로운 시작을 알리는 첫 해에 8%라는 국가의 거시적 조정목표를 반드시 엄격히 집행해야 하며 서로 비교해서도 지표를 늘려서도 절대 안 된다고 강조할 필요가 있다.

그렇지 않으면 이로 생긴 정보의 오도가 지속적으로 석탄시장의 과열된 수요를 인도함으로써 경제가 지속적이고 맹목적으로 확장될 수 있다. 이는 국가의 전면적이고 지속적인 발전뿐만 아니라, 중국의 국제적인 이미지와도 연관되는 큰일이다.

지방은 반드시 뚜렷하고 명확한 전반적인 관념이 있어야 한다. 경제발전이 빠른 동부지역에서는 발전의 중점을 과학적인 발전의 궤도로 끌어올리고 구조 최적화(특히 서비스업 발전), 자주혁신, 합리적인 분배, 자원과 환경보호 등 면에서 새로운 길을 모색해야 한다.

새로운 성장모델을 구축하고 실현하는 것은 중국의 향후 발전에 있어 몇 포인트의 성장을 실현한 것보다 훨씬 더 중요한 일이다. GDP 가운데서 차지하는 여러 지역의 투자비율이 국가의 거시적 통제지표 가운데서의 비율을 초과하면 안되기 때문에 투자로 경제성장을 이끌어 나가는 방향을 반드시 바로잡아야 한다.

동부 및 경제기초가 있는 내지의 일부 지역에서 8%의 성장률을 보장하기만 한다면 전국적으로 8%의 성장률을 실현하는 것은 전혀 문제가 되지 않는다. 거시적 조정 조치를 실현함에 있어 반드시 근본적인 문제를 해결하려는 마음을 갖고 석탄수요의 과열현상을 바로잡아야 한다.

석탄 총 수요를 10%포인트(절약에 따른 성과도 포함) 안팎으로 줄인다면, 지나치게 긴장된 석탄생산 국면이 점차 완화되고, 시장 환경도 이에 상응하여 개선될 것이며, 다른 조치들도 효과를 거둬 안전생산이 근본적인 차원에서 보장받게 될 것이다.

경제성장이 실행가능하고 합리적인 속도를 유지한다면 총량 균형 가운데서의 에너지(주로는 석탄)공급이 합리적으로 발전하고, 석탄산업의 정돈과 안전조치도 양호한 환경을 얻게 될 것이다.

위의 견해와 건의는 이미 생각한지 오래됐고 고민을 거듭한 끝에 글로 작성한 것이다. 여러 분들이 참고하시기 바란다.

※ 본 글은 2006년 석탄안전문제에 관련된 중앙 지도자에게 보낸 편지임.

'인간을 근본으로 하는 것'은
동북을 진흥시키는 핵심적인 이념

"동북 농공업기지의 역사와 발전"은 역사와 현실을 서로 결합한 훌륭한 제목이다. 이 의제를 선택한 중앙당사연구실과 지린성(吉林省) 성위의 탁월한 선택에 찬사를 보낸다.

쑨잉(孫英, 중공중앙당사연구실 주임)은 동북의 오랜 공업기지의 발전사, 동북의 다칭(大慶)정신, 철인(鐵人)정신, 안강(鞍鋼)헌법을 얘기했는데 우리는 모두 그 시절을 겪어왔다. 하지만 이런 것들은 결코 시대에 뒤떨어진 것이 아니라 오히려 동북 농노공업기지의 진흥을 위해 지속적으로 적극적인 역할을 일으킬 수 있는 플러스 요인들이다.

이번 심포지엄은 "동북의 오랜 공업기지의 역사와 발전"을 의제로 역사와 현실을 서로 결부시킨 만큼 좋은 아이디어와 의견이 나올 수 있어 동북 등 농공업기지를 진흥시키는데 좋은 근거를 제공할 수 있을 것으로 기대된다.

좋은 사고방향, 그리고 훌륭한 역사경험이나 아이디어를 연구하고 얘기하는 것을 대형 하드웨어 프로젝트의 역할보다 낮게 평가해서는 안 된다.

1. "동북의 오랜 공업기지의 역사와 발전" 연구에서의 핵심은 '인간 근본'

제16차 당대표대회에서는 과학적 발전관을 중국 사회주의 현대화건설과 개혁개방에 대한 역사적인 종합이라고 제기했다. 16기 3중 전회는 "인간을 근본으로 하는 것을 견지하며 전면적이고 조화롭고 지속가능한 발전관을 수립하며 경제사회와 인간의 전면적인 발전을 추진해야 한다"고 제기했다.

후진타오 총서기가 올해의 10기 전국인대 2차 회의의 일환인 랴오닝 대표단과의 좌담회에서 중요한 연설을 했다.

"인간을 근본으로 하는 것을 견지하는 것은 당을 결성해 백성들의 복지를 위하고 집정 과정에 백성을 위하는 필연적인 요소입니다. 우리당은 영도와 집정 과정에서 국민의 근본적인 이익을 모든 업무의 출발점과 목표로 해야 합니다. 인간을 근본으로 하는 것을 견지하려면 인민대중들과 연관되는 가장 현실적이고 가장 관심 있고 가장 직접적인 문제를 해결해야 합니다."

중국의 역사를 연구하다 보면 번성한 왕조가 나타날 때마다, 군주, 정치가, 사상가들이 반드시 민생에 크게 주목했으며, 백성에게 유리하고 백성을 부유하게 이끄는 정책을 펼쳤다는 것을 볼 수가 있다. 게다가 백성을 사랑하고 백성이 나라의 근본이라는 이념을 실행했다. 백성들이 안정되고 평안한 생활을 누리려면 국가가 반드시 번영 창성해야 한다. 반면 통치자들이 순리를 거스르며 백성을 억압하고, 백성들의 생사를 돌보지 않으면 사회 동란이 생기고 심지어 천하대란까지 나타났다. "인간을 근본으로 하는 것"을 역사와 현실을 결부시킴에 있어서 가장 중요한 의제로 토론할 수 있다고 본다.

중국 역사가 증명하다시피 인민은 국가의 기초이고 근본이다. "백성이 국가의 근본을 이루고 백성이 행복하고도 안정된 생활을 누려야 국가가 태평할 수 있다"는 말은 줄곧 중국 정치문화의 핵심이었다.

"인간을 근본으로 하는" 통치이념은 중국공산당이 성심성의껏 인민을 위해 봉사하는 취지이자 중국 역사의 소중한 유산인 민본사상에 대한 고양과 발전이다. 중국 역사에서 민본사상은 소중한 재부로, 중화민족이 5천년 중화문명을 고양하는 과정에서 단 한 번도 끊이지 않았던 정신적인 지주였다.

한 세대 또 한 세대인들은 이런 역사적 교육을 받았고 이 같은 역사적 전통을 이어받았다. 또한 이런 경지에 이르기 위해 죽음을 무릅쓰고 용감하게 앞으로 돌진하며 피를 흘리고 목숨을 잃는 것도 두려워하지 않았다.

이전에 국가경제체제위원회 주임을 맡았을 때가 바로 사회주의 시장경제체제의 건립을 결정하는 중요한 시각이었다. 그때 학술계에서 중국 개혁의 이념에 대해 다년간 연구하고 종합하고 서술했지만 늘 충분하지 못하다고 느꼈다. 이건 근본적인 문제이기 대문이었다.

1991년 10월, 이고르 가이다르를 위수로 한 "대통령 경제 업무팀"이 러시아 경제체제 개혁방안을 제기하고 가격자유화, 무역자유화, 사유화, 인플레이션의 통제를 골자로 한 '쇼크요법'을 추진했다.

'쇼크요법'은 러시아의 국정과 국민의 감당력을 전혀 염두에 두지 않았기 때문에, 1991년 러시아의 인플레이션률이 2,500%에 달했으며 1993년에도 940%에 이르렀다. 따라서 세계 경제 랭킹에서의 러시아 순위도 2위에서 16위로 급격히 떨어졌다. 러시아의 광범한 샐러리맨 계층이 모든 재산을 잃은 것은 물론 사회는 심각한 동란에 빠지게 되었다.

하지만 중국은 다르다. 줄곧 점진식 개혁을 추진했으며 개혁, 발전과 안정 사이의 관계를 잘 처리하고 대중의 감당능력을 강조해왔다. 물가가 지나치게 상승할 때는 가치보증예금을 통해 인플레이션에 따른 대중들의 손실을 메웠다. 개혁이념이 서로 다른 것은 중국과 러시아 개혁의 근본적인 차이점이다.

개혁에 대한 중국공산당과 인민정부의 태도는 절대 우연이 아니라 일관적으로 지켜 온 집정취지이다. 또한 성심성의껏 국민을 위해 봉사한 취지가 새로운 역사시기에서 전승되고 발전된 것이다.

현재 일부 지방의 개혁발전 과정에 '3농', 도시철거 문제가 나타났다. 이런저런 원인이 있겠지만 궁극적으로 따질 때 모두 "인간을 근본으로 하는 이념"에 문제가 생기고 "인간을 근본으로 하는 것"의 중요성을 충분히 인식하지 못했기 때문에 비롯된 것이라 본다.

정치 실적을 보는 건 맞지만 하는 일 없이 녹만 축낼 수는 없다. 관건은 정치 실적의 내용과 정치 실적을 표현하는 수단이다. 진정으로 백성을 위해 집정하고 인간을 근본으로 하며 추호의 이기적인 생각도 없다면 일을 그르칠 수 없고 잘못이 있다 해도 제때에 바로잡을 수 있는 것이다.

인간을 근본으로 하고 백성을 위해 집정하는 이념을 관철함에 있어 현실적이고 현재 위대한 운동을 지도하는 과제이자 역사를 연구하고 종합하는 중대한 과제인 만큼, 이론계, 학술계, 당사연구사업자들이 열심히 연구해야 하는 부분이다.

동북의 오랜 공업기지를 진흥시키는 개혁발전 과정에서의 역사적 경험을 참고로 하고 "인간을 근본으로 하는 것"을 중시해 개혁과 발전을 지도한다면 보다 탁월한 효과를 볼 수 있을 것이라 믿는다.

왕윈쿤(王云坤, 중공 지린성 성위 서기)은 지린성을 진흥시키는 계획 가운데서 "전 성 2,700만 인민대중에게 혜택을 돌려야 한다"고 제의했다. 이는 "인간을 근본으로 하는 이념"을 충분히 구현한 것이라고 볼 수 있다.

2. 동북 등 오랜 공업기지의 진흥은 구조 최적화에 총력을 기울이고 경제성장방식 전환 및 성장품질을 향상시켜야 한다

지린성 '지린 노후 공업기지 진흥계획(요강)'에서 5대 기지(자동차, 석유화학, 농산물가공, 현대중약과 생물의약, 광전자)를 잘 건설하는 문제에 관해 얘기했는데 정확한 조치라고 본다.

구조를 최적화하고 5대 기지를 잘 건설해 나간다면 특색만이 있는 것이 아니라 장점도 형성할 수 있다고 본다. 아래의 몇 가지 부분을 보충해서 얘기하고 싶다. ① 민영경제를 중시하고 기본적인 경제제도를 착실히 실시해야 한다. ② 옥수수 가공강도를 높여야 한다. 옥수수 재배를 늘리고 보충하는 것은 지린성 경제 3대 지주 가운데의 하나로, 잠재력, 발전공간이 아주 크다. 따라서 옥수수 가공의 발전전망이 아주 밝다고 믿는다. 중국은 150년이나 되는 미국의 옥수수 발전역사를 연구하고 미국의 경험을 본받을 수가 있다. 미국의 2003~2004년도의 옥수수 생산량은 2억 4,800만 톤이며, 연간 생산총액은 236억 4천만 달러에 이르고 있다.

이밖에 옥수수를 공업원료로 사용하는 비율이 옥수수 총 소모량의 24%를 차지하고 있으며, 식품, 화학공업, 발효, 의약, 방직, 제지 등 수많은 업종을 포함해 총 3,500여 가지에 이르는 상품으로 가공해내고 있다. 그 가운데서도 가장 중요한 2가지 용도는 녹말감미료(녹말당)와 연료알코올인데, 이 2가지 용도가 미국 옥수수 소비량의 80%를 차지하고 있다.

지린성의 옥수수 생산량은 1,615만 톤인데 옥수수 총 소비량의 22.9%인 370만 톤을 공업원료에 사용하고 있어 미국의 24% 소비량과 비슷하다. 하지만 효과나 창조된 재부 면에서는 엄청난 격차를 보이고 있다. 지난해 특별히 지린연료알코올공장을 방문한 적이 있다. 공장이 빠르게 발전되고 훌륭하게 건설되었다. 정페이옌(국무원 부총리)과 국가발전 및 개혁위원회가 관심을 가짐으로 해서 유통에서의 문제가 해결되고 실천에 옮기는 단계에 들어섰다고 했다.

이 길은 반드시 걸어 나가야 한다. 이건 지린성의 장점이자 국가에서 희망을 걸고 있는 장점이기도 하다. 특히 석유공급이 갈수록 달리고 있는 현재 연료로 자동차용 기름을 대신하는 것은 전략적 의미가 있다고 본다. 모든 힘을 동원해 어려움을 해결함으로써 이 일을 잘 처리해야 할 것이다.

역사와 발전사 연구를 세계와의 관련사를 연구하는 차원으로 끌어올려야 한다. 동북은 공업화 수준이 높고 규모가 상당한 공업이 많아 홍콩, 마카오발전의 경험과는 다르다. 때문에 이와 유사한 공업화 국가의 경험을 찾아 비교하면서 유용한 정보를 얻고 현재의 위대한 사업을 지도해야 한다.

3. 기업은 경제사회발전의 기초이고, 선진적인 기업의 경험을 종합하고 알리는 것을 중시해야 한다

동북 3성의 기업은 향후 발전의 기초이다. 20년의 개혁, 체제변화와 발전을 거친 기업을 3가지 상황으로 분류할 수 있다. 첫 번째 부류의 기업은 사회주의 시장경제의 운행규칙에 기본적으로 적응했고, 경영에 여유가 있으며, 시장의 경쟁 속에서 꾸준히 발전되고 장대해졌다. 두 번째 부류의 기업은 기존의 계획경제 속박에서 점차 벗어나 시장경제체계에 융합되는 단계에 처해 있다. 현재 이런 부류의 기업이 적지 않다. 세 번째 부류의 기업은 기본적으로 큰 변화가 없다. 개혁과 체제전환에 별다른 진전이 없고 자신감도 부족하다.

현재 공산당의 영도하는 동일한 정책 환경 속에서도 서로 다른 상황이 나타나고 있는데 이에 대해 잘 연구해야 한다.

기업 간의 상황이 다른 부분도 없지 않다. 일부 기업에 이런 혹은 저런 역사적으로 남겨진 문제가 현실적인 문제로 남겨졌을 수도 있지만, 이런 것들이 가장 중요한 것은 아니다. 우리는 서로 다른 현상과 기업들이 성공할 수 있었던 요소를 연구해야 한다. 안강과 다롄 조선의 새 공장, 중국제1자동차그룹회사와 하얼빈동력 등은 모두 극히 어려운 조건에서 전환을 실현하고 꾸준히 발전해 장대해진 실례를 분석해야 한다.

전문가, 학자, 정부의 관리부서는 이런 기업의 공통성을 깊이 있게 연구하고, 보편적인 의미가 있는 업무를 연구함으로써 기업의 개혁과 발전을 지도해야 한다. 동북에 있는 이런 유형의 기업을 여러 개 둘러봤는데 그들의 성공에는 모두 이유가 있었다.

첫째, 관념을 바꿔야 한다. 기업을 잘 이끌어 나갔을지 여부를 가늠하는 관건은 사회주의 시장경제 궤도로의 전환을 실현했는지, 시장에 대한 주목도, 시장을 긴밀히 에워싸고 경영관리, 상품개발과 판매서비스를 해결했는지의 여부를 보는 것이다. 관념을 전환시키지 못하면 목표를 잃게 되고 나아가 기회도 놓이게 된다.

둘째, 양호한 사회환경이 있어야 한다. 정부는 기업에 양호하고 여유 있는 환경을 마련해 줘야 하는 한편, 정부에서 너무 많이 간섭해서는 안 되고, 조그마한 실수를 범한 기업과 기업의 책임자를 지나치게 비난해서도 안 된다. 동북은 비공유제 경제발전이 더디고, 시장 환경이 완벽하지 않으며, 정부의 서비스기능이 요구하는 수준에 도달하지 못한 것이 가장 큰 원인이다.

셋째, 인재 채용이 중요하다. 동북에는 인재가 많은데 전국에 널리 분포되어 있다. 선전 등지의 정부, 기업에는 동북인들이 아주 많다. 양호한 인재 채용 환경을 창조해야만 인재가 두각을 나타낼 수 있고 하고 싶은 일을 할 수 있다.

넷째, 정부, 기업은 시장에 적응된 메커니즘을 건립 및 완벽화 하고, 기업의 문제는 시장에서 적시에 반영되어야 한다. 정부는 시장의 반영 가운데서 서비스내용과 모델을 적시에 개선해야 한다.

정부와 기업의 정보 및 업무가 모두 시장에 집중되고 그 과정에서 각자의 역할을 발휘하게 되는 것이다. 여러 유형의 기업은 모두 위의 4개 부분에서 공통성을 찾을 수 있고, 그들이 경영에서 거둔 성공적인 경험과 어려움이 생긴 원인을 찾을 수 있을 것이다.

※ 본 글은 2004년 7월 12일 "동북의 노후 공업기지의 역사와 발전 포럼"에서 한 연설원고임

중요한 전략적인 기회를 잡고 개방을 확대하여
새로운 국면을 열어나가자

중공 충칭시위, 시정부와 왕양(汪洋), 왕훙쥐(王鴻擧)가 나를 서남지역 쓰촨, 윈난, 꿰이저우, 광시, 시장, 충칭 6개 성, 자치구, 직할시의 경제조율회의에 초청하여 연설기회를 주신데 대해 진심으로 감사드린다.

실제 근무처를 떠난 지 여러 해가 되었기 때문에 많은 새로운 상황에 대해서는 잘 알지 못하는데다, 출장을 다닐 때는 자료를 수집하고 연구할 수가 없어 유익한 견해를 내놓을 수 있을지 고민이 되기도 했다. 오늘 얘기하는 부분들이 여러 분들에게 참고가 되었으면 하는 바람이다.

대외개방 문제를 중점적으로 얘기하고자 한다. 대외개방은 6개 성, 자치구, 직할시에 놓인 새로운 역사적 기회이자 크게 발전할 수 있는 과제이기도 하다. 여러 계층의 지도자들은 사상 관념적으로 뜻을 같이 하고 많은 기업을 동원시켜 실제적인 업무 가운데서의 인도와 지지를 늘림으로써 새로운 국면을 꾸준히 개척해야 한다.

중국은 1978년부터 개혁개방을 실시했다. 1992년 덩샤오핑이 남방에서 연설하기까지의 시간을 첫 번째 14년이라 하겠다. 이 14년 동안 중국 경제가 비약적으로 발전하기 시작했는데 우선적으로 동부 연해지역이 빠르게 발전했다. 그때의 정책은 동부에 치우쳤다. 그리고 대외개방으로 시장의 활력을 불러일으키고 적응되지 못한 기존의 체제와 메커니즘을 꾸준히 개혁하는데서 중요한 역할을 발휘했다. 또한 사회주의 시장경제체제의 형성과 발전을 추진해 새로운 발전모델을 점차 구축하는 데서도 적극적인 역할을 하도록 했다. 방금 전 닝보(寧波)에 출장을 다녀왔는데 그곳의 변화가 정말 컸다.

1992년 중공14대 보고서 때문에 저장성 성위의 의견을 수렴하기 위해 그곳에 갔었는데, 그때의 닝보는 경제가 막 발전하기 시작해 새로운 변화, 새로운 면모가 있다고는 말할 수 없었다. 하지만 이번에는 그때와 비교해 면모가 일신되었다.

사실 닝보는 1985년이 되어서야 국제무역부의 비준을 받고 국제무역경영권을 얻었다. 그 해 수출입 총액은 1천만 달러에 그쳤지만, 올해의 수출입 총액은 4백억 달러를 넘어섰다. (한 세대도 거치지 않은 시간 동안에) 몇 세대가 간절히 바라야만 하던 목표를 뛰어넘었다. 이런 수준에 이른 것은 대외개방의 덕분이라고 본다.

현지의 경제기초를 볼 때 그들은 자원이 없고 시장도 작다. 전하이롄화(鎭海煉化)공장과 발전소를 제외하고는 내세울만한 근대 공업기업이 없다. 하지만 적극적으로 개방하고 개방을 통해 국내외의 2가지 자원을 효율적으로 활용하는 한편 국내외 시장을 개척해 여러 가지 소유제 경제의 발전을 추진함으로써 경제가 꾸준히 장대해졌다. 이건 분명 성공적인 경험이다. 닝보, 저장뿐만 아니라 경제가 발달한 연해지역의 성, 직할시 모두가 그러하다.

두 번째 14년은 덩샤오핑이 1992년 남방에서 연설했을 때부터 2006년까지이다. 이 시기는 여러 분야가 빠르게 변화하는 14년이었다. 14년 동안 중국은 서부대개발을 실시하고 관련 정책을 조정했다. 따라서 쓰촨, 윈난, 꿰이저우, 광시, 시장, 충칭 등 6개 성, 자치구, 직할시가 빠르게 발전됐고 경제실력이 꾸준히 늘어났다.

특히 교통, 통신 등 기초시설, 에너지공업, 도시건설 등 분야가 모두 빠르게 발전했을 뿐만 아니라, 날로 새로운 변화가 생겨 지속적으로 발전하고 개방을 확대하는데 중요한 물질적, 기술적 기초가 되었다.

세 번째 14년은 2006년부터 2020년까지이다. 이 시기에는 중요한 전략적 기회가 찾아온다고 봐야 한다. 제16차 당대표대회의 보고서는 "전반적인 국면을 통합적으로 볼 때 21세기의 첫 20년은 중국에 있어서 반드시 큰일을 해낼 수 있는 중요한 전략적 기회가 부여된 시기"라고 제기했다.

사실 이는 저장성을 돌아보는 동안 깊은 느낌을 받고나서 돌연 생각해낸 것이다. 이 14년을 잘 이끌어 간다면 본 세기 중엽에 현대화를 실현하는데 든든한 기초를 마련할 수 있을 것이다.

위에서 말한 3개의 14년은 개인적인 소견인 만큼 정확하지 않은 부분이 있을 수도 있다. 아래에서 말하려는 내용도 개인적인 생각으로 여러분들과 함께 연구토론할 수 있기를 기대한다. 현재 도래한 역사적 기회, 그리고 이런 역사적인 새로운 기회를 잡는 방법을 두고 4가지 면에서 얘기하겠다.

첫째, 교통의 대통로를 잘 활용해 동서간의 협력을 늘리고 대외개방과 대내개방을 결부시켜야 한다. 이미 지나간 2개의 14년 동안, 6개 성, 자치구, 직할시의 대외개방을 제약한 요소가 교통이라 할 수 있다. 교통이 발달하지 못했기 때문에 6개 성, 자치구, 직할시의 지역위치가 대외개방을 실현하는 과정에서 걸림돌이 됐던 것이다. 하지만 현재는 이런 상황이 크게 바뀌었다.

6개 성, 자치구, 직할시의 내부 및 서로 간의 도로, 철도, 항공과 수상운송에 중요한 구조를 형성했을 뿐만 아니라 통신네트워크가 원활해졌다. 더욱 중요한 것은 외부로 통하는 교통이 눈에 띄게 개선되었다는 점이다.

산샤(三峽)프로젝트가 완공된 후 충칭의 수상운송력은 기존의 3,200만 톤에서 5,300~8,700만 톤으로 향상되었다. 창장의 수상운송은 전 유역의 경제발전에 저렴한 원가의 운송력을 제공해 줄 수 있음은 물론 서남지역이 중국에서 경제가 활성화된 창장삼각주와 더욱 잘 접목할 수 있는 요소로 작용했다.

2005년 창장삼감주의 GDP가 전국의 28.4%, 수출입 총액은 전국의 34.3%를 차지했다. 서남 6개 성, 자치구, 직할시와 강을 낀 여러 성, 창장삼각주의 협력에 새롭고 더 큰 활력을 불어넣을 전망이다. 베이징, 상하이, 광저우를 연결시킨 칭장(靑藏)철도가 부설되고 육지 통로가 구축됨에 따라 서남지역과 환보하이만(環渤海灣), 창장삼각주와 주장삼각주 등 중국에서 가장 발달되고 활약적인 지역과의 왕래가 크게 늘어났다.

6개 성, 자치구, 직할시를 연결시킨 중부와 동부의 고속도로가 개통되고 광시 베이하이(北海), 친저우(欽州), 팡청항(防城港)의 항구건설을 추진함에 따라 6개 성, 자치구, 직할시는 더 많은 대외개방 통로를 소유하게 되었다.

이런 통로를 충분히 활용하기만 하면 동부 연해에서 경제가 발달한 지역과의 협력을 늘일 수 있다. 이런 지역은 자금, 기술, 인재가 풍부한 반면 땅과 노동력이 부족하다. 6개 성, 자치구, 직할시는 그들과 생산요소를 합리적으로 교환하고 경제구조 조정에 참여함으로써 자원의 최적화 배치를 추진할 수 있다. 또한 그곳의 대외 루트와 연결시키고 관리경험을 배우는 외에 인재를 육성할 수 있다. 그리고 그들과 대외개방 파트너가 되어 연해도시로 통하는 길을 대외진출의 중요한 발판으로 삼을 수도 있다. 이 부분에 대해서는 여러 성의 책임자들이 나보다 더 잘 알고 더 직접적으로 느꼈으리라 믿는다.

이 자리를 빌어 아직은 주목하지 못했지만 대외개방 루트인 318국도에 대해 말하고자 한다. 올해 『중국국가지리』 잡지는 여러 분야의 전문가로 짜여진 과학고찰팀을 결성했다. 이들은 상하이 인민광장에서 출발해 318국도를 따라 시장 장무(樟木)에 도착했는데 총 길이가 5천여 km에 달했다. 고찰팀은 지구상에서 북위 30도선 부근은 신비한 지대로 수많은 기적과 기이한 현상이 있다고 주장했다.

중국 창장, 이집트의 나일 강, 이라크의 유프라테스강, 미국의 미시시피 강은 모두 북위 30도 좌우에서 바다로 흘러든다. 그 가운데서도 자연경관이 가장 밀집된 부분은 중국에 집중되어 있는데 가는 곳마다 세계적인 경관이 펼쳐진다. 인문경관을 꼽자면 애굽의 금자탑, 바빌로니아의 공중화원, 쓰촨의 삼성퇴, 원고(遠古)시기의 마야문화 등이 모두 이 일대에 집중되어 있다. 이 때문에 전문가들은 318국도를 중국 인문경관의 길로 정했는데, 그 가운데서 촨장(川藏)선이 가장 다채로운 구간으로 불리 운다. 하지만 아직까지 많은 경관이 개발되지 못하고 있다.

이런 상황을 소개하는 것은 관광을 홍보하려는 것이 아니다. 다만 관광을 개방의 중요한 내용으로 개발함으로써 관광으로 중국의 이미지를 부각시키고 중국문화를 널리 알리며 브랜드 구축과 상업기회를 찾는 중요한 플랫폼으로 되게 하려는 생각에서이다.

지난해 항저우의 관광객이 연 3,400만 명에 이르러 관광소득이 GDP의 15%를 차지했다. 이에 따라 발전된 요식 등 서비스업은 수많은 사람들에게 일자리를 해결해줬다. 때문에 관광업의 역할을 절대 과소평가해서는 안 된다.

두 번째 큰 기회는 중국과 동남아시아국가연합(ASEAN)과의 협력을 늘리는 것이다. ASEAN은 중국의 제4대 무역파트너로 양자 무역액이 1991년의 80억 달러에서 2005년에는1,300억 달러로 증가됐는데, 15년간의 성장폭이 15배를 넘어섰다. 중국과의 대외무역 성장폭이 가장 크고 빠른 지역이다.

2001년 중국과 ASEAN 10개 국은 2010에 ASEAN FTA 협상을 타결하기로 결정했다. 그중 캄보디아, 라오스, 미얀마, 베트남과는 2015년에 협상을 타결하기로 했다. 이는 18억 명을 아우르고 1조 2천억 달러의 무역액을 실현할 수 있는 전 세계적으로 인구가 가장 많은 FTA이다.

발표한 자료에는 전반 무역구의 GDP가 2조억 달러라고 했다. 어떻게 얻어낸 숫자인지 모르겠다. 사실상 지난해 중국의 GDP만 2조 2,900억 달러를 기록했다. 이로 미뤄볼 때 위의 숫자는 너무 적게 계산되었다.

얼마 전에 발표된 중국-ASEAN기념 정상회의 연합성명을 보면 중국과 ASEAN의 협력 중점이 농업, 정보통신기술, 인력자원개발, 양방향 투자, 메콩강유역 개발, 교통, 에너지, 문화, 관광과 공공위생 등 10개 분야로 확대됐음을 알 수 있다. 이 10개 분야에서 서남 6개 성, 자치구, 직할시는 지리적 · 자원적인 장점을 갖고 있다. 특히 여러 가지 유형의 제조업은 기술수준이 엇비슷해 대외개방을 확대할 수 있는 중요한 분야가 될 수 있다.

원자바오 총리는 중국-ASEAN의 대외관계 건립 15주년 기념정상회의에서

4가지 내용을 제기했다. 그 가운데서 두 번째 내용이 바로 "협력 내용을 풍부히 하고" 범아시아 관통철도(TAR), 아시아도로망 등 중대한 건설을 추진하는 것이다.

이런 건설은 철도, 도로, 하천, 해운 분야 등 어느 분야든지를 막론하고 모두 우선적으로 서남 6개 성, 자치구, 직할시와 연결되어 있다. 그리고 이런 네트워크는 서남반도로 통할 뿐만 아니라 태평양, 인도양과 통하는 육지·해양 통로이기 때문에 이곳에서 더 넓은 세계시장으로 나아갈 수 있다.

세 번째, 중대한 대외개방 기회는 아프리카로 가는 것이다. 중국은 가장 큰 개도국이고 아프리카는 개도국이 가장 집중된 대륙이다. 중국과 아프리카는 넓은 협력 공간이 있는 만큼 중앙은 중국과 아프리카의 협력을 크게 중시하고 있다. 정치적으로나 경제적으로나 아프리카 국가는 모두 중국의 전략적인 파트너이자 전천후적인 벗이다.

최근 개최된 중국-아프리카 협력 포럼은 전 세계의 이목을 집중시켰다. 후진타오 주석은 회의에서 아프리카를 지원하는 것에 관한 중국 정부의 8개 조치를 발표했다. 원자바오는 포럼의 일환으로 열린 지도자와 최고경영자 대표 고위층 대화회의에서 중국 측의 5개 건의를 제기했는데 모두 경제무역협력과 연관되는 내용이었다.

그 가운데서 투자, 지원과 기업 간의 협력을 언급할 때, 서남 6개 성, 자치구, 직할시에 상당한 장점이 있고, 모두 적극적으로 참여하는 조건이 구비되어 있어 개방을 확대할 수 있는 중요한 지역으로 발전시킬 수 있다고 지적했다.

아프리카의 총 면적은 3,030만 km²로 중국 육지면적의 3배에 맞먹는다. 총인구는 7억 6천만 명이고 토지가 비옥하다. 유엔개발계획서의 연구보고서에는 잡초가 우거진 아프리카의 기름진 땅이 아프리카와 서유럽을 먹여 살리기에 충분하다고 했다.

아프리카는 전 세계적으로 이용가능한 수자원 40%, 대다수의 다이아몬드, 90%의 코발트, 50%의 황금, 40%의 백은, 12%의 천연가스, 8%의 석유를 소유하고 있다. 미국의 모 중요한 연구기구도 블랙 아프리카에서 전쟁시기와 평화

시기에 필요한 모든 지하자원을 소유하고 있다고 평가한 바 있다.

나는 아프리카를 4번 방문하면서 동·서·남·북·중 지역을 모두 돌아봤다. 중국은 아프리카에서 줄곧 평판이 좋아 광범한 대중들은 모두 중국을 열정적이고 우호적으로 대한다. 게다가 마오 주석, 저우 총리를 얘기하면 모두 환호하고 있는데, 이런 현상을 다른 지역에서는 결코 찾아보기 어렵다. 아프리카에 진출하면 서로 혜택을 돌리고 협력하는 등 서로에게 이득이 될 것으로 보인다.

아프리카로 진출한 후 아프리카를 위해 열심히 봉사해야 한다. 중국에서 47개 국가에 파견한 연 1만 5천 명 의료대원의 사심 없는 기여정신을 고양 및 발양해야 할 것이다. 더구나 어렵고 힘들어도 두려워하지 말고 창업해야 한다. 이런 면에서는 서남 6개 성, 자치구, 직할시에 모두 양호한 기초와 장점이 있다. 서남 6개 성, 자치구, 직할시에는 실용적인 기술과 여러 가지 공업품이 있는데, 이런 것들은 모두 아프리카에서 절실하게 필요한 부분이다. 따라서 아프리카는 서남지역의 기업들이 대외로 진출하는 광활한 시장으로 될 수 있다.

넷째, 대외개방을 확대함에 있어 정부의 플랫폼 구축, 기업의 사전 행사를 통해 기업가의 적극적인 역할을 충분히 발휘해야 한다. 중국은 20여 년간의 개혁개방을 거쳤다. 특히 2001년 WTO에 가입한 후 중국은 보다 넓은 분야에서 글로벌 경제의 협력과 경쟁에 참여했으며, 현재 기업 간, 국가 간의 경쟁이 갈수록 치열해지고 있다. 이런 형세에서 정부와 기업이 마음을 합쳐 힘을 모으고 있으며 밀접하게 협력하고 있다.

한편 정부에서는 소프트웨어와 하드웨어 면에서의 정책을 함께 실시해야 한다. 하드웨어 면에서는 중대한 기초시설건설과 환경관리를 장악하고, 소프트웨어 면에서는 필요한 법률, 법규를 제정하고 봉사의식을 수립해야 한다. 특히 금융, 보험, 법률, 운송 등 한 개 기업에서 자주적으로 감당할 수 없는 사항에 대한 봉사업무를 잘 이끌어 나가 기업의 대외진출에 필요한 기본 환경을 마련해 줘야 한다.

기업은 국내외 시장형세의 추세를 정확히 보아야 하고, 경쟁력을 꾸준히 향상시켜야 한다. 따라서 기업보다 정부가 더 조급해 하는 현상이 나타나서는 안 된다.

연해 선진기업들은 해외시장을 개척하고 시장변화에 대응하는 경험을 따라 배워야 하며 시장경쟁의 잔혹함을 보아내야 한다. 오늘 팔지 못한 상품을 영원히 팔지 못한다는 법은 없다. 따라서 현재 국내에서 판매할 수 있는 상품이라 할지라도 영원히 국내시장을 점령할 수 있다고는 할 수 없는 것이다.

기업들이 국제시장으로 진출해야만 정보를 장악하고 최신기술을 이해할 수 있을 뿐만 아니라, 기업의 소질을 꾸준히 향상시키고 경쟁력을 제고시킬 수 있다.

여러 지역에서는 계획 · 목적성 있게 여러 개의 용두기업을 육성하고 동류 업계 · 업종과 협력해 기업을 발전시켜야 한다. 수출생산경험을 창조하고 수출에 적응되는 관리모델을 구축함으로써 광범한 기업의 본보기를 수립해야 한다.

또한 개방을 확대함에 있어 큰 국면에 눈길을 돌리고 작은 부분으로부터 착수해야 한다. 투자, 공장건설 및 합병수매는 차원이 높은 만큼 현재 대다수 기업들에서 이런 수준에 이르지 못하고 있다. 그래서 무역, 노무수출, 지원프로젝트부터 시작해 대외로 진출하고 자리를 잡은 후 갈수록 협력을 늘려야 한다.

북아프리카와 남부 아프리카진출을 시작점으로 할 수 있다. 이곳의 투자환경이 상대적으로 양호하기 때문에 먼저 진출한 후 점차 사하라사막 이남 지역으로 범위를 넓힐 수 있다.

중국 역사를 볼 때 서남에서 생산된 돼지 뒷목의 털, 동유, 생사, 찻잎이 중국 대외무역의 지주 산업으로 세계시장에서도 다년간 우위를 점했다. 오늘 여러 면의 조건은 그때보다 훨씬 우월하다.

선인들이 과감하게 국제시장에 진출하던 창업 · 개척정신을 고양하는 한편, 새로운 전략적인 기회를 틈타 적극적으로 추진한다면 개혁개방을 더 잘 이끌어 나갈 수 있을 뿐만 아니라, 반드시 잘 해 나갈 수 있으리라고 믿어의심치 않는다.

※ 이 글은 저자가 2006년 11월 14일 서남 6개 성, 자치구, 직할시 경제조율회의에서 한 연설 원고임.

'도시생활은 더욱 아름답게', 도적적인 결함이 없어야 한다

───────

왕진산(王金山) 안훼이(安徽) 성위서기, 왕산원(王三運) 성장의 요청으로 "세계박람회 포럼·휘주(徽州)상인이 없으면 도시가 없다–휘주문화와 도시발전" 특별 포럼에 참석해 기조연설을 하게 된데 대해 진심으로 감사한다. 포럼이 개최된 데 대해서도 진심으로 축하를 드린다!

이번 포럼은 주제를 잘 선택했다고 본다. 2010년 상하이세계박람회의 주제였던 "도시, 생활을 더욱 아름답게"를 심화시키고 세분화 한 것으로, 중국의 전면적인 소강사회 건설에 상응하고 과학적인 발전관에 따라 도시화를 추진함에 있어서 중요한 과제이기도 하다.

공업화 중기에 들어선 중국의 2008년 도시화 수준은 45.68%였다. 우리는 본세기 중엽에 현대화를 실현해야 하고 중국의 현대화 수준을 적어도 10~20% 포인트, 심지어 이보다도 더 많이 끌어올려야 한다. 발전이 극히 불균형한 13억 인구를 가진 대국에서 이는 국가의 면모를 바꾸는 역사적인 임무이기 때문에 더 많은 지혜와 심혈을 기울여야 한다.

도시화는 한 국가, 한 민족의 문명을 의미한다. 도시의 건설과 관리, 국민이 누릴 수 있는 도시 건설은 여러 학과, 차원, 수요를 집중시킨 체계와 지식이 필요하게 된다. 현재 도시화라는 것을 인구비율, 도시의 하드웨어시설, 고층빌딩, 입체교통, 정보기술, 물질적인 향수 등을 가리키는 것이라고 생각하고 있다. 하지만 이런 하드웨어 시설만으로는 턱없이 부족하다. "더 나은 생활을 할 수 있는 도시"를 건설하기 위해서는 소프트한 파워뿐만이 아니라 행복하고 조화로운 도시문화도 있어야 한다.

더 깊은 차원에서 얘기하자면 도시의 영혼이나 다름없다. 현재 세계적으로는 미국 뉴욕의 하드웨어가 가장 훌륭하다. 특히 맨해턴, 월가는 최고급의 현대화 시설을 갖추고 있다. 하지만 그곳의 하드웨어, 그리고 일부 세계적으로 유명한 금융기구와 최고의 대형 회사들은 레버리지효과에 따른 이익을 무절제하게 쫓고 있다.

따라서 세계 각국의 경제가 폭락하고 시장이 위축되고 있으며 실업자가 대폭 늘어나고 있다. 뿐만 아니라 모든 국가 특히 많은 개도국에 치명적인 재난을 가져다 줬다. 이는 뉴욕처럼 훌륭한 도시도 도덕적인 결함이 있고 우리가 상상하는 것처럼 완벽한 것은 아니라는 점을 설명해 주고 있다. 그들은 혁신의 탈을 쓰고 남을 기만하고 자신들의 이익을 챙김으로써 도시의 화목한 생활을 심각하게 파괴했다. 사람의 도리에 어긋나는 사건이 일어나는 이런 도시는 아름답고 행복한 것이 아니라 오히려 더럽고 추하다.

2008년 서브프라임 모기지론 위기로 야기된 글로벌 금융위기와 경제위기에서 우리는 여러 가지 현대화한 하드웨어뿐만 아니라, 더욱이 이에 상응하는 소프트웨어를 가지고 있고, 우수한 도시문화, 건강하고도 화목한 도시문명이 있어야 한다는 점을 깨달았다.

이런 배경에서 안후이문화의 적극적인 요소와 우수한 정신적인 재부를 연구하는 것은 더욱 중요하고 현실적인 의의가 있다고 본다. 아래에서는 이와 관련한 문제를 두고 개인적인 생각을 얘기하겠다.

1. "휘주상인이 없으면 도시가 없다"는 데에 대한 역사적인 해석

중국의 휘상(徽商)은 송나라 때 기원됐고, 명, 청시기에 크게 발전했으며 청나라 말기 때부터 쇠락해 갔다. 명, 청 전성기에 휘주 상인이 대량으로 생겨났는데, 운남, 귀주, 복건, 광동, 하남, 산서(山西), 하북성 북부, 섬서(陝西)와 감숙에도 상인들이 많았다. 서북의 고비사막에도 남방의 밀림 속에도 이들 상인들의 발자취가 있었다. 뿐만 아니라 그들은 멀리 나가 해외무역에도 참여했다.

그리고 휘주 상인은 모든 품목을 다 취급했고, 모든 지역에 발자취를 남겼으며 이윤을 남길 수 있는 장사라면 시간과 장소, 업종을 가리지 않았고, 대다수 지역의 상권을 장악했다. 상업 활동의 규칙을 근거로 경영규모가 커짐에 따라 반드시 봇짐장수가 좌대 상인으로 발전했고, 소매에서 도매로 바뀌게 되었다. 좌대상인과 도매가 있으면 경제활동이 집중된다. 집중된 생산생활은 한데 모여 거주할 것을 요구한다. 그후로는 점차 도시를 형성하고 또 도시를 경제활동의 중심으로 하게 되었다.

휘상이 가는 곳마다 경제활동의 발전이 뒤따랐고 다른 상인단체와의 교류가 잦아졌으며, 갈수록 많은 도시가 흥기함으로써 "휘주상인이 없으면 도시가 없다"는 것이 역사의 필연적인 추세로 되었다. 휘상과 도시의 흥기는 각지의 경제 번영을 이끌었다. 경제가 번영함에 따라 휘파 건축의 특징인 "흰 벽, 청기와, 마두벽"이 각지에 나타났으며, 나무조각, 벽돌조각, 돌조각 등 휘파 예술이 휘주 이외의 지역에서 뿌리를 내리기 시작했다.

신안문화가 방방곡곡으로 전파되면서 많은 도시의 품위가 향상되었다. 휘상은 이런 곳에 하드웨어시설뿐만 아니라 문화, 교육, 유가사상도 전파했다. "휘상이 경영하는 가운데서 유가문화를 숭상하는 것"이 가장 큰 특징이었다. 많은 훌륭한 휘상은 먼저 의리를 지키고 후에 이익을 챙겼다. 이치에 맞게 장사하고 성실하면서도 신용을 지키며 공평하게 거래했는데 노인이나 어린이조차도 속이지 않았다. "성실함과 법을 지켜 손해를 보더라도 불법사기로 돈을 벌지 않았던 것"은 바로 이런 정확한 이념 덕분이었다.

수많은 도시가 돈을 버는 데 일가견이 생겼기 때문에 오랜 시간이 흘러도 여전히 발전을 이어갈 수 있었다. 따라서 그중 일부는 대도시 혹은 중도시로 변화 발전해 지역과 전국의 경제, 문화중심으로 탈바꿈했다.

2. 도시의 흥기와 경제발전의 적극적인 상호 작용

영국에서 출판한 『케임브리지 중국 명나라사』에는 '서론'에 "경제기능이 중국 사회사의 핵심이 되는 도시화의 성장모델이 되었다"고 쓰여 있다. 이 또한 "휘주 상인이 없으면 도시가 없다"는 역사를 입증하는 대목이다.

휘상은 송나라 때 기원했지만 진정으로 전국 각지에 자리를 잡은 상인단체가 되기는 명나라 중엽 이후부터이다. 자본이 날로 축적됨에 따라 휘상은 자본이 충족하고 인수가 많고 지역이 넓은 특징을 보였다. 게다가 경영범위는 염업, 양곡, 목재, 찻잎, 도자기, 방직, 문방사보, 인쇄 등 국가경제와 국민생활과 연관되는 수많은 분야로 확대되었다.

이런 경영이 농업, 목축업, 가정부업, 수공업 외에도 농촌시장과 연관되어 있었기 때문에 공급과 수요의 교량 역할을 했을 뿐만 아니라, 연결과 집산이라는 중심역할도 하였다. 또한 지역 간의 경제 분공과 협력을 소통하고 추진했으며 지방과 전국의 시장을 서로 연결시켜 상호 발전토록 추진역할을 했다. 농업의 잉여 생산력으로 이곳에서 더 많은 재부를 축적하고 더 나은 생활환경을 얻었으며 지역에 따른 새로운 생활을 누릴 수 있게 되었다.

이런 유형의 도시가 흥기하고 경제발전과 긴밀하게 연결되는 곳은 경제가 발전되고 사회문명도가 꾸준히 향상했다. 그들 사이의 적극적인 상호 작용은 그 지역의 경제, 사회의 흥기와 발전에 필요한 원동력을 주입하게 된다는 점을 역사적으로 증명했다. 경제가 발전하면 축적되는 재부가 늘어나고 도시의 기능도 다양해진다.

명나라 이전에 중국의 대·소도시의 성벽은 모두 진흙으로 되어 있었다. 만리장성도 예외는 아니다. 명나라에 이르러 사회재부가 늘어나면서 모든 성벽을 벽돌로 바꿨다. 오늘날 우리가 볼 수 있는 다양한 성벽유지는 모두 이런 과정을 거쳤다.

역사발전의 차원에서 볼 때 이런 도시들은 중국 자본주의의 맹아가 싹튼 지역으로써 중국의 발전을 이끌었다.

역사는 또 우리에게 중국에서 현대화를 기본적으로 실현하고 소강사회를 전면적으로 건설하는 행보 가운데서 도시의 건설, 경제발전과의 관계를 높이 중시해 적극적인 상호작용을 촉진해야 된다는 점을 알려주고 있다.

이런 상호작용에는 하드파워의 내용뿐 아니라 소프트파워도 받쳐줘야 한다.

과학적 발전관의 이념에 따라 여러 가지 서로 다른 규모와 차원의 도시를 경제활동의 집산지로 건설하고 "생활이 더욱 아름다운 곳"으로, 중국의 발전모델 가운데서도 중요한 구성부분이 되도록 해야 할 것이다.

3. 도시발전 이념에 휘문화의 요소를 융합시켜야 한다

"도시 생활을 더욱 아름답게"라는 이념은 아름다운 도시생활에 대한 인류의 추구성을 보여준다. 상하이 세계 박람회의 5개 주제 중 첫 번째 주제에서 "도시 다원문화의 융합"을 제기했다.

"휘주상인이 없으면 도시가 없다"라는 말 속에는 휘주 문화의 다양한 요소가 포함되어 있다. 교육자이자 상인이며 문인이기도 한 전통, 그리고 문서계약의 신용을 중시하며, 고통과 어려움을 참고 견디고 의지가 굳센 안훼이 사람들의 낙타정신은 도시를 건설하고 관리하는 가운데서도 고양하고 발양된 중요한 요소라고 생각한다.

요소 1. 교육을 중시하며 상인이자 문인이기도 한 전통의 고수

휘상이 수백 년 동안 많은 발전을 이어오고 쇠락하지 않을 수 있었던 중요한 원인은 교육 및 인재육성을 중시했기 때문이다. 휘상이 발전하는 곳이면 도시가 흥기되고 따라서 교육도 발전했다. 이른바 "10가구가 사는 촌에서도 교육을 폐지하지 않았다"고 하는 것이 바로 이런 상황을 대변해주고 있다.

휘주문화는 교육을 중요시했는데, 오랜 세월의 발전을 거쳐 새로운 안훼이 리학, 새로운 안훼이 의학, 안훼이 화파, 안훼이 건축, 안훼이 조판인쇄, 안훼이 문방사우 등이 뒤따라 생산됐고, 주희, 호적, 도행지 등 한 세대 또 한 세대의 문화인재를 배출함으로써 중국의 발전과 문화전승에 탁월한 기여를 했다.

인구가 고작 27만 명에 불과한 시우닝현(休寧縣)은 강희 중기부터 도광 초년까지의 131년 동안 12명의 장원을 배출해 전국적으로 장원을 가장 많이 배출한 현이 됐으며, 제일장원촌이라는 미명까지 얻게 되었다.

이는 휘주가 오랜 세월 동안 교육을 중시해 온 역사를 집중적으로 표현해주는 것인데, 휘주인들이 자부심을 느끼는 영광스러운 역사라고 생각된다. 휘주 문화가 중시하는 교육은 주로 유가학술을 가리킨다. 유학의 교육과 영향을 받은 상인은 인문적 소질을 갖췄으며, 교양 있고 사리에 밝을 뿐만 아니라 역사 속 상가의 흥기 및 그 경험과 교훈을 알고 있다.

그리고 경영이념과 경영행위 가운데서 유가신조를 지키고 도덕과 이익 사이의 관계처리를 중시했다. 또한 도덕 행위과 물질이익 간의 관계에 대한 주희의 주장을 지켰다. 벼슬에 오르면 청렴한 관리로 되어야 하고 상인은 신용을, 사대부는 지조를 지켜야 했다. 선행은 알리고 잘못을 바로잡았으며 도덕의 역할과 시범에 따른 영향을 중시했다.

현재 우리는 전에 없이 복잡한 국내외 환경에 직면해 있다. "도시생활을 더욱 아름답게 건설한다"는 중임을 짊어짐에 있어서 중요한 것은 인재이고 기초는 교육이다. 교육을 중시하고 인재를 육성하는 것은 휘주 문화가 우리에게 남긴 가장 귀중한 재산이다. 우리는 도시가 소유한 재력, 물력 등의 자원을 교육과 인재육성에 활용해야 한다. 교육이 발달하고 인재가 대량 배출되어야만 도시에 지속가능한 생명력과 창조력을 부여할 수 있고, 치열한 국내외 시장의 환경 속에서도 인재 장점을 비러 경쟁력을 증강시킬 수 있는 것이다.

요소 2. 신용을 으뜸으로 하고 약속은 반드시 지킨다는 정신

휘상은 유가사상의 교육을 받아 신용 및 도덕, 이익, 믿음의 상호결부를 중시하고 속이는 짓을 반대했다. 이 같은 상업 이념과 가치관의 영향을 받았기 때문에 도시생활은 반드시 건강하고 화목하게 이뤄지게 된 것이다.

휘주 상인 가운데서 최고의 상인대표는 바로 호설암(胡雪岩)이다. 그의 호경여당약 가게에는 '사기금지'라는 교훈이 걸려있다. 사기를 금지하는 이런 상업 이념 덕분에 호경여당은 대대로 전해질 수 있었고, 현재까지 그 맥락을 이어가면서 국내외에 널리 이름을 알린 유명한 가게로 될 수 있었다.

베이징에 있는 룽이런의 거처를 가본 적이 있다. 거처의 객실에도 덩샤오핑이 직접 써서 선물한 '사기금지실'이라는 편액이 걸려있다. 이로부터 사기를 금지하는 것은 중화민족의 우수한 전통이고 대대로 이어져 내려오고 있는 도덕적인 취향이라는 점을 엿 볼 수 있다.

경제교류, 상업 활동은 도시 활동의 핵심적인 내용이다. 이런 활동이 건전하고 질서 있게 전개될 수 있도록 보장하려면 서로 간에 신용과 약속을 지켜야 한다. 어릴 적에 어른들에게서 "말로만 한 것은 증거가 되지 않으니 글로 써서 증거를 만들어야 한다"는 말을 늘 들어왔다. 여러 가지 서면문서가 나타남에 따라 이런 서면문서들이 서로 간에 신용을 바탕으로 거래하고 협력하는 중요한 매개체 역할을 하게 되었다.

신용을 문서로 보장하는 것은 역사적인 진보이다. 이로부터 완벽화 된 여러 가지 계약이 현대사회가 운영하는 중요한 유대관계의 연계고리가 되었다. 『중국통사』에 전해 내려온 명나라 문서인 휘주 문서가 10만 여 건에 달하는데, 이는 전국 각지에서 분류가 가장 잘 된 구전 문서라고 기록되어 있다. 황산(黃山)

시의 자료는 수십만 건으로 기록되어 있다. 이런 문서는 바로 계약이고 신용을 지키는 매개체였다.

외국인에게 그들과 안휘이의 협력을 얘기할 때는 계약을 중시하고 신용을 지키는 휘상의 좋은 전통을 늘 강조하곤 했다. 현재는 체인형식으로 경영되고 다국적 방식에 따라 운영되고 있고, 또한 엄격하고도 통일된 품질과 서비스기준, 규범을 실행하고 있는데, 이는 현대의 신용을 집중적으로 보여주고 도시생활이 더욱 아름다워지는 과정에서의 제도적인 보장이라 할 수 있다.

요소 3. 어려움을 두려워하지 않는 휘주인의 낙타정신

동물 가운데서 낙타는 고통과 어려움을 제일 잘 참고 견디며 의지가 강인해 어떤 악렬한 환경에서도 쓰러지지 않고 꿋꿋이 앞으로 나아간다.

휘주인들의 사업정신이야말로 낙타정신을 가장 잘 대변했다고 본다. 휘주인의 낙타정신은 어려움을 두려워하지 않는 개척적인 창업정신에서 볼 수 있다. 그들은 12, 13살 때 부모의 품과 정든 고향을 떠나 생활하는데 바로 이런 정신을 바탕으로 발전기회를 찾아다니며 조금씩 사업을 개척하고 재부를 축적한다. 사치와 낭비가 범람하고 있는 현재 휘주인들의 참고 견디는 낙타정신은 더욱 소중해졌다.

현재 수많은 도시는 발전 · 건설 과정에서 대량의 자금을 투자하는 것은 물론 사치스러움을 서로 비교하곤 한다. 이는 중국이 사회주의 초급단계에 처해 있고 아직도 개도국이라는 현실, 더욱이는 당대 백성들의 절실한 염원을 고려하지 않음으로 인하여 초래된 것이다.

휘주문화를 고찰하고 휘상의 재부를 집중적으로 구현하는 건축을 관찰하면 대리석, 백옥석, 녹나무 등 진귀한 재료는 찾아볼 수 없고 휘주판건축의 핵심인 흰 벽, 청기와, 마두벽, 목조, 벽돌조각, 돌조각이 눈에 띈다. 이런 것들은 현지의 재료를 활용한 것으로 향토적인 분위기가 물씬 풍긴다. 소박하고 아름다우며 실용적인 건축은 휘주문화의 빛을 한껏 발하고 있다.

세계의 저명한 미국 국적의 중국인 후예 디자이너 페이위밍(貝聿銘)씨가 초기에 설계한 베이징 샹산호텔과 마지막 작품인 쑤저우박물관을 통해 휘파 건축 예술의 그림자를 엿볼 수 있다. 중국문화의 분위기와 풍격이 고스란히 묻어나는 그의 작품에 국내외 유지인사들도 엄지손가락을 치켜세우곤 한다.

신사 숙녀 여러분, 휘주문화를 구현하는 "휘주상인이 없으면 도시가 없다"라는 말은 보물과도 같은 말입니다. 휘주문화의 핵심, 그리고 여러 가지 우수한 요소를 일일이 열거할 수 없고 그저 미숙한 소견을 얘기했을 뿐이다.

이번 포럼을 계기로 더 많고 훌륭한 이념과 공동인식을 형성하여 중국의 도시화를 위해 더욱 영항력 있고 적극적인 역할을 할 수 있기를 간절히 바란다.

※ 이 글은 2009년 11월 26일 "세계박람회 포럼 · 휘주상인이 없으면 도시가 없다 – 안훼이문화와 도시발전" 테마포럼에서 연설한 원고임.

역사적인 경험을 되돌아보고,
'2가지 전환'을 추진해야 한다

-'쉬에무차오(薛暮橋)의 회억록'을 읽고서

『쉬에무차오회억록(薛暮橋回憶錄)』은 텐진인민출판사에서 출판했다. 무차오는 중국 노세대 마르크스주의 경제학자의 대표로서 오랜 세월 경제업무를 지도했다. 60여 년간, 그는 몸과 마음을 다 바쳐 경제실천업무에 참여했으며 경제이론을 연구하는데 크게 기여했다.

회억록의 출판은 중국의 사회주의 경제건설 경험을 종합하고 사회주의 경제이론의 발전을 추진하는데 중요한 의의가 있다. 『쉬에무차오회억록』은 신민주주의 혁명과 사회주의 혁명이라는 2개의 시기를 아우르고 있다.

1930년대 무차오는 중국 조기의 마르크스 경제연구자로써 중국사회를 광범위하게 조사하고 중국의 반식민지·반봉건의 사회성질을 깊이 있게 분석했으며, 당의 신민주주의 혁명 강령의 정확성을 논증했다. 40년대에 그는 산둥혁명 근거지 경제업무의 책임자로 있으면서 대적 경제투쟁을 영도해 많은 승리를 거뒀으며 통화가격이론에서 국제적으로도 혁신적인 견해를 먼저 내놓았다.

신 중국 설립 후 그가 줄곧 중국의 경제업무를 이끌었기 때문에 중국 사회주의 경제의 설립, 발전과 개혁의 전반 과정을 경험했다고 할 수 있다. 그는 사회주의 공유제와 계획경제체제를 실천에 옮겼다. 그러나 많은 좌절을 겪어야 했다.

11기 3중 전회 전후, 그는 중국 특색의 사회주의를 건설하는 이론을 지도하던 데서 이론적으로 계획경제체제를 사회주의 시장경제체제로 전환할 것을 주장했을 뿐만 아니라, 개혁방안 설계를 거쳐 개혁절차를 연구하고 중앙지도자에게 계책을 건의했다.

개혁이 진척되는 가운데서 그는 개혁, 발전, 안정 3자의 관계를 정확히 처리할 것을 여러 번 강조했다. 더욱이 시종일관 거시적 조정을 강조했으며, 국민경제의 지속적이고 건강하고 조화로운 발전을 확보함으로써 개혁을 순조롭게 추진하려 했다.

회억록에서 무차오는 위의 몇몇 시기의 경제업무 경력에 대해 간략하게 서술하고 주요한 역사경험에 대해서는 통찰력 있게 분석했다. 『쉬에무차오회억록』을 보면 역사적 경험을 되돌아보면서 오늘날의 경제업무에 대해 지도적인 역할을 한다는 것을 알 수 있을 뿐만 아니라, 특히 "2가지 근본적인 전환"에 대한 인식을 제고하는데 큰 도움이 될 것이라고 생각된다. 『쉬에무차오 회억록』은 중국이 계획경제체제를 건립해서부터 사회주의 시장경제체제의 개혁목표를 확립하기까지의 역사과정을 서술하고 이론과 사실로 경제체제 개혁의 필요성을 논술했다. 회억록은 50년대 사회주의제도의 기초를 다지는 일은 엄청난 대사였기 때문에 실수도 많았다고 쓰여 있다. 예를 들어 사회주의를 개조하는 과정에서 "너무 빨리 추진했고, 지나치게 추진하는 것"이 문제였다고 전했다.

1956년 말 중앙에서도 이런 실수를 알고는 일부 사영기업이 계속 살아남을 수 있는 방도를 제기했었다. 그중 천원은 "3가지 주체, 3가지 보충"을 제기했다. 즉 "국가경영과 집체경영을 상공업의 주체로 하고 일정한 수량의 개체경영을 보충하기로 하고, 계획생산을 주체로 하고 일정한 범위 내에서의 자유생산을 보충하기로 하며, 국가시장을 주체로 하고 일정한 범위 내에서의 자유시장을 보충하기로 한다는 것이었다.

이런 것들은 뚜렷하고 실사구시적인 경제사상을 체현해 낸 것이었다. 하지만 아쉽게도 그때 국내외의 특정된 환경 속에서 이런 주장은 빠르게 '좌'경이라는 사조 속에 묻혀버렸다. 실수를 바로잡지 못한 것은 물론이고 오히려 더욱 극단적인 방향으로 나아갔다. 그후 20여 년간, 경제체제의 폐단 및 이와 연관된 발전전략에서의 실수 탓에 국민경제의 발전은 여러 번 좌절을 당했고 효율도 극히 낮았다.

그러다가 1978년 말에 이르러 경제체제를 반드시 개혁해야 된다는데 많은 사람들이 뜻을 같이 했다. 11기 3중 전회에서는 경제체제에 대해 "열심히 개혁"하기로 결정했는데 전 당의 열렬한 지지를 받았다. 하지만 그때 어떻게 개혁하고 어떤 개혁목표 모델을 사용할지에 대해서는 그 어떤 기존의 답도 얻을 수 없었다. 이런 문제는 중국의 실제적인 상황에서 출발하고 실천 가운데서 탐색해야만이 해결할 수 있는 것들이었다.

『쉬에무차오 회억록』은 중국 특색의 사회주의를 건설하는 이론을 바탕으로 전 당이 겪은 개혁의 여정에 대해 서술했다. 개혁 초기에는 "계획경제를 위주로 하고 시장조절을 부차적으로 추진하는" 방침을 제기했다. 이런 방침으로 인하여 계획경제체제에서 돌파구를 찾았다. 비록 개혁의 행보를 다그칠 수는 있었지만 커다란 국한성이 뒤따랐다. 시장조절을 비공유제라는 좁은 범위 내에서만 실시하기로 제한했기 때문이다. 개혁의 중점이 농촌에서 도시로 바뀌고 비공유제 분야에서 국유기업 분야로 전환되었을 때 이 방침은 이미 개혁의 수요와는 동떨어지게 되었다.

하지만 훗날의 12기 3중 전회에서 중대한 전환을 가져왔다. "계획경제를 위주로 하고 시장조절을 부차적으로 추진한다"던 방침을 과감하게 포기하고 사회주의 계획상품경제를 건립하는 목표를 확정지었던 것이다. 현대 상품경제 가운데서 시장의 메커니즘과 가치규칙이 자원배치에 대해 기초적인 조정역할을 하게 되었던 것이다. 상품경제의 객관적인 규칙에 따라 경제체제를 개혁하기 위해서는 반드시 계획경제체제를 포기하고 사회주의 시장경제체제에로의 전환을 실현해야 한다는 것이었다.

1987년 제13차 당대표대회는 사회주의 시장경제와의 격차를 한층 좁히기로 결정했다. 80년대 후기 국제 정세가 급격하게 바뀐 데다, 국내 경제가 과열되고 인플레이션이 심각해지면서 사회적으로 의견 격차가 커졌고, 심지어 개혁을 비난하는 목소리까지 들여왔다.

이런 중요한 시점에서 덩샤오핑은 시대 조류에 맞게 우리를 이끌고 깊이 뿌리 내린 '좌'적 사상에서 벗어나 시장경제를 활용해 사회주의 경제를 발전시키려는 결심을 굳혔던 것이다. 1992년 제14치 당대표대회에서는 사회주의 시장경제 전변에 대한 개혁목표를 확정지었다. 이 시기의 역사를 돌이켜 보면 무차오의 이론적인 기여를 더욱 정확하게 알 수 있으며, 경제체제 전환에 대한 인식을 향상시키고 경제체제 전환에 대한 자신감과 결심을 증강하는데 도움이 될 것이라 생각된다.

『쉬에무차오 회억록』은 수십 년간, 중국 사회주의 경제발전 전략에서의 여러 차례 실수를 아주 중요하게 다뤘으며 경험이 주는 교훈을 꾸준히 종합했다.

새 중국 설립 이후, 중국의 낙후한 면모를 빠르게 변화시키는 것이 전 국민의 절박한 염원으로 됐고 이로써 빠르게 성공하려는 객관적인 분위기가 조성되었다. 고도로 집중된 계획경제체제를 건립하기 전에 빠르게 성공하려는 경향이 발전전략에서의 착오로 번지지는 않았다. 하지만 계획경제체제가 구축된 후 투자건설이 정부차원의 행위로 되면서 정부로 투자권력이 집중되었고, 동시에 그 누구도 감당하지 않으려는 위험한 책임을 떠안게 되었다. 또한 속도비교라는 엄청난 압력을 받았으며 '투자허기증'이 나타나고 맹목적으로 속도를 추구하는 체제적 기초가 형성되었다.

1956년부터 경제를 무모하게 발전시키려다 그에 따른 심각한 과열현상이 지속되었다. 1956년의 무모한 발전으로 우리는 1년 넘게 뒷수습을 해야 했다. 그 때 무모한 발전을 반대하는 정확한 행동이 오히려 착오적인 비판을 받았으며, 이어 사상 최대 규모의 무모한 발전이 이어졌다. 바로 3년간의 '대약진운동'이 터졌던 것이다. 이 때문에 국민경제는 치명타를 입었고 5년간이나 조정을 해야 했다.

1965년 국민경제가 정상적인 궤도에 들어선 뒤로, '문화대혁명'이 진행되고 있던 1971년 "임원수, 노임지출, 양곡판매량" 등 '3가지 면에서의 돌파'를 실행했다. 1978년 실제를 벗어나 편면적으로 고성장만 추구하는 현상이 다시 머리를 들었고 국민경제가 실종되는 상황이 더욱 심각해져 개혁 초기에는 부득이하게 조정을 중점으로 하고 개혁은 조정에 복종해야 했다. 1984년 경제업무의 중점은 조정에서 개혁으로 바뀌었다. 1985년~1988년에도 또한 고속도만 추구하는 착오가 발생했는데 그때에도 3년을 이용해 조정해야만 했다.

수십 년간의 경제발전 전략에서 급히 성과를 보려고 맹목적으로 고속도만 추구한 것이 문제를 야기한 장본인이었다. 그 결과 국민경제는 투자와 소모가 높은 반면 효익, 품질이 낮았으며 경제가 불안한 파동 속에서 운행되었다. 맹목적으로 속도만 추구하는 데에 뒤따르는 리스크를 충분하게 설명한 『쉬에무차오회억록』은 우리가 경제성장 모델을 전환시켜야 하는 중요성을 인식하는데 도움을 준다. 『쉬에무차오회억록』에서 한 1985~1988년 거시적통제가 통제력을 잃게 된데 대한 분석은 아주 심각하고도 현실적인 의의가 있는 것이다.

1985년에 실행된 '2가지 긴축'정책은 정확하고 때에 맞는 조치였다. 하지만 속도만을 추구하는 데로 지나치게 치우치면서 여러 지역은 프로젝트의 가동과 새로운 종목의 증가에만 열을 올렸으며, 기존의 불합리한 경제구조를 지키기에 바빴다. 따라서 거시적 조정통제를 완화해야 한다는 목소리가 아주 높았다. 그러자 1986년 초 경제업무를 주재하던 지도자들은 압력을 이기지 못하고 거시적 조정 정책을 이끌어 나가던 의지를 굽혔다.

조정목표가 제대로 실현되지 않는 상황에서 급격하게 신탁을 대폭 완화시킴에 따라 경제과열, 인플레이션이 날로 심각해지는 현상을 야기 시켰다. 더욱이 경제와 정치의 안정에 영향을 미쳤기 때문에 결국에는 부득이하게 다시 정리정돈을 해야 하는 지경에 이르렀다. 이런 굴곡적인 교훈은 거시적 조정 정책을 강력하게 견지해야지 걸림돌과 어려움이 있다하여 쉽게 조정목표를 포기해서는 안 된다는 점을 알려주고 있다.

즉 조정 후기에는 신탁투입을 적당하게 늘리고 소폭으로 조정하는 방법을 취해야 한다. 또한 신탁구조 개선에 주의를 기울여야지 급격하고 대폭적으로 자급적인 공급 상황을 완화해서는 안 된다. 새로운 과열현상이 뒤따를 수 있기 때문이다.

이런 교훈은 우리에게 맹목적으로 속도를 추구하는 경향을 극복하기 위해서는 경제체제 개혁을 추진하고 경제체제의 전환을 실현해야 한다는 점을 알려주고 있다. 경제체제 개혁을 심화시키면 맹목적으로 속도를 추구하는 자발적인 경향을 충분히 억제하고 경제성장 모델의 전환을 점차 실현할 수 있다. 2가지의 전환은 서로 추진하고 상호 협력하는 과정에서 발전해야 한다. 이것이야말로 우리가 『쉬에무차오 회억록』을 읽고 역사적 경험을 되돌아보면서 얻은 결론인 것이다.

과학적 발전관을 실천에 옮기는 주요 근거는
환경보호산업의 발전에 있다

룽징(龍淨)환경보호회사를 돌아보고 나니 기쁜 마음을 감출 수 없었다. 전에 "중국 환경보호의 향"이란 미명을 갖고 있는 장쑤 이싱(宜興)현을 특별히 방문한 적이 있는데 솔직히 그때는 실망이 정말 컸었다. 전국 기타 지방의 일부 환경보호 설비제조기업도 돌아봤다. 하지만 룽징과 비교해보니 차원이 다른 것은 물론 격차도 엄청 컸다. 내가 돌아본 기업 가운데서 룽징이 가장 훌륭한 환경보호설비제조기업이었다.

중국의 환경보호산업이 첫 스타트를 떼는 문제에 대해 줄곧 고민해왔다. 현재 룽징은 이미 30만 킬로와트, 60만 킬로와트의 화력발전의 유닛 탈황설비를 개발할 수 있는 능력을 갖췄으며 수십 개의 발전소를 지원하고 있다. 그 가운데서 30만 킬로와트 유닛 탈황설비가 곧 가동되고 60만 킬로와트 유닛의 탈황설비가 한창 설계 중에 있다. 여기에는 강철공급공장, 시멘트공장 등 먼지 제거 설비도 포함된다. 이런 수준에 이르기는 결코 쉽지 않은 것이기 때문에 정말 경사스러운 일이 아닐 수 없다.

기업의 체제를 바꿔 상장했을 뿐만 아니라, 기술적으로는 미국 쉐보레, 독일 루르기회사 등과 협력했다. 또 시안의 한 공장을 인수합병하고 상하이에 연구개발센터를 세웠다. 이는 개혁혁신의 길을 걷는 정확한 조치이다.

국가계획위원회에 근무할 때 이미 환경보호산업을 적극적으로 추진했다. 전에도 환경보호설비제도, 외환, 투자를 하려거든 내가 책임지겠다고 말한 적이 있다. 하지만 "말하는 사람은 진실하지만 듣는 사람은 건성으로 듣는다"고 했듯이 결국 추진되지는 못했다.

전국계획회의에서도 2000년 세계 환경보호산업의 판매액이 4천억 달러에 이를 것으로 전망했다. 1996년 중국의 환경보호산업 판매액은 고작 100억 위안으로 광천수의 판매액에도 미치지 못했다. 이는 공업에 몸담은 사람들의 수치가 아닐 수 없다. 우리 세대에서 이 문제를 해결하지 못한다면 역사적인 책임을 져야 할 것이다.

현재 중앙은 과학적인 발전을 강조하고 순환경제를 제기하고 있다. 이 같은 중대한 방침을 지지하고 관념을 실행할 수 있는 중요한 수단이 바로 환경보호기술, 환경보호산업이다. 오늘날 생활품질을 향상시키고 부유한 소강사회를 건설하려면 보건과 문명을 건설하고 오염을 없애야 한다. 황화수소와 이탄화탄소는 배출량이 많고 범위가 큰 오염원이다. 지난해 전국적으로 17억 톤의 석탄을 생산했는데 그중 절반은 발전소에 공급되었다. 따라서 대량의 이산화탄소가 생기고 황화수소를 배출함으로써 대기뿐만 아니라 생산, 생활환경도 크게 오염시켰다. 이토록 큰 오염원을 다스리려면 필요로 하는 설비가 많은 건 분명하다. 늘 새로운 경제 성장점을 얘기하고 있는데 이것이야말로 아주 큰 성장점이라고 본다.

룽징환경보호회사는 좋은 스타트를 했고 이와 관련된 업무를 잘 추진할 수 있는 조건도 갖췄다. 다라서 더욱 크고 강하게 발전시켜야 할 것이다. 석탄 17억 톤, 유닛 4천 만 킬로와트에 여러분들의 상품까지 더한다면 시장의 전망은 아주 밝을 것이다. 주식을 살만한 자금이 있다면 반드시 룽징의 주식을 살 것이다. 시와 성에서 모두 룽징에 관심을 두고 룽징에서 더 나아가 모든 환경보호산업을 지지해 주기를 바란다.

※ 이 글은 2004년 3월 29일, 푸젠 룽옌 풍징환경보호회사에서의 연설 요점임.

인도는 중국의 거울이다

『인민일보』(내부자료, 총 제755기)에 발표된 '빈곤과 부유'라는 글을 자세히 읽어봤다. 많은 걸 생각하게 됐는데 아래 몇 마디 소견을 적어보고자 한다. '빈곤과 부유'는 참 좋은 글이라고 생각된다. 상황을 철저하게 분석했고 논평에 인용된 실례도 아주 정확해 최근 몇 년간 흔히 찾아볼 수 없는 국외 고찰보고서 같은 존재라 할 수 있다.

3년 전, 보아오 아시아포럼 참석차 인도의 뉴델리, 아그라, 방갈로르, 바라나시(강가기슭에 있는 3천여 년의 역사를 지닌 옛 성) 등 성을 돌아본 적 있다. 그때 보고 들으면서 같은 느낌을 받았다. 한 사회가 이토록 거대하고 심각한 차이와 대립을 용납할 수 있다는 것은 이런 일에 대한 관심이 마비되어서일까, 아니면 관용일까? 아니면 비극일까, 기쁨일까? 아니면 진보일까, 침체일까? 실로 깊이 생각해 봐야 하는 부분이었다.

몇 년 전, 국내에서는 전자정보 소프트웨어를 필두로 하는 인도의 경제를 높이 평가했다. 하지만 나는 그렇지 않다고 본다. 남이 하는 말을 그대로 주어 듣고 하는 얘기일 뿐 인도의 진실한 상황을 제대로 알지 못한 채 과대평가했다고 생각했기 때문이다.

계급제도를 대표로 하는 인도의 사회적 문제가 마치 거대한 부식제 마냥 발전과 진보를 저해하는 역사적인 걸림돌로 되었다. 인도 국가식물원을 방문했을 때 원장 및 고위급 관리가 수행했다. 나무 종자에 대해 물어봤는데 원장이 대답하지 못하자 옆에 있던 기술자가 대신 대답했다. 하지만 원장이 눈을 크게 뜨고 흘겨보자 기술자는 흠칫 놀라며 얼른 뒤로 물러섰다. 그 기술자의 손목에는 붉은 색의 띠가 매어 있지 않았다. 신분이 아주 낮아 존귀한 손님과 대화할 수 있는 자격조차 없다는 것을 의미한다. 인도의 인문환경을 잘 보여주는 장면이었다.

거울 역할을 하는 '빈곤과 부유'는 인도의 문제와 중국의 문제를 비춰내는데 중요한 의의가 있다. 세계적으로 중국과 인도처럼 기본국정이 비슷한 나라는 없다고 본다. 역사적으로 남겨진 문제, 10여 억 인구, 도시와 농촌의 2원 구조, 경제발전이 극히 불균형한 점 등의 문제는 양국이 역사적으로도 해결하기 어려운 부분들이다. 때문에 공을 들여 탐색하고 진정으로 유용한 타산지석을 찾아야 한다.

인도는 개도국 가운데서 가장 민주적인 나라로 자칭하고 있지만 사실 이는 정치 차원에서 부풀려 얘기한 것으로 정치인들의 자랑거리일 뿐이다. 사실 인도 국민이나 경제사회 발전 차원에서는 생산력을 발전시키는데 큰 역할을 하지는 못했다. 인민당의 집정실패는 공평한 인과응보라 말할 수 있다.

중국은 인도라는 거울을 통해 중국의 가장 큰 숨겨진 문제점이 무엇인지를 찾아볼 수 있다. 개인적으로는 주로 분배 문제라고 생각한다. 중국의 정치문화 가운데서 "적게 가진 것을 걱정하기보다 고르지 못한 것을 걱정하라(不患寡而患不均)"라는 것은 어리석은 견해가 아니라 중국 역대의 동란을 통해 얻게 된 심각한 교훈이다. 오늘날 마르크수주의, 중국 특색의 사회주의 길을 견지함에 있어 분배가 근본적인 문제인 것처럼 말이다.

현 시점에서 분배를 실시해야 한다고 하면 효율을 뒤로 한 채 평균주의로 나아가 경제발전을 추진할 수 없다고 오해할 수도 있겠지만 사실은 그렇지 않다고 본다. 소련의 몰락, 중국 개혁개방 정책의 성공은 모두 이를 잘 증명해주고 있다. 중국이 현재의 수준에 이르기까지 격차를 줄이고 빈부격차를 조율하며 경제사회의 건강한 발전을 추진하는 과정에서 언급한 5개 부분은 모두 옳다고 생각한다. 하지만 그중에서도 세수정책이 가장 중요하다고 본다.

일부 중국인들이 졸부가 된 후 돈을 물 쓰듯 하고 사치스럽게 소비하지만 그들을 법률적으로 단속하고 도덕적으로 비난할만한 그 어떤 근거도 없다. 호화별장이 수억 위안에 이르고 일부 도시 번화가의 주택가격은 평방미터당 8만 위안으로 치솟고 있다. 그 어떤 의미에서 보아도 모두 불합리한 것으로 절대 자랑할 만한 부분은 아니다. 우리는 개도국으로 아직도 사회주의 초급단계에 처해있기 때문에 분배, 소비 등 면에서 모두 이런 경제적인 기초를 벗어나서는 안 된다. 언론의 재산자랑과 도를 벗어난 홍보, 서로 비교하고 사치를 추구하는 부분은 비정상적인 표현으로 선진국에서도 사회의 인정을 받지 못한다. 이런 부류에 대해 왜 세금징수 초과액 누진제를 실시할 수는 없는 것일까? 그리고 조금 강도를 높였다고 '좌'적인 것일까? 경제를 발전시키는 적극성에 영향을 미치는 것일까? 꼭 그렇지만은 않은 것이다. 마르크스도 적극적으로 주장하고 있다. 하물며 마르크스주의 신도로서의 우리들은 왜 이론과 실제를 결부시키지 못하고 큰 결심을 내리지 못하고 있는 것일까?

중국은 오랜 세월 빈곤에 시달린 탓에 소득을 늘려야 한다는 사상이 깊숙이 뿌리를 내렸기 때문에 분배는 감히 건드리지 못하는 뜨거운 감자였다. 분배라 하면 지출이 많아지고 예산을 수정해야 하기 때문에 그 누구도 섣불리 움직이지 못했다. 재정을 맡고 있으니 잘 알고 있을 것이다. 하지만 개인적으로는 그토록 심각한 상황이 아니라고 생각한다.

전반적인 국면이나 그중의 일부를 조정할 수 있는 것은 물론, 세수 레버리지를 최고의 지점에 놓을 수 있다. 중국은 이런 중요한 기회를 잘 포착해야 한다. 시간이 흐를수록 문제는 더 많아져 해결할 수 있는 난이도도 따라서 커진다. 10여 년 전, 국가경제체제개혁위원회 주임으로 있었을 때 세무총국의 책임자와 이 문제를 논의한 적이 있었다. 그때 그는 그럴 듯한 이치를 아주 많이 얘기했다. 작은 부분은 조정할 수 있어도 큰 부분은 조정할 수 없다는 것이다. 하지만 결코 나를 설득하지는 못했다. 당연히 나도 그 분을 설득하진 못했다. 그렇게 시간만 지났을 뿐 문제는 그대로 남았다.

현재 '내수'가 올라가지 못하는 근본적인 원인이 바로 분배에 있다. 중국의 사회질서가 장기간 안정되고 태평스러운 국면을 유지하려면 분배의 합리화를 실현해야 한다. 경제가 발달할수록 사회가 창조하는 재부가 늘어나기 때문에 이 문제를 더욱 잘 처리해야 한다. 그렇지 않을 경우 양극 분화가 가속화됨에 따라 필연적으로 사회문제가 많게 마련이다. 이제는 나이가 들어 이 문제를 더는 연구할 여력이 없다. 편지에서 제기한 관점은 '빈곤과 부유'의 글을 본 독자의 견해라 생각하고 참고하기 바란다.

※ 이 글은 2005년 4월 재정부 왕쥔에게 보낸 편지로, 그때 왕쥔이 재정부판공청 주임이었고 현재는 재정부 부부장임.

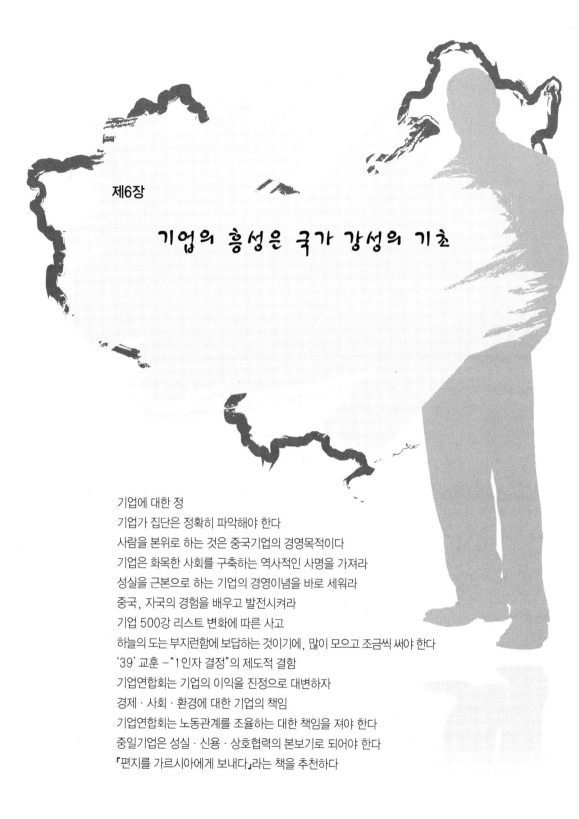

제6장

기업의 흥성은 국가 강성의 기초

기업에 대한 정

———

　나는 공업기업에서 배우고 일도 했으며 직접적으로 기업을 관리하고 기업을 맡은 적도 있기 때문에 기업에 대한 정이 각별하다. 기업이 사회에 물질적인 재부를 창조해주는 주체이고 국가가 강성해지는 기초라는 점을 깊이 깨달았다.

　1946년 5월에서 1949년 5월까지 나는 "상하이 제일 인염공장" 견습공 훈련반에 참가해 낮과 밤에는 일하고 아침과 저녁에는 공부했다. 그때 "상하이 제일 인염공장"의 규모가 크고 설비가 선진적인 데다, 상품의 품질이 뛰어나 "원동 제일 대 인염공장"이라 불렸다.

　염색작업실에서 일했을 때 원포 선택, 포백, 인화, 염색정리, 컨베이너시스템 등 작업이 이뤄졌으며 대량생산에 들어갔다. 공장에서 인생의 첫 단계를 겪으면서 대공업 생산의 연속성, 협력성을 느꼈다. 훗날 중공지하당조직에 참가한 전후로 마오 주석의 저술『중국혁명과 중국공산당』,『신민주주의론』등을 읽은 적이 있다.

　공산당원이 노동자계급의 선봉대이고 노동자계급은 현시대의 대생산과 긴밀하게 연관되어 있다는 논술은 내가 직접 체험하며 느낀 것과 같았다. 특히 이는 무산계급 정당이론을 받아들이는 실천기초가 되었다.

　신 중국 설립 후 50년대 초부터 70년대 중기까지, 방직공업부에서 일하면서 늘 기업에 조사 연구하러 내려갔다. 그때 톈진방직기계공장에 1년간 머물며 조사연구하면서 '4가지 정돈운동'에도 참가했다.

70년대 중기에서 80년대 초기에는 상하이 시위 부서기, 시정부 상무 부시장으로 경제업무를 주관했을 뿐만 아니라, 상하이 바오산강철총공장 공정건설 총지휘부 당위서기, 정치위원, 상하이 석유화학공업총공장 제2기 프로젝트 건설지도 소조 조장으로도 일했다. 그때 기업의 사무와 관련된 업무를 대량 처리해야 했다. 80년대에서 90년대 초기는 중국석유화학공업총회사의 사장으로써 전국 석유화학공업기업을 직접 이끌었다. 90년대에서 21세기 초기는 중국기업연합회와 중국기업가협회 회장, 명예회장으로 선출되었다.

역사적인 안목으로 일생을 돌아볼 때 기업과 줄곧 긴밀한 연계를 유지해왔기 때문에 많은 기업과 기업가의 지위, 역할, 성공과 실패, 기쁨과 슬픔을 모두 피부로 느꼈다고 할 수 있다.

상하이 바오산강철총공장과 중국석유화학공업총회사를 직접 지도했던 경력은『국사회상서술(國事憶述)』가운데서 이미 상세하게 회상하고 서술한 바 있다. 중국기업연합회 회장직을 맡은 기간 기업행사에 활발하게 참여하면서 관련 기업가를 많이 알게 되었다. '39'그룹과 '젠리바오(健力寶)'음료수회사를 실패로 몰아넣은 교훈에 대해 전문적으로 조사연구하고 반성했으며 종합도 했다.

여전히 공업화의 중기에 머물러 있는 중국은 21세기 중엽에 들어서야 기본적으로 현대화를 실현했다. 위대한 여정 가운데서 기업이 중요한 역할을 하는 만큼 중임을 짊어져야 한다. 특히 공업기업은 반드시 아래와 같은 부분에서 확고한 신념을 갖고 꾸준히 추구해야 한다.

첫째, 중국에서 현대화를 실현하고 신형 공업화의 길로 나아감에 있어 주체는 기업이다. 기업이 현대화를 실현해야만 우리가 실현하려는 최종목표에 근거가 생기고 기반을 튼튼히 다질 수 있으며, 국내외의 준엄한 도전에도 대응할 수 있다. 국제경쟁력을 갖춘 기업이 없다면 이 모든 것은 운운할 가치조차 없게 된다.

둘째, 현대화 국가를 건설하려면 발달한 제조업과 서비스업이 뒷받침되어야 한다. 이 두 가지는 상호 보완, 상호 발전의 관계여야 한다.

제조업이나 실물경제를 경시한다면 가상경제의 폭리와 일시적인 번영에만 현혹되어 결국에는 큰 실수를 범하고 국가의 발전도 외딴 길로 들어서게 된다. 2008년 미국의 서브프라임 모기지론 위기로 야기된 가상경제의 거품이 빠지면서 전 세계 경제가 곤두박질치는 교훈을 받게 되었다. 반드시 깊이 명기해야 할 교훈이다.

셋째, 제조업은 시대의 발전에 보조를 맞춰 과감하게 혁신하고 전자정보, 인공지능, 나노기술과 생물공정의 과학적인 성과를 충분히 받아들여야 한다. 또한 제조업의 기술과 공예수준을 꾸준히 개조 및 업그레이드시키고 시장마케팅과 서비스업무를 꾸준히 개선해 제조업에 충분한 활력을 불어넣어야 한다.

넷째, 기업을 설립하거나 관리하는 분들은 사업에 충성을 다하는 정신을 육성해야 하고 하는 일에 애착을 가져야 한다. 반면 들떠있거나 긴장을 늦추거나 심지어 주된 업무를 포기하고 투기적인 거품업무에 종사해서는 안 된다. 외계의 나쁜 유혹에 넘어가지 말고 신념을 꿋꿋이 해야 한다. 성공한 기업의 경험을 허심탄회하게 배우고, 실패한 기업의 교훈을 거울로 삼아야 한다.

다섯째, 정부, 금융기구는 시장 메커니즘과 거시적 경제조정 등 수단을 충분히 활용하고 제조업을 발전시킬 수 있는 양호한 분위기를 조성함으로써 제조업이 꾸준히 크고 강대하게 발전할 수 있도록 이끌어야 한다. 꾸준히 발전될 수 있도록 환경을 마련해야지 비밀리에 다른 엉뚱한 생각을 해서는 안 된다. 중국의 제조업이 강대해져야만 중국의 발전과 안전에 확실한 보장이 될 수 있기 때문이다.

기업가 집단은 정확히 파악해야 한다

'중국 기업가' 편집자의 말

당의 15기 4중 전회에서는 "수준 높은 자질의 경영관리자 대오와 대량의 우수한 기업가를 육성해야 합니다. 국유기업의 경영관리자 대오가 전반적으로는 양호하고 기업의 개혁과 발전에 중요한 기여를 했습니다"라고 지적했다.

앞서 『중국 기업가』 잡지는 천진화 전국 정협 부주석이 중국기업연합회와 중국기업가협회 회장으로 선출된 후 기업가에 대해 처음으로 발표했던 연설문을 거재한 바 있다. 연설문은 구절마다 정곡을 찔렀고 진심이 담겨 있었다. 15기 4중 전회 정신을 깊이 있게 학습 및 실행하고, 기업가 군체를 정확히 파악하며 기업가 대오를 육성하는데 모두 도움이 될 만한 자료이기 때문에 특별히 추천하는 바이다.

중국 기업가 군체에 대해서는 충분히 긍정한다. 수십 년간 중국의 현대화 공업에서 현대산업, 신흥산업이 모두 신속하게 발전했으며 천지개벽의 변화가 일어났다. 이런 성과를 거두기까지 기업가들의 공이 컸던 것은 사실이다. 그러니 기업가를 제외한 그 누구한테 의지할 수 있었겠는가?

현재 대다수의 기업가들이 불합격 즉 기준미달이라는 평가를 받고 있다. 여기서 합격의 의미가 대체 무엇인지는 모르겠지만 만약 합격의 기준이 적임과 기여라면 중국 기업가들 중 대다수는 기준미달이다. 하지만 이건 객관적이지 않고 불공평한 평가로서 사실과도 어긋나는 일이다.

직접 참여했던 산업에서의 경험을 바탕으로 실례를 2개 들겠다.

첫째는 강철공업이다. 마오 주석의 유명한 논술을 모두 들어봤을 것이다. 하나는 강철이고, 다른 하나는 양곡이다. 이 2가지만 있다면 어떤 일이든지 모두 잘 해낼 수 있다는 것이었다. 이 같은 논술의 옳고 그름 여부에 대해서는 따로 논해도 된다. 하지만 그가 제기한 원자재 공급이 전반 국민경제에 미치는 중요성은 정확한 것이었다.

강철공업을 발전시키기 위해 1958년 '대약진운동'을 전개했고, 강철의 생산량 지표를 2배 늘린 1,070만 톤으로 정했다. 이 목표를 실현하기 위해 7천만 명에 이르는 국민을 동원해 소형 용광로 10만 개, 흙 용광로 60만 개를 새로 건설했다. 비록 그때 당시 생산량을 끌어올리기는 했지만, 소모성이 많았고 품질이 낮아 득보다는 실이 훨씬 더 많은 장사였다. 7년간의 꾸준한 조정을 거친 1965년에 이르러서야 생산량이 1,223만 톤이 되었다. 7년간의 노력을 거쳤지만 생산량은 1958년보다 고작 162만 톤 늘어났던 것이다.

이번에는 현재의 상황을 예로 들어보자. 1998년 중국의 강철 생산량이 1.16억 톤으로 세계 1위에 이름을 올렸다. 이는 그때 마오 주석이 간절히 바라던 목표를 훨씬 넘어선 수준이다.

오늘의 성과는 대중운동과 전공관리를 실시한 덕분이다. 결론적으로 그제와 오늘의 격차는 아주 뚜렷하다. 그러니 서로 다른 조건에서 기업가의 역할을 비교하기는 어렵다.

다른 실례는 화학섬유공업이다. 중국은 연간 생산량이 1957년의 40만 톤에서 100만 톤을 실현하기까지 장장 36년이나 걸렸다. 100만 톤에서 200만 톤에 이르기까지 6년, 200만 톤에서 300만 톤에 이르기까지 3년, 300만 톤에서 400만 톤에 이르기까지 2년이 걸렸는데, 현재는 미국 버금가는 제2대 화학섬유대국으로 성장했다.

이처럼 2개 산업의 예를 들었는데, 기타 산업의 상황도 대체로 이와 비슷했다. 일부 전자정보산업 등 신흥 산업의 발전은 더욱 빨랐는데 40여 년간 평균 연간 성장률은 24%에 이르렀다. 현재 세계적으로 그 어느 국가에서도 따를 수 없는 기록이다. 이 모든 것은 당과 정부의 정확한 노선, 방침, 정책뿐만 아니라 개혁개방, 수많은 기업가 덕분이다.

이들 중에는 안면이 있는 분도 있고, 그들과 함께 일한 경험도 있다. 이들 중 대부분은 사업심이 강하고 우수하다. 노신의 글에서 수없이 높이 평가했던 "목숨 걸고 악착같이 일하는 중심역할을 하는 인물"들이라고 할 수 있다. 그들이 건설생산 제1선에서 지도하고 헌신적인 정신으로 분투하지 않았다면 중국의 경제는 오늘날처럼 양호한 국면을 맞이하지 못했을 것이다. 이건 역사이자 현실이다.

기업가도 착오를 범하고 넘어지며 심지어 범죄를 저지르기도 한다. 하지만 이런 현상은 아주 극소수의 기업가들에게서 일어나기 때문에 좋은 사람과 나쁜 사람이 한데 어우러져 있는 것은 그 어떤 국가, 그 어떤 시기에도 존재하는 현상이다. 우리는 좋은 면만 보아서는 안 되고 문제 있는 부분을 보지 못해서도 안 되며, 소수의 부정적인 면을 보았다고 해서 일부를 가지고 전체를 판단하는 어리석은 태도를 가져서는 더더욱 안 된다.

기업가들에게 문제가 생기는 것이 과연 정부에는 책임이 없는 것일까? 사실은 개인, 사회, 정부에 모두 책임이 있다고 생각한다. 기업가 한 명을 육성하는 것이 쉽지는 않지만 그 기업가를 포기하는 것은 결코 어렵지 않다. 평소 별 탈이 없을 때는 전혀 관심을 주지 않거나, 할당된 돈을 요구하거나, 지나칠 정도로 치켜세운다.

반면 문제가 생기면 분석이 떨어져 실사구시적으로 그들의 공로와 과실, 시비를 과감하게 따지지 못할 뿐만 아니라, 객관적이고 공정한 언론과 응당 소유해야 할 합리적인 보호마저 받지 못한다. 이런 것은 기업간부들의 마음을 상하게 했고 스많은 기업가들의 적극성을 떨어뜨렸다. 이건 다시금 생각해 봐야 하는 큰 문제이다.

상황이야 어떻든지 간에 기업가는 자신과 외계에 대해 모두 정확한 생각과 태도를 가지고 있어야 한다. 무릇 기업가라면 기업의 규모를 떠나 모두 자강·자율하고 학습하며 자아소질을 향상시켜야지 절대 자신에 대한 요구를 낮춰서는 안 된다.

세계적으로 성공한 기업가들이 모두 그렇다. 록펠러가족은 장장 5대의 번영을 이어갔다. 그들은 후대 양성을 아주 중시했다. 어린이의 일주일간 용돈을 모두 장부에 기입하게 해 어릴 적부터 근검절약하는 습관과 영리한 기질을 키우도록 이끌었다.

요즘을 보면 한 세대의 번영만 유지하고 무너지는 기업가가 있는가 하면 심지어 한 세대도 버티지 못하고 점차 대중의 시선에서 사라지는 기업가도 있다. 하이난(海南)으로 갔을 때 전해들은 것이다. 한 기업가가 사소한 일로 호텔에서 난동을 부렸는데 "배상할 능력이 있다"며 로얄스위트룸의 많은 물건을 부셨다고 한다. 이런 사건은 극소수에 불과하지만 참 마음이 아픈 일이다. 현재의 기업가는 60, 70년대의 기업가보다 사상적으로 보다 개방되었고 시야와 지식 면에서 더욱 넓어졌을 뿐만 아니라 개혁의 의식과 응변능력도 강한 편이다. 하지만 사상 정치적으로 주의하는 경우가 적어졌고 전반적인 안목이나 기여하는 정신이 줄어들었으며 열심히 배우려는 태도 또한 부족하다. 일부 기업가는 민주적이지 못해 늘 독단적으로 행동하고 사치스런 생활을 한다. 또한 겉치레만 중시하고 학습하려 하지 않을 뿐만 아니라 신문도 보지 않고 그제 '공공관계'에 따라 일을 처리하는 데만 열중한 채 사회와 인간에 대해서는 전혀 마음을 열지 않는다. 약간의 성과만 거둬도 득의양양하고 지명도만 쫓아다니면서 늘쌍 들떠있다.

기업가라면 이상이 있고 포부가 있어야 한다. 특히 자신의 약점을 정확히 찾아내 자체의 소질을 꾸준히 향상시켜야 한다. 경제, 법률, 자연과학 등 전면적인 지식도 학습해야 한다.

사상의 깊이가 없고 천박한 기업가가 있는가 하면 체면을 깎는 말을 하고, 말하는 요령을 잘 모르며 심지어 "함부로 조롱하는 데만 열을 올리는 기업가"도 있다. 또한 국내외 같은 업계들 앞에서 허점을 많이 드러내며 심지어 체면을 구기는 행동을 하기도 한다. 우리의 기업가는 언제든지, 그리고 어떤 상황에 처해 있든지를 막론하고 사회, 국가에 대해 마땅히 짊어져야 하는 책임을 져야 한다. 개인, 기업, 사회, 국가 간의 관계를 잘 처리해야지 순서를 뒤바꾸거나 자신의 공헌이 많다고 여기면서 억울함만 호소하고 맡은바 직책을 소홀이 해서는 안된다.

중국석유화학총회사(현재의 중국석유화학그룹회사)의 최초 자산은 210여 억 위안이었는데 내가 그곳을 떠날 때는 이미 2천여 억 위안의 규모를 갖췄다. 그때 이토록 큰 규모의 회사를 이끄는 사장으로서 "공평하지 않다"는 생각은 한 적도 없고 그저 자신이 맡은 사장 직무에만 최선을 다했었다. 자신에게 맡겨진 업무를 잘 처리했기 때문에 국가에 한 점의 부끄러움이 없으며 남보다 못한 부분이 없다고 생각한다. 현재 일부 기업가는 늘 자신만 손해를 봤다고 생각한다. 섭섭한 마음과 공평하지 않다는 생각만 가진 채 방법과 수단을 가리지 않고 마음속 저울의 수평만을 이루려 하고 있기 때문에 그 과정에 일련의 문제가 생기는 것이다.

이런 교훈은 매우 중요한 것이다. 많은 기업가들은 모두 이를 교훈으로 받아들여야 할 것이다.

※ 이 글은 「중국기업가」, 1999(10)에 실린 글임.

사람을 본위로 하는 것은 중국기업의 경영목적이다

―――

"혁신을 중시하고 절약에 주의하며 환경을 보호하고 사회에 봉사해야 한다."
이는 천진화 중국 기업연합회 회장이 전국 기업에 대한 2006년 새해 메시지이다.

76세인 백발 노인이 기자에게 한 글자 한 글자 집어가며 천천히 얘기했다. 평
범한 글귀로 보이지만 자세히 음미해보면 중후한 책임과 기대가 깃들어 있다는
점을 느끼게 된다. 마치 그의 눈빛에서 볼 수 있는 온갖 우여곡절을 겪은 후에
찾은 평화와 깊이처럼 말이다.

'사람을 본위로 하는' 역사교과서

중국 경제의 20년간 개혁발전에는 76세 백발노인의 수많은 노력이 깃들어 있다.

1970년대 '문화대혁명'이 발발했을 때 폐허에 바오강을 건설했다. 1983년에
는 중국석유화공총회사를 설립했으며, 국가경제체제개혁위원회와 계획위원회
를 주관했던 날에는 사회주의 시장경제체제, 국유기업개혁, 주식제 개혁, 주택
공저금제도 구축을 포함한 여러 가지 제도 건설을 추진했다. "중국경제개혁에
없어서는 안 될 경험자이자 견증인이다"라고 부르는 언론도 있다.

중국 개혁 가운데서 받은 가장 인상 깊은 체험을 물었을 때 천진화가 한 말이다. "개혁은 생산을 해방하고 생산력을 발전시키기 위해서라고 덩샤오핑이 말했습니다. 이런 차원에서 개혁은 성공적이라고 볼 수 있습니다. 그렇지 않으면 중국의 경제도 오늘날의 성적을 거둘 수 없었을 겁니다." "개인적인 체험이라면 개혁의 목표, 내용, 형식, 절차가 반드시 대중의 이해, 지지와 참여를 받아야 하는데 이중 가장 핵심적인 문제가 바로 개혁이 대중에게 이익을 도모해주고 대중이 이익을 얻어야 한다는 점입니다. 만약 개혁이 대중을 위해 이익을 도모해주지 못하고 대중이 개혁의 성과를 누리지 못한다면 천부당만부당한 일입니다."

천진화는 또 말했다. "그때는 '이민위본(以人为本, 사람을 근본으로 한다)'는 말이 없었습니다. 하지만 중국의 개혁은 '대중관점'을 줄곧 견지했고, 대중을 위해 이익을 도모했으며, 개혁의 성과를 대중들과 함께 누리게 했습니다. 만약 이런 목표를 줄곧 견지하지 않았다면 현재처럼 성공할 수 없었을 것입니다."

천진화는 중국은 쏘련의 '쇼크요법'과 다른 점진식 개혁을 진행하고 있어 이에 따른 사회적인 충격이 적다고 했다. 1993년 상반기 물가가 13.9%나 증가했다. 그해 러시아의 네 자리 수 인플레이션율과 비교하면 아주 적은 숫자지만 그때 천진화는 "초조함에 잠을 이루지 못했다"고 했다.

그들은 도시조사팀의 가계조사를 연구하고 각 계층 백성들의 가정 수지상황을 자세히 분석했으며 원금 보장형 저축의 구체적인 계수를 연구하면서 대중생활에 대한 영향을 최소화 하려 했다. "가격인상은 백성들이 가장 싫어하는 것입니다. 돈을 모으기 어려우니까요. 많은 일에서 모두 백성을 위해 고려해야 합니다." 그때의 상황을 떠올리며 얘기하는 천진화의 말에서 평범하면서도 깊은 정이 느껴졌다.

천진화는 현재의 시장경제에서 가장 중요한 부분은 정부가 재때에 투명하고 정확한 정보를 발표하고 공개하는 것이라고 했다. 여기에는 산업정책, 지역경제 정책 등도 포함된다. 광많은 기업과 투자자들이 정확한 방향을 알아간다면 정보실수에 따른 손실을 막고 막다른 길에 들어서지 않을 수 있다.

"최근 몇 년간 중국의 인프라환경이 잘 조성돼 인도를 훨씬 추월했다고 볼 수 있습니다. 하지만 언어, 법제 환경 등 기본환경 면에서는 인도가 우리보다 훨씬 낫습니다. 중국은 기본환경 건설에 더욱 힘을 써야 합니다. 특히 정부에서는 진정으로 투명하고 효과적이며, 제대로 된 서비스를 제공할 수 있어야 합니다"라고 천진화는 말했다.

중요한 갈림길에서의 루트 선택

학자는 현재 중국 경제가 중요한 갈림길에 들어섰다고 지적했다. 천진화는 갈림길이라고 얘기하는 것은 이쪽이나 저쪽 방향으로 모두 갈 수 있기 때문이라고 해석했다. 만약 이때 방향을 잘못 선택했다면 그대로 잘못된 길에 들어서게 된다. 최근 몇 년간 중국 경제가 지속적이고도 빠르게 발전되고 있다. 현재 갈림길을 언급하는 것은 지속적인 발전방향이 어느 쪽을 가리키고 있는지를 고려해야 하기 때문이다. 천진화는 이러한 표지(標識)가 바로 과학적 발전관이라고 주장하며 과학적인 발전관에 따라 열심히 해야 한다고 했다.

전에는 발전 속도만 강조했을 뿐 자원, 에너지, 환경 배치에 대해서는 전혀 고려하지 않았다. 현재 우리는 속도만 빨라서는 안 되고 반드시 과학적인 발전, 경제발전이 사회 및 환경과 조화를 이루어야 한다는 점을 깨달았다. 만약 이 문제를 잘 처리하지 못한다면 발전이 빠를수록 남겨진 문제가 많아지고 훗날 치러야 하는 대가도 더욱 커지게 된다.

천진화가 말했다. "갈림길에 들어섰을 때 꾸준히 발전해야 하지만 발전의 모델은 바꾸어야 한다고 봅니다. 그리고 빠른 발전을 실현해야 하지만 모든 것을 뒤로 한 채 맹목적으로 속도만 추구해서는 안 됩니다. 진정으로 경제사회의 조화로운 발전을 실현하고 인간을 근본으로 해야 하며 환경개선과 대중들의 생활 품질을 향상시키는 것에 총력을 기울여야 합니다."

현재 일부 사람들은 말로만 과학적인 발전관을 주장하고 격식만 차리며 처음에 했던 약속과는 다르게 행동하고 있다. 천진화는 과학적 발전관을 착실히 실천에 옮기는 것은 중국기업에게 아주 중요한 것이기 때문에 과학적 발전관에 따라 행동해야만 건강하게 발전하는 '큰길'로 나아갈 수 있고, 그렇지 않으면 굽은 길로 들어서게 된다고 강조했다.

현재 중국경제의 추세에 대해 천진화는 중국의 거시적 경제 형세가 양호한데 주요한 근거는 GDP성장률과 CPI라는 가장 중요한 거시적 경제지표가 만족스러운 결과를 얻었기 때문이라고 했다. 2005년 GDP의 예상 성장률은 9.4%, CPI는 2%인데 이는 얻기 힘든 결과이다. 현재 일부 학자들이 중국이 곧 인플레이션 상태에 빠진다고 얘기하고 있지만 천진화의 생각은 달랐다. 그는 얼마 전 소집된 중앙경제공작회의는 2006년에 온건한 재정과 통화정책을 지속적으로 실행하기로 결정해 정책의 안정성과 지속성을 강조했다고 전했다. 또한 중국 경제가 현재의 건강한 발전상태를 지속적으로 유지할 수 있다고 자부하는데 믿을만한 이유가 있다고 주장했다.

중국 현재의 수출입무역 총액이 세계 제3위로 올라섰지만 상당한 정도에서는 주로 염가의 노동력과 제품에 주문자의 상표를 부착하는 합작생산방식에 의거하고 있기 때문에. 중국 기업의 자주적인 지적재산권과 자주적인 브랜드가 부족하고 자주 혁신력과 핵심경쟁력이 떨어져 있다고 천진화는 꼬집었다.

이는 중국 경제 발전이 직면한 아주 심각한 문제이다. 만약 이런 현황을 바꾸지 못한다면 중국의 경제 강국은 꿈에 불과하다.

중국 기업의 발등에 떨어진 불

다년간 고위층에서 지도하고 결정했던 경력으로 중국의 거시적 경제에 대한 이해가 넓어졌다면, 1999년 중국기업연합회 회장직을 맡은 6년간은 수많은 기업의 운영을 연구해 미시적 경제세포의 생존상태에 대한 이해가 깊어졌다고 말할 수 있다. 그리고 바오강과 중국 석유화학공사(中石化·중국석유화공)에서의 항모급 국유기업 지도자 업무경력으로 그는 또 기업을 잘 꾸려나가는 것이 얼마나 힘든 일인지도 알게 되었다. 이처럼 다양한 경력으로 거시적 시야와 미시적인 관찰력을 가지게 된 것은 물론, 중국 기업에 대해서도 각별한 관심을 갖게 하였다.

그들의 기쁨에 같이 좋아하고 그들의 슬픔에 같이 마음 아파했다. 천진화는 현재 가장 관심을 갖는 부분이 중국 기업의 경쟁력 향상인데 이 또한 발등에 떨어진 불처럼 당장에 해결하지 않으면 안 되는 일이라고 강조했다.

그는 기존에는 자아경쟁이었지만, 글로벌 경제사회에 들어선 현재는 외국인들, 그것도 그들 중의 강자와 경쟁해야 되기 때문에 경쟁이 갈수록 치열해지고 있다고 말했다.

남들과 시장점유율을 쟁탈하려면 능력 즉 상품과 봉사에 의지해야 한다. 핵심기술이 없고 독특한 능력이 없다면 뭘 믿고 경쟁할 수 있겠는가? 이런 형세는 기업들이 상황의 준엄함을 파악하고 소질을 향상시키는 것 외에 자체 경쟁력을 증강시켜야 함을 요구하고 있다.

천진화는 '11차 5개년'계획에서 제기한 2가지 중점은 자주혁신과 노동자 소질을 향상시키는 것이라 전했다. 이는 중국이 절박하게 해결해야 하는 문제이자 해결하지 않으면 언제든지 큰 문제로 발전할 수 있는 부분임이 분명하다고 했다. 현재 일부 기업가는 사치스럽고 방탕한 생활에 빠져 돈을 물 쓰듯 하는 행위를 천진화는 혐오한다고 했다. 우수한 기업가라면 기업을 잘 이끌어 나가야 하는 것 외에도 사회에 관심을 두고 사회적인 책임을 적극적으로 짊어져야 할 것이다.

상업적인 도덕, 사회적인 책임은 이미 기업의 경쟁력을 업그레이드시키는 중요한 요소로 되었다. 기업의 발전은 경제지표에 주목해야 할 뿐만 아니라, 기업의 대중 이미지와 인문지표, 자원지표와 환경지표도 골고루 살펴봐야 한다.

천진화는 중국경제가 국제와 연결되는 과정에서 진보가 빠르고 특히 WTO에 가입한 후 약속을 잘 지키고 있지만, 현재 수많은 중국 기업이 경쟁규칙과 기준을 잘 알지 못함으로써 많은 손실을 보고 있다고 했다. 기업이 진정으로 글로벌화 된 이념을 가지려면 반드시 국제기준과 게임규칙을 익숙히 알아야 한다는 것이다.

중국 기업의 '대외진출'은 기업에서 자금만 가지면 진출할 수 있는 것이 아니라 일련의 완벽한 중개기구, 서비스체계라는 통합적인 조건도 갖춰야 한다. 중국해양석유총회사와 하이얼이 국제합병에서 실패한데 대해 천진화는 큰 일이 아니기 때문에 놀랄 필요는 없다고 했다. 이런 실패는 중국기업의 '대외진출' 과정에 반드시 겪게 되는 과정이다. 따라서 이런 과정을 거치지 않는다면 진정한 능력을 배우지 못하고 실패를 통해 견식과 지혜도 얻지 못한다. 직접 이런 길을 걸어보아야 종합하는 안목을 가지고 자신을 꾸준히 업그레이드시킬 수 있는 것이다. 이런 실패를 맛보고 나서야 우리는 미국을 더욱 깊이 있게 알게 됐고, 미국처럼 강대한 상대와 경쟁해야만 더 빠르게 진보할 수 있다는 점을 깨달을 수 있는 것이다. 이런 의미에서 볼 때 현재 돈을 조금 더 쓰고 어려움에 봉착한다 해도 그럴만한 가치가 있는 것이다.

대기업 탈락으로 얻은 교훈

정이 깊을수록 기대는 더욱 크고 책임도 더욱 간절해진다. 이것이 바로 천진화가 중국기업에 대한 진실한 마음이다. 중국기업연합회, 중국기업가협회는 2002년부터 매년 500강 중국기업 리스트를 발표했다. 올해 선정된 500강 중국기업 중 112개 기업이 지난해 500강 순위에서 탈락됐는데, 탈락률이 22.4%로 미국『포브스』지에서 발표한 2005년 500강 세계 기업 탈락률인 5%~7%보다 3~4배나 높았다.

이런 상황을 천진화는 매우 중시했다. 이토록 높은 탈락률이 정상인지 아닌지에 대한 논란 때문이었다. 중국의 대기업에 대한 깊이 있는 연구를 통해 천진화는 전반적으로 볼 때, 경제글로벌 진척이 빨라지고 국내외시장의 경쟁이 치열하며 경영환경이 복잡다변 한 현 시점에서 500강 중국 기업의 탈락률이 조금 높은 것은 정상적인 역사현상으로 중국 경제사회발전이 처한 특정단계에 의해 결정된 것이라고 여겼다. 탈락된 기업 가운데서 다수는 불가피하게 혹은 정상적으로 탈락된 것이지만, 일부 대기업은 실적이 대폭 떨어져 탈락된 것은 결코 비정상적인 현상으로 미연에 막거나 피할 수 있었다는 관점이었다.

"20년의 간고한 창업을 거치고 찬란한 성과를 거둔 대기업이 왜 순식간에 무너졌을까요? 왜 이런 문제가 생겼을까요? 왜 조금 일찍 이런 문제가 생길 조짐을 발견하지 못했을까요? 왜 조금 일찍 회사를 구하지 못했을까요? 우리의 정부, 금융기구, 중국 기업연합회를 포함한 관련 기구들이 어떤 일을 했을까요? 그리고 책임을 다 했을까요?" 천진화는 마음이 아프다고 말한다.

과정이야 어찌됐든 궁극적으로는 국가에 손실을 가져다 줬고 심각한 교훈을 받은 것만은 사실이다. 반드시 이에 대한 관심을 기울여 이에 대한 결과를 종합해야 한다. 이런 기업들이 실패한 원인을 천진화는 이렇게 얘기했다. 첫째는 핵심가치관과 발전전략이 없었고, 둘째는 맹목적으로 확장하고 자원을 분산시켜 기초와 장점이 없는 분야에 뛰어들었기 때문이며, 셋째는 인재를 등용함에 있어 심사숙고하지 않은 탓이라고 했다. 그는 착실하게 업무에 임하고 혁신과 관리에 힘쓰며 초조한 마음을 버리고, 특히 자원을 배치함에 있어서는 반드시 신중에 또 신중에 기해야 한다며 기업가들에게 충고했다.

소프트파워, 하드파워에 직접적으로 영향

"기업문화는 기업의 소프트파워입니다. 기업의 소프트파워는 하드파워의 운용, 효과적인 발휘와 직접적으로 연관되어 있습니다"라고 천진화는 말했다. 기업문화는 기업의 가치관이자 중국 전통문화에 대한 이해이기도 하다. 따라서 기업문화는 임원의 자질, 신념 그리고 그들이 추구하는 목표에 영향을 주기 때문에 기업의 상품과 서비스에서 직접적으로 구현된다. 뛰어나고 깊이 있는 문화적 내함이 없다면 기업은 강하고 크고 오래도록 발전을 이어갈 수 없다.

천진화는 말했다. "현재 일부 기업문화를 보면 형식주의가 심각하고 격식을 차립니다. 많은 기업에 '개척', '진취', '분투' 등의 글귀가 적힌 표어가 걸려있지만 그런 것들은 기업문화를 대표할 수 없습니다." "만약 실천에 옮기지 못한다면 그저 구호에 불과할 뿐입니다. 기업문화는 장기적인 생산경영 과정에 오랜 세월을 거쳐 형성한 것으로 기업문화의 영향력은 은연중에 감화되는 것입니다. 기업에 대한 문화의 영향은 마치 인간에 대한 사상의 영향과 같아 사상이 행동을 지휘할 수 있는 것입니다." "훌륭한 사상이 있어야 정확한 행동을 할 수 있기 때문에 사상이 없는 사람은 아무리 강해도 머리는 텅 비고 사지만 발달할 뿐입니다." "기업문화 건설 가운데서 기업의 핵심가치관이 기업제도의 건설을 지도하고 있는데, 이는 기업문화가 정신 차원에서 물질 차원으로 변화하는 과정입니다."

브랜드의식은 소프트파워의 중요한 내용이다. 천진화는 자주적인 브랜드가 부족한 것이 중국의 기업경쟁력이 떨어진 치명적인 약점이라고 했다. 1946년부터 현재까지 사업에 참가한 지도 60년이 흘렀다. 그중 과반수 시간은 방직계통에서 일했다. 천진화는 중국 방직공업에 특별한 애착심을 갖고 있었다. 예전에 의복을 해결하려고 갖은 방법을 동원하며 노력하던 데서 현재는 세계 제1방직대국으로 성장했는데 이는 모든 방직인들의 영광이라고 했다.

현재 중국 섬유가공량이 세계의 40%, 방직품 복장무역 총량이 세계의 25%를 차지하지만 수출상품 중 자주적인 브랜드 비중이 1% 미만이라는 점을 반드시 알아야 한다고 했다. 자주적 브랜드 구축을 추진하는 것은 우리가 방직강국으로 나아감에 있어 반드시 걸어야 하는 길이라고 강조했다. 『동방기업문화』기자가 사영기업을 초월한 보편적 의미를 지닌 기업문화가 있는지에 대해 묻자 천진화는 긍정적으로 대답했다. 인간을 근본으로 하는 진선미는 인류의 소박하고 영원한 가치관으로 이런 문화의 영향을 받은 기업은 반드시 위대한 기업으로 되고, 이런 문화의 영향을 받은 민족은 반드시 위대한 민족으로 될 것이다.

※ 이 글은 「동방기업문화」, 2006년에 실린 글임.

기업은 화목한 사회를 구축하는 역사적인 사명을 가져라

후진타오를 총서기로 한 당 중앙은 제16차 당대표대회부터 사회주의 조화로운 사회를 건설해야 한다고 명확히 제기함과 아울러 일련의 중대한 결정을 속속 내렸다. 당의 16기 6중전회는 당면한 형세와 임무를 전면적으로 분석하고 "사회주의의 조화로운 사회를 구축함에 있어 약간의 중대한 문제에 대한 결정"을 제기했으며, 사회주의 조화로운 사회를 구축하는 것을 더욱 특별한 위치에 놓을 것을 강조했다.

2006년 중앙경제공작회의에서는 2007년 경제업무에 대해 "경제구조 조정, 성장모델 전환, 자원 절약, 환경 보호, 개혁개방과 자주혁신 추진, 사회주의 발전과 민생문제 해결에 착안점을 둬야 한다"고 제기했다.

중앙에서 강조한 "4가지 착안점"은 새로운 한해 경제업무에 명확한 방향을 제시했다. 많은 기업과 여러 지역의 기업가 연합회는 당의 호소에 적극적으로 호응하고 16기 6중전회의 결정과 업무배치에 따라 사회주의 조화로운 사회를 구축하는 역사적인 사명을 짊어져야 한다.

1. 인식을 꾸준히 향상시키고 사회주의 조화로운 사회 구축에 적극 참여해야 한다

기업의 발전에는 양호한 사회 환경이 뒷받침 되어야 하고, 조화로운 사회 구축에 적극적으로 참여하는 것은 기업이 국가에 대해 마땅히 짊어져야 할 책임이자 기업 자체 발전의 수요이다. 조화로운 사회를 구축하려면 사회 여러 차원의 집단이 함께 노력해야 하고 다각도에서 힘을 합쳐 일을 추진해야 한다.

사회주의 속의 서로 다른 집단 가운데서 기업은 가장 중요한 역할을 발휘하고 있다. '결정'에서 제기한 수많은 중대한 과제는 모두 기업의 업무와 연관된다. 만약 기업에서 제때에 움직이지 않는다면 사회주의의 조화로운 사회를 전면적으로 구축하는 것을 실천에 옮기기 어렵고 잘 이끌어 나갈 수도 없다. 2004년 공업기업을 상대로 조사한 결과 전국의 137만 5천 개 기업이 전국 여러 지역과 여러 업종에 분포되어 있는 것으로 나타났다. 이런 기업들은 조화로운 사회를 구축하는 주요한 힘이다. 2005년 말까지 전국의 취직자가 7억 5천 8백만 명에 이르렀다. 그중 제2차 산업에는 총 취직자의 23.8%를 차지하는 1억 8천만 명이 취직했고, 제3차 산업에는 총 취직자의 31.3%를 차지하는 2억 3천 7백만 명이 취직했다.

다시 말해서 제2차 산업, 제3차 산업의 취직대군을 합치면 4억 여 명인데 총 취직자의 55%를 차지하는 셈이었다. 과반수의 임원이 기업에서 일하고 있다. 따라서 기업의 업무 수행 상황은 사회의 주요한 역량이 역할을 충분히 발휘할 수 있도록 이끌 수 있을 지와 사회주의 조화로운 사회를 구축하는 행보, 업무성과와 연관되어 있다. 조화로운 사회를 구축하려면 우선 발전해야 한다. 발전은 조화로운 사회를 구축할 수 있는 물질적인 기초이기 때문이다.

객관적으로 볼 때 기업은 발전에 힘쓰고 산업 프로젝트 건설, 시장 건설, 기초시설 건설 등 인프라건설을 아주 중시하고 있다. 반면 기업의 발전에 필요한 기본환경에 대해서는 별로 관심을 기울이지 않는 실정이다. 중앙은 "인간을 근본으로 해야 한다"는 구호를 제기했고, 많은 기업에서는 모두 이를 적극적으로 실천에 옮겨 사회적으로 좋은 평가를 받았다. 하지만 적잖은 기업들이 실제업무 가운데서 대충 일을 처리하고 형식적인 일만 했다. 조화로운 사회를 구축하려면 양호한 외부환경이 있어야 하고 서로 간에 마음을 합쳐 서로 도와야 한다.

현재 기업은 이익과 연관 있는 자와의 관계를 아주 중시하고 있는 반면, 자체 업무와 직접적인 관계는 없지만 여러 가지 보이지 않는 힘의 영향을 받고 있는 사회집단에 대해서는 늘 주의하지 않고 아예 귀를 닫아버린다.

사회의 조화와 기업 발전 간의 관계에 대해 정확하게 알지 못하고 있다. 따라서 실제 업무 가운데서 문제를 처리할 때, 오차가 생기고 심지어 기업과 사회의 조화에 불리한 상황이 나타나기도 한다.

그중에서도 정리실업 재취직, 환경보호, 안전생산 및 성실경영 등이 가장 돌출적인 문제로 지적되고 있다. 최근 몇 년간 자주 일어나는 탄광사고, 기업에서 법과 규정을 어기고 오염물을 배출함에 따라 날로 악화되고 있는 생태환경은 대중들의 눈총을 받고 있다. 얼마 전 중앙 CCTV의 '초첨탐방'에서는 "어제의 이야기를 되풀이 하지 말자"라는 제목으로 꿰이저우의 채광 과정에서 보기만 해도 몸서리치는 장면을 보도해 시청자들의 마음을 아프게 했다.

마르크스는 '자본론'에서 자본가는 "100%의 이익을 얻기 위해 인간세상의 모든 법률을 짓밟고 300%의 이익을 위해서는 모든 죄를 지을 수 있으며 심지어 탭 렌치의 위험도 감내한다"라고 했다. 국가의 법률, 정책을 무시하고 인간의 목숨을 하찮게 여기는 탄광책임자는 마르크스의 논술을 입증해 주었다. 1톤의 석탄을 채굴하는데 드는 비용이 수십 위안 밖에 안 되지만, 4백, 5백 위안에 되팔고 있다. 게다가 노동자 한 명이 사망하면 기껏해야 20만 위안이면 모든 걸 무마한다. 취득한 거액의 이득을 부패하게 써버릴지언정 그들은 축적한 자금으로 갱도를 개조하고 생산조건을 개선하는데 투자하려고 하지 않는다. 이런 방식으로 생산하고, 경제를 발전시키는 것은 과학적 발전과는 어긋나는 것이기 때문에 조화로운 사회를 절대 구축할 수 없는 것이다.

여러 지역의 기업가연합회 분들은 이런 부분에 관심을 기울이고 최선을 다해 적극적으로 일 해야 한다. 그리고 정면적 · 부정적인 실례를 각 기업에 알려 기업에서 기율과 법을 지키고 민심을 잃는 일을 하지 않도록 이끌어야 한다. 기업은 자각성을 높여야 하고 조화로운 사회를 구축하는 일이 당과 정부만의 일이 아니라 기업 자체의 일이기도 하다는 점을 깨달아야 한다. 우리는 안정된 사회환경이 없으면 그 어떤 일도 해낼 수 없고, 기업이 발전하는 전제조건은 바로 사회의 안정이라고 늘 얘기한다. 하지만 사회의 안정만 있어서도 안 된다. 더 높은 차원에서 사회의 조화를 실현해야 하고 사회가 조화로워야만 적극적인 요소를 동원해 경제 활력을 불러일으키고 기업을 더욱 잘 발전시킬 수 있는 것이다.

2. 생산경영을 잘 이끌어 나가고 일자리를 보장해 기업내부의 조화를 실현해야 한다

사회주의의 조화로운 사회를 구축함에 있어 생산경영을 잘 이끌어 나가고 일자리를 보장하는 것이 기초이다. 기업의 책임자라면 모두 사명감이 있어야 한다. 기업의 부실경영에 따른 실업으로 사회에 부담을 줘서는 안 된다. 대다수 사람들은 일자리가 있어야 하고 이를 기초로 합리적으로 분배한다면 모순을 완화할 수 있고 조화를 추진할 수가 있다.

도시에서 조화로운 사회를 구축하는 핵심요소 중 하나가 바로 취직이다. 또한 취직문제를 해결함에 있어 주로 기업에 의거해야 한다. 기업의 경영상태가 양호하고 생산이 발전된다면 더 많은 노동력을 받아들일 수 있고, 일자리를 지속적으로 늘릴 수 있는데 이 또한 사회를 안정시키는 기초이기도 하다. 기업의 경영관리가 부실해 생산량이 줄어들고 심지어 생산이 중단되거나 파산된다면 실업은 물론, 사회의 불안정과 조화롭지 못한 국면도 초래된다.

기업은 최대화된 이익을 추구할 때, 지속적인 생산, 안정적인 발전을 내다보고 내부관리를 잘 하며 합리적인 분배에 각별히 신경을 써 조화롭지 못한 문제가 생기는 것을 막아야 할 것이다. 더욱이 기업의 업무실수로 초래된 노동관계

악화 국면에 대한 책임을 사회에 전가해서는 안 될 것이다. 기업에서 경영을 잘 이끌어 나가고 취직을 보장하고 늘리는 것은 국가에 대한 가장 기본적인 기여이다. 이에 따라 경제사회, 취직확대, 사회조율 간의 양성 순환을 실현할 수 있다.

여러 지역의 기업연합회는 그동안 생산경영이 잘 되고 성공한 기업의 경험을 종합하는데서 적극적인 역할을 발휘했다. 사회주의의 조화로운 사회를 구축하는 새로운 형세에서 기업연합회는 더 많은 힘을 기울여 어려운 기업에 관심을 가져야 하고, 그들의 어려움에 도움을 주거나 그들을 위해 실제적인 의의가 있는 봉사성 업무를 제공해야 한다. 특히 자원고갈형 도시, 경영이 어려운 기업이 집중된 지역에 대해서는 더 많이 관심하고 지원해야 한다. 이처럼 기업연합회는 자체 자원을 활용해 그들에게 관심을 갖고 지원하는 것을 통해 사회의 조화로운 국면을 구축해야 할 것이다.

3. 노동관계의 3자 조율 메커니즘을 잘 활용해 기업내부의 조화로운 노동관계를 구축해야 한다

기업에 조화로운 외부환경을 갖추는 것만으로는 턱없이 부족하다. 노동관계를 정확하게 처리하고 기업 내부의 조화로운 환경도 구축해야 한다. 6중 전회의 '결정'에서 제기한 노동관계 조화 메커니즘을 완벽화 하는 것에 관한 내용에는 노동계약제도와 집체협상제도, 노동기준, 노동보호, 노동보장, 노동논쟁의 조율 중재 그리고 노동자 특히 농민공의 합법적인 권익 수호 등 다양한 부분이 포함되어 있다.

국가의 노동관계 조율 3자 메커니즘이 구축된 지난 5년간 일정한 성과를 거뒀지만 발전이 불균형하고 임무는 여전히 과중하다. 저장성 총공회의 부주석은 현재 노동관계가 이미 기업의 주요한 모순으로 되었다고 말했다. 노동관계가 조화를 이루지 못하고 제대로 조율되지 못한다면 기업의 발전과 사회의 안정에 심각한 부정적인 영향을 미치게 된다. 이 같은 분석과 생각은 정확한 것이다. 경제가 발달한 저장성어 하물며 이런 상황이니 기타 지역은 더 말할나위 없지 않겠는가? 향후 기업연합회에서 국가의 노동관계 조율 3자 메커니즘에 참여할 때 중앙의 결책을 에워싸고 업무를 전개하는 한편, 전회의 '결정'에 따라 3자 메커니즘의 업무내용을 갈수록 풍부히 해야 한다.

기업의 조화를 실현함에 있어서 노동관계는 가장 핵심적인 열쇠이다. 2년간 조직기구와 대오건설을 촉구하여 일부 성과를 거두었다. 그리고 업무전개가 비교적 빠른 성, 시는 이미 노동관계를 조율하는 실제업무 단계에 들어섰다. 선진지역, 선진기업의 경험을 지속적으로 종합하고 추진해 업무가 제대로 실행되게 해야 한다. 기업내부에서 조화로운 노동관계를 구축하면 기업의 외부환경을 개선하고 기업의 건전한 발전을 추진하는데 유리하다.

경제민주의 중요한 내용이 바로 3자 조율 메커니즘인데 생명력 자체가 메커니즘에 있다고 볼 수 있다. 3자 메커니즘 업무를 추진하는 과정에서 생기는 일부 문제와 어려움은 업무를 전개하면서 해결해야 한다. 업무에 열심히 임하다 보면 정부의 중시와 사회의 주목을 받게 된다.

중국 기업가연합회는 최대한 지방의 기업가연합회를 도와 조율하고 협력해야 하는 반면, 여러 지방의 기업가연합회도 업무를 추진하기 위해 노력해야 할 것이다.

4. 성실경영, 환경보호, 조화로운 사회관계의 구축을 중시해야 한다

기업에서 신용을 지키지 않고 가짜를 만들어 팔고 환경을 오염시키고 안전생산을 경시한다면 기업과 사회의 관계는 반드시 조화를 이루지 못한다. CCTV에서 방송된 '대국의 굴기'에서 네덜란드를 소개할 때 특별히 성실함으로 해외시장을 확보한 사례를 들었다. 화물을 가득 실은 네덜란드 화물선이 북극권에서 얼어붙어 장장 8개월 동안 꼼짝하지 못했다고 한다. 영하 40섭씨도의 온도에서 18명의 선원은 얼음구멍을 뚫고 물고기를 잡아먹으며 목숨을 유지했고 선반에 불을 지펴 몸을 녹였다고 했다. 이토록 어려운 조건에서도 그들은 화물선을 꽉 채운 옷, 식품에 손을 대지 않았다. 결국 8명이 모두 숨졌다. 얼었던 화물선이 녹자 화물선은 계약에 따라 목적지로 향했고 한 치의 오차도 없이 그대로 물건을 전달했다는 것이다. 그들은 화물주인의 존경과 찬양을 얻었고, 네덜란드 화물업에 성실한 상업적인 명예와 이미지를 수립해 주었다. 네덜란드의 국토면적은 4,100km²이다. 베이징시 면적의 2.5배이며 2009년 기준으로 인구는 약 1,650만 명이다. 네덜란드인들은 바로 이러한 성실한 이미지 덕분에 해상운송을 통해 발전하기 시작했고 빠르게 세계 강국으로 성장했다. 마르크스는 네덜란드를 "세계 제1 해상강국"이라고 불렀다.

중국에도 성실함을 꿋꿋이 지키는 기업이 많다. 그중에서도 바오강이 대표적이다. 바오강은 최근 세계 권위등급평가기구인 스탠더드 앤드 푸어스사에 의해 A급으로 평가돼 세계 강철기업 중 최고의 장기신용등급을 받게 되었다.

반면 성실성을 중시하지 않는 기업도 적지 않다. 계약을 어기고 대출상환을 미루고 이중장부를 조작하고 허위정보를 발표하고 있다. 또한 가짜를 제조 및 판매하고 소비자들에게 사기 치는 등 경우가 많은데, 이에 따른 신고가 늘어나고 소비자들의 불만이 심각해 사회가 조화를 이루지 못하는 중요한 요소로 작용하고 있다.

국무원발전연구센터의 조사결과 설비재료 구입에 따른 허위날조를 걱정하는 기업이 조사받은 기업 총수의 77.9%를 차지하는 것으로 나타났다. 중국 기업가연합회에서 4,695명의 기업가를 조사한 결과 30%가 넘는 기업가들이 이른바 '사장'을 믿지 못하겠다고 답했다. 이런 상호관계가 지속되면 절대 조화를 이룰 수 없다. 기업이 성실성을 중시하지 않아 초래된 문제가 결코 사회가 조화를 이루지 못하는 중요한 요소로 되고 있는 것이다.

여러 지역의 기업은 후진타오 주석의 "8가지 영예와 수치"를 결부시켜 학습

할 것을 호소하는 한편, 실제와 결부시켜 "성실하고 신의를 지키는 것은 영예, 이익을 쫓아 의리를 잊는 것은 수치"라는 교육을 지속적으로 전개해 기업의 성실을 건설하는 것을 추진해야 할 것이다.

과학적 발전관을 전면적으로 실행하고 사회주의 조화사회를 구축하는 것은 중국 발전의 사고방향과 발전전략의 중대한 진보로 국가의 향후 발전에 아주 중요한 역할을 일으킨다. 과학적 발전관은 발전이념, 발전방향 등 면에서 사회발전, 사회건설과 사회관리를 추진하기 때문에 발전의 차원에서 조화를 도모한 것이다.

사회주의 조화사회를 구축하는 것은 사회관계, 사회상태에서 과학적 발전관의 성과를 반영하고 점검하는 것이기 때문에 조화의 차원에서 발전을 추진하는 것이다. 여러 지역 기업가연합회의 업무는 과학적 발전관을 전면적으로 실행하는 전제 하에서 사회의 조화를 추진하는데 주의를 돌려야 한다. 이것은 매우 중요한 과제로 반드시 열심히 연구하고 자각적으로 참여해야 하며 착실하게 실천에 옮겨야 한다.

중국 기업 특히 세계급 행렬에 들어선 대기업은 반드시 이런 이념, 자질, 대중이미지를 갖춰야 한다. 아니면 우리는 진정으로 양호한 신용을 갖추지 못하고 경쟁력 있는 세계급 대형 회사를 배출할 수가 없다. 사회주의 조화사회를 구축하는 데에는 더더욱 기여할 수 없는 것이다.

※ 이 글은 2006년 12월 20일 중국기업연합회 제7기 4차 상무이사회 회의 및 비서장 업무회의에서 한 연설원고임.

성실을 근본으로 하는 기업의 경영이념을 바로 세워라

지난해 12월 2일 미국 엔론에너지회사의 문제점이 수면 위로 드러난 후 6개월간, 미국회사의 추문이 끊이지 않았고 영향도 일파만파로 커져만 갔다. 얼마 전 미국증권거래위원회 위원장은 월가금융시장이 '9·11' 테러습격 사건, 엔론에너지회사의 도산, 앤더슨회사의 해체, 세계통신회사의 부도 등 문제에 부딪혔다고 밝혔다. 훗날 미국 타임워너의 가짜 장부 조작 등을 포함해 회계 추문이 지속적으로 이어지면서 미국 일부 대형 회사의 신용이 갈수록 세인들의 주목을 받았다. 투자자의 자신감이 많이 떨어졌고 월가 주식시장은 최근 몇 년간의 최저치로 바닥을 쳤다.

미국의 경우 경제 동력은 주로 소비에서 오고 고소비의 수입은 또 주식시장에서 얻는다. 현재 주식시장과 외환거래 시세가 동반 하락되고 있어 미국 경제의 추세에 심각한 영향을 미치고 있을 뿐만 아니라 세계 경제에도 예측할 수 없는 변수를 가져다 줬다.

중국의 경제계, 특히 여러 기업은 이 같은 동향을 주의 깊게 살펴봄과 동시에 이를 거울로 삼아 중국기업의 신용 건설에 박차를 가해야 한다.

그러면 중국기업의 신용은 어느 정도일까? 중국의 상황도 낙관적이지만은 않다. 최근 국무원발전연구센터는 2002년 중국기업 신용조사보고를 발표했는데 신용이 가장 큰 문제로 제기되었다.

원자재와 생산설비 구입 기업을 조사한 결과 구입해온 원자재와 생산설비의 질이 떨어지고 불량상품을 구입할까 두려워하는 기업이 조사대상의 77.9%를 차지했다. 그리고 62%의 기업은 거래 가운데서 경각성을 높여 사기당하지 말아야 한다고 주장했다.

피조사대상 가운데서 63.6%는 현대 기업이 경영 과정에 직업도덕 선택을 중시해야 한다고 했다.

사기, 허위는 직업도덕에 따른 문제이다.

피조사대상 가운데서 96%는 기업의 신용은 기업 책임자와 직접적으로 관계되고 기업가의 품격, 지조, 도덕과 직접적으로 연관된다고 주장했다.

최근 몇 년간, 국내 상장회사들에서 신용이 없고 규정을 어기고 운영하며 허위를 날조하고 이윤을 거짓보고 하는 등 적잖은 문제점들이 드러났는데 따라서 아주 심각한 후과가 초래되었다.

상장회사뿐만 아니라 신용문제는 비상장회사에서 더욱 심각하게 나타나고 있다.

기업과 기업가는 신용을 근본으로 하고 기업의 경영이념과 경영행위를 바로잡아 사회 신용 시스템 건설 가운데서 중견 역할을 일으켜야 한다. 이 부분에 대해서는 기업과 기업가들이 항상 긴장을 늦추지 말고 적극적으로 움직여야 한다.

첫째, 신용을 기업의 사회주의 정신문명 건설, 기업문화 건설의 중요한 내용으로 삼아야 한다.

중국은 '공민 도덕 건설 실시 개요'를 제정하고 발표했다. 기업은 개요의 정신에 따라 기업과 임원이 신용을 근본으로 하는 이념을 수립하도록 이끌어야 한다.

기업의 경영자 및 간부, 임원들이 신용을 근본으로 하는 것은 기업을 번창하게 발전시킴에 있어 반드시 가야 하는 길이자 반드시 지켜야 하는 원칙임을 알아야 한다.

남을 속인다는건 결국 귀막고 방울 훔치는 격이다. 짧은 시간은 속일 수 있을

지 몰라도 오래동안 속이지는 못한다. 신용이 없으면 기업은 장원한 성공을 거둘 수 없다.

지금 기업을 가면 공장지역의 담벽에, 객실에, 그리고 회의실에 써놓은 '단결', '전진', '분투', '개척', '진취' 등의 표어를 볼 수 있다.

이런 것을 기업에서 추구하는 목표로 삼고 기업문화로 생각하는 것은 정확하다고 본다. 하지만 이런 표어들 가운데서 '신용'이란 두 글자는 찾기 어렵다.

경시했을 수도 있다. 그래서 신용을 기업과 기업가의 이념으로 삼아 전체 임원이 반드시 추구해야 하는 목표를 삼아야 한다고 건의하고 싶다.

전에 이런 자료를 본 적 있다.

미국 엔론사의 대청에 유달리 눈에 띄이는 큰 표어가 있었다. 대체로 '당신은 세계 최고의 회사로 왔습니다'란 뜻이다. 이 표어는 거만한 안하무인의 기업문화를 잘 보여줬다. 이 표어에서 엔론사의 도산은 절대 우연이 아님을 알 수 있다.

지나치게 잘난 체하는 문화에 따라 맹목적인 확장이 이어졌다. 그리고 허위를 날조하고 상대를 속이고 명예를 훔치다 결국 무너지게 된 것이다.

신용을 지키는 사상은 각급 책임자를 포함해 모든 임원들이 배워야 하고 기업의 모든 경영활동과 경영행위에 융합시켜야 한다.

둘째, 기업의 신용건설을 추진함에 있어 관건은 기업 주요 책임자들의 태도이다.

기업의 신용건설 가운데서 기업의 주요 책임자들은 아주 중요한 관건적인 역할을 일으키고 있다.

책임자의 품격, 지조, 직업도덕은 기업의 신용건설에서 선두역할과 시범역할을 하고 있다.

중국 기업 조사 시스템의 조사 결과 96%의 피조사자가 기업의 신용이 '일인자'에 달렸다고 응한 것으로 나타났다.

'일인자'가 기율과 법을 지키고 한치의 부끄러움도 없이 정당한 수법으로 경영한다면 좋은 방향으로 이끌 수 있고 기업에 양호한 분위기를 조성할 수 있을 뿐만 아니라 전체 임원들에게도 모범 역할을 일으킬 수 있다.

미국의 엔론, 앤더슨, 세계통신 등 회사 그리고 중국의 인광샤(銀廣夏), 허우왕(猴王) 등 회사를 보면 모두 기업의 주요 책임자가 재부부서의 책임자와 결탁해 가짜 장부를 만들고 사기를 치는 추문이 생겼다.

이들 회사에서는 이윤이 없으면 가짜 장부를 만들어 이윤을 허위로 보고했다. 또한 조작된 보고서로 시장의 활약도가 높아져 주가가 올라가면 그들은 기회를 비러 주식을 팔아 한몫 챙기곤 했다. 그러니 주가가 떨어질 때는 이미 그들이 손을 뗀 후였다.

기업 주요 책임자의 마음이 바르지 않고 성실하지 못하고 명예와 이익만 추구한다면 일이 터지는 것은 물론이고 기업도 그릇된 길에 들어서게 된다.

국내외 모든 기업의 성공과 실패, 명예와 치욕은 모두 이런 보편적인 규칙을 증명했다.

무릇 지도부가 훌륭하고 특히 주요 책임자들이 이상과 도덕이 있고 정조가 고상하며 신용과 명예 그리고 기업의 사회책임을 중시한다면 기업의 기풍이 바르고 사업도 흥성해지게 될 것이다.

반면 나쁜 기풍이 판을 치고 신용이 없고 민심이 흩어지고 경영이 부실하다면 기업이 내리막길은 걷는 것은 불보듯 뻔한 일이다.

셋째, 기업의 신용을 사회에 대한 기업의 책임과 반드시 감당해야 하는 의무, 그리고 기업에서 마땅히 갖춰야 하는 이미지로 간주해야 한다.

사회 구성원으로서 기업은 마땅히 사회의 전반적인 이익을 자발적으로 수호하는 책임을 짊어져야 한다.

기업의 경영활동은 전체 사회 구성원의 생활품질을 향상시키고 사회기풍을 깨끗이 하며 문명도를 높이는데 도움이 된다. 그리고 자연환경에 대한 보호와 사회의 지속가능한 발전에 주의를 돌려 궁극적으로 기업과 사회, 기업과 자연의 조화로운 통일과 발전을 실현할 수 있다.

기업에서 짊어진 수많은 사회 책임 가운데서 신용이 기초이자 기타 업무를 추진하는 원동력이다.

기업의 가치창조 차원에서 볼 때 신용은 중요한 무형의 자산으로, 기업 브랜드를 기업의 경쟁력 장점으로 전환시키면 기업의 효익을 끌어올릴 수 있다.

성공한 국내외의 기업가들은 이런 부분에서 높은 기준으로 요구하고 엄격하게 실천에 옮겼다.

상품질의 우량, 서비스의 책임 실천 여부는 모두 신용도를 구현하고 있다. 신용이 없으면 사회책임을 운운할 수 없고 더욱이 국민의 믿음과 지지를 받을 수 없다.

중국 문화에는 '승낙을 받는 것이 천금을 얻는 것보다 낫다'는 우수한 전통이 있다. 우리는 새로운 역사조건에서 이런 전통을 고양하고 세계에서 중국 기업의 양호한 이미지를 수립해야 한다.

넷째, 기업 내부에 엄격하고 과학적인 관리제도를 세워야 한다.

신용을 빈말에 그친 구호가 아니라 기업의 일상 경영 행위와 중장기의 발전전략에 관철시킨 행동준칙으로 삼아야 한다.

또한 기업 내부에 엄격하고 과학적인 관리제도와 감독관리 및 위험관리 메커니즘을 구축해 신용원칙이 효과적으로 실천되고 효과적으로 외부의 유혹을 막을 수 있게 해야 한다.

미국 엔론회사는 앤더슨에 회계감사를 맡겼는데 1년간 비용만 2천 여 만 달러였다. 훗날 앤더슨에 자문을 의뢰했는데 보수가 5천 여 만 달러에 이르렀다.

이들은 양쪽으로 몰래 손을 써 모두 이익을 챙기면서 투자자를 속였던 것이다.

현재 일부 회계사사무소, 회사감사기구는 쉽게 믿을 수 없다. 그들은 유치한 계책을 내오고 당신의 의도에 따라 나쁜 방법을 제시한다.

기업은 이런 유치한 계책과 나쁜 방법을 멀리하려면 반드시 '방화벽'이 있어야 하고 엄밀하고도 과학적인 관리제도로 심사하고 책임져야 한다.

또한 권력을 제한하는 메커니즘을 갖춰 문제를 발견하면 제때에 바로잡아야 한다.

내부 감독관리에서 과학적이고 상호 제약하며 균형을 이루는 메커니즘을 구축해 개인이 독단적으로 권력을 행사하고 사영업자들이 불법적인 일을 꾸미는 것을 막아야 한다.

첫째, 기업의 관리구조를 건전히 하고 완벽화 해 내부인이 통제하는 현상을 막아야 한다.

둘째, 결책 절차는 공개적이고 투명해야 하며 중대한 사항은 민주적으로 결책해야 한다.

그리고 관리계층에서 상호 제약하며 균형을 이루는 메커니즘을 구축해 개인의 독단적인 행위를 막아야 한다.

셋째, 신용관리제도를 구축해 고객의 이익을 보장해야 할 뿐만 아니라 자체의 이익이 손해받지 않도록 해야 한다.

이밖에 기업은 신용경영에 관한 장려와 처벌 메커니즘을 구축하는 반면, 신용을 지키면 장려하고 사기를 치면 처벌하는 제도를 엄격히 해 신용을 지키는 기풍을 조성해야 한다.

중앙은 전 사회의 도덕건설을 높이 중시하면서 법치기업과 덕치기업의 상호 결합을 제기했다.

국유기업과 기업가는 응당 모범역할을 발휘하고 좋은 선두역할을 해 본 업종, 분야에서 양호한 이미지를 수립해야 한다. 더욱이 자체의 모범행위로 전 사회의 신용건설을 추진하고 사회주의 시장경제의 건전한 발전을 이끌어야 한다.

※ 이 글은 『석유기업관리』 2002(8)에 실린 글임

중국, 자국의 경험을 배우고 발전시켜라

"하이얼 창업 21주년 및 하이얼 글로벌 브랜드 전략 심포지엄"에 참석하게 되어 영광이다. 중국 기업가연합회, 중국기업가협회와 개인을 대표해 하이얼 그룹에 열렬한 축하와 경의를 표한다.

이번 심포지엄의 개최 시기는 매우 적절하다고 생각한다.

얼마 전 당의 16기 5중 전회에서 "11차 5개년 계획"에 관한 건의를 통과시키고 과학적인 발전관을 실시하는 문제에 대해 전면적이고도 계통적으로 논술했다. '건의'의 제2절에서는 "11차 5개년 계획" 기간에 경제사회 발전의 7가지 목표를 제기했는데, 그중 세 번째 조항이 바로 "자주 지적재산권과 유명 브랜드, 국제 경쟁력이 비교적 강한 장점기업을 육성하는 것"이었다.

하이얼그룹에서 개최한 글로벌 브랜드 전략 심포지엄은 중국 기업계에서 당중앙의 호소를 실행하고 더 많은 "자주 지적재산권과 유명 브랜드, 국제 경쟁력이 강한 장점기업을 육성"하는 발걸음을 촉구하는데 관한 심포지엄이자 촉진회로 중국의 기업계 가운데서 적극적인 영향력과 추동력을 진일보 확대할 것으로 전망된다.

중국기업은 유명브랜드를 창출하는 과정에서 경제 글로벌화의 협력과 경쟁기회를 충분히 활용하고 외국의 선진적인 경험을 지속적으로 본받아야 한다.

또한 자국의 경험을 배우고 발전시키는 것도 중시해야 한다. 중국의 경험은 자국의 토양과 우량한 문화전통에서 얻은 것이기 때문에 오랜 생명력을 갖고 있다.

하이얼그룹은 줄곧 자주혁신을 견지했고 혁신 가운데서 발전을 추구했다. 따라서 발전 가운데서 혁신하는 정신은 따라 배우고 널리 발전시킬 가치가 있는 것이다.

장루이민(張瑞敏) 하이얼그룹 이사장과의 만남

오늘의 심포지엄을 빌어 몇 가지 소견을 말하고자 한다.

1. 하이얼그룹의 21년 발전사는 기업의 자주 기술혁신의 과정이었다

1984년 창업한 하이얼은 "자주 혁신 브랜드 창출"을 방향으로 잡고 도입한 기술을 소화하던 데서 수출하고 심지어 국외에서 생산하기까지 한걸음 한걸음씩 자주혁신의 발전방식으로 전환했으며 뚜렷한 성과를 거뒀다.

하이얼그룹의 '방전벽(放電墻)'기술이 곧 국제기준이 된 것 외에 하이얼세탁기의 '쌍동력'기술도 국제기준 제안에서 입선하였다. 그중 하이얼이 자체적으로 만들어낸 "환경보호 쌍동력 세탁기"는 세탁기 분야의 15개 난제를 해결했고 32개 특허를 보유했다. 이는 하이얼이 이미 세계 세탁기 기준의 제정을 주도하고 있음을 의미한다.

"쌍동력 전자동 세탁기" 특허는 제95기 프랑스레핀국제발명전시회에서 발명금상을 수상했으며 하이얼의 디자인은 이미 국제적으로도 선두적인 수준에 이르렀음을 보여주었다.

중국 기업의 기술기준이 국제 기준으로 되는 경우는 그동안 없었다. 하이얼이 가전업종에서는 처음이다. 기술의 자주혁신에 힘입어 하이얼의 자주적 브랜드가 보다 광활한 국제시장을 향해 꾸준히 확장하고 있다.

2. 관리 혁신으로 소규모 경영에서 "임원과 고객의 조화"의 정보화 경영 모델로 전환하다

21년 전 하이얼의 임원은 총 800여 명이었다. 하지만 현재는 5만여 명으로 발전했고 세계에 15개 공업단지를 구축했으며 96개 유형에, 15,100여 개 규격의 상품을 생산하고 있다. 이 같은 변화는 하이얼 관리모델의 혁신이 뒷받침된 덕분이다.

1998년부터 하이얼은 시장사슬을 유대로 하는 프로세스 리엔지니어링을 실시하기 시작했다. 현재 하이얼은 이런 혁신적인 관리모델을 "임원과 고객의 조화"라 부르고 있다. "임원과 고객의 조화" 가운데서 '임원'은 자주 혁신하는 임원을 가리키고 '고객'은 경쟁력 있는 시장 타킷을 가리킨다.

"임원과 고객의 조화"란 바로 임원마다 경쟁력 있는 시장 타킷과 하나로 어우러지고, 임원마다 시장을 창조하는 '사장'이 되라는 뜻이다. "임원과 고객의 조화" 모델이 추진하는 목표는 하이얼이란 세계 유명 브랜드를 구축하는 것이다.

"임원과 고객의 조화"를 뒷받침 하는 기초는 정보화이다. 정보화를 기초로 하는 "임원과 고객 조화" 관리모델에서 하이얼의 주문서는 모두 임자가 있는 주문서이라 고객과의 현금·현물 거래를 실현했다.

이에 따라 현재 기업계가 공동으로 직면하고 있는 2대 난제인 재고량과 응당 받아야 할 장부상의 자금 관련문제를 효과적으로 해결해 기업의 양성 및 지속 가능한 발전을 보장했다. 하이얼의 경우 주문서의 정보에는 고객번호, 주문서번호, 임원번호가 적혀 있어 "3개 번호의 일체화"를 실현했다. 임원과 주문서가 늘 긴밀하게 연결되어 "임원과 고객의 조화"를 보장했다.

미국의 마이클·피터는 세계의 유명한 경쟁전략 대사이다. 그는 "전략적인 정위의 본질은 바로 경쟁 상대와 차이가 있는 활동을 선택하는 것"이라고 말했다. 하이얼은 "임원과 고객의 조화"라는 차별화한 관리모델로 하이얼인들의 창조력을 충분히 발휘시켰다.

3. 문화혁신의 경영을 중요시 하고 시장공간을 꾸준히 늘리자

기업의 유명 브랜드를 창조하는 과정에서 연구개발, 생산, 판매의 일체화를 실현해야 하며 어느 한 고리가 없어서도 안 된다. 일부 기업에서 브랜드를 구축했지만 소비자들은 알지 못하고 시장도 인정해 주지 않고 있는데, 이는 판매 고리에 문제가 생겼기 때문이다. 경제 글로벌 환경에서 판매 고리는 반드시 혁신해야 한다. 글로벌화 된 안목이 있어야 할 뿐만 아니라 본토 문화에도 융합되어야 한다. 하이얼은 이 부분에서도 여전히 잘 해냈다. 현재 미국 하이얼, 중동 하이얼, 일본 하이얼, 심지어 전 세계의 하이얼인은 하이얼문화의 분위기 속에서 무한한 혁신활력을 불러일으키고 있다.

피셔 파키스탄측 하이얼 사장은 말했다. "하이얼 문화 혁신의 창조력을 느끼고 난 후 임원의 가치관을 통일하기 위해 특색 있는 파키스탄『하이얼인 신문』을 창간했습니다. 하이얼문화는 이미 전 세계 하이얼인들이 인정하는 가치관으로 됐으며, 하이얼인 글로벌 브랜드를 구축하는 길은 갈수록 넓어지고 있습니다."

변혁과 혁신에 힘입어 하이얼은 세계시장에서 큰 성과를 거뒀다. 현재, 하이얼은 해외에 총 30개의 제조 기지를 보유하고 있다. 하이얼은 이런 기지의 방향을 "브랜드 구축 센터"로 정했다.

미국에서 하이얼 상품은 10위 안의 대형 체인루트에 들어갔고, 일본에서 하이얼 상품은 야마다 전기, 고지마TV, 쟈스코를 포함한 10위 안의 대형 체인루트에 이름을 올렸을 뿐만 아니라 일본 진출 3년만에 판매량이 100만 대를 넘어섰다. 하이얼은 또 유럽의 5개 주요 국가의 5위 안에 드는 대형 체인점에서 판매되고 있으며 국제경쟁력이 꾸준히 향상되고 있다.

4. 기업 자주혁신의 핵심은 혁신정신을 가진 우수한 단체 형성하는 것이다

우수한 기업의 배후에는 우수한 단체가 있기 마련이다. 이 단체의 핵심층은 반드시 이상이 있고 포부가 있으며 끈질긴 추구가 있어야 한다. 실패했다 해서 좌절하지 말고 성공했다 해서 자만하지 말며, 높은 기준으로 자신과 기업에 계속적인 발전을 요구해야 한다.

그들은 세계로 나가면서 중국의 우수한 전통을 잊지 않았다. 기업의 현대화 관리를 중화민족 전통문화의 정화와 결부시켰으며, 인간을 근본으로 하고 과학기술을 바탕으로 해 인간을 위해 봉사했다. 또한 인간과 사회의 조화, 인간과 자연의 조화를 기업의 취지와 경영이념으로 정했다. 장루이민이 하이얼그룹을 이끌고 분투한 20여 년간, 그들은 바로 이런 취지를 실천에 옮기고 본분을 잊지 않았으며, 혁신으로 탁월함을 추구하고 탁월함으로 혁신을 인도함으로써 기업, 더 나아가 중국에 영예를 안겨줬다.

기업의 자주혁신을 실현하려면 우수한 단체가 있어야 하고, 유명 브랜드에는 민족정서가 뒷받침 되어야 하며, 중화민족의 위대한 부흥의 애국정신이 있어야 한다. 하이얼의 자주혁신은 중국 기업계의 자주혁신에 보편적으로 참고해야 하는 의의가 있다고 생각한다.

하이얼도 시대와 함께 꾸준히 발전하고 혁신해야 한다. 기타 부분의 혁신에서 걸출한 기여를 한 중국기업은 전국의 기업이 본받을만한 가치가 있는 것이다.

※ 이 글은 2005년 12월 "하이얼 창업 21주년 및 하이얼 글로벌화 브랜드 전략 심포지엄"에서 한 연설원고임.

기업 500강 리스트 변화에 따른 사고

중국 기업이 강해지고 방대해져서 오랫동안 발전을 이어가기를 바라는 차원에서 중국기업연합회, 중국기업가협회는 2002년부터 매년 중국 500강 기업 리스트를 발표했다.

또한 중국 대형기업의 발전상황, 존재하는 문제, 그리고 세계 500강 기업과의 격차에 대해 종합적으로 분석하고 대조했을 뿐만 아니라 그에 따른 건의도 제기했다. 이는 수많은 기업과 경제계의 환영을 받았고, 각급 당위, 정부의 높은 중시와 국내외의 넓은 이목을 집중시켰다.

지난해 500강 중국 기업 리스트에 올랐던 기업 중 112개가 올해의 500강 리스트에서 퇴출돼 퇴출률이 22.4%에나 이르렀다. 미국 '포브스'잡지에서 발표한 2005년 500강 세계기업의 5~7% 퇴출률보다 3~4배가 높은 수준이다. 퇴출된 기업에는 대체로 3가지 유형이 있다.

첫 번째는 기업이 체제 전환, 재조합의 영향을 받았거나 혹은 소속관계 조정, 법인변동이 있어 입선요구에 부합되지 않은 경우이다. 두 번째는 시장변화와 경영환경 변화의 영향을 받아 기업의 영업수입에 변화가 생겨 입선문턱에 들어서지 못한 경우다. 따라서 400여 등위에 이름을 올렸던 수많은 기업이 도태되었다. 세 번째는 기업경영 과정에 중대한 실수가 생겼거나 규정 및 법률을 어긴

행위가 있어 주관부서와 사법기관의 추궁을 받으면서 기업경영 실적이 대폭 하락하고 심지어 생산과 판매중단 상황에 처한 경우다.

순위가 앞자리를 차지하던 기업이 도태되어 퇴출되는 경우는 바로 이런 이유 때문이다.

위의 3가지 상황 가운데서 첫 번째와 두 번째 경우는 시장경제 가운데서의 자연현상으로 기업이 통제할 수 없는 객관적인 원인으로 인해 초래된 것이다. 반면에 세 번째 경우 특히 100여 등위, 200여 등위, 300여 등위에 이름을 올렸던 기업의 실적이 떨어지고 심지어 도태되어 퇴출된 것은 시장 등 객관적인 요소가 영향을 미치긴 했지만, 실은 회사 책임자의 주관적인 요소가 주도적인 역할을 일으켰기 때문이다.

경제 글로벌 추세가 심층차원으로 꾸준히 발전되고 국제산업 업그레이드와 전환속도가 빨라지고 있는 현 시점에서 중국 기업은 좋은 발전기회를 맞이하게 됐을 뿐만 아니라, 여러 측면에서 오는 준엄한 도전에도 직면하게 되었기 때문에 기업 간의 경쟁이 더욱 치열해졌다.

따라서 사회 각계 특히 기업 인사는 중국 대기업의 발전에 영향을 주는 보편성을 띤 돌출한 문제에 대해 고민해야 할 뿐만 아니라, 성적은 계속 유지하고 교훈을 받아들여 중국의 대기업과 기업그룹이 순조롭게 발전될 수 있도록 이끌어야 할 것이다.

그러기 위해서는 먼저 기업의 핵심가치관과 발전전략을 중시해야 한다. 기업의 핵심가치관과 기업의 전략적인 목표는 기업의 영혼이다. 기업을 강성하게, 방대하게, 그리고 오래도록 발전시키려면 반드시 명확한 전략적인 목표가 있어야 하고 이 목표에 따라 기업 특히 기업 결책층의 판단에 의해 이끌어 가야 할 것이다.

숭고한 목표를 추구하기 위해서는 끈질기게 달라붙고 총력을 기울여야 한다. 주변의 수많은 실례는 시장이 복잡다변하고 사회의 여러 가지 유혹에 직면했을 때, 기업에 명확한 전략적인 목표가 없다면 방향과 이성적인 사유를 잃게 되는

데, 그리하여 눈앞의 이익만 보고 흐트러진 상태에서 일을 처리하게 된다는 점을 증명해주고 있다. 국내 기업계에 이 같은 실례가 헤아릴 수 없이 많아 일일이 열거할 수조차 없다.

코린토스 미국 학자 등은 5년을 들여 1964년부터 1995년까지의 30년간, 미국기업 500강에 입선된 1,345개 대기업 중 해마다 우수하던 데서 탁월한 성과를 거둔 11개 기업을 선정했다. 그들은 이를 기초로 "우수하던 데서 탁월하기까지"란 책을 펴냈고, 다양한 이론과 숫자로 대비연구하면서 우수한 기업의 공통점을 분석한 뒤 아래와 같은 결론을 얻었다.

위의 11개 기업은 모두 기업의 핵심가치관과 핵심목표를 지켰고 그 기초 위에서 해야 할 일과 하지 말아야 할 일, 그리고 중단해야 하는 일과 지속적으로 이끌어 나가야 하는 일을 명확히 확정지었다. 이런 기업의 책임자들에게는 "어떤 어려움이 닥쳐도 반드시 승리할 수 있다는 확신과 현실이 아무리 잔혹해도 도망치지 않고 용감하게 대항하는 자질"을 엿볼 수가 있다. 위의 11개 기업의 책임자들은 평화롭지만 끈질긴 정신력을 소유했으며 업적을 세워야 한다는 생각을 가졌다. 그들은 이런 사상을 바탕으로 문제를 판단했으며 또 그런 사유의 영향을 받았다. 그리고 그들은 숭고한 기준에 따라 움직이고 웅대한 포부를 실현하려는 신념이 아주 강했으며 회사의 이익을 최우선 순위에 놓았다. 그들은 자신을 내세우지 않았으며 언론을 통한 개인 이미지마케팅은 더욱 꺼려했다.

2005년 중국 석유화학공사그룹은 500강 중국 기업 중 1위, 미국 『포브스』지에서 선정한 2005년 세계 500강 기업 중 31위에 이름을 올렸는데, 세계 500강 기업에 선임된 15개 중국기업 중에서도 앞자리를 차지했다.

중국 석유화학공사 그룹은 1983년에 설립되었다. 20여 년간, 당 중앙, 국무원의 영도 하에, 여러 분야의 관심과 지원 속에서, 그리고 중국 석유화공 공업 전체 임원이 한마음 한뜻으로 노력한 덕분에 역사적인 돌파를 실현했던 것이다. 더욱이 세계적으로 지명도가 높지 않은 중국 석유화학 공업을 종합실력이 미국과 일본에 버금하는 기업으로 발전시켰을 뿐만 아니라, 일본의 강대한 공업 부서를 빠르게 따돌렸는데 이는 실로 대단한 성과인 것이다. 이런 성공을 거둘 수 있었던 원인 중 하나가 바로 기업의 핵심가치와 핵심목표를 잘 지켰기 때문이다.

기업은 핵심가치관과 핵심목표에 따라 추구하고 노력해야 한다. 또한 어떤 상황에서도 시장규칙을 지키고 자원의 최적화 배치를 견지해야 하는 것 외에 국가의 자원을 잘 활용하고 국가의 이익을 우선 자리에 놓아야 한다. 그리고 개혁발전을 견지하고 자만하거나 조급해 하지 말며 영원히 게으름을 피우지 말아야 한다. 또한 기업의 핵심업무를 잘 이끌어 나가고 맹목적으로 확장하지 말아야 한다. 거품경제의 높은 수익률에 유혹되어 경거망동하지 말아야 하고 꾸준히 강하고 크게 발전시키는 길을 견지해야 한다. 힘을 모아 주업을 잘 이끌어 나가고 맹목적으로 확장하지 말며 자원을 분산시키지 말고 기초와 장점이 없는 분야에 함부로 뛰어들지 말아야 한다. 맹목적인 확장과 시장경제 규칙을 어긴 합병은 중국 수많은 대기업의 일반적인 폐단으로 되었다.

전략적인 목표와 멀리 보는 계획이 없는 기업들이 맹목적으로 규모를 늘리고 주업의 자원으로 관련 없는 기업을 인수 합병하다 보니 자연히 자원을 분산시켜 주업의 발전에 영향을 미치게 되는 것이다. 주업의 지위가 떨어진 후에는 동쪽 벽을 헐어 서쪽 벽을 보수하는 격으로 관련기업을 통해 손실을 만회하려 하니 구멍은 갈수록 커지게 되는 것이다. 주업의 지위가 떨어질수록 기업의 상황은 더욱 어려워져 결국 악순환이 반복된다.

예를 들어 젠리바오의 쇠락과 실패가 바로 이런 문제를 잘 설명해 주고 있다. 맹목적으로 다원화를 추구하면서 경영범위를 부동산, 의약, 패스트푸드, 스포치의류, 호텔, 증권, 관광, 언론과 자동차수리까지 확장시켰을 뿐만 아니라 훗날에는 자본쇼, 합병, 경영이 부실한 소형 술공장, 된장공장, 축구클럽까지 매입했다. 결국, 한 걸음 한 걸음 어렵게 구축한 민족브랜드를 쇠락과 실패의 나락으로 몰았는데 정말 아쉽기 그지없다. 이건 단순히 기업계의 손실만이 아니라 국가의 손실이고, 중국 대기업 발전의 심각한 교훈이기도 하다.

이밖에도 일부 기업은 약간의 발전에도 교만해져 맹목적으로 규모를 확장하는데 열을 올리고 있다. 인수합병이나 매입할 때 책임지고 조사하지 않고 인수합병대상의 자질에 대해서도 깊이 있게 알아보지 않은 채 기업의 자산을 본전으로 간주하고는 맹목적인 판단을 내리곤 했다.

수많은 실례가 동일한 주업의 관련 없는 기업을 인수 합병할 경우 기업의 자금과 인력 등 자원뿐만 아니라 책임자의 힘을 이전 분산시킴으로써 기와 한 장 아끼려다 대들보를 썩히는 격이 되어 결국 점차 곤경에 빠진다는 점을 증명해 주고 있다.

물론 인수합병이 기업을 크고 강대하게 발전시키는 중요한 방식이고 국제·국내적으로도 성공적인 사례들이 있다. 하지만 문제는 중국기업의 인수합병환경이 아직 성숙되지 못하고 규범화 되지 못했을 뿐만 아니라 뒤져있다는 점이다. 이런 조건에서는 반드시 세심하게 업무를 추진해야 하며 신중하게 판단을 내리고 결책을 내려 중대한 실수가 생기는 것을 막아야 한다. 정부와 기업은 모든 경험을 시의 적절하게 종합하고 정확하게 인도함으로써 관련 업무를 착실히 이끌어 나가야 한다.

최근 랑셴핑(郎咸平)이 홍콩『동방일보』에 발표한 "강국의 길을 논함"이란 글에서 "원시적인 축적을 실현한 후 온건한 책략으로 바꿔야 한다"고 지적했다. 그는 미국의 500강 기업 중 온건한 결단을 내리지 않은 기업이 있는가 하며 되물었다. 우리는 이러한 랑셴핑의 관점을 주목해야 한다. 인재등용에서 엄하게 심사하고 업적을 중시하며 실제업무능력과 자질을 주로 보아야 한다.

500강 기업 가운데서 중국 기업의 퇴출률을 연구하고 결책 층에 나타난 문제를 분석한 결과 기업의 쇠락과 실패를 초래한 원인이 다양한 것으로 나타났다. 하지만 가장 근본적인 원인은 인재등용에 문제가 생겼기 때문이다.

예를 들어 리징웨이(李经纬)가 직무에서 물러날 때 젠리바오는 50억 위안의 판매액으로 2002년 최초로 발표한 중국 기업 500강 중 344위에 이름을 올리며 국내 음료수 기업의 필두로 군림했다. 이토록 상당한 실력을 갖춘 기업이 어려움에 부딪히자 체제를 전환하고 재조합에 나섰으며 기업의 결책 층을 조정했다. 사실 이런 절차는 문제가 생긴 후의 보편적인 조치이다. 하지만 중국에 선진적이고 성숙된 매니저시장이 없기 때문에 출자비율에 따라 사람을 파견하는 착오적인 조치가 추진되었다. 전문지식 장악여부, 시장에 대한 요해여부, 그리고 자질능력의 적임여부를 떠나 투자하는 자가 사람을 파견했던 것이다. 이사회는 사전에 잘 알아보지도 않고 심사하지 않았을 뿐만 아니라, 사후에도 감독검사를 하지 않았다. 독립적인 이사는 기업 결책에서 제외된 꼭두각시로 되었다. 결국 '그림자 영도'라고 자칭하는 새내기를 이사장 자리에 앉혔다. 그러니 취임한 후에는 마음대로 행동하고 고의로 교활한 술수를 부려 2년 반 만에 국내외에서도 유명한 기업을 무너뜨리게 했던 것이다.

커룽도 마찬가지였다. 구추이쥔(顧雛軍)이 커룽에 입성한 후 자본운영의 명의로 "뱀이 코끼리를 삼키는" 분수에 넘치는 일을 벌였는데, 3년도 되지 않아 커룽 A주식의 주가는 25위안에서 1.8위안으로 바닥을 쳤다. 올 4월 대륙과 홍콩의 거래소에서는 거래를 일시 중단했다. 커룽전자주식유한회사는 자금유용으로 부득이하게 생산을 중단해야 했다. 건전하게 잘 운영되던 회사가 이렇게 무너지다니 정말 마음이 아픈 일이다.

올 6월 28일, 리자청은 산터우대학에서의 연설에서 "인기가 높지만 잘난체하는 기업스타는 절대 선택하면 안 되고", "자아표현을 모든 업무에서의 출발점으로 하는 기업거수"를 선택해 기업을 관리하게 하면 안 된다고 강조했다.

인재를 등용할 때 정확하게 살펴봐야 한다는 '경언'(警言)'으로, 그리고 심각하고 목표성 있는 실천경험에 대한 종합으로, 모든 대기업의 주관기구와 이사회에서 금옥양언으로 인용하고 있다.

자본운영에 종사하는 투자회사의 협력은 유난히 신중을 기해야 한다. 중국기업이 발전함에 있어 가장 큰 문제가 바로 자금부족이다. 은행 신탁에 어려움이 많고 직접융자 면에 편리한 루트가 없기 때문에 기업경영에 어려움이 생기고 자금지지가 필요할 때에는 늘 "젖만 주면 어머니"로 되는 경우가 많다. 기업에 위험의식이 모자라고 필요한 자문조사를 하지 않음으로 인하여, 결과적으로 그릇된 선택을 하고 기로에 들어서며 심지어 "빈손으로 큰돈을 버는" 덫에 걸리게 되는 것이다.

중국 기업에 자금이 모자라는 것은 오래된 현상이기 때문에 자본시장에서의 융자가 필연적인 선택으로 되었다. 기업은 반드시 위험의식이 있어야 하고 자문조사를 진행해야 할 뿐만 아니라 감독관리와 회계감사 감독을 강화해 맹목적으로 결정하지 말아야 한다. 기업의 자금 운영 특히 자금지출 규모가 클 때에는 반드시 이사회의 심사비준을 거쳐야 하고 이사회는 반드시 투자자를 대표해 직책을 수행해야 한다. 절대 한 사람이 모든 것을 결정지어서는 안 되고 더욱이 남몰래 불공평하게 처리해서도 안 된다.

마지막으로 업무를 착실히 이끌어 나가고 혁신과 관리를 강화하며 경솔한 행동을 절대 금지해야 한다. 기풍이 경박하고 업무를 건성건성 처리하며 힘을 들이려 하지 않는 것 외에도, 하루아침에 유명세를 타고 벼락부자가 되려 하는 것이 중국의 수많은 대기업의 경영실적이 대폭 떨어진 또 다른 공통적인 문제점이다.

언론을 비러 이른바 "무차별하게 폭격"하거나 대대적으로 홍보하거나 구실을 대어 쇼를 해 대중을 잘못된 방향으로 이끄는데 이런 것들이 바로 기풍이 경솔한 표현들이다. 기업은 과학적인 발전을 실행하고 순환경제를 발전시키는 중요한 기초이자 사회자원을 소모하는 큰 기구이기도 하다. 기업의 에너지절약 업무의 발전여부는 개혁발전의 전반적인 국면뿐만 아니라 중화민족의 위대한 부흥과도 관계된다.

현재 쓸데없이 부풀려 얘기하지만 실제적인 효과를 따지고 관리를 잘 해야야 하는 부분에 대해서는 확실히 하려 하지 않는다. 기업을 진정으로 경영했던 책임자라면 자원을 절약해 종합적으로 이용하고 순환적으로 활용해 선진적인 공예기술, 설비를 바탕으로 착실하고도 과학적으로 업무를 관리해야 한다. 기업은 여러 가지 과학적이고 엄격한 소모정액이 있어야 하고, 착실하게 조직해 실천에 옮겨야 하며 일련의 검사, 감독, 심사메커니즘이 있어야 한다. 착실하게 업무를 이끌어 나가지 않을 경우 소모가 줄어들지 않아 순환경제를 발전시키는 것이 메마른 구호에만 그치게 된다.

자주적 브랜드가 부족한 것이 중국 기업의 국제경쟁력이 약한 치명적인 약점이자 기업이 장기적·지속적 그리고 열심히 하는 업무태도가 약한 돌출한 표현이기도 하다. 2005년 세계 권위 있는 브랜드 실험실에서 발표한 "세계 브랜드 500강"에 이름을 올린 중국 브랜드는 고작 4개에 불과했다. 현재 중국은 이미 세계 최대의 방직대국으로 성장해 섬유가공량이 세계의 40%를 차지하고 있다. 2004년 중국 방직품 복장 수출액이 973억 위안으로 세계 방직품 복장무역 총량의 약 25%를 차지한 반면 중국의 자주브랜드 비율은 1% 미만이었다.

중국의 많은 기업들이 기술혁신에서 뒤쳐져 있는데 특히 오리지널 기술이 모자란다. 또 자주적 브랜드가 부족하기 때문에 원료를 수입해 가공하고 OEM 생산을 하고 있다. 수많은 중요한 부속품의 품질이 장기간 올라가지 못해 선진 공예디자인의 수요를 만족시키지 못하고 있기 때문에 부속품 수입에 의거해서 조립하고 있다.

이런 현상이 생긴 심층 차원의 원인은 열심히 그리고 착실하고도 끈질긴 시스템화된 업무가 없고, 기업 관리 과정에 성공과 눈앞의 이익만 따지는 경솔한 기풍으로 인해 초래된 것이다. 기업이 성공할 수 있는 근본적인 원인은 관리에 있으며 다년간 꾸준히 노력하고 한 세대 한 세대 사람들이 착실하게 일한 덕분이다. 중국 기업들이 강하게, 장대하게 오래도록 발전하려면 경영관리 면에서의 경솔한 기풍을 버려야 한다. 기업은 반드시 실무적으로 업무를 추진해야 하며 자원과 정력을 신제품의 연구와 개발, 비용을 줄이고 시장을 개척하는데 투입함으로써 많이 모았다가 조금씩 써야 할 것이다.

※ 이 글은 『구시(求是)』 2005(21)에 게재된 글임.

하늘의 도는 부지런함에 보답하는 것이기에,
많이 모으고 조금씩 써야 한다

– 경솔함을 버리고 기업의 소질을 적극 향상시켜라 –

개혁개방 20여 년간, 중국 경제는 줄곧 빠른 성장세를 유지했다. GDP는 연간 9.4%의 성장률을 기록했고 경제 총량은 세계 제7위, 대외무역 규모는 세계 3위에 올랐으며 종합국력이 꾸준히 증강되고 국민생활이 현저하게 개선되었다. 이런 성과를 거둘 수 있었던 것은 중국 기업이 빠르게 발전한 덕분이다.

WTO에 가입 후의 2005년 중국은 과도기에 들어서고 여러 회원국과의 '밀월기'가 끝났다. 따라서 개방차원이 높아지고 개방범위가 넓어졌으며 영향력이 커졌다. 자연히 경쟁도 더욱 치열해졌다. 중국기업은 새롭고, 전에 없던 기회와 도전에 직면하게 되었다.

중국기업의 자질 향상은 발등에 떨어진 불이다

2003년 말까지 중국의 여러 가지 유형과 규모의 기업이 총 700여 만 개에 이르렀는데 이는 상당한 숫자이다. 하지만 공업화 중기에 처한 개도국으로서 이 정도의 기업 총수에 만족해서는 안 된다. 중국 경제가 지속적으로 빠르고 건전한 발전을 이어가려면 더 많고 우수한 기업이 있어야 한다.

중국경제의 발전에 수많은 신생기업이 있어야 한다는 점과 중국기업의 전반적인 자질 특히 국제경쟁력이 낮다는 점에 유의해야 한다. 따라서 중국 기업의 자질을 향상시키는 것이 경제발전의 전반적인 국면과 관계되는 긴박한 임무가 되었다.

2004년, 중국 500강 기업과 세계 500강 기업을 비교했는데 자산규모, 경영수입, 이윤이 각각 후자의 5.61%, 7.3%, 5.22%였으며 일인당 영업수입, 일인당 이윤액과 일인당 자산은 각각 세계 500강 기업의 동일한 지표의 16.23%, 11.62%와 12.46%에 불과했다. 중국 기업과 세계 우수한 기업의 격차가 품질에서만의 격차가 아니라 기업의 경쟁력 면에서도 격차가 나타났다는 점이다. 기업의 핵심 경쟁력은 기업의 가장 중요하고도 기본적인 자질이자 기업의 운명을 결정짓는 자질이기도 하다.

중국 기업은 기술혁신과 연구개발 능력에서 선진국 기업과의 격차가 아주 뚜렷하다. 이런 격차는 주로 자주혁신능력이 부족한데서 집중적으로 보여 지고 있으며 대외기술에 지나치게 의거하는 현상까지 생겨나게 되었다. 세계의 여러 제조업 대국 중 중국은 4위에 이름을 올렸으며 100여 개 종류의 공업상품 생산량이 세계 1위를 달리고 있다. 하지만 중국에 세계적인 브랜드가 적고 글로벌 판매 네트워크와 공급사슬이 없다.

미국의 모 권위 있는 평가기구는 "글로벌 100개 유명 상표"에 중국의 하이얼 하나 밖에 이름을 올리지 못했다고 전했다. 이런 현실이 글로벌 제조업 대국의 칭호와는 너무 어울리지 않는다. 우리에게는 '세계 제1'로 불리 울만한 브랜드가 아직 없다. 이는 기업의 자질이 높지 못한 것과 직접적으로 관계되는데 최근 몇 년간 수량 확장과 방만한 경영을 추구한 데 따른 필연적인 결과라고 볼 수 있다.

오늘날, 중국 기업이 빠르게 발전되고 성장하는 반면, 도산되고 소실되는 기업의 수량이 엄청나고 속도도 빠르다. 『중국경제주간』은 국내에 등록한 기업 중 매일 12,000개가 도산하고 있으며, 중국기업의 연 평균 수명은 고작 3.5년이라고 보도했다. 기업의 자질이 비교적 높은 중국 500강 기업이라 할지라도 최근

3년간, 해마다 기업 100개가 퇴출되는 등 높은 퇴출률을 지속하고 있다.

개도국의 성장형 기업들이 환경, 기회, 경험 그리고 공업의 여러 가지 제한을 받아 경쟁을 벌이고 도태되는 것은 정상적이고도 필연적인 현상이다. 하지만 만약 기업 자체의 자질이 우수하다면 도태율은 낮아질 것이고, 기업이 파산되고 도산되는 것뿐만이 아니라, 여러 가지 자원낭비, 사회적 동요가 발생하는 것을 줄일 수 있으며, 중국경제가 지속적이고도 안정적으로 발전할 수 있는 능력을 키우게 된다. 중국의 경제발전은 과학적 발전관 수립, 경제구조 조정, 경제성장 모델의 전환, 경제 효익 향상 등에 힘써야 한다.

그러려면 기업에 양호한 자질이 있어야 한다. 중국의 경제가 발전하려면 기업의 수량을 늘려야 하지만 기업의 자질을 한층 향상시킨 기초 위에서 실현해야 한다. 현재 국내의 상당한 기업들이 고소모, 고원가, 고오염, 방만한 관리 단계에 처해 있는데, 이는 기업경영에 수많은 어려움을 가져다주고 있다. 뿐만 아니라 기업의 생존이 어려워졌으며, 국가, 사회, 자원의 이용과 환경보호에 모두 감당할 수 없는 짐을 떠넘겼다.

이런 상황을 변화시키지 않으면 중국 기업은 21세기 첫 20년의 전략적인 기회를 파악하지 못해 이를 효과적으로 이용할 수 없을 뿐만 아니라, 국제경쟁력도 갖출 수 없기 때문에 중국경제가 지속적이고 빠르고 건전하게 발전하기는 아주 어려울 것이다.

중국 기업의 자질은 중국 경제자질의 기초이다. 중국에서 소강사회를 전면적으로 건설하고 본세기 중엽에 현대화 전략목표를 기본적으로 실현하려면 기업의 발전성과에 크게 의거해야 한다. 중국기업은 반드시 빠른 시일 내에 심리상태를 바로잡고 자질을 향상시키기 위해 모든 힘을 동원하는 한편, 중화민족의 위대한 부흥의 역사적인 중임을 짊어져야 한다.

기업의 자질을 향상시키려면 인식부터 바로잡아야 한다

기업의 관리자, 특히 주요 책임자는 반드시 경솔함을 버리고 들뜬 마음을 가라앉히고 문제를 연구해야 한다. 또한 착실하게 업무를 수행하고 꾸준히 노력해야 한다.

명예에만 눈독을 들이며 급히 부자가 되려는 마음가짐으로 기업을 관리해서는 안 된다. 조그만 성과를 얻었다 하여 급히 언론을 비러 홍보하거나 허영과 부화에 들떠 있어서는 안 된다. 동서고금을 통해 성공한 기업의 역사에는 모두 기업의 발전에 객관적인 법칙이 포함되어 있기 때문에 완전한 발전과정을 거쳐야 하고 몇 년 아니 몇 세대에 걸치 어려운 분투, 엄격한 관리와 과학혁신이 뒷받침되어야 한다.

그 어떤 돌연 변화와 비약적인 발전은 모두 실제적인 업무, 장기적인 축적, 사물의 발전에 따라 유리한 방향으로 이끈 결과이다. 기초를 경시하고 겉치레에 열을 올리며 눈앞의 이익만 보고 급히 성공하려는 판단이 일시적으로 효과를 거둘지는 몰라도 시간의 시련을 이겨내지 못하고 시장 환경의 충격을 막아내지 못한다. 더욱이 경쟁력이 떨어져 결국 실패하게 되며 더 나아가 기업은 도산하고 개인은 지위와 명예를 잃게 될 것이다. 사실 이러한 실례는 아주 많아 구체적으로 거론하기조차 어렵다. 중소기업뿐만 아니라 대기업에도 이런 문제가 존재한다.

하늘의 도는 부지런함에 보답하는 것이라 했다. 따라서 많이 모아 조금씩 쓴다면 꿈은 꼭 이룰 수 있을 것이다. 이는 고금과 중외에서 극히 지당한 명언으로 꼽히고 있다. 지향 있는 기업가들은 이를 좌우명으로 삼고 있는 이유이다.

기업의 자질을 향상시키려면 반드시 관리에 힘써야 한다

기업관리는 기업자질에 대한 관리이자 기업에서 자질을 향상시키는 수단이기도 하다. 과학적인 관리가 없고, 실제적인 제도, 기술, 관리, 상품, 서비스에서의 혁신이 없다면 기업의 자질을 향상시키는 것은 빈말에 불과하다. 이 모든 것들은 관리이념의 향상, 관리제도이 완벽화, 관리방법의 혁신 등을 포함해 관리를 통해 실시해야 한다. 기업의 경쟁력 향상이 궁극적으로는 비용을 낮추고 상품과 서비스품질을 꾸준히 향상시키며 시장을 개척하는 것이다. 이런 목표에 이르려면 일련의 과학적인 관리방법으로 보장해야 한다. 어느 한 고리에 문제가 생겨도 기업의 경쟁력 향상에 영향을 미치기 때문이다.

300여 년의 역사를 가진 왕마즈 가위가 도산된 반면, 100여 년의 역사를 가진 빅토리녹스는 왜 오랫동안 흥성하게 발전할 수 있었을까? 근본적인 원인은 기업의 자질, 관리, 혁신이자 시장에 대한 응변능력에 있었다.

기업 자질 향상의 관건은 기업가 자질의 향상에 있다

2003년에 진행된 기업가 상대의 설문조사 결과 43.8%의 피조사자가 기업경쟁의 장점은 지도자의 자질에 의해 결정된다고 판단한 것으로 나타났다. 기업의 지도자는 기업의 자질을 향상시키는 결정자와 실시자로 그들의 자질이 기업의 자질을 결정한다고 해도 과언이 아닐 것이다. 기업 지도자의 자질을 향상시키는 방법은 배움뿐이다. 따라서 부지런히 배우고 열심히 배워야만 한다.

1978년 덩샤오핑은 경제학, 과학기술, 관리를 배우는 것을 중점적으로 장악해야 한다고 지적했다. 잘 배워야 고속, 고수준의 사회주의 현대화 건설을 이끌수 있는 것이다. 실천과 책을 통해서 배워야 할 뿐만 아니라, 자신과 타인의 경험에 의한 교훈 에서도 배워야 한다.

기업의 업무는 얼기설기 뒤엉켜 있고, 기업가는 정무에 바삐 움직이고 있어그 고생이란 말할 수 없을 정도다. 날마다 팽이처럼 바쁘게 돌아가고 있기 때문에 객관적인 원인을 얘기한다면 모두 합리적인 이유를 찾을 수가 있다. 하지만 성공과 탁월함을 추구하는 기업가라면 절대 바쁘다는 것을 핑계로 배움에 게을리 하고 지식을 추구하는 발걸음을 늦추지 안는다. 업무를 잘 배치하기 위해 노력하고 시간을 쪼개서라도 일정 시간 독서하고 배우는 시간을 가져야 한다. 또한 문제를 사고하면서 그 느낌을 얘기하고 의문점을 제기해야 한다.

이런 부분은 학습, 연구토론을 거쳐 답안을 찾아야 하며 그 과정을 거쳐 문제를 해결하는 지혜를 얻어야 한다. 현재시장과 동류업자 사이에 그릇된 정보를 전달하고 심지어 의미 없는 파티나 여러 가지 형식의 부정당한 유혹, 언론을 통한 마케팅 등 나쁜 기풍이 성행하고 있다.

이런 것들은 모두 경솔한 심리상태와 행위를 초래하는 외부요소이다.

이런 요소는 사회 전환기에서 절대 단절할 수 없는 현상이다. 중요한건 정확하고 대하고 대응해야 한다는 점이다. 사회의 경솔함에 대응하려면 우선 양호한 심리상태를 유지해야 한다. 부러워하지 않고 개입하지 않으며 경솔하지 말고 자신을 잘 조절하는 과정에서 자체적으로 자질을 향상시켜야 한다.

마썽리(馬勝利)와 부신썽(步鑫勝)이 왜 우담화처럼 잠깐 나타났다가 바로 사라지고 루관치우(魯冠球)는 왜 오래도록 발전할 수 있었을까? 바로 경솔한 쇼와 착실한 근본이 서로 다르기 때문이었다. 이는 기업가의 개인 문제만이 아니라 사회에도 책임이 있다. 독서에 대한 조사보고를 본 적 있는데 중국 기업가의 독서시간은 일본 기업가의 10분의 1에도 미치지 못하고 있는 것으로 나타났다. 이런 조사가 정확한지는 모르겠지만 중국 기업가의 독서시간이 짧은 것만은 분명하다.

중국 기업가들이 배우기 위해 노력하고 자신뿐만 아니라 임원들이 학습하도록 이끌어 기업의 발전에 지혜를 모아가고 기업 자질의 향상에 든든한 근거를 제공해 주기 바란다.

'39'교훈 –"1인자 결정"의 제도적 결함

창업초기의 발전과 그후 10년간의 눈부신 확장을 거쳐 2001년부터 39그룹 (이하 '39'로 약칭) 내에 쌓인 문제점이 점차 드러나기 시작했다. 그해 증권감독 관리위원회는 '39'에서 상장회사의 자금을 대량 유용해 상장회사의 재무안전위험에 미친 심각한 문제를 통보하고 비판했다. 2003년 '39'의 채무위기가 전면적으로 터졌고, 2005년 자오신셴(趙新先) 이사장은 형사 구속되었다. 여기까지가 '39'가 흥성에서 쇠락으로 떨어진 대체적인 행적이다.

정책 결정에서의 실수, 맹목적인 확장, 핵심 업무의 약화가 양호한 발전을 이어가던 회사를 정상에서 나락으로 떨어지게 한 주요원인이었다. 하지만 '39'가 쇠락한 근본적인 원인은 제도 차원의 문제이자 지도자체제와 결책메커니즘의 문제이며 장기적으로 일인자가 모든 것을 결정하는 방침에 따른 필연적인 결과이다.

'39'의 교훈을 돌이켜 볼 때, 경영관리의 실수나 자오신셴의 개인적 자질과 수양에서 원인을 분석하는 것만으로는 부족하다. 반드시 제도적으로 지도자체제와 결책메커니즘에서 심층차원의 원인을 분석해야만 한다.

1. 일인자가 결정하는 방침의 역할과 국한성

기업을 설립하고 관리함에 있어 일인자가 결정하는 제도가 합리성이 있고, 국내외에 수많은 성공적인 사례가 있다. 하지만 이런 성공은 조건이 뒷받침되어야 하기 때문에 상대적인 것이다. 보편적으로 기업의 창업 초기나 조기, 기업의 규모가 작고 조건이 별반 없을 때, 기업의 생존과 발전을 위해 창업자는 겸손함과 조심성을 갖고 무모한 일을 벌이지 않는다. 더욱이 리스크의식이 비교적 강하고 실패를 두려워한다.

이런 상황에서는 업무를 신중하게 처리하고 가령 1인자가 결정한다고 해도 결정하기 전에 타인의 의견을 열심히 청취하곤 하기 때문에, 창업 조기에는 일인자가 결정하는 방침에 적응할 수 있고, 이런 방침이 전면적이고도 적극적인 역할을 일으킬 수가 있다.

일인자가 결정짓는 제도가 특정 조건에서는 효율성이 있긴 하지만 과학적인 의의에서의 효율과 동일시하면 안 된다. 일정한 단계, 특정 상황에서의 효율만 보고 이를 과학적인 결책 메커니즘이라고 생각해서도 안 된다. 과학적이고 민주적인 결책절차가 없다면, 사물의 현황이나 전경, 그리고 향후의 추세에 대해서도 정확하게 내다보지를 못하게 된다. 만약 이를 과학적인 결책으로 간주하고 유일한 준칙으로 삼으면서 그 방향을 따라 나아간다면 나락으로 떨어지는 것은 시간문제다.

중국에는 "큰 길 옆에 집을 짓는다"는 통속적이면서 유명한 속담이 있다. 그 뜻은 일부 문제에서 의견을 내놓은 사람이 많고 의견 차이도 크기 때문에 모든 사람들의 의견을 모아 일을 잘 처리하기란 어렵다는 것이다. 이 구절은 일찍이 사마광의 『자치통감』에서 나온 말인데, 비수 전쟁 직전, 전진의 황제 부견이 결정을 내릴 때의 상황을 묘사한 것이다.

그때 전진 내부에서는 동진의 공격 여부에 대해 뜻을 같이 하지 못했는데, 공격을 거부하는 자와 이런저런 공격수단을 제기하는 자가 있었다. 이런 상황에서 부견은 남동생 부융을 불러 그들의 말을 듣지 말라며 예로부터 큰일에는 모두 한 두 사람이 결단을 내렸다고 말했다.

마치 큰 길 옆에 집을 짓는 것처럼 오가는 사람들이 모두 손가락질할 것이다. 이 사람은 좋다 해도 저 사람은 나쁘다고 얘기할 수 있기 때문에 집은 영원히 지을 수 없는 것이다. 이른바 "길옆에 집을 지으면 끝날 시일이 없다"는 뜻이다.

부융은 동진을 공격하는 것을 말리며 전쟁을 도발하면 안 되는 이유를 강력하게 주장했다. 부견은 부융이 융통성이 없다고 생각하고는 스스로 공격하기로 결정했다. 그 결과 전진은 크게 패했고 전군이 멸해 "팔공산 위의 초목마저 병사로 착각한다"는 역사를 남겼다. 그후 전진은 빠르게 멸망했다. 이는 역사적으로 아주 유명한 독단적으로 결정을 내린 사례이다.

사실상 "큰 길 옆에 집을 짓는 데" 대해 서로 다른 의견을 갖는 것은 아주 정상적인 일이기 때문에 결정자는 훌륭한 견해를 따르고 서로 다른 의견 가운데서 합리적인 부분만을 받아들이면 되는 것이다. 예를 들어 비수전쟁에서 전쟁을 치를 수 없다고 주장한 자들은 이해관계에 대해 반복적으로 사고한 후 제기한 의견이었기 때문에, 만약 부견이 타인의 의견에 열심히 귀를 기울였다면 국면에 불리한 상황에 대해서는 사전에 예방하고 대응할 수 있었을 것이다.

일인자가 결정하는 지도자 결책 체제가 창업 초기에는 일정한 성공을 거두고 효율이 있음을 증명했지만 이런 부분에 미혹되지 말아야 한다. 만약 제한된 성공을 진리로 생각하고 확실한 견해로 승화시킨다면 문제가 생기는 것은 시간문제다. 수많은 대기업이 실수를 범했다가, 실패를 보게 된 것도 모두 이런 이유 때문이다.

유능한 기업가라면 모두 한 사람이 결정하는 지도자 체제와 결책메커니즘에 대해 잘 살펴보고 발전 세를 짐작하며 제때에 과학적인 민주결책으로 방향을 바꿔야 한다는 점을 반드시 명기해야 한다.

개인의 독단적인 결책 탓에 실패를 겪은 사례가 이토록 많은데 왜 아직도 새로운 기업가들이 줄줄이 가담해 과거의 잘못을 되풀이 하고 있는 것일까?

이런 결과를 초래한 것은 개인이 권력, 명예와 이익을 지나치게 추구한 탓이다. 이로 인해 기업가들은 뚜렷하지 못한 인식을 가지고 경솔한 행동을 하게 됐던 것이다.

발전이 빠를수록 미신현상이 더욱 심각하고 잠재된 위기도 커진다. 창업 초기는 어렵다. 일정한 성과를 거두고 나면 훗날에는 모든 걸 잊어버리고 함부로 행동해 줄줄이 쇠락의 길로 들어선다. 기업의 쇠락은 기업, 사회 심지어 국가에도 큰 손실이다. 참으로 마음 아픈 일이 아닐 수 없다.

2. 자오신셴의 극단적인 행동 탓에 '39'가 흥성에서 몰락으로

'39'의 상급자가 자오신셴에게 모든 결정권을 줬는데 이는 '39'의 예견된 실수라 할 수 있다. 훗날 점차 지도자 제도와 결책메커니즘으로 발전되고 제도적인 결함으로 돼 버렸다.

'39'의 성장발전 과정을 분석해 보면 주의해야 할 경계선이 있다. 일인자가 결정하는 제도의 전후변화가 '39'의 전반적인 경영상황에 대한 대조이다. 이 또한 '39'가 흥성에서 쇠락으로 나아간 분수령이기도 하다.

남방약품공장이 1985년 설립되어서부터 1991년 10월에 이르기까지 발전했다. 따라서 주업이 발전하였고, 기업이 활력으로 충만되었으며, 생산판매량은 해마다 고속성장세를 유지했다.

'39'는 이 시기를 첫 번째 발전단계라 부르고 있다. 1991년 10월, 상급기관은 '39'의 설립을 허락하고 '39'의 인재, 재산, 물품에 대한 모든 권력을 경영자에게 맡겼다. 이로부터 상급 부서는 자오신셴만 관리하면 됐는데 다시 말해 일인자가 결정짓는 지도자체제를 명확히 지킨 셈이었다.

두 번째 단계에는 '39'가 빠르게 발전되고 확장하는 시기다. 1999년 전성기에 들어섰는데 그해 9월, 자오신셴은 5년을 이용해 '39'를 세계에서 가장 크고 가장 선진적인 식물약품생산기업으로 성장시키고, 10년을 이용해 아시아에서 가장 크고 가장 강한 종합적인 제약기업으로 발전시키며, 15년을 이용해 세계 500강 기업에 입선하겠다고 선포했다.

자오신셴이 제기한 이런 목표가 대체 어떻게 생긴 것일까? 근거는 있는 것일까? 과학적이고 엄밀한 논증을 거쳤을까? 아니다. 개인의 웅대한 포부를 얘기하고 자신의 생각을 공개한 것뿐이었다. 이 단계는 '39'가 급속도로 대규모 확장을 고집하던 시기였다. 중대한 문제에 대해서도 함부로 판단하고 결책을 내렸는데 특히 1995년 이후에는 상황이 더욱 심각해졌다.

"산 아래서 복숭아를 딴다", "기회를 놓치면 다시는 기회가 없다"는 사상에 따라 '39'는 전국의 여러 지역에서 수많은 기업을 인수합병하고 매입했다. 2001년 '39'는 빠르게 확장되어 56개의 2급 기업, 100여의 개 3급 기업을 소유한 기업으로 성장했다.

훗날에는 5개 급의 500여 개 기업에 이르렀다는 소문도 돌았다. 더욱 심각한 것은 이토록 빠른 인수합병 가운데서 45%에 이르는 합병대상은 모두 채무까지 떠안으며 인수합병 했다는 점이다.

따라서 방대한 채무가 '39'에게로 전가됐고 '39'재무위기의 화근도 바로 이때 심은 것이다.

1983년 중국 석유화학공사 그룹의 사장으로 있었을 때, 이미 총 34개 생산기업이 있었는데 지금에도 여전히 40개를 초과하지 않는다. 핵심인 주업 이외의 분야에 대해서는 단 한 번도 욕심낸 적이 없었다.

그때 전국의 수많은 소형 정유공장들이 우리 쪽의 힘에 의지하려 했는데, 만약 그때 도처로 다니면서 인수합병하고 "복숭아를 따러 다녔다"면 대량의 기업을 합병할 수도 있었겠지만, 훗날에는 모두 짐이 되어 뒤처리를 하기 어렵게 됐을 것이다.

1995년, 자오신셴은 자동차를 그룹의 지주 산업으로 발전시키겠다고 했다. 기존에 제약을 주업으로 하던 기업이 단번에 자동차산업에 진출한다는 사실 자체가 자본, 기술, 인재, 관리 등 면에서 효과적인 지원을 한다는 것은 상상할 수조차 없는 일이었다. 바로 이 시기 자오신셴은 또 다시 "신농계획"을 제기하고 대규모로 농업에 진출하기로 했다.

그는 10개월도 되지 않는 사이에 60여 개의 지방정부와 농업개발협력협의를 체결했지만 이 계획은 빠르게 물거품으로 돼 버렸다. '39'에 만약 과학적이고 민주적인 결책절차가 있었다면 이런 상황이 나타날 리가 없었다. 그리고 '39'는 10억 위안을 투자해 국제화된 맥도날드 경영방식의 글로벌 중의약 가맹점 등을 내올 계획을 세웠지만 이것도 빠르게 물거품으로 되었다.

이제 와서 돌이켜보니 이런 일들이 한낱 웃음거리처럼 황당하게 느껴지지만 '39'는 현대기업제도를 실행하지 않고 상장회사의 규칙도 지키지 않은 채 자오신셴 혼자서 모든 걸 결정했던 것이다. 뿐만 아니라 내부에는 균형에 제동을 거는 제형(制衡) 메커니즘도 없었고 공개적으로 질의를 표하는 자도 없었다. 게다가 외부로 제약과 단속을 받지 않았기 때문에 자오신셴이 생각하는 대로 결책을 내리고 실천에 옮겼던 것이다.

그는 일인자가 결정짓는 제도를 극단으로 끌고 나가 "얘기하지 않는 부분이 없었고 결정짓지 못하는 부분이 없는 국면"을 초래했기 때문에 실패는 필연적인 것이었다.

2000년 이후, '39'의 문제가 갈수록 불거졌고 기업은 점차 내리막길을 걷기 시작했다. 그럼에도 불구하고 메커니즘에서 이런 문제를 제때에 발견하고 바로잡지 못했다. 사실 기업의 경영 과정에 문제가 생기는 것은 정상적인 현상이다. 관건은 문제점을 일찍 발견해 단속하고 바로잡아 손실을 줄이는 것이다. 하지만 '39'는 이런 메커니즘이 없었고 누군가 문제점을 발견했다 해도 어떻게 해볼 방법이 없어 기업이 그릇된 방향으로 나아가 더 큰 잘못을 저지르는 것을 지켜만 봐야 했다. '39'가 그렇듯이 흥성에서 쇠락으로 나아간 기업은 모두 이런 과정을 겪었던 것이다.

3. 일인자가 결정짓는 체제에 따른 재무적인 오산

자오신셴은 혼자서 모든 걸 결정하는 지도자제도를 숭상하면서 이런 제도가 효율이 높아 기업의 발전을 촉진시킬 수 있다고 확신했다. 그래서 소속기업에서도 이런 제도를 실시해 "한개 급만 관리하고 일인자만 관리한다"는 구호를 제기했으며, "'6가지 권력을 주는 제도"를 실시해 소속기업의 모든 권력을 일인자에게 넘겨줬다. 이런 지도자제도는 그 어떤 유형의 기업 심지어 가족기업에서도 제창할 바가 안 되고 허락할 수 없는 제도지만 '39'에서는 스스럼없이 밀고나갔다.

'39'에서 권력을 이양했다는 점은 재무 감독과 관리가 없는 상에서 뚜렷하게 보였다. 자오신셴은 그룹과 소속기업의 재무상황과 경제기반, 채무에 대해 전혀 알지를 못했다. 결국 재무문제가 전 그룹을 위기에로 몰아넣은 도화선이 되었다. 성공했거나 실패한 국내외의 모든 기업은 재무가 기업의 핵심문제라는 점을 증명했다. 기업의 재무상황이 양호할 경우 기타 문제도 따라서 쉽게 풀리지만 반면 재무안전에 문제가 생겼을 경우에는 기업을 위기에 몰아넣는 것은 물론 결국 파산에 이르게 된다.

'39'의 재무문제는 마음속에 숫자가 없고 함부로 약속하며 제멋대로 지출하고 여러 가지 오산 때문에 생긴 것이다. 이런 교훈에는 보편적인 의의가 있다. 현재 국내의 수많은 기업들은 빠른 발전만 고집하면서 발전만 할 수 있다면 전혀 익숙하지 않은 분야에도 서슴지 않고 투자하고 있다. 그러니 "발전이 빠르면 반드시 품질에 영향을 미치는 현상"이 나타나게 마련이다.

수많은 기업의 책임자는 자체의 재무상황을 전혀 모르고 있다. 자금이 얼마인지, 어떤 규모의 일을 할 수 있는지, 그리고 확장할 조건은 되는지 등등에 대해서는 전혀 주도면밀한 계획을 세우지 않고 있다. 그저 자금이 없으면 은행을 찾아 대출을 받고 허위장부를 만들며 은행, 심지어 대중을 기만하곤 한다. 훗날 자오신셴이 '39'의 재무위기를 되돌아보면서 은행이 '39'의 발전을 망쳤다고 했다.

지난날 은행은 스스로 그들을 찾아다니며 대출을 해줬다. 하지만 기업에 자금줄이 딸리고 재무문제가 불거지기 바쁘게 줄지어 찾아와서는 부채상환을 독촉했다. 그는 은행에서 지속적으로 대출지원을 해줬더라면 '39'에는 문제가 발생하지 않았을 것이라고 했다. 실패의 교훈을 받아들이는 그의 이런 태도가 바로 '39'를 위기에 빠지게 된 근원이었다.

그때 은행에서 '39'에 대출해줬던 것은 '39'가 정확한 궤도를 따라 발전되고 기업경영이 책략뿐만 아니라 실적도 있었기 때문에 가능했던 일이다. 하지만 훗날 '39'에서 맹목적으로 확장하고 스스로 과대평가하며 심지어 허위를 날조하면서 은행에 진실한 재무상황을 제공하지 않은 탓에 신용불량자로 전락한 것이다. 자신의 능력이 어느 정도고 어느 정도의 일을 할 수 있으며 상환능력의 유무에 대해서는 자신이 가장 잘 알고 있다. 하지만 자오신셴은 혼자서만 결정짓다보니 이처럼 중요한 핵심문제에서 오산이 생겼던 것이다. 그는 여기서 교훈을 받아들이지 못했을 뿐만 아니라 더욱이 제때에 깨닫지 조차 못했던 것이다.

4. 민주적·과학적인 결단을 견지하고 개인 역할을 정확하게 발휘해야 한다

마르크스는 역사에서의 개인의 지위와 역할을 인정했다. 하지만 개인의 역할이 적당하고 적절해야지 지나치거나 미치지 못하는 것은 모두 합당하지 못한 선택이라고 했다.

시대가 진보하고 과학기술이 발전되고 있는 현재 우리는 매일같이 수많은 새로운 상황, 새로운 문제에 부딪히고 있다. 변화가 아주 빠르고 경쟁이 치열한 상황에서 정보에 대한 이해, 지식에 대한 파악, 경험의 축적 그리고 지휘력 등은 모두 제한되어 있다. 일인자가 모든 걸 다 안하고 할 수 없을 뿐만 아니라 더욱이 모든 걸 다 할 수 있는 것도 아니다. 자오신셴이 잘 알고 있는 전공분야는 제약부문이었지만 그는 자동차 제조, 농업, 항공운수 등 업종에까지 뛰어들었다.

국내에서도 발전이 여의치 않았지만 또 대외진출까지도 서둘렀다. 안정되지 못하고 뿌리가 튼튼하지 못한 상황에서 맹목적인 확장만 추구했던 것이다. 자신을 과대평가하고 맹목적으로 확장함에 따라 반드시 주업의 자원을 분산시키고 핵심업무를 약화시켜 결국에는 기업의 경쟁력을 떨어뜨리게 되었던 것이다. 혼자서 어찌 그렇게 많은 업종의 규칙, 특점에 대해 모두 잘 알고 있겠는가? 그의 이런 결단이 대부분은 모두 맹목적인 것이라 할 수 있다.

중국 석유화공총회사에 있었을 때, 주업에만 전념하였고 돈이 된다고 해서 마구 덤벼들지 말아야 한다고 강조했다. 최근 몇 년간, 남의 장단에 맞춰 부동산 분야를 취급한 적도 없었다. 내 뒤를 이어 중국석유화공그룹을 맡았던 지도자들도 마찬가지였다. 그들은 줄곧 정력과 여러 가지 자원을 모아 석유화공 주업을 잘 이끌어 나가는데 주력했다.

자오신셴이 이끄는 '39'에는 보좌직이나 직능부서를 전혀 설치하지 않았다. 자오신셴이 도대체 어떻게 업무를 이끌어 나갔을지 의구심이 들 정도다. 기업의 업무가 전문화된 분야였지만 전부 자오신셴 혼자서 결정지었다. 나는 자오신셴이 초인적인 능력이 있고 초인(超人)이라고 믿지 않는다. 일부 언론은 이같이 고도로 '간소화'된 기구설치와 관리메커니즘을 높이 평가했을 뿐만 아니라, 선진적인 기업제도로, 개혁의 성과이자 진보라고 극찬했다. 하지만 이는 기업의 운영규칙을 모르는 문외한들이나 하는 말이다. 성공하려는 기업은 반드시 민주과학의 결정절차를 배우고 운용할 줄 알아야 한다. 현재 세계에서 진정으로 성공한 기업은 모두 이렇게 했던 회사들이다.

혼자서 어찌 아주 복잡한 상황에서 그것도 짧은 시간 내에 정확한 결단을 내릴 수 있겠는가? 자오신셴은 호수를 에워싸고 한 바퀴 돌고는 10억 위안의 프로젝트에 투자할 것을 결정지었다고 한다. 그 일이 있은 후 대학생들의 질문에 그는 전쟁 시기 3분 안에 중대한 결정을 내린 이야기를 빌어 자신의 결정방식을 합리화하려 했다. 하지만 도리가 없는 사람이 더욱 변명하는 꼴이 됐고 이치에 닿지 않는 핑계로만 들렸다.

과학과 민주를 떠난 성공이 우연적이라지만 실패는 필연적인 것이다. 민주정신, 과학적인 정신은 기업가의 가장 중요한 자질이다. 기업의 발전과 확장 과정에서 개인은 적극적인 역할을 발휘해야 한다. 기업을 이끌어 나가고 업무를 추진함에 있어 개개인의 재능과 지혜, 경력경험, 그리고 최선을 다하는 사상은 모두 중요한 요소이다.

이 점을 인정하지 않는다면 실패의 늪에 빠지는 건 시간문제다. 하지만 개인에 있어 재능과 지혜, 능력이 있을수록 개인의 자질을 향상시켜야 하고 학습을 중시해야 한다. 또한 타인의 지혜를 존중하고 문제에 부딪혔을 때 전략안을 많이 내놓으며 타인의 권고를 흔쾌히 받아들여야 한다.

조그마한 성과가 있다고 해서 자신이 최고라 생각하고 함부로 행동해서는 안 된다. 대사를 논의함에 있어 반드시 많은 사람들의 지혜를 모아야 하고 여러 측의 의견에 충분히 귀를 기울인 기초 위에서 다시 의견을 종합해야 한다. 집단적으로 논의해 내린 과학적이고도 민주적인 결정은 적극적으로 실천에 옮겨야 한다.

'39'의 교훈은 국내기업 특히 빠르게 성장하는 기업들이 거울로 삼아야 한다. 자오신셴의 조기 창업정신을 배워야 할 뿐만 아니라, 훗날 혼자서 결정짓는데 현혹되어 기업을 점차 수렁으로 빠뜨린 실수에 대한 교훈도 종합해서 이해해야 한다.

경영관리 면의 문제나 경영자의 개인능력과 자질면에서의 문제점은 해결하는 게 그다지 어렵지 않다. 만일 경영전략이나 책략에 문제가 생기면 조정하면 되고, 경영자의 능력이 안 되면 경영자를 교체하면 된다. 하지만 기본제도에 문제가 생기면 기업은 벗어날 수 없는 곤경에 빠지게 된다.

'39'와 자오신셴의 교훈을 받아들이는 과정에서 개혁혁신을 통해 기업의 제도건설을 꾸준히 강화하고 완벽화 함으로써 과학적, 민주적, 효율적인 기업의 지도체제와 결책메커니즘을 구축해야 한다. 이 또한 중국의 수많은 기업에게 주어진 중요한 임무이기도 하다.

※ 이 글은 『기업관리』 2006(9)에 실린 글임.

기업연합회는 기업의 이익을 진정으로 대변하자

중국기업연합회, 중국기업가협회 위원 대표대회가 곧 허페이(合肥)에서 열린다. 전국의 여러 지역에서 온 다양한 기업과 기업가 대표들이 중국기업가연합회라는 교량과 유대를 위해 한 자리에 모이게 됐고 기업의 발전 대사를 함께 논의할 무대가 생겼다. 이는 전국 기업과 기업가들이 "3가지 대표"의 중요한 사상과 당의 16대 정신을 깊이 있게 학습하고 관철하며 전면적으로 소강사회를 건설하고 중국 특색의 사회주의 사업의 새 국면을 개척하는데 유리한 작용을 할 것이다.

이번 대표대회의 중요한 임무는 바로 새로운(제7기) 이사회를 선출하는 것이다. 새로 선출된 임원은 새로운 형세를 더욱 잘 파악해야 하며, 시대와 보조를 맞춰 기업연합회의 업무를 이끌어 나가야 할 뿐만 아니라, 업무내용과 방법을 혁신해 직면한 형세에 더욱 잘 적응해 나가야 한다고 생각한다.

제16차 당대표대회는 새 세기 이전 20년의 전략목표를 제기했다. 우리는 이전 20년의 중대한 전략적인 시기를 잘 파악해 사회주의 시장경제체제를 완벽화하고 신형 공업화의 길로 나아가야 한다. 중국은 이미 WTO에 가입했고 경제 글로벌의 협력과 경쟁에 적극적으로 참여하고 있다. 중국기업연합회는 올해 이미 국제고용기구에 가입했고 국내정부, 공회와 고용 삼자 노동관계 조율 업무

메커니즘에 참여했다. 이런 것들은 우리가 직면한 형세이자 우리가 자발적으로 적응해야 하는 국내 업무환경이기도 하다.

중국기업연합회는 중국기업의 연합회로 중국 기업가들이 조직한 것이기 때문에 반드시 객관적 형세와 객관적 환경의 변화에 적응해야 하고 실행 가능한 조치를 통해 이런 형세에 대응해야 한다. 임원을 교체하는 중요한 임무 중 하나가 바로 기업연합회 자체의 업무가 형세의 수요에 적응하고 필요하게 조정하는 것 및 완벽화 하는 것 외에 각항의 업무를 실제적인 부분에서 실행하고 기업을 위해, 기업가를 위해, 더욱이 국가의 큰 국면을 위해 봉사하도록 하는 것이다.

첫째, 조직구조 면에서의 조정. 이번의 임원교체를 통해 이사회의 기업가 비율이 크게 늘어났다. 역사적인 원인으로 인해 기존의 조직구조는 업무중심을 기업의 관리 분야에 뒀기 때문에 기업관리 연구자가 상당한 비율을 차지했다. 앞으로도 우리는 여전히 기업의 현대화 관리를 지속적으로 강화하고, 이 분야에서의 인재 등용에 관심을 기울여야 할 것이다. 그리고 그들의 지혜를 비러 기업의 현대화 관리를 추진해야 한다. 하지만 기업연합회는 사회주의 시장경제체제를 완벽화 하고 정부직능을 전환하는 한편, 기업연합회의 조직구조도 조정해야 한다. 기업과 기업가의 비율을 늘려 기업연합회에서 기업과 기업가의 의지를 더욱 잘 대변함으로써 명실상부한 기업연합회, 기업가협회로 거듭나야 한다. 조직에 대한 조정이 제대로 되어야만 업무가 제대로 추진될 수 있는 것이다.

둘째, 중국기업가연합회의 여러 가지 제도와 업무 메커니즘을 조정해야 한다. 제도와 메커니즘에서 조직구조의 효율을 보장하며 협회에 가입하는 기업과 기업가들이 연구에 참여하고 중대한 문제의 결책에 참여하도록 이끌어야 한다. 그리고 일련의 업무제도와 운영메커니즘을 건립해야 한다. 이를 바탕으로 기업, 기업가들이 효과적으로 직권을 행사하도록 보장하고 그들의 의지를 대변하며 그들의 권익을 수호해야 한다.

셋째, 조직, 제도, 메커니즘을 조정하고 완벽화 하는 것 외에 실제업무에서 이를 체현해야 한다. 기업연합회와 관련된 업무에 대해 장옌닝(張彦寧)이 업무

보고서에서 전면적으로 서술했다. 하지만 이 자리를 비러 서비스대상을 늘리고 서비스분야를 발전시키며 서비스 기능을 향상시키는 부분에 대해 보충해야 한다는 점을 건의하고 싶다. 왜 서비스 대상을 늘려야 하는가 하면, 기존의 중국 기업연합회의 업무는 국유기업, 국유대기업을 대상으로 했는데, 이는 역사적 발전의 진척에 따라 결정된 것으로 정확한 선택이었기 때문이다. 기업연합회와 지난날의 기업관리협회는 이 과정에서 뚜렷한 성과가 있는 수많은 업무를 해내 크게 기여했다. 하지만 이제는 상황이 바뀌었다. 중앙은 공유제를 주체로 하고 여러 가지 소유제를 함께 발전시키는 기본경제제도를 제기했는데, 이는 우리가 서비스대상을 늘리는 지도방침으로 삼아야 하는 것을 말해준다. 사영기업, 민영기업 그리고 혼합소유제와 주식제 기업은 모두 우리의 서비스대상이 되어야 한다. 이번 조직구조에 대한 조정을 통해 비 국유경제, 민영경제의 비율을 늘렸는데 이는 기업연합회가 조직 측면에서 중앙의 방침을 관철하고 있다는 점을 보여주고 있다.

국유기업은 국민경제 가운데서 중요한 지위를 차지하고 역할을 발휘하고 있기 때문에 여전히 우리의 중요한 서비스대상이다. 그리고 서비스분야를 비 국유경제에까지 늘려 그들의 발전을 살펴버면서 그들의 수요를 정확히 파악해야 한다.

이런 부분은 임원교체 후 우리가 추진할 중요한 업무 중 하나다. 왜 서비스분야를 발전시켜야 하는 것일까? 기존에 기업관리 현대화 성과 평가 선발, 양성, 정보, 자문서비스 등이 정확했고 이와 관련된 업무를 잘 이끌어 나갔기 때문에 많은 기업이 치열한 시장경쟁 속에서 업그레이드 및 발전하는데 플러스 요인으로 작용했기 대문이다.

앞으로도 이런 서비스는 지속적으로 잘 이끌어 나가야 한다. 그리고 각급 기업연합회는 형세의 변화뿐만 아니라 새 임무의 긴박성과 중요성도 살펴야 한다. 노동관계의 3자 메커니즘을 조율하는 것이 바로 새로운 서비스 분야이다. 중국기업연합회, 기업가협회는 고용조직의 대표이자 기업의 대표로 3자 메커니즘에 참가했다. 기존에 중국 기업연합회는 이 부분의 업무를 다루지 않았었다. 현재 국가는 이 부분의 임무를 우리에게 맡겼고 기업도 우리가 3자 메커니즘에서 적극적인 역할을 발휘하기를 기대하고 있다. 우리는 마땅히 맡아야 할 책임을 짊어지고 업무를 잘 해 나가기 위해 노력해야 할 것이다.

안후이성은 기업과 기업가의 권익을 수호하기 위해 지방입법을 수립했다. 일부 성에서 이 부분의 업무를 연구하는 과정에서 기업의 반영은 좋았다. 중국기업연합회는 이 부분에 대해 충분한 관심을 기울이고 적극적으로 추진하는 과정에서 기업과 기업가의 권익을 염두에 두어야 한다.

서비스 분야의 업무는 우리가 시대와 보조를 맞췄는지를 직접적으로 보여주는 부분이다. 서비스 분야의 업무가 따라가지 못한다면 기업의 환영과 지지를 받지 못할 것이다. 기업에서 하려하고 도움을 받고 싶어 하는 부분에 대해 기업연합회는 주동적으로 도움을 주어야 하는 반면, 기업에 필요 없고 심지어 기업의 부담이 되는 일은 하지 말아야 한다.

왜 서비스 기능을 증강해야 하는가? 이는 주로 중국기업연합회기구를 겨냥해 한 말이다. 서비스 대상, 서비스 분야의 변화에 따라 자체의 업무수준을 향상시켜야 한다. 기존에 못해 봤거나 잘 알지 못하거나 자세히 알지 못하는 업무에 대해서도 현재 상황, 대상, 분야, 내용이 바뀌었기 때문에 중국기업연합회와 각지의 기업연합회의 업무를 모두 이에 맞게 조율해야 한다.

여기에는 임원의 자질과 기구의 업무 효율을 향상시키는 문제가 뒤따른다. 각급 기업연합회 기구와 임원은 열심히 학습하고 과감하게 실천하며 서비스분야를 늘리는 과정에서, 새로운 업무대상을 익숙히 알고 재능을 키우며 서비스 기능을 증강시켜야 할 것이다.

마지막으로 업무를 꼭 제대로 해야 한다고 강조하고 싶다. 중국이 WTO에 가입한 후 이에 따른 도전에 대응해야 하는 큰 문제에 직면하게 되었다. 예를 들면 강철산업이 바로 그렇다. 미국과 유럽연합은 늘 WTO의 규칙과 반덤핑을 이용해 우리를 제재하려 한다. 이런 상황에서 업종협회는 관련 문제를 해결할 수 있게 기업에 도움을 줘야 한다. 이처럼 기업의 생존과 발전에 관계되는 큰 문제를 대응함에 있어 강철협회의 역할이 최대한 발휘되었다.

원저우의 라이터가 유럽연합의 반덤핑 위협을 받자 협회가 나서 소송을 했다. 과감하게 대응한다는 것 자체만으로도 칭찬받아야 하지만 결과적으로는 소송에서 이겼다. 우리가 하는 일이 진정으로 기업과 기업가의 이익을 대변해야 한다고 생각한다. 반드시 해야 하는 일은 제대로 추진해야 하지만 하지 말아야 하는 일은 굳이 에너지를 소모할 필요가 없다고 본다. 현재 협회가 아주 많은데 모두 비슷한 일을 하기 위해 쟁탈하고 있다. 개인적으로는 별 의의가 없다고 생각된다. 협회가 진정으로 의의 있는 일을 해야만 기업 내에서의 위상을 높일 수가 있다. 진정으로 해야 할 일은 그만큼 어려움도 크다. 하지만 어려움이 없고 난이도가 없다면 왜 굳이 협회를 찾겠는가? 협회는 이런 어려움을 해결하기 위해 노력해야 한다. 인재를 훈련시키고 서비스의 질을 향상시킬 수 있는 기회이기도 하다. 일상에서 평범한 역할을 한다면 어찌 협회의 기능과 역할을 구현할 수 있겠는가?

기업연합회의 근본적인 문제는 기업, 기업가와의 관계이다. 기업에서 생각하는 것을 함께 생각하고 기업의 발등에 떨어진 불에 함께 걱정하며, 기업에서 하고 싶어 하지만 능력이 안 되는 부분을 도와줘야 한다. 기업연합회의 업무를 이끌어 나가는 과정에 남의 의견에 귀를 기울이는 것을 배워야 한다. 그렇게 하지 못한다면 "'업가의 집"은 빈말에 불과할 뿐일 것이다.

※ 이 글은 저자가 중국기업연합회 제7기 이사회에서 한 연설원고임.

경제 · 사회 · 환경에 대한 기업의 책임

중국기업연합회와 기업가협회를 대표해 회의가 소집된데 대해 진심으로 축하한다. 유엔 글로벌 콤팩트판공실과 상하이시 관련 부서에서 이번 회의의 소집을 위해 정성껏 준비한데 대해서도 고마움을 전하고 싶다. 현재 경제 글로벌화가 세계의 경제발전을 촉진시키고 있고 국가 간의 경제기술 협력을 이끌고 있지만 부정적인 영향도 날로 심각해지고 있다. 생태환경의 악화, 빈부격차의 확대, 실업과 사회보장 시스템이 완벽하지 못한 등 문제가 불거지고 있어 그들에게 불안감도 안기고 있다.

이런 배경에서 아난 유엔 사무총장이 '글로벌 콤팩트'를 제기했다. 기업계가 자주적인 행위로 인권을 존중하고 상업도덕을 지킬 것을 호소한 것이다. 노동자의 기준과 환경 분야의 관련 국제원칙에 따라 사회적 책임감이 뒤따르는 사회적 모범을 수립하는 것을 통해 전 세계의 기업들이 사회적 책임을 적극적으로 짊어지고 지속가능한 발전이념을 견지하며 자유롭고 평등하고 번영된 새로운 세계를 건립할 것을 제안했다.

"글로벌 콤팩트"는 인권, 노동자 기준과 환경 분야에서의 국제 공인기준을 충분히 구현했다. 글로벌화에 따른 소극적인 영향을 극복하고 기업계를 동원해 국제경제발전과 사회진보에 참여하도록 이끈 부분은 유익한 시도라 할 수 있다. 2000년에 정식으로 가동돼서부터 갈수록 많은 국가정부, 기업, 고용기구와 민간단체의 적극적인 호응을 이끌어냈다.

중국에 있어 기업의 사회적 책임은 중대한 의의가 있다. 예로부터 중국기업은 "기업을 발전시킴에 있어 우선적으로 사람을 위하고, 이익보다는 의리를 중요시 하며, 큰돈을 버는데 방법을 갖고 있다"는 등의 중화민족의 우량한 전통과 고상한 가치관을 갖고 있다. 오늘날의 치열한 시장경쟁에서 기업 특히 대형기업, 다국적 기업은 글로벌 경제, 사회, 정치, 문화생활 가운데서의 지위와 영향력이 갈수록 향상되고 있다.

상업도덕, 사회책임은 이미 기업의 경쟁력을 향상시키는 중요한 요인으로 됐고 기업가들이 반드시 갖춰야 할 뚜렷한 시대특징이 있는 경영이념과 기업행위로 되었다. 더욱이 경제, 환경과 사회발전에 대해 반드시 짊어져야 하는 책임감으로 되었다. 기업의 발전에서 경제지표뿐만 아니라 인문지표, 자원지표와 환경지표도 주목해야 한다. 기존에 기업의 성공을 가늠하는 주요한 기준은 이윤이었다. 하지만 오늘날 기업의 성공을 가늠하는 기준은 이윤 외에도 기업이 감당하는 사회적인 책임도 중요한 기준이 되었다. 기업의 행위는 광범위한 국민의 근본적인 이익에 부합되어야 하고 사회의 수요를 만족시켜야 하며 사회와 소비자들에게 혜택을 돌려야 한다. 사회적 책임감을 증강하는 것은 기업과 기업가에 대한 사회발전의 요구이자 기업의 지속적인 발전과 성공을 추진하는 핵심적인 전략이기도 하다.

현재 중국은 민주법치, 공평정의를 강조하면서 성실·우호·안정되고 질서 정연하며 인간과 자연이 조화롭게 지내는 사회를 구축하기 위해 노력하고 있다. 중국은 조화로운 사회를 구축함에 있어 피할 수 없는 책임을 짊어지고 있다. 기업이 생산을 발전시키고 효율을 향상시키는 한편 인권존중, 노동자기준 준수, 노동자의 권익 수호, 환경보호, 신용, 취업수준의 향상, 약소 군체에 대한 부축, 공익사업에 대한 적극 참가, 주변지역과 경제가 발달하지 못한 지역의 발전을 지원하는 등 면에서 좋은 일을 많이 하고 책임을 많이 져야 한다.

이번에 상하이에서 소집된 "글로벌 콤팩트 정상회담"은 유엔이 처음으로 중국에서 개최한 대형 "글로벌 콤팩트 회의"이다. 따라서 중국에서의 '글로벌 콤팩트' 영향력과 홍보력을 확대하게 되고 중국기업의 참여도를 늘리게 될 것으로 기대된다.

"지속가능한 글로벌 경제연맹 구축"이란 주제를 두고 열렬하게 토론할 수 있는, 유엔기구와 중국 관련 부서, 기업에 경제의 지속가능한 발전을 실현하는 교류와 협력 플랫폼을 구축해준 셈이다. 중국기업연합회는 중국의 고용주 조직 대표로 기업이 '글로벌 콤팩트"에 참여하도록 추진하는 중국의 첫 번째 기구다. 중국기업연합회는 "글로벌 콤팩트"에서 제기한 10개 원칙이 중국기업의 이익과 미래의 발전수요에 부합된다고 했다.

중국기업가연합회는 아난 사무총장의 제안에 적극적으로 호응했다. 2002년 초 유엔 "글로벌 콤팩트" 사무실을 특별히 방문하고 중국기업계에서 업무를 전개하면서 종합했던 의견을 교류했다. 또 전국 기업가행사의 날 대회에서 중국기업들이 "글로벌 콤팩트" 행사에 적극적으로 참여할 것을 제기했다.

중국기업연합회는 유엔개발계획서, 전국상공업연합회와 함께 베이징, 시안에서 회의를 소집한 후 양성 반을 개설하고 홍보 소개 자료를 작성하는 등 중국기업들이 "글로벌 콤팩트" 행사에 적극적으로 참여하도록 동원했다. 중국기업연합회는 글로벌 계약추진사무실을 설립하고 더 많은 기업이 행사에 참여하도록 동원했을 뿐만 아니라, 관련 기구와 협력해 "글로벌 콤팩트" 기업의 사회책임 평가기준을 수립함으로써 기업에 보다 효과적인 서비스를 제공했다.

중국기업연합회의 추천으로 "글로벌 콤팩트" 참여를 약속하는 편지를 제출한 기업은 모두 중국의 특대형 기업그룹으로, 중국의 기업계 가운데서 중요한 영향을 발휘하는 기업들이었다. 예를 들어 중국석유화공, 중국바오강, 중국원양운수그룹, 중국강철 등이 그들이다. 이들은 "글로벌 콤팩트"에서 제기한 원칙을 기업의 발전전략으로 삼고 기업의 경영이념과 경영행위로 간주했으며 사회책임을 수행하기 위해 노력했다. 중국기업연합회는 "글로벌 콤팩트"와 관련된 업무를 추진하는 과정에 아난 사무총장의 높은 평가를 받았다. 이에 대해 아난 사무총장은 특별히 나에게 감사의 편지를 보내 중국기업연합회가 "글로벌 콤팩트"를 추진하기 위해 기울인 노력과 기여에 고마움을 전했다.

향후 우리는 유엔과 관련 국제기구 및 여러 국가 고용기구와의 교류와 협력을 확대해 글로벌 기업의 사회적 책임 적극적으로 수행하는 새로운 국면을 열어나가야 할 것이다.

※ 이 글은 2005년 11월 30일 유엔 "글로벌 콤팩트 정상회담"에서 한 축사임.

기업연합회는 노동관계를 조율하는
중대한 책임을 져야 한다

중국기업연합회와 국제노동자기구에서 공동으로 소집한 제1회 중국 고용주 포럼이 오늘 막을 열었다. 중국기업연합회, 중국기업가협회를 대표해 제1회 중국 고용주포럼의 대표와 내빈들을 열렬히 환영한다. 트라파니 국제고용기구 부주석, 좡구(莊古) 국제노동자기구 베이징국 국장, 황수허(黃淑和) 국무원국유자산감독관리위원회 부주임 그리고 바쁜 와중에도 회의에서 참석하신 모든 내빈 여러분께 진심으로 감사를 드린다.

올 6월 중국기업연합회가 국제고용주기구에 공식적으로 가입해 국제고용기구에서 중국의 유일한 대표가 되었다. 트라파니 국제고용기구 부주석이 특별히 중국을 방문해 국제고용주기구의 이 같은 결의를 선포해 주었다. 이는 국제고용주기구와 중국기업연합회의 관계가 새로운 장을 열은 것이며 중국기업연합회가 중국의 노동관계 조율 3자 메커니즘에 참여해 국제행사 가운데서 더 큰 책임을 짊어지게 됐음을 의미한다.

중국기업연합회는 중국 사회주의 시장경제체제의 건립과 더불어 발전하고 장대해졌다. 중국의 경제체제와 기업 개혁이 심층적 차원에서 추진된 20여 년간, 기업과 기업가에 대한 중국기업연합회의 서비스분야를 꾸준히 늘리면서 서비스내용은 갈수록 풍부해졌으며 서비스기능도 현저하게 향상되었다. 현재 중국기업연합회의 회원 기업은 총 43만 6천 개에 이른다. 직속 기업 회원기업 중 비국유기업이 555개를 차지해 비교적 큰 대표성을 띠고 있다.

중국기어연합회는 고품질의 서비스를 제공해 기업관리를 추진하고 기업가와 기업 고급관리자 자질을 향상시키도록 해야 한다. 그리고 기업(고용주)의 합법적인 권익을 수호해 기업계에서 광범위한 영향을 불러일으켜야 한다.

특히 2001년 8월 중국은 정식으로 노동관계 조율 3자 메커니즘을 구축했다. 중국기업연합회는 기업(고용주)대표의 역할을 하면서 전국 각지에서 고용주기구 시스템을 구축하고 국가의 관련 입법과 정책제정 업무에 적극적으로 참여했다.

노동관계, 직업안보를 조율하고 기업의 취직률을 늘리며 사회적 책임을 지도록 기업을 이끌었다. 또한 기업의 지속가능한 발전과 환경보호 업무를 추진하고 국제 노동기준과 공약의 제정, 수정에 참여하는 과정에 수많은 기업의 믿음과 지지를 얻었다.

중국기업가연합회가 정식으로 국제고용주기구에 가입하면 국제무대 특히 국제노동기구, 국제고용주기구 중 보다 중요한 위치에서 적극적인 역할을 발휘하게 된다. 아울러 우리의 업무에 대한 요구도 한층 높아졌다.

얼마 전 끝난 중국기업연합회 새 임원 교체 대회에서는 중국기업연합회의 규장을 수정하는 것 외에도, 기업연합회의의 중요한 직책이 바로 기업(고용주)의 합법적인 권리를 지키는 것이라고 명확히 제기했다.

각급 기업연합회는 기업의 목소리와 요구사항을 제때에 반영하고 기업을 대변하며 법에 따라 기업(고용주)의 정당한 권리를 수호토록 해야 한다. 기업을 위해 전 방위적으로 서비스하고, 기업을 위해 서비스하는 업무를 새로운 수준으로 끌어올리기 위해 노력해야 한다. 국가 및 지방의 관련 법률법규를 제정하는 가운데서 기업의 이익을 지키고 집단적인 조율, 협상에서도 기업의 이익을 대변해야 한다.

국제상업무역 교류과정에서 기업은 세계무역기구의 관련 규칙을 숙지하고 법률에 의존해 국제 및 국내 경제와 무역왕래에서 합법적인 권리를 지키는데 도움을 줘야 할 것이다.

현재 일부 국가의 반덤핑대응에 대해 관심이 집중돼 있다. 이번의 고용주포럼에서는 특별히 상무부의 관리를 초청해 반덤핑문제에서의 중국기업의 대응상황을 소개했다. 각급 기업연합회는 관련 분야의 업무를 잘 이끌어 나가는 한편, 기업에 관심을 두고 지원함과 동시에 이런 업무를 통해 기업연합회와 기업간의 관계를 한층 긴밀히 해야 한다.

중국의 많은 기업 (고용주)은 날로 치열해지는 국제 경쟁에서 미래지향적인 안목을 갖고 강점을 살려 정확한 발전전략을 제정함으로써 기업을 보다 크고 강대하게 발전시키기 위해 노력해야 한다.

현재 중국의 수많은 대기업, 대그룹은 이미 세계로 진출해 있다. 예를 들어 중국석유화학, 중국석유, 중국해양석유, 하이얼그룹, 중국바오강, 중국원양운송 등 대기업은 국제시장에서 모두 높은 지명도를 확보하고 있다. 따라서 중국기업의 모습을 세계에 알리고 있을 뿐만 아니라 중국기업의 세계진출에 대한 본보기 역할도 하고 있다. 더 많은 기업이 세계 500강 대열에 합류할 수 있도록 해야 한다. 기업을 더 크고 장대하게 발전시킴과 동시에 기업의 노동관계를 더 많이 주목해야 한다.

기업과 광범한 임원들의 합법적인 권리를 수호하고 노동관계와 관련된 중대한 문제에서 예방, 조기경보 메커니즘을 구축해 중대한 집단적인 노동관계 문제가 발생하는 것을 막아야 한다. 임원 대열의 안정, 기업의 안정과 사회 안정을 추진하기 위해 노력하고 경제발전에 양호한 사회 환경을 마련해 줘야 한다.

기업은 사회적 책임의식을 증강시키고 사회적 책임을 중시해야 한다. 기업의 사회적 책임은 갈수록 전 세계적으로 중시를 받고 있는데, 현재 일부 신용이 좋은 유명한 다국적 회사와 기업은 비지니스 과정에서 기업의 사회적 책임 수행 여부, 국제 노동기준 준수 여부를 크게 주목하고 있다.

기업이 뉴욕증권거래소에 상장하는 과정에서 환경보호가 이미 중요한 입선 기준으로 되었다. 과거에 기업의 성공을 가늠하는 유일한 기준이 이윤이었다면 현재는 기업의 수익상황 외에도 기업이 맡은 사회적 책임의 크고 작음을 보고 있는 것이다.

지난해, 아난 유엔 사무총장은 나와 중국기업가연합회에게 기업이 글로벌협의에 적극적으로 참여할 수 있게 많이 지원하고 사회적 책임을 수행할 것을 건의하는 편지를 보내왔다. 중국기업가연합회는 이 부분에 상당한 노력을 기울였으며 수많은 기업도 관련 업무에 관심을 기울이기 시작했다. 사회에 보답하는 기업이야말로 소비자들에게 혜택을 돌릴 수 있을 뿐만 아니라 오래도록 발전하면서 입지가 더욱 강화될 수 있다. 중국 경제의 지속적이고도 안정된 발전을 위해 중국의 기업(고용주)는 피나는 노력을 기울였고 적극적으로 기여했다.

사회주의 현대화 건설을 실현하는 전략적인 목표를 실현하려면 중국의 수많은 기업(고용주)들이 힘을 합쳐 함께 노력해야 한다. 시대에 보조를 맞추고 개척혁신 정신으로 소강사회를 건설하는 웅대한 목표, 그리고 중국경제의 지속적이고도 안정적이며 건전한 발전을 위해 더 크게 기여토록 합시다!

※ 이 글은 저자가 2004년 2월 제1회 중국고용주포럼 개막식에서의 연설고임.

중일기업은 성실·신용·상호협력의
본보기로 되어야 한다

———

제7차 중일산업연구토론회가 오늘 중국 쑤저우에서 성황리에 개막되었다. 당나라 시인 장계가 쓴 '풍교야박'은 일본에서 상당한 영향력을 갖고 있어 많은 사람들이 모두 이 시를 알고 있다. 하지만 일본인들이 모두 풍교야박의 소재지인 쑤저우에 가본 것은 아니다.

지난해 "일본경영자단체연맹"의 분들과 올해의 회의장소를 쑤저우로 정했을 때 모두 만장일치로 찬성했다. 중일 양국 간 우호적인 거래를 기념하는 미담이라 할 수 있다. 장계(張繼) 이후로 수십 년이 지났을 때의 당나라 시인 위장(韋莊)이 떠오른다. 그가 지은 시 "일본 스님 다카시 류의 귀국 배웅(送日本國僧敬龍歸)"에는 당시 중일 간의 감정이 잘 표현되었다.

"전설 속에 태양이 떠오르는 곳이 망망한 바다 저쪽 편에 있거늘,
님의 집은 더 먼 곳에 있네.
이번의 일본 귀국, 누구랑 함께 가는가?
밝은 달이여! 님의 앞길을 비춰 무사히 집까지 돌아갈 수 있게 도와주게나!"

이 시는 이백(李白), 왕유(王维)의 시와 마찬가지로 중일문화 교류사의 한 페

이지를 장식해 주고 있다.

현재 중국기업가연합회와 나는 중일 양국 국민이 가장 좋아하는 쑤저우에서 오쿠다히로시(奧田硕) 회장과 일본의 새 친구, 옛 벗을 환영할 수 있게 되어 진심으로 기쁘다. 중국기업연합회를 대표해 개인의 명의로 심포지엄 개최에 진심으로 축하의 인사를 전한다. 그리고 심포지엄에 참석하신 모든 내빈들을 진심으로 환영한다. 마지막으로 정성껏 준비한 쑤저우 정부에도 감사의 인사를 전한다.

중일 국교 정상화 30주년을 맞아 올해 양국은 다양한 형식의 기념행사를 펼쳤다. 중일 국교 정상화 30주년 기념 친선교류행사가 9월 22일 밤, 인민대회당에서 열렸다. 1,300여 명에 이르는 일본 친구가 참석한 교류행사는 우호적인 분위기가 물씬 풍겼다.

장쩌민 주석은 교류행사에서 축사를 했다. 중일 양국은 강 하나를 사이 둔 이웃나라이다. 지리적 특성상 양국 국민은 우호적으로 지내야 한다. 따라서 중일 양국은 우호적으로 왕래하지 않고 협력하지 않을 이유가 없다.

9월 하순 나는 중국 민간 우호인사 일본방문단의 최고 고문자격으로 일본을 방문했다. 방문 기간, 고이즈미(小泉) 총리, 상원과 하원 의장, 외무장관 등 정부의 고위관리와 민간인사의 열렬한 환영을 받았다. 도쿄나 그 외의 지역에서 중일 양국 간의 우호관계가 이미 국민들의 마음속에 깊이 뿌리내렸다는 것을 절실하게 느꼈다. 이는 역사적인 발전 추세이기 때문에 그 어떤 힘으로도 막을 수 없는 것이다.

30년간 중일 양국은 제반 분야에서의 협력이 꾸준히 확대되었다. 특히 경제무역 관계가 크게 발전했으며 상호 보완성이 꾸준히 증강되었다. 1972년 중일 양국 간의 무역액은 고작 10억 달러였지만 올해에는 900억 달러를 넘어설 것으로 전망된다. 올 상반기, 일본의 대 중국 무역액 비율이 12.8%로 사상 최고치를 기록했다. 중국에서 수입하는 비율도 17.8%로 늘어나 1위를 달리고 있는 미국과의 격차도 0.4%포인트 정도였다. 중국의 조사결과 올 9월 말 기준으로, 일본의 중국 투자액은 누계 353억 달러로, 중국 홍콩과 미국 버금가는 3위에 이름을 올린 것으로 집계되었다. 일본의 대형 제조업기업 중 80%가 중국에 투자했다. 오쿠다히로시 회장의 적극적인 지지를 받아 일본의 토요타 회사는 중국 자동차산업과의 협력을 크게 확대했다. 더욱이 중국제1자동차그룹회사의 파트너 관계가 새로운 발걸음을 내디디면서 적극적인 영향을 불러일으켰다. 중일 양국 간 경제무역관계가 세계적으로 가장 중요한 양자 경제무역관계로 되었다고 할 수 있다.

미래지향적인 안목으로 볼 때 중일 양국 간 경제무역관계는 발전전망이 아주 넓다. 중국공산당 제16차 전국대표대회에서는 2020년에 이르러 중국의 GDP를 2000년에 비해 4배 증가된 35조 7천6백억 위안으로 끌어올리자고 명확히 제기했다. 현재의 환율에 따라 환산하면 4조 4천여 억 달러 수준이다.

중국경제가 지속적으로 성장하고 꾸준히 확대되면서 주변 국가, 아시아 심지어 세계경제에 새로운 활력을 주입했으며 중일 양국 간 경제무역 관계에 보다 많고, 나은 기회를 제공해주었다. 이에 따라 중일 양국 간 경제무역관계가 새로운 높이로, 새로운 단계로 업그레이드될 것으로 전망된다.

중국은 세계에서 최대 개도국이고 일본은 아시아에서의 최대 선진국이다. 게다가 양국은 아태지역에서 가장 영향력 있는 국가이기도 하다. 고이즈미 총리는 올 4월에 열린 보아오(博鰲)아시아포럼에서 "중국 위협론"에 동의하지 않는다고 명확히 말했다. 그는 중일 양국은 서로 보완역할을 하고 서로에게 이익을 가져다주는 관계라고 주장했다.

"중국이 WTO에 가입한 후, 보다 넓은 분야와 더 높은 차원에서 경제글로벌화에 참여해 여러 국가의 경제발전에 새로운 기회를 가져다 줄 것으로 기대한다." "중일 양국기업은 스스로의 장점을 발휘해 상호 보완하고 협력함으로써 공동적인 발전과 번영을 실현해야 한다."

이번 심포지엄에서 중일 양국 기업지도자들은 기업의 신용건설 문제를 두고 깊이 있게 논의했다. 글로벌 경제가 신용위기에 빠지면서 경제회복이 더딘 현

시점을 반드시 중시하고 해결해야 할 중요한 문제라고 생각했던 것이다. 이 자리를 비러 개인적인 생각을 얘기하고자 한다.

　신용은 시장경제의 건전한 발전과 연관되는 큰 문제이다. 기업의 신용불량(失信)과 기만적인 언행은 상업기풍을 심각하게 파괴했고, 사회에 나쁜 영향을 미쳤으며, 대중의 이익에 피해를 가져다주었다. 또한 경제 분야에서의 거래비용이 크게 늘어나면서 시장 메커니즘이 합리적으로 운영되지 못했다. 시장경제가 발전할수록 신용문제가 경제와 사회발전에 미치는 영향이 더욱 크게 느껴졌다. 따라서 개인 신용, 기업신용, 정부신용을 포함한 신용체계를 구축 및 완벽화해 시장경제의 건전한 운영을 이끌어 나가는 것이 절실하게 필요한 시점이다.

　신용건설은 장기적이고도 오랜 시간 꾸준하게 이끌어 나가야 하는 임무이다. 세계의 주요한 경제대국은 모두 신용 결실(缺失)에서 점차 신용체계가 건전해지는 과정을 겪었다. 예전과 현재 신용제도가 비교적 발달한 국가에서도 상업도덕과 법질서를 무시한 사기행각이 자주 벌어지고 있다.

　미국 엔론(Enron Corporation)사건이 터지고서부터 재정 추문이 끊이지 않았으며 주식시장은 폭락으로 이어졌다. 이 때문에 투자자의 이익에 심각한 피해를 가져다 줬고 투자자의 자신감에도 큰 타격을 입혔다. 이 또한 미국 경제회복의 걸림돌이 되었다.

　신용위기에서 벗어나기 위해 미국정부는 1929년대 말기 최대 침체기 이후 범위가 가장 크고 조치가 가장 엄한 회사개혁 법안을 실시했다. 중국 기업들도 다양한 신용문제에 시달리고 있다. 일부 회사는 허위로 장부를 조작하고 업적을 부풀려 보고하며 허위 정보를 제공해 투자자와 소비자의 이익에 막대한 피해를 가져다줬다. 중국정부는 이 같은 문제를 크게 중시하면서 다양한 조치를 취해 감독관리를 강화하는 등 대중의 권익을 보호하기 위해 노력하고 있다. 기업의 신용건설은 사회 신용체계 건설 가운데서 핵심적인 부분이다.

　중국의 경제체제가 전환됨에 따라 다양한 유형의 기업, 특히 경제, 사회, 문화생활 가운데서 대기업의 지위와 영향력은 갈수록 커지고 있으며, 기업가들의 역할도 그 어느 시기보다 더욱 중요해졌다. 기업과 기업가는 반드시 사회와 대중 앞에서 책임감을 향상시키고 적극적이고도 자발적으로 기업의 신용건설을 위한 발걸음을 재촉해야 할 것이다.

현재 중국은 세계무역기구의 회원국이 되었다. 앞으로 더 많은 중국기업이 국제시장에 진출할 것으로 기대된다. 따라서 신용건설은 경제 글로벌화에 참여하는 기업들에서 필수적으로 갖춰야 할 자질이 되었다. 성실경영으로 신뢰받는 기업이 되려면 거시적인 차원에서 전 사회적으로 노력해 성실경영의 분위기를 조성해야 한다. 정부 차원에서는 성실경영과 연관되는 여러 가지 법률, 법규와 정책을 제정해 기업의 성실경영이 지켜야만 하는 규정을 수립해야 한다. 정부 직능부서는 기업의 성실경영에 대한 감독관리와 지도를 늘려 국가, 기업, 소비자와 투자자의 합법적인 권리를 지키도록 해야 한다. 전 사회적으로 성실경영 이념을 제기하고 성실경영 정신을 널리 발전시켜야 한다.

반면에 미시적인 차원에서 기업은 경영이념을 바로잡고 성실경영의 자율의식을 강화해 성실경영에 따른 자율 메커니즘을 구축토록 해야 한다. 기업문화, 관리구조, 장려와 처벌 메커니즘, 대중 감독관리, 관리제도 등 제반 분야에서 부당하고 비도덕적인 경영행위를 차단시켜야 한다. 기업의 신용건설을 추진하는 과정에서 "덕으로 기업을 발전시키는(以德治企)" 이념을 견지해야만 한다.

중국은 찬란한 문명과 우수한 도덕전통을 갖고 있다. 예로부터 중국정부는 이 같은 전통을 유지하고 고양하는데 각별히 신경 썼으며, 사회주의 정신문명 건설을 적극적으로 추진했다. 이밖에도 '의법치국(依法治国)'과 '의덕치국(以德治国)'을 서로 결부시킨 중국정부의 치국방략은 기업의 성실경영에 양호한 외부환경과 사회적 기초를 마련해줬다.

중국기업은 "법에 따라 기업을 다스리고(依法治国), 엄하게 기업을 관리하는(从严治厂)" 기초 위에서 기업의 도덕건설을 기업의 근본적인 취지와 기업문화로 간주하고 직업 도덕교육과 제도건설을 결부시켰다. 더욱이 "덕으로 기업을 발전시키는 이념"을 기업의 생산경영 고리마다 실행하도록 요구했다.

기업의 신용건설 가운데서 기업지도자는 중요한 역할을 해야 한다. 사회는 기업 경영자의 도덕자질에 더욱 높은 요구를 제기한다. 기업의 결정자, 기업문화를 계획하는 선도자로서의 기업지도자는 도덕자질을 향상시키고 직접 실천하고 솔선수범하여 본보기를 보여줘야 한다. 기업에 신용위기가 생기고 심지어 많은 추문이 생기는 근본적인 원인은 경영자 특히 기업의 주요한 책임자가 도덕이 없고 기본적인 공덕심마저 잃어버린 데 있다. 우리는 이 같은 경험을 거울로 삼아 기업 책임자에 대한 교육, 인도와 감독을 강화해야 한다.

동서방문화의 우수한 부분을 잘 융합시킨 일본의 시장경제체제는 자체적 특색을 갖추고 있다. 일본과 중국은 깊은 문화적 공감대가 형성돼 기업 경영이념에서 공동족인 점이 아주 많다. 일본은 장기적인 시장경제 발전과정에 기업도덕과 신용건설에 대한 소중한 경험을 대량 축적했다. 중국기업들은 이런 부분을 열심히 따라 배워야 한다. 자연히 그 중의 교훈도 함께 받아들여야 할 것이다. 신용이란 주제를 두고 장옌닝 이사장이 전면적으로 논술했고 양국의 기업가들도 적극적으로 발언했기 때문에 더 깊게 말하지 않겠다.

신사, 숙녀 여러분, 중국공산당 제16차 전국대표대회가 성공리에 폐막했다. 21세기에 들어선 후 중국공산당이 소집한 첫 번째 전국대표대회로, 21세기 중국경제와 사회발전에 중대하고도 깊은 반향을 일으키고 있다. 회의는 덩샤오핑이론의 위대한 기치를 높이 들고 "3가지 대표"의 중요한 사상을 전면적으로 실행할 것을 제기했다.

또한 미래지향적인 안목을 갖고 시대와 보조를 맞춰 소강사회를 전면적으로 건설하고 사회주의 현대화 건설을 적극적으로 추진해 중국특색의 사회주의라는 새로운 국면을 열어나가자고 했다. 중국의 앞날은 더욱 밝을 것이라고 믿어 의심치 않는다.

현재 국제정치경제 국면에는 심각한 변화가 생기고 있다. 중국의 발전은 적극적이고도 건설적인 힘을 가중하고 있다. 며칠 전 장쩌민 주석이 미국 텍사스주 부시 대통령 도서관에서 했던 연설처럼 "성실을 근본으로 하고 화합을 가장 소중한 것으로 여기며, 성실을 우선시하는 것은 예로부터 중화민족이 가진 우수한 전통이었을 뿐만 아니라, 중국이 국제관계를 처리함에 있어 늘 지켜온 가치관이다."

중일 국교 정상화 초기 저우언라이 총리가 다나카 가쿠에이(田中角荣) 일본 총리에게 "말에는 반드시 신뢰가 있어야 하고 행동하면 반드시 결과가 있어야 한다(言必信 行必果), 성실은 만물의 근본이다(信为万世之本)"라는 격언을 써서 증정한 바 있다. 중일 양국관계는 바로 이런 격언의 정신을 바탕으로 수많은 걸림돌을 제거하면서 꾸준히 발전했다. 중일 양국 기업계는 서로 학습하고 신용건설과 서로의 이익을 위해 협력하는 본보기가 되기 위해 노력해야 할 것이다. 또한 경제 글로벌화에서의 마이너스 영향을 극복하는 과정에서 적극적인 역할을 발휘해 장기적이고 안정된 양국 간의 친선관계를 구축하는데 새로운 기여를 할 수 있기 바란다. 회의가 성공적으로 개최되기를 기원한다.

※ 이 글은 2002년 11월 16일 제7차 중일 산업 심포지엄에서 한 축사임.

『편지를 가르시아에게 보내다』라는 책을 추천하다

(2002년 10월)

————

    기업의 사장, 고위층 관리자와 모든 유지인사들에게 기업관리출판사에서 출판한 『가르시아에게 편지를 보내다(把信送给加西亚)』라는 책을 추천하고 싶다. 이 책은 팸플릿 형태로 되어 있다. 부시 미국 대통령의 가족 변호사가 부시에게 이 책을 추천했다.

    "읽어보십시오. 커피 한 잔의 시간이면 충분합니다."

    하지만 처음에는 부시의 관심을 불러일으키지 못했다. 훗날 부시는 이 책을 읽고 나서 온몸이 오싹해지는 경험을 했다고 말했다.

    "너무 무서운 책입니다. 모든 부분에 대해 정확하게 얘기했더군요."

    100년 전 이 책이 미국에서 러시아로, 그후에는 러시아에서 독일, 프랑스, 스페인, 터키, 인도와 중국에 전해졌다. 일본 천황은 정부 관리, 병사, 심지어 백성마저 이 팸플릿 형식의 책을 하나씩 소유해야 한다는 명을 내렸다. 이 책은 100년 동안 정부, 군, 기업에서 수많은 관리, 전사와 임원들이 서로 다른 직무에서 꾸준히 발전을 추구하는데 격려하는 역할을 해왔다.

    이 책은 편지를 보내는 과정에서 생긴 전기적인 이야기를 담고 있다. 미서전쟁(美西戰爭, 미국 · 스페인 전쟁)시기, 중위 로만이 충성, 정직과 드높은 책임감으로 여러 가지 어려움을 헤치고 결국 편지를 전달하는 사명을 완수함으로써 미국의 전쟁승리에 기여했다는 내용이다.

로만의 사적은 미국의 출판업체를 크게 감동시켰다. 본 저서는 엘버트허버드 (Elbert Hubbard)가 로만의 정신을 칭송하고 그의 용기와 백절불굴의 정신을 찬양하기 위해 특별히 쓴 것이다.

그때 사람들은 마치 신대륙을 발견한 것처럼 로만에게서 우수한 임원, 우수한 부하와 우수한 병사의 진정한 기준, 그리고 로만의 정신에서 충성, 책임감과 주동성을 찾아냈으며 사업을 발전시키는 원동력을 발견했다.

새 세기에 들어선 현재 문명도 따라서 더 높은 단계로 발전하고 있다. 하지만 그렇지 않은 경우도 많다. 정부, 기업, 학교에 소극적이고 게으른 태도가 확산되고 서로 간에 책임을 전가하고 남의 탓만 하며 나쁜 기풍이 성행하는 등 여전히 문명의 진보에 걸림돌이 되는 부분이 있다. 이런 것들은 기업, 회사와 개개인이 아무런 성취도 없는 진정한 원인이자 우리가 "편지를 보낸 사람"을 애타게 부르는 심층차원의 원인이기도 하다.

"가르시아에게 편지를 보낸" 사람을 찾고, 또 이런 자를 중용하는 것은 그 옛날, 현재, 그리고 앞으로의 사업에서 성과를 거둘 수 있는 기조이기도 하다. 이 책의 저자는 "문명은 이런 인재를 꾸준히 찾는 오랜 과정"이라고 했다.

이밖에 이 글은 우리에게 만약 로만의 상급 지도자, 정보국 국장, 그리고 윌리엄 매킨리(William McKinley) 대통령이 인재를 적재적소에 배치하는 지인선임(知人善任)의 지혜가 없었다면, 로만도 임무를 완수하지 못했을 것이라는 점도 알려주고 있다.

현재 우리는 로만의 정신을 부르고 있는 반면, 로만이 두각을 나타낼 수 있게 선임한 상급 지도자도 부르고 있다. 현재 기업마다 임원이 업무에 최선을 다하는 정신을 갖도록 이끌고 있다. 여기에는 게으름 피우지 않고 책임지는 태도로 기업에 충성을 다하는 기본적인 정신 외에도 가르시아가 편지를 전달하는 임무를 받았을 때 편지가 국가에 대한 중요한 의의를 깊이 깨닫고 개인의 득실이나 조건을 따지지 않은 채 정의를 위해 용감하게 앞으로 달려 나가는 정신도 포함된다.

'편지'의 효과를 최대화하기 위해 그는 주동적으로 관련 정보인원을 데려왔다. 이 모든 것들은 일반적인 차원이 아닌 창조적인 차원에서 최선을 다 하는 것이라 할 수 있다.

현재의 기업은 경제 글로벌화라는 심각한 도전에 직면해 있다. 따라서 임원들이 중요한 직무에서 창조성 있게 최선을 다하는 정신이 필요하다. 아울러 이런 정신을 가진 인재들에게 더욱 중요한 임무를 맡겨야 한다. 이 같은 정신을 소유한 인재가 있는 회사라면 반드시 성공할 것이라 믿어 의심치 않는다.

제7장

중국, 아시아 및 세계와의 대화 플랫폼

보아오(博鰲) 아시아 포럼의 창설과 발전
중국-유럽 우호협력의 새 플랫폼을 구축하자

보아오(博鰲) 아시아 포럼의 창설과 발전

중국 법률에 따라 등록된 보아오(博鰲) 포럼은 중국 경내에 창설된 비정부·비영리 지역경제포럼으로, 기금(基金)화로 운영되며 최초로 본부를 중국에 둔 국제회의기구이기도 하다. 2001년 중국 관련 부서에서 나를 보아오포럼 중국 측 수석대표로 추천했다. 그때 주최국으로서 모든 하드웨어, 각 서비스의 협조 업무와 중국이 포럼에 제기한 약속을 실행하고 정상적 운영을 담당하게 되었다. 2008년 건강과 나이를 고려해, 중국 측 수석대표자리를 내려놓았다. 같은 해 6월, 정페이옌에게 수석대표 자리를 내주었다. 2010년 4월 보아오포럼 창설 10주년 때 포럼 비서실에서 초청장이 왔다. 후진타오 주석은 많은 사람들 앞에서 특별히 나를 치하했다. "보아오 포럼 창설 10년이 되었는데 8년을 지켜주었으니 그 공이 참으로 큽니다." 훗날 주석께 편지를 보내 "외교부, 하이난성, 코스코 그룹 등 지원과 지지가 컸습니다"라고 했다. 여러 지역 인사들의 광범위한 교류와 미팅에서 글로벌경제시대에 들어선 현재 보아오포럼이 정부, 상업계, 학계의 중요한 교류창구로, 아시아와 세계를 연결시켜주는 고리로, 아시아 지역의 내외적 협력추진에 적극적인 역할을 하고 있다고 생각한다.

아시아 금융위기, 보아오포럼 창설의 촉매제

우뚝 선 아시아, 특히 동북아시아와 아시아의 네 마리 용으로 불리던 한국, 대만, 홍콩, 싱가포르의 빠른 발전은 과거 한동안 전 세계의 주목과 열정적인 환호를 받았다. 더욱이 일부 지역에서는 본보기로 삼아 따라 배우기도 했다. 그러나 20세기 후반기에 들어 상황이 급격히 변하면서 아시아는 또 한번 국제사회의 큰 이슈로 떠올랐다. 1997년 7월 2일 태국 중앙은행은 10여 년간 지속적으로 실시해오던 태국 통화와 달러의 고정적 환율 제도를 돌연 포기하고 자유 환율 제도를 도입한다고 선언했다. 같은 날 바트 대 달러 환율이 약 17%나 하락했다. 연말에는 바트 가격이 37.1%로 대폭 하락됐는데 이에 따라 주가에 대한 투자자들의 관심도가 떨어졌을 뿐만 아니라 태국 주가가 55.18%나 폭락하는 후과를 낳았다. 이에 태국 금융위기가 신속하게 전역으로 번져 아시아 여러 국가에 영향을 미쳤으며 결국에는 경제사회의 불안정을 조성했다. 인도네시아 통화가 연말까지 78.7% 하락되고 말레이시아, 싱가포르, 필리핀, 중국, 홍콩, 일본, 한국 등 국가도 타격을 피할 수 없었는데, 이는 정치계에도 불똥이 튀었다. 동아시아, 동남아 등 상당한 성과를 거뒀던 국가의 재부도 급격히 수축되었다. 경제상황이 급격히 악화되고 정부와 인민도 전에 없는 손해를 입었다. 이에 아시아 각국 유지인사들은 자국과 아시아 여러 국가를 걱정하면서 머리를 맞대고 탈출구를 모색하기 위해 노력했다. 그들은 자본시장의 과잉 투기 및 금융 감독 관리의 부실로 초래된 금융위기가 정보 부족, '핫 머니' 유입에 대한 방심, 단기 대출이 통제력을 잃은 상황에서 비상대책을 세우지 못해 야기된 결과라 했다. 아시아는 유럽, 미국 등 국가들이 창설한 다보스포럼(Davos Forum)의 경험을 바탕으로 대화의 장을 만들어 아시아 각국의 정치, 경제, 학계 등 분야의 리더, 싱크탱크들과 정보를 교류하고 사고하는 등 아시아 경제와 사회발전 관련 의제들을 해결하기 위한 전략을 구축해야 했다.

이를 바탕으로 1998년 8월, 라모스 전 필리핀 대통령, 로버트 제임스리 호크

전 오스트레일리아 총리, 호소카와 모리히로 전 일본 총리, 쟝샤오숭(蔣曉鬆) 중국 하이난보아오투자주식회사 CEO 등이 마닐라에서 만나 "아시아 포럼" 창설을 제기했다.

이번 회견에서 "마닐라 선언"을 발표했다. 경제 글로벌이 가져온 최대 기회와 위험에 직면한 아시아 여러 국가에서는 지역별 경제 조율과 협력을 확대해 본 지역의 경제안보를 보장하고 본 지역의 이익을 늘려야 했다.

유럽, 북아메리카의 자유무역지대의 건립·확장과 비교할 때 아시아는 총체적으로 조직성이 결여되어 있었다. "아시아 포럼"은 비정부·비영리 지역경제 포럼으로, 기금화적으로 운영되는 국제회의 기구이다. 아시아 여러 나라 정부, 상업계, 학계 등 분야의 전문가들에게 아시아의 지역 경제발전 및 인구와 환경 등 문제를 두고 고위층간의 대화를 나눌 수 있는 만남의 장을 마련해 줌으로써 대화를 기초로 한 이해와 상호 협력을 추진하는데 취지를 두고 있다.

"마닐라 선언" 발표 후, 그들은 호크에게 중국 장쩌민 주석과 하아난성 왕샤오펑(汪嘯風) 행장에게 요구하여 "아시아 포럼"을 공식화하고, 포럼 개최지를 하이난성 주하이시 보아오 진으로 정할 것을 요청하라고 했다.

중국 정부, 보아오 포럼 창설 적극적으로 지지

관련 부서의 1년 2개월 협상과 준비 끝에 1999년 10월 라모스 대통령과 호크 총리가 베이징에 도착해 "아시아 포럼" 창설 의향을 중국 고위층에 정식 알리고 중국정부의 지지를 요청했다. 또한 중국 측에서 부총리급 관리자를 지정해 동참할 것도 부탁했다. 후진타오 부주석이 그들을 회견했다. 후진타오 부주석은 중국은 지역경제의 협력을 시종일관 지지하고 다각도·다분야에서의 소통을 바란다며 보아오 포럼 창설에 대한 지지와 협력을 약속했다. 또한 포럼 설립은 아시아 경제와 긴밀한 연관이 있는 터라 아시아 여러 국가의 의견도 청취할 것을 건의했다. 중국 측에서 위탁을 받고 아시아 26개국에 의견을 수렴하기 위한 의견서를 보냄과 동시에 관계자를 파견해 직접 그들의 의견에 귀를 기울였다. 그 결과 "아시아 포럼" 창설을 모두 적극적으로 지지했다. 그후부터 포럼 창설 준비가 본격적으로 시작되었다. 2000년 11월 보아오 포럼 준비기구는 보아오에서 아시아 24개 국 전문가 학자 회의를 소집하고 "아시아 포럼선언(초안)" 등 5개 기초안건을 통과시켰다. 2001년 1월 『인민일보』의 초청으로 하이난 싼야(三亞)에서 열린 국제포럼에 참석했다. 하이커우에 머물고 있을 때 하이난성 왕샤오펑 행장은 싼야회의를 마치고 보아오를 방문했으면 한다고 부탁했다. 도착한 그 날 푸잉(傅瑩) 외교부 아시아사 사장, 천츠(陳辭) 하이난성 해외교포 관련 외사판공실 주임이 보고회를 공동으로 주재했다. 전문가회의의 관련 상황과 아시아 포럼 비서실장을 맡게 될 말레이시아 관계자 싱을 소개하고 24개 국 전문가회의의 모든 문서를 전달했다. 같은 날 전문인회의의 모든 자료를 살펴보았다. 하지만 나에게 보고한 의도를 알 수 없었고 지난번 쟝샤오숭이 베이징에서 왜 나에게 포럼 참석을 요청했는지도 의문스러웠다. 이튿날 아침 푸잉, 천츠, 류치(刘琦) 하이난성 계획청 청장과 만나 전문인 회의 문서에 대한 생각을 얘기했는네 여기서 몇 가지 의문점에 대해 정중하게 물었다. 보고하고 관련 문서를 보낸 이유는 무엇인지? 어떤 요구가 있는지? 포럼 참석을 초청한 것은 타 국가에서 파견한 대표처럼 단지 참석만 하라는 건지, 아니면 주최국 일원으로 일정한 임무를 가지고 담당자 역할을 수행하라는 건지 등을 물었다. 그들에게 상부에 지시를 요청하고 답하라고 했으나 훗날 그 어떤 회신도 받지 못했다. 2001년 2월 구정 전날 하이난성에서 중앙에 넣은 요구서를 봤는데 중국 측 대표자로 나를 추천했다. 외교부의 심사와 리루이환(李瑞環), 첸치천(錢其琛)의 동의를 거쳐 결국 내가 담당자로 선출됐으며 보아오포럼에 참석하는 중국 측 수석대표로 임명되었다. 중국은 주최국으로써 하드웨어 건설과 여러 가지 서비스 감독업무, 그 외 포럼에 대한 약속, 포럼의 정상적 운영을 확실시 하는 등의 업무를 수행해야 한다. 훗날 중국 측의 포럼 대표자를 선출할 때 후보자 셋이 있었는데, 여러 부서의 협상 끝에 결국 나를 임명하기로 했다는 것을 전해 들었다.

새 천 년 벽두 보아오 포럼 창설 및 선언 발표

2001년 2월 26일, 아시아 26개국에서 발기한 보아오포럼이 정식 창설되었다. 설립대회 시작 전 준비위원회가 있었는데 라모스 전 대통령, 호크 전 총리, 나카소네 수상, 나를 포함한 넷이서 진행했다. 설립대회에는 호주, 방글라데시, 브루나이, 캄보디아, 중국, 인도, 인도네시아, 이란, 일본, 카자흐스탄, 키르기스스탄, 라오스, 말레이시아, 몽골, 미얀마, 네팔, 파키스탄, 필리핀, 한국, 싱가포르, 타지키스탄, 태국, 투르크메니스탄, 우즈베키스탄, 베트남 등 26개 국의 대표가 참석했다. 이밖에 중화인민공화국 장쩌민 주석, 마텐드라 브라나이 국왕, 마하티르 말레이시아 총리, 첸치천 중국 국무원 부총리, 응우옌 마 캄 베트남 부총리, 라모스, 호크, 나카소네, 파루크 아메드 칸 레가리(전 파키스탄 대통령), 디팍 비스타(전 네팔 수상), 오치르바트(전 몽골 총리), 테레셴코(전 카자흐스탄 총리), 이수성(전 한국 총리) 등이 참석했다. 장쩌민 주석은 대회에서 축사를 했다. 먼저 중국 정부를 대표해 보아오 아시아포럼 개막을 축하했다. "보아오 아시아포럼의 개막은 글로벌시대 아시아 여러 국가 간 대화를 추진하고 협력을 모색하며 공동 발전을 실현하려는 시대적 요구를 여실히 반영했습니다." "주최국으로서 중국 정부는 포럼의 운영, 발전에 지지를 더할 것입니다" 등 앞으로의 지원에 대해서도 약속했다. 한편 주석은 5언 절구 시를 지어 포럼 개막에 대한 기쁨을 표했다. "일만 샘물, 기상이 새로워라, 물이 맑고 밤바람이 시원하여라, 오지 인재 한데 모이니, 보아오가 님을 반기리" 개막식에서 "보아오 아시아포럼 선언"이 통과됐는데, 그 내용에는 '머리말', '배경', '사명', '전략' 등이 포함되어 있었다. '선언'에는 이런 구절이 있었다. "새 천 년 시작부터, 하이난성 보아오에 모여 아시아 경제와 사회발전이 직면한 도전을 살펴보고 이런 문제에서 아시아 관점을 융합시키고 본 지역과의 상호 의존 및 경제 협력의 지속적인 발전을 위해 꾸준히 노력해야 하는 중요성도 알게 되었다." "아시아 여러 국가 간의 대화, 협조, 협력이 아시아 간 및 세계 각 지역과의 협력관계를 강화하고 무역과 투자를 늘리게 될 것으로 기대된다." 이밖에 '선언'은 7개 전략을 제기했다. 다양한 유형의 회의소집, 무역 · 투자 · 환경보호 등 중대한 문제에 대한 토론, 본 지역 기타 기구의 적극성 활성화에 따른 각국 정부와 상업단체 간 파트너관계 추진 및 강화, 본 지역경제의 글로벌과 지역성 경제발전 추세에 영향 줄 수 있는 요소에 대한 파악, 수시로 나타나는 무역과 금융에 영향을 줄 수 있는 다양한 문제에 대한 관련 정보 발표, 포럼 취지에 유리한 다양한 행사 전개, 본 지역 상업단체 간 긴밀한 연계 구축, 연구와 양성센터 설립 등이다. '선언'에서는 또 "중화인민공화국 법률에 따라 보아오포럼을 설립했고 중국 하이난성 보아오를 포럼의 영구적 개최지로 삼는다"고 했다. 2년 후인 2003년 1월 24일, 장쩌민 주석은 라모스와 이사회 성원들을 회견했을 때, 포럼의 설립은 아시아인들이 주체적으로 아시아 사무를 해결할 수 있다는 자신감을 알렸을 뿐만 아니라, 아시아인들이 패기를 갖고 아시아 건설에 뛰어드는데도 도움이 될 것이라고 전했다. 그 외에도 그는 포럼이 아시아 지역에서 최고로 활약하는 기구로 거듭나기를 기원한다며 아시아포럼에 대한 기대가 크다고 했다. 회견이 진행되고 있을 때 나는 유럽에서 열린 지속적인 발전 관련 국제회의에 참석하고 있었다. 그 해는 내가 전국정치협회를 떠난 해이기도 했다. 장쩌민 주석은 룽스우이투(龍水圖)와 외교부 분들에게 천진화가 다음 임기의 전국정치협회 부주석 직무를 연임하는지 않으나, 중국 수석대표로 남아 있을 것이며 그에게는 그럴만한 능력이 있다고 했다. 그후, 보아오 아시아포럼 대표로 남게 되었다.

제1차 연례회의 전의 의외의 사태

보아오 아시아포럼 제1차 연례회의가 2002년 4월에 열렸다. 첫 연례회의의 주제는 "신 세기, 새 도전, 새로운 아시아-아시아경제의 발전과 협력"이었다. 연례회의가 소집되기 전에 회의 참석차 광둥으로 갔기 때문에 회의가 끝난 후에야 보아오에 가기로 되어 있었다.

회의에 참석했을 때 리창춘(李長春) 광둥성 서기와 나란히 앉았다. 그때 하이난에서 급히 결정할 사안이 있어 빨리 보아오로 오라는 재촉 전화가 걸려왔다. 리창춘이 무슨 급한 일 있는 게 아니냐고 물었다. 하이난에서 걸려온 "12도 금패"라고 웃으면서 넘겨버렸다.

첫 해인지라 연례회의 준비는 갈피를 제대로 잡지 못했다. 설상가상으로 회의 참석자들 배치에도 문제가 생겼다. 접대인력이 1000명 미만이었지만 실제는 1800여 명에서 2000명 가까이 참석했다. 직원까지 합치면 총 3000명을 넘어섰다. 하드웨어 등 시설이 갖추어지지 않은 데다 회의 조직 혼선으로 많은 참석자들이 원성을 자아냈다. 그 중에서도 홍콩 대표팀의 의견이 가장 많았다.

그러나 회의 주제나 취지, 연설 특히 주룽지 총리의 연설과 주제별 보고서, 발언은 참석자들의 한결같은 호응을 이끌어냈으며 전문성과 깊이가 있다는 긍정적인 평가를 받았다. 주룽지 총리는 업무접대에서 생긴 차질에 대해 사과하고 나서 내년 회의는 올해보다 나을 것이라고 약속했다. 제1회 연례회의의 주제는 "신 세기, 새 도전, 새로운 아시아-아사아경제의 발전과 협력"으로 정했다.

주룽지 중국 국무원 총리, 고이즈미 준이치로 일본 총리, 탁신 친나왓 태국 총리, 이한동 한국 총리 등을 비롯한 10여 명의 전 정치인들, 그리고 둥젠화(董建華) 홍콩 특별행정구 행정장관, 허허우화(何厚華) 마카오 특별행정구 행정장관, 다국적 회사, 유명 대기업 대표와 전문학자 등 1800여 명이 참석했다.

주룽지 총리는 연설에서 유럽과 북아메리카 지역과의 협력에 비해 아시아 지역 간 합작은 상대적으로 뒤져있다며 몇 가지 건의를 제기했다. 첫째, 경제협력을 중심으로 제반 분야에서의 협력을 점차 확대한다. 둘째, 현재의 협력 루트에 착안점을 두고 협력 범위를 꾸준히 늘린다. 셋째, 양자무역을 진일보 확대하고 지역 간 협력 기초를 강화한다. 넷째, 개방적인 지역 간 협력을 추진한다.

주룽지는 아시아 인민의 지혜와 근면함, 자강불식(自强不息, 스스로 힘들여 노력을 멈추지 않는다) 정신은 아시아가 과거에 많은 성과를 이룩하고 찬란한 내일을 창조하는 보물이라고 전했다. 중국은 아시아 인민과 손잡고 신세기 아시아의 아름다운 내일을 만들어 갈 의향이 있다고 했다. 주룽지의 연설과 답변은 내빈들의 열렬한 호평을 받았다.

보아오 아시아포럼 제1차 연례회의 이후, 중국 측 관련 부서, 지방, 기업 등 대표인들을 상대로 회의를 주최하고 경험과 교훈 등을 종합했다. 회의가 끝난 후, 개인 명의로 보아오 아시아포럼 2002년 연례회의의 업무를 전면적으로 분석하고 성과와 실수 및 향후 건의 등을 골자로 한 보고서를 작성해 장쩌민, 주룽지, 리루이환, 챈치천에게 올렸다. 주최국으로서의 업무 및 수행중의 단점과 문제점에 대해 책임진다는 태도도 보였다.

그후 동서섬(东屿岛) 2기 프로젝트 건설을 조율하고 감독하는데 많은 정력을 기울였으며 하드웨어 건설과 회의 서비스 업무를 개진하는 등 실제 행동으로 주룽지 총리가 회의에서 한 약속을 지키기 위해 노력했다.

제1차 연례회의에서 회무 및 접대 업무 면에서의 문제 외에도 여러 가지 곡절이 있었다. 연례회의 준비 기간, 포럼 비서실에서 포럼 관련 규약을 각국에 전달해 의견을 수렴했다. 포럼 비서실은 모두 동의한다는 피드백을 받았다고 했다. 비서실에서 제정한 연례회의 일정에 따르면 대회는 규약에 따라 이사회 이사와 이사장을 선출하고, 중국 총리가 이사회 전 회원들과 만남을 가지게 된다.

해당 일정은 전체 대표와 회의에 참석할 국내외 언론에게 전달되었다. 하지만 회의가 개최되는 날 아침 라모스, 호크는 다른 위원회를 설립해 규약을 수정하고 이틀 뒤 대회의 심의를 받을 수 있도록 제출하겠다고 했다. 이 같은 변수로 예정됐던 대회가 지정된 기한 내에 소집되지 못하고 이사회를 선출하지 못한다면 회의 일정에도 차질이 빚어지게 될 것 같았다. 포럼 비서실 대표는 조급한 나머지 여러 번 나를 찾아와서는 급히 해결방안을 찾아보라고 했다.

같은 날 오전 11시경 나는 라모스를 만나 포럼 규약의 수정은 포럼 내부의 사무이고 규정에 이해되지 않는 부분이 있더라도 그건 원칙상의 문제가 아니기 때문에 중국은 포럼 회원국의 일원으로서 수정에 찬성한다고 했다. 그러면서 여전히 의견이 있을 경우 연례회의가 끝난 후 토론하고 수정할 수 있다고 전했다.

중국은 주최국으로 회의 소집이 계획대로 진행될지 여부에 관심이 집중되어 있었다. 현재 이미 일정을 참석대표 및 기자들에게 전달했고, 여러 측의 업무도 이를 근거로 진행되고 있는 현 시점에서 만약 일정을 바꾼다면 중국 총리는 이 사회 성원을 볼 면목이 없게 되는 것은 물론, 외부의 오해를 낳을 수도 있어 영향이 크기 때문에 심사숙고하길 부탁한다고 거듭 강조했다.

나는 포럼이 계획대로 진행되어야 한다고 끝까지 주장했다. 오후 1시, 에릭슨 회장을 연회에 초청했는데 이미 회장이 기다리고 있으며 오후 3시에는 회원국 대회를 소집해야 하니 시간이 급박한 만큼 속히 결정을 당부한다고 했다. 결국 그는 예정대로 진행하자고 하면서 호크를 설득할 것이라고 약속했다. 예상 밖의 파장은 결국 이렇게 지나갔고 연례회의도 순조롭게 열렸다.

하늘에서 내려준 동서섬

지리적으로 볼 때 하아난성은 동아시아, 남아시아, 동남아시아의 중심적 위치에 자리 잡고 있다. 하이난을 중심으로 3시간이면 20여 개 국과 지역이 도착할 수 있다.

보아오는 하이난성의 동해안에 위치하고 있어 하이커우(海口)와 싼야 사이, 삼강(완취안하[萬全河]), 룽쿤하[龍滾河], 지우취하[九曲河])이 합치는 유입구역에 자리 잡고 있다.

보아오의 동쪽은 기네스 본부에 의해 '기네스북'에 오른 옥대를 방불케 하는 해변가이다. 이 해변가에 의해 한쪽은 구름에 싸인 듯한 남중국해, 다른 한 쪽은 푸른빛이 감도는 완취안으로 나뉘어 있다.

강, 하, 호수, 바다, 온 냉수의 샘물과 구릉, 산맥, 열대 숲과 산촌의 마을이 한데 어우러져 한 폭의 아름다운 전원화폭을 방불케 했다. 자연적인 생태환경이 완벽하게 보호돼 국내외 전문가들이 "세계 강물 유입구 가운데서 자연환경이 가장 잘 보존된 처녀지'라고 입을 모아 칭송했다. 이런 고장을 보아오 아시아 포럼의 영구적인 회의지역으로 선택한 것은 인류가 인간과 자연의 조화를 추구하는 이상을 구현했고, 아시아의 자연경치와 현대문명이 한데 어우러진 모습을 보여줬다.

보아오 포럼이 정식 설립되기 전에는 계획면적을 최종 확정하지 못하고 있었다. 2001년 여름, 하이난 보아오 투자회사의 요청에 따라 중국 전문가회의를 소집하고 보아오 수성(水城) 계획에 대한 의견을 수렴했다. 회의가 끝난 후 그때의 두칭린(杜青林) 하이난성 서기와 보아오 투자회사, 중국 원양운수그룹 등 하이난성 관련 부서 책임자를 찾아 계획문제를 연구하고 후속적인 업무에 대해서도 의견을 주고받았다.

회의 때 열띤 토론이 오갔으며 어떤 의견을 택할 지 판단이 서지 않았다.

리웨이(李维) 하이난 황금해안 로틴(LaWTOn) 그룹 사장은 계획면적 관련 업무를 하루빨리 정하는 것이 발등에 떨어진 불이라고 했다. 그의 의견이 정곡을 찔렀다고 본다. 면적 계획 업무가 확정되지 못하면 개발업체들이 투자할 수 없고 따라서 프로젝트가 실시될 수 없으니 두칭린 서기가 왕샤오펑(汪嘯风) 성장과 상의한 후 빨리 확정할 것을 부탁했다.

얼마 지나지 않아, 왕샤오펑의 주재로 하이난성 정부는 보아오 수성을 '특별기획 구역'으로 공식 허락했는데 면적이 41.8km²에 달했다. 동서섬은 전체 계획지역에서 지세가 평탄은 섬이었기 때문에 2기 프로젝트는 이 섬에서 집중적으로 건설하기로 했다. 계획안이 내려오자, 2기 프로젝트가 시작되었다. 착공회의 때, 나는 서로 간에 3년의 '마합(磨合)' 과정을 거쳐야 업무가 정상적인 궤도에 들어설 후 있을 것이라고 얘기했다. 훗날의 실천은 예측이 적중했다는 점을 입증했다.

이에 앞서 보아오 1기 프로젝트 때, 건설한 황금해안 온천 호텔(5성급), 진장 온천호텔, 블루해안별장, 오픈식 회의장과 그에 걸 맞는 부대설비는 보아오 아시아 포럼 창설의 수요를 만족시켰다.

제1차 연례회의가 끝난 뒤인 2003년, 네 번이나 하이난을 방문하고 하이난 성 정부, 코스코 그룹, 보아오 투자주식회사 및 칭하이시(瓊海市) 정부 대표와 함께 관련 사안을 두고 토론 및 협상했다. 2기 프로젝트 건설을 책임진 하이난 성, 코스코 그룹 및 기타 건설회사에서는 구정에도 쉬지 않고 일하면서 약속을 철석같이 지키는 중국인의 책임성을 여실히 보여줬다. 2001년 7월에 착공해서 2003년 4월에 준공하기까지 2기 프로젝트 건설은 약 1년 9개월 간 지속되었다.

그 사이 국제컨벤션센터, 소피텔호텔, 골프장, 멤버스클럽, 남선 주간도로, 삼대 대교(大橋) 및 전기, 물, 우편통신 등 공급설비, 오염물 처리공장, 녹화 지대 등 건설을 전부 마무리했다. 2기 프로젝트가 집중된 동서섬은 온통 논밭과 숲이 뒤덮여있을 뿐만 아니라 어업 등에 의거해 약 200가구만 살고 있어 개발한 적 없는 처녀지라 할 수 있었다. 2기 프로젝트가 가동되면서 동서섬은 기능이 완벽하고 현대화한 국제컨벤션센터와 관광 레저 명승지로 탈바꿈했다. 세계경제포럼, 유럽 포럼, 태평양분지포럼 등에 참석했었지만 그 어느 포럼의 하드웨어나 생태환경도 보아오 아시아포럼을 따르지 못한다고 생각한다.

보아오 아시아포럼은 하드웨어, 환경 등 면에서 아시아 여러 국가에 세계 최고 수준의 대화 플랫폼을 구축해줬다. 1996년 1월 보아오 수성 1기 프로젝트가 정식 가동되고서부터 2003년 4월 2기 프로젝트가 성공적으로 마무리되기까지 총 8년이라는 세월이 걸렸으며 누계 투자액은 30억 위안에 이르렀다.

이로써 천지개벽의 변화가 찾아왔고 지도에 이름조차 올리지 못했던 작디작은 어촌이 아시아와 세계에서 이름을 당당히 내거는 국제화 포럼의 소재지로 거듭났던 것이다.

성화런(盛華仁) 전국인민대회상무위원회 위원장은 2002년 초, 인도 의장을 수행해 상하이 푸둥 루쟈주이(陸家嘴)를 방문했다. 그때 의장은 몇 년 전 상하이로 왔을 때는 푸둥이 금방 개발되고 있었기 때문에 루쟈주이라는 금융지역이 없었다면서 "하늘에서 루쟈주이를 보내주었네"라며 감탄했다고 했다.

나는 2003년 4월에 열린 보아오 포럼 중국 측 관련 회사의 2기 프로젝트 준공 상황 조율회의에서 인도 의장의 말을 인용해 "하늘에서 동서섬를 보내주었네"라 했다.

보아오 아시아포럼의 하드웨어 건설과 기초건설 초기에는 보아오 투자유한 회사에서 맡아 건설했지만, 훗날에는 하이난성과 코스코그룹에서 건설을 책임지는 중임을 맡아 주최국으로서 중국정부의 약속을 지켰다. 중국 부위(部委), 지방, 기업 등에서 많이 지원하고 동참했지만 그중에서도 하이난성과 코스코그룹이 그 중심에 있었다.

그들은 포럼의 성공적인 개최에 필요한 양질의 서비스를 제공함으로써 포럼 이사회와 참석 국가, 지방정부, 상업계, 학계 인사들의 찬사를 한 몸에 받았다. 그들의 노력에 진심으로 경의를 표한다.

역대 연례회의의 성공과 나날이 커지고 있는 영향

2001년 2월 26일, 보아오 아시아 포럼 설립 전에 소집된 기자회견에서 미국 CNN기자가 단독 인터뷰를 요청했다. "보아오 아시아포럼은 미국을 겨냥해 설립한 것이 맞나요?"라며 예리하게 질문했다.

"'보아오 아시아 포럼 선언'에서 아주 명확히 얘기했습니다. 포럼은 아시아 여러 국가들이 아시아발전 문제를 교류하는 대화 플랫폼인 만큼 개방되어 있기 때문에 미국을 포함한 세계 여러 국가들이 교류와 대화를 바탕으로 아시아와 세계의 발전을 함께 토론하는 것을 환영합니다." "또한 경제 글로벌 행보가 빨라지고 있는 현 시점에서 유럽, 아메리카, 아프리카 등 곳에서도 지역 간 경제협력을 확대하고 있습니다. 아시아도 이런 시대의 조류에 보조를 맞춰 지역 간 경제협력을 함께 토론하고 아시아의 발전과 번영을 추진하는 것 외에 경제 글로벌화의 도전에도 대응해야 합니다." "그렇다면 유럽, 아메리카, 아프리카 등 지역 간 경제협력도 미국을 겨냥했단 뜻인가요?"

그런 질문은 하는 것이 아니라고 했더니 한마디도 더 하지 못했다.

보아오 아시아 포럼 제2차 연례회의를 2003년 4월에 진행하려 했었으나 중국과 기타 일부 국가에서 지역적으로 'SARS' 전염병이 퍼져 회의는 10월로 연기되었다.

이번 연례회의의 주제는 "아시아의 공동적인 발전 · 협력을 추진하자"는 것이었다.

연례회의에는 원자바오 중국 국무원 총리, 페르베즈 무샤라프 파키스탄 대통령, 고촉통 싱가포르 총리와 일부 국가의 전 정치인, 그 외 둥젠화 홍콩특별행정구 행정장관, 허허우화 마카오 특별행정구 행정장관과 일부 국가의 부장, 국제기구 대표, 노벨 수상자, 유명 기업 대표, 전문가 등이 참석했다.

원자바오 총리는 기조연설에서 "평화 유지와 안정, 발전과 번영 추진, 지역 간 협력과 교류 및 세계화를 지향한 개방과 협력" 등에 관한 중국의 입장과 관점을 밝혔으며 아시아의 공동 이익을 창출하는데 대한 4가지 건의를 제기했다.

회의 참석자들은 원자바오의 연설에 찬사를 보냈다. 그날 저녁의 연례회의에서도 원자바오는 연설했다. "보아오는 원래 작은 어촌 마을이었습니다. 바다를 인접하고 있는 보아오는 바다처럼 넓은 아량으로 서로 다른 의견과 주장을 포용했습니다." 보아오의 지리적 특징과 보아오 아시아 포럼의 취지를 완벽하게 한데 결부시킨 비유는 의미가 깊어 국내외 내빈의 열렬한 환영을 받았다.

보아오 아시아 포럼 제2차 연례회의에서는 "경제 글로벌화와 산업 분공, 지역의 자유무역과 밀접한 아시아 경제 협력, 아시아 금융 협력의 새로운 출구 모색, 아시아 IT사업의 잠재적 장점과 협력, 언론 변혁의 힘: 권력과 책임의 밸런스, 에너지, 환경과의 지속적인 발전, 중국의 평화적인 굴기" 등의 의제를 갖고 연설, 대회, 교류 등을 통해 의견을 나누었다. 아시아 여러 국가들을 겨냥한 문제였기 때문에 참석자들의 열렬한 지지를 받았다.

이번 연례회의부터, 룽융투(龙永图)가 보아오 아시아포럼 비서장 직을 맡았다. 적극적으로 업무를 추진하는 것은 물론 여러 측을 원활하게 조율해 라모스와 포럼 이사회의 신임을 얻었으며 업무 가운데서 꾸준히 새로운 국면을 열어나갔다. 동서섬 2기 프로젝트가 사용에 들어간 데다 회의 참석 인원수를 제한하고 서비스를 향상시킨 덕분에 제2차 연례회의는 성공적으로 개최돼 여러 분야의 호평을 받았다.

2003년 연례회의부터 중국 개혁발전포럼과 보아오 아시아 포럼 비서실이 협력해 "중국의 평화적인 굴기 포럼"을 개최했다. 그때 정비젠(鄭必堅)의 주재로 여러 국가의 정치인, 외교관, 학자 등 국제 유명인사들을 초청해 중국의 평화적인 굴기 및 관련 의제를 두고 의견을 주고받았다. 중국, 아시아와 세계의 유명인사들이 적극적으로 회의에 참석했는데 이는 훗날에도 큰 영향을 일으켰다.

보아오 아시아 포럼 제3차 연례회의는 2004년 4월 24일에 열렸다. 연례회의가 소집되기 보름 전, 포럼에 참석할 중국 고위층 관리자를 확정 짓지 못했기 때문에 요청 받은 국제 손님들은 기다림과 기대 속에서 나날을 보냈다. 포럼 비서실은 참석할 중국 고위층 관리자를 하루속히 확인해 줄 것에 대해 나에게 부탁했다. 후진타오 주석에게 편지를 보내 회의에서 기조연설을 할 것을 부탁했는데 동의한다는 회신을 빠르게 받았다. 외교부 대변인이 후진타오 주석의 참석을 공식적으로 발표하자 좋은 효과와 반응이 돌아왔다. 이번 연례회의가 정식 개막하는 전체대표대회에서 후진타오 주석은 기조연설을 했다.

중국 개혁개방 25년 동안 제반 분야에서의 성과를 소개하고 나서 "아시아의 구성원인 중국의 발전은 아시아의 번영과 긴밀하게 연관되어 있다. 중국은 현재뿐만 아니라 향후에도 아시아의 발전에 적극적인 영향으로 작용할 것이다"라고 했다.

또한 "중국의 발전은 아시아 발전에 중요한 기회를 부여했다", "중국의 발전은 아시아의 평화와 안정을 추진했다", "중국의 발전은 아시아 지역 간 협력에 새로운 원동력을 불어넣었다"는 등의 적극적인 영향을 구체적으로 언급했다. 그러면서 아시아 국가와의 협력을 확대하기 위해 아래와 같은 적극적인 조치를 취하게 될 것이라고 지적했다.

"첫째, 주변국가와의 우호관계 및 정치적 신뢰를 다져야 합니다. 둘째, 양자 간의 경제협력을 깊이 있게 추진해야 합니다. 셋째, 지역경제의 일체화 행보를 촉구해야 합니다. 중국은 아시아 국가와 다양한 형식의 자유무역을 추진해 아시아 자유무역 협력네트워크를 구축할 의향이 있습니다. 넷째, 문화교류와 인원의 왕래를 추진해야 합니다. 다섯째, 안전한 대화와 군사교류를 추진해야 합니다."

후진타오 주석은 마지막으로 "중국의 발전은 아시아를 떠나서 논할 수 없으며 아시아의 번영도 중국이 필요합니다. 중국은 평화적 발전의 길을 이어 나아갈 것이며 평화, 발전, 협력의 기치를 들고 아시아 국가들과 함께 아시아의 새로운 국면을 열어나가고, 인류의 평화와 발전의 숭고한 사업에 더 많이 기여하기 위해 노력할 것입니다"고 했다.

후진타오 주석은 참석자들의 질문에도 일일이 답변했다. 그의 연설과 답변은 호응을 이끌어내며 한결 같은 호평을 받았다. 이날 점심 휴식시간 후진타오 주석은 경호원 한 명의 수행을 받으며 보아오 수성 근처를 조용히 둘러보고 나서 시설과 여러 준비에 만족감을 표했다. 이번 연례회의에서 중국 부장, 일본, 필리핀, 뉴질랜드, 호주, 한국의 장관이 각각 발언했다.

이밖에 BMW, 네덜란드 로열 필립스, 한국 삼성, 중국 석유화학공사, 타이완 세미컨덕터 매뉴팩처링 컴패니, UPS, 홍콩 플라자(恒隆) 등 기업의 사장들과 세계은행, 아시아 개발은행, 중국인민은행, 중국건설은행, 중국 국가개발은행 등 회사 책임자들도 발언했다. 정비젠, 우쟨민(吳建民), 뤄치(羅奇) 등 중국 및 세계적으로 유명한 학자들이 중국의 평화적인 굴기, 아시아 발전 및 세계 기타 지역과의 협력 등에 대해 건설적인 의견과 건의를 제기했다.

2005년 제4차 연례회의가 같은 해 4월에 소집되었다. 이번 연례회의의 주제는 '아시아와 공존을 찾다: 아시아의 새로운 역할'이었다. 자칭린(賈慶林) 중국 전국 정협 주석은 23일 열린 개막식에서 "전면적인 협력을 추진하고 평화와 번영의 아시아를 건설하자"란 주제로 기조연설을 했다. 이번 연례회의에는 압둘라 바다위 말레이시아 총리, 존 하워드 호저우 총리, 볼프강 쉬셀 오지리 총리, 모하마드 카림 칼릴리 아프가니스탄 부대통령, 리콴유 싱가포르 고문장관, 예시모프 카자흐스탄 부총리, 도날드 창(曾蔭權)중국 홍콩 행정장관 등 40개국과 지역의 1,200여 명 정치계, 상업계 인사들과 전문 학자들이 참석했다.

연례회의는 경제 글로벌화 진척에서의 아시아의 새로운 역할, 아시아기업의 국제화 행보, 기업의 관리와 기업 경쟁력, 세계무역기구의 새로운 협상 전망, 아시아 3G의 산업기회와 협력, 중국 부동산과 자동차산업의 발전 전망 등 의제를 두고 깊이 있게 토론했다.

2006년 제5차 연례회의에는 39개국과 지역에서 온 850여 명의 각 분야 인사들이 참석해 "아시아의 win-win 공동모색 : 아시아의 새로운 기회"라는 주제를 두고 깊이 있게 토론했다. 그들은 아시아에 새로운 발전 기회가 주어진 만큼 여러 국가가 손에 손 잡고 발전해야만 화목하고 번영한 아시아를 만들어 나갈 수 있다고 했다.

정칭홍(曾庆红) 중국 국가 부주석은 연례회의 개막식에서 "아시아의 새로운 기회를 잡고 세계의 아름다운 미래를 함께 열어나가자"란 주제로 기조연설을 했다.

요셉 우루세말 미크로네시아 대통령, 야네즈 드르노브세크 슬로베니아 대통령, 라트나시리 위크레마나야케 스리랑카 총리와 무하마드 유세프 칼라 인도네시아 부대통령 등이 개막식에 참석했다.

이번 연례회의의 의제로는 세계무역기구 도하 라운드 협상, 중국은행업, 자동차와 부동산업의 개혁발전, 국유기업의 성장혁신, 국제 에너지시장 추세, 혁신과 정보기술 발전 및 지역 경제 협력 등이 이슈였다. 회의 참석자들은 이 같은 의제를 두고 깊이 있게 토론하며 의견을 나눴다.

2007년의 제6차 연례회의에는 36개 국가와 지역에서 온 1,400여 명의 각국 인사들이 참석했으며, 주제는 "아시아가 세계 경제를 이긴다. 지속적인 발전과 혁신"이었다. 우방궈(吳邦國) 전국 인대 위원장은 개막식에서 "아시아의 평화, 협력, 화목한 새로운 국면을 이뤄나가자"란 주제로 기조연설을 했다. 글로리아 마카파갈 아로요 필리핀 대통령, 샤우카트 아지즈 파키스탄 총리 등이 개막식에 참석했다.

이번 연례회의의 의제는 아시아 경제 일체화 진척, 아시아 간 에너지안전, 기업의 사회적 책임과 지속가능한 발전, 은행업과 전신업의 혁신 등 제반 분야에서의 협력을 이어나가자는 것이었다. 나는 연례회의가 열렸을 때 입원치료를 받고 있던 차라 참석할 수 없었기 때문에, 우방궈 위원장에게 편지로 상황을 설명함과 동시에 함께 동행하지 못하는 점에 대해 죄송한 마음을 전했다. 그때가 8년간 보아오 아시아 포럼 중국측 수석대표로 있으면서 처음으로 불참한 연례회의였다.

보아오 아시아 포럼 제7차 연례회의가 같은 해 4월에 열렸다. 후진타오 중국 국가 주석은 "개혁개방을 견지하고 협력으로 공동의 이익을 추구하자"라는 주제로 기조연설을 했다. 이번 연례회의에는 케빈 러드 호저우 총리, 페르베즈 무샤라프 파키스탄 대통령, 미첼 바첼레트 칠레공화국 대통령, 카림 마시모프 가자흐스탄 총리, 남바린 엥흐바야르 몽골 대통령, 마힌다 라자팍세 스리랑카 대통령, 프레드릭 라인펠트 스웨덴 총리, 시아오시 투포우 통가5세 국왕, 자카야 키크웨테 탄가니아 대통령 등 9개 국의 정상과 도날드 창 홍콩 행정장관, 허허우화 마카오 행정장관 외에도 43개 국가와 지역의 정치계, 공상업계 인사, 전문가, 학자와 언론계 학자 1,556명이 참석했다.

이번 연례회의에 후진타오 중국 국가주석을 포함한 9개국의 정상과 정부 지도자들이 참석한 것에 큰 관심이 집중되었다. 회의에 참석한 지도자 규모가 크고 스케일이 방대하며 대표한 지역(아시아, 아프리카, 라틴아메리카, 유럽, 오스트랄리아 5대양)이 많았는데 이는 날로 확대되는 보아오 아시아 포럼의 영향력을 보여주는 것이었다.

이번 연례회의의 주제는 "녹색 아시아 : 변혁을 통해 원원(win-win)으로 가기"였다. '녹색'과 '변혁'은 연례회의가 열리는 동안 대표들이 가장 많이 얘기하는 핵심 키워드였다. 3일간의 토론에서 대표들은 기후변화가 인류의 경제와 생활을 변화시키고 있기 때문에 반드시 효과적인 조치를 취해 심각한 도전에 맞서야 한다는데 입을 모았다.

또한 전 세계적으로 가장 활력 있는 경제체로서 아시아는 강 건너 불구경할 것이 아니라 더욱 친환경적인 발전의 길을 모색해 경제와 사회의 지속 가능한 발전을 확보해야 한다는 데 뜻을 같이 했다.

연례회의가 개최된 현 시점은 주최국으로서의 중국이 개혁개방 30주년을 맞는 해이기도 했다. 포럼은 특별히 중외 기업계 고위층의 원탁회의를 소집해 중국의 경험을 돌아보고 종합했다. 중국의 지난 30년간 성과는 개혁개방이 성장과 공동 이익을 추구함에 있어 정확한 선택이었고, 이번 연례회의에서 강조하는 '변혁'의 힘과 관련된 최고의 실례라는 점을 설명해주었다.

회의 참석자들이 보아오 아시아 포럼을 높이 중시하는 것은 포럼이 대표하는 아시아와 포럼 주최국으로서의 중국에 관심이 많았던 것으로 풀이된다. 아시아 특히 중국경제의 빠른 성장, 국제정치 무대에서 날로 커지는 영향력은 포럼이 장대하게 발전해가는 토양이자 기초였다.

최근 몇 년간, 보다 많은 국가들이 포럼에 관심을 보이면서 포럼 참석이나 국가별 회의 개최, 포럼이 자국에서 회의를 개최하도록 요청하는 등의 형식으로 자국을 소개할 수 있기를 기대하고 있다.

또한 아시아 여러 국가와의 경제무역 관계를 추진하고 포럼이라는 대화 플랫폼을 비러 아시아 특히 중국과의 소통, 협력을 늘릴 수 있기를 원하고 있다. 여러 국가의 지도자는 연설에서 아시아와 중국의 경제성장을 높이 평가했고, 아시아와 중국이 기후변화 대응과 지속 가능한 발전에 기울인 노력에 박수를 보내면서 포럼이 아시아 경제 일체화와 다 지역 간의 협력에 보다 큰 역할을 발휘하기를 기대했다.

보아오 아시아 포럼은 개최될 때마다 세계 여러 국가의 찬사를 받았다. 그중에서도 우선적으로 아시아 여러 국가의 열렬한 호응을 이끌어냈다. 그때 유엔 사무총장이던 코피 아난은 이런 내용의 편지를 보내왔다. "보아오 아시아포럼의 설립은 여러 국가에서 함께 노력해야만 전 세계적으로 관심을 갖 문제가 적극적으로 해결될 수 있다는 신념을 증명했습니다."

피넬 라모스는 말했다. "아시아에서 개최되는 포럼이 많지만 그 어떤 포럼도 지혜가 융합되고 외교경험까지 풍부한 보아오 포럼과 어깨를 나란히 할 수 없습니다." "보아오 아시아 포럼은 이이 '전 세계적으로 아시아에 관심을 집중시키는 포럼'으로 거듭났습니다."

밥 호크는 말했다. "우리 최대의 기쁨은 세계에서 절반 이상의 인구가 아름다운 생활을 가꾸어 나갈 수 있는 중요한 대화의 장을 만들었다는 점입니다."

나카소네는 말했다. "보아오는 바다가 푸르고 숲이 울울창창한 아름다운 곳이며, 이곳의 인민 또한 성실하고 착합니다. 설립대회가 21세기 아시아의 스타트선으로 되기를 기대합니다."

김대중 전 한국 대통령은 말했다. "유럽 혹은 미주의 대륙과 비교할 때 우리의 경제사회 일체화 수준은 만족스러운 단계가 아닙니다. 보아오 아시아 포럼이 이런 국면을 바꾸는데 중요한 역할을 할 것이라 희망하고 있습니다."

페르베즈 무샤라프 파키스탄 대통령은 말했다. "포럼은 아시아 지역 간, 그리고 아시아와 기타 지역 간의 경제교류와 협력을 확대함으로써 아시아 국민의 이익을 최대한 지킬 것입니다."

누르술탄 나자르바예프 카자흐스탄 대통령은 말했다. "보아오 아시아 포럼은 아시아 여러 국가 간의 사회, 경제, 정치와 기타 문제를 해결하도록 추진하는 힘이 될 것입니다."

유엔, 동남아시아, 동북아시아, 남아시아, 중아시아에서 온 국가 정상들의 연설은 아시아 각국의 소망과 간절한 희망을 대변했다. 나와 중국의 관련 책임자, 기업가, 학자들은 얘기를 나누면서 이런 희망들이 적극적으로 행동으로 옮겨지고 있으며 아시아 여러 국가들에서 모두 받아들인 숭고한 사명으로 되었음을 느끼게 되었다.

2008년 4월 연례회의 기간, 후진타오 주석이 나를 불러 포럼에 도움이 필요한 부분이 있으면 얘기하라고 했다. "아닙니다. 관심과 지지에 감사드립니다." "나이가 들고 건강을 고려해 중국 측 수석대표 자리에서 물러나겠습니다."

이 말을 듣자 그는 극구 만류했다. 나이가 들고나니 귀가 멀어지고 여러모로 불편을 겪는다고 솔직히 얘기하며 사직하려는 이유를 설명했다. 그랬더니 적합한 후임자를 추천하라고 했다.

그래서 경제사회 문제를 주로 연구하는 포럼의 특성을 고려해 경제사회에 대해 잘 알고 있는 분이 맡았으면 좋겠다고 했다. 그 뒤로 포럼 이사회에서는 "천진화가 주최국 수석대표를 그만둔 후에도 보아오 아시아 포럼 발전을 위해 노력할 것입니다", "이사회는 특히 천진화를 보아오 아시아 포럼의 수석고문으로 특별히 초청합니다"라고 공식적으로 발표했다.

2008년 6월, 중국 측 수석대표가 맡아야 할 모든 업무를 정페이옌에게 인수인계한 후 피델 라모스에게 중국 정부에서 정페이옌을 중국 측 수석대표로 임명하기로 결정했다는 내용을 골자로 한 편지를 보냈다.

지역경제 협력은 세계적인 추세

20세기말, 21세기 초, 세계 여러 국가는 경제 글로벌화가 가져온 기회와 도전에 대응하기 위해 지역경제 협력에 박차를 가했다. 유럽이 줄곧 선두를 달렸다.

유럽연합과 유로존의 협력이 꾸준히 확대되고 심화되었다.

1999년 1월 1일 유럽연합의 통일적인 통화인 유로가 정식 사용되었다. 2004년 5월 1일 유럽연합은 확대되어 폴란드, 체코 등 10개국이 가입했다. 2004년 6월 17일 유럽연합의 첫 헌법이 통과되었다.

현재 유럽연합에는 총 25개 회원국이 있다. 인구 4억 5천 명, 면적 400만 제곱 킬로미터, GDP 10조 달러로 미국과 어깨를 나란히 하고 있다.

이들은 현재 프랑스의 유명한 작가인 빅토르 위고가 100여 년 전 "모든 유럽 국가는 각자의 특점과 개성을 포기할 필요 없이 더욱 높은 차원에서 더욱 긴밀하게 융합될 것입니다"고 하던 이상을 실천에 옮기고 있는 것이다.

아메리카, 아프리카에서도 경제 협력 발걸음을 촉구하기 위해 통일된 기구를 설립하고 로드맵을 제시했다. 아시아에 아세안 10개국, 그리고 '10+3(아세안과 중국, 일본, 한국의 정상회담', 지역 간 다양한 형식의 협력, 상하이협력기구 등 여러 가지 메커니즘이 있긴 하지만, 아시아 여러 국가의 정상들이 제기한 것처럼 미주, 유럽, 아프리카와 비교할 때 아시아 지역 간 협력은 상대적으로 침체되어 있다.

아시아의 면적은 4,400만 제곱킬로미터로 유럽연합 25개국의 면적을 합친 것 보다 11배에 다달으며, 세계 육지면적의 29.4%를 차지한다. 인구 또한 38.7억 명으로 세계 총인구의 60%를 차지한다.

아시아는 자원이 풍부하고 품종이 다양하고 부유한 지역이 많다. 석유, 주석, 마그네사이트, 철의 비축량은 세계 1위를 차지한다. 세계의 석유, 석탄, 우라늄 수력에너지 절반 이상이 아시아에 분포되어 있으며, 벼, 천연 고무, 퀴닌, 후추, 깨, 코프라, 찻잎 등의 생산량도 세계 총 생산량의 80~90%를 넘어서고 있다.

아시아는 이렇듯 풍부한 자원, 방대한 규모의 인구, 광활한 시장을 소유하고 있으나 지역 내 자원성 산출물과 완제품의 대다수를 아메리카, 유럽 등 곳으로 수출하고 있어 지역 내 무역은 세계 평균 수준인 45%보다도 훨씬 뒤떨어져 있다. 이런 현황은 아시아 지역 내의 상호 협력 잠재력이 아주 크고 발전 전망이 밝다는 점을 의미한다.

아시아는 지역 간 경제 협력을 추진함에 있어서 그 자원과 시장의 호혜성과 보완성 등을 고려해야 하고 경제적으로 가져다 줄 거대한 효과와 수익도 보아야 한다. 그리고 아시아의 역사전통과 문화의 다양성을 수용하고 관심을 가져야 한다. 아시아의 역사, 문화, 민족, 종교 그리고 경제사회 발전에 큰 차이점이 있기 때문에, 아시아 지역 간 경제 협력을 추진함에 있어서는 소통을 늘리고 서로 이해하며 대화를 거쳐 공통 인식을 늘려나가야 한다. 또한 양자와 다자가 모두 받아들일 수 있는 협력방식을 모색해야 한다. 따라서 점차 발전하는 프로세스를 구축해야 한다. 정부, 민간이 광범위하게 참여하고, 정부와 기업, 학술계의 평등한 대화를 통해 여러 가지 엔진을 함께 추진해야 한다.

중요한 플랫폼인 보아오 아시아 포럼은 개방성, 비정부 · 비영리성을 띠고 있기 때문에 공개적, 민주적, 자유적인 대화를 통해 서로 교류하고 지혜를 모아야 할 뿐만이 아니라, 아시아 지역 간 협력의 여러 가지 루트를 모색하는데도 유리하다.

이러한 추세가 갈수록 뚜렷해지고 있으며 노력을 거쳐 점차 조성할 수 있는 국면이라고 생각된다. 향후에 아시아의 지역 간 협력은 머지않아 유럽연합처럼 작던 데서 큰 데로 꾸준히 발전하고 강대해 질 것이다. 아시아가 더욱 눈부신 미래를 맞이하게 될 것이다.

* 이 글은 2008년 10월 전국정치협회 문사자료위원회의 기고에 응해 작성한 글로서, 『국사기술』에서 소개한 것보다 더 자세하게 기록하였음. 이 글은 인쇄 전 저자가 재수정 보완하였다.

중국-유럽 우호협력의 새 플랫폼을 구축하자

———

오늘 회의에 참석할 수 있는 기회를 주신 브레쉬 주석에게 감사의 인사를 전한다. 중국경제사회연구회, 개인을 대표하여 유럽 경제사회위원회 전체 위원들에게 문안 인사를 드린다. 회의의 성공적인 개최를 기원한다.

이 기회를 비러 중국 경제사회연구회를 간단히 소개하고자 한다. 2001년 7월에 베이징에서 설립된 중국경제사회연구회는 중국경제사회 분야의 관련 기업, 동아리, 대학교, 연구기관의 전문가, 학자, 기업가들로 구성되었다. 현재 사무위원회는 총 5개이며 이사는 118명에 이른다.

이 연구회는 경제사회계 인사들의 힘을 합쳐 국가경제사회 발전에서의 중대한 문제를 연구하고, 자문, 정보, 건의, 의견을 제공함으로써 국가의 개혁개방과 경제사회의 발전에 서비스를 제공하는데 취지를 뒀다. 또한 국제행사 가운데서 국제협회 및 그 회원국 기구, 여러 국가의 경제사회 연구기구 간의 교류와 협력을 적극적으로 추진해 여러 가지 형식으로 대화하고 경험을 교류함으로써 세계 경제사회 연구와 인류의 발전사업을 꾸준히 새로운 단계로 끌어올리려는 목적도 있다.

중국은 유럽연합과의 우호적인 협력관계 추진을 중시하고 있다. 수교해서부터 특히 최근 몇 년간, 쌍방의 관계가 순조롭게 발전하고 고위층 간의 상호 방문이 꾸준히 이어졌으며, 정부 측, 민간 부문의 교류가 갈수록 활발해지고 있다. 또한 여러 차원의 정치적 대화가 활발하게 이뤄졌으며 협력 분야도 꾸준히 확대되고 있다.

경제무역 면에서 유럽연합은 중국의 제3대 무역파트너로, 주요한 투자국과 최대 기술 공급국으로 되었다. 중국과 유럽연합 간의 안정적인 관계는 중국과 유럽연합 국민의 공동 이익에 부합되고 세계의 평화와 발전에도 플러스 요인으로 되고 있다.

중국 경제사회연구회 설립 1주년 기념이 되던 2002년 7월, 프라이엔리케스(Frey Henriques)와 브레쉬 주석을 대표로 한 유럽 경제사회위원회 대표팀을 맞이했다.

쌍방은 중국 경제사회 정책의 여러 면과 대외교류 협력 의향 등의 내용을 두고 우호적으로 의견을 주고받았으며 "주석 연합성명"을 발표했다. 이는 중국 경제사회연구회와 유럽연합 경제사회위원회의 새로운 시작을 알렸다.

국제 정세에 심각한 변화가 찾아온 현 시점에서 중국과 유럽연합은 중요한 발전단계에 들어섰다. 유럽연합은 새로운 확장이 눈앞에 다가왔고 일체화 건설이 이미 중요한 단계에 들어섰다. 한편 중국은 중국공산당 제16차 대표대회 정신을 실행해 소강사회를 전면적으로 건설하고 있다. 이는 새로운 시기 중국과 유럽연합의 관계발전에 새로운 활력을 주입했으며 더 넓은 협력공간을 제공해주었다. 중국은 유럽연합과 함께 제반 분야에서의 협력을 늘리고 쌍방 이익의 초점을 극대화시켜 중국-유럽연합 간의 전면적인 파트너관계의 안정적인 발전을 추진할 의향이 있다.

유럽연합의 발전, 건설 가운데서 중요한 역할을 발휘하고 있는 유럽연합 경제사회위원회는 경제와 사회 사무에 대한 조율과 처리, 지역 일체화 행보 추진 등 면에서 풍부한 경험을 쌓았다. 중국 경제사회연구회는 유럽연합의 이 같은 성공적인 경험을 본받는 한편, 2개 기구 간의 관계 및 협력관계를 중국과 유럽연합 우호관계의 일부분으로 간주함으로써 중국과 유럽연합의 우호를 돈독히 하는데 적극적으로 기여할 의향이 있다.

2002년에 맺은 "주석 연합성명"의 원칙에 따라 공동으로 관심을 갖는 의제에 대해 서로 고찰하고 심포지엄, 방문 등 커뮤니케이션을 통해 교류 및 본받음으로써 2개 기구 간의 공동 발전과 사회진보를 추진하려 한다.

중국 경제사회연구회는 회의에 참석한 모든 분들이 중국을 둘러보는 것을 환영한다. 중국의 변화, 풍부하고도 다채로운 문화유산과 자연유산을 둘러보면서 서로 간에 공통점이 많다는 것을 발견하게 될 것이며, 유럽 국민, 유럽연합 경제사회위원회에 대한 중국 국민들의 우호적인 감정을 느낄 수 있을 것이다.

※ 이 글은 2003년 1월 21일 유럽경제사회위원회 전체회의에서 한 축사임.

제8장

대외 협력의 친선관계 및 호혜적 발전

중국-프랑스의 우호적인 역사적 전승
중국과 협력을 추진한 프랑스의 탁월한 안목
스위스의 섬세함과 교묘함, 그리고 아름다움
우정을 실은 진심
일본 '욱일대수장'을 수상하다

중국-프랑스의 우호적인 역사적 전승

————

『국사기술』의 중문버전, 일본버전, 영어버전이 발표된 데 이어 상하이 세기 출판그룹과 손잡고 프랑스버전을 출간할 수 있게 되어 영광이다.

본서는 약 40년간 중국역사에 존재한 약간의 문제점에서 출발하여 경험자의 진실된 감정, 참여자의 사고를 바탕으로 중국 개혁개방, 현대화 건설시기의 여러 중대한 사건을 기록했고, 중국 공산당 및 중국 정부가 당국의 경제발전, 인민들의 생활을 위한 혁신적 노력 및 역사적 변화를 소개했다.

프랑스어 버전이 출간됨에 따라 프랑스, 스위스 등 프랑스어 사용권 국가의 친구들이 중국이란 국가와 중국이 걸어온 길을 좀 더 알고, 그 이해를 토대로 양자 간 경제무역 협력을 추진하며 우의를 더욱 돈독히 할 수만 있다면 이보다 좋은 일은 없을 것이다.

내가 겪은 바로는 중국과 프랑스, 스웨덴을 포함한 프랑스어 사용권 국가와는 줄곧 우호적인 관계를 유지해왔다.

첫째, 중국, 프랑스 양국 모두 문명대국이다. 양국 국민은 꾸준히 우호적인 관계를 이어왔으며, 양국의 문화와 문명의 전승은 몇 세기 동안 수많은 독자들을 일깨워 줬다. 프랑스는 처음으로 중화인민공화국과 대사급 외교관계를 구축한 서방대국으로, 양국의 고위층은 물론 국민도 우호적으로 지내왔다. 특히 문화면에서의 상호 영향은 그야말로 깊었다.

프랑스 사상가 볼테르, 루쏘, 소설가 위고, 발자크, 모파상, 졸라, 디머, 로맹 롤랑 등의 중문 버전 명작은 중국에서 가장 빨리 번역되고 전파범위가 가장 넓으며 영향력이 가장 깊으며 광범위한 독자층을 확보했다. 특히 지식인 사이에서 깊은 감명을 불러일으켰다.

1980년 6월, 테스탱 프랑스 대통령이 상하이를 방문했을 때 대통령을 수행해 레이진(瑞金) 광즈(廣慈)병원에 들렀다. 1904년에 지은 이 병원은 프랑스 천주교가 주관하는 자선병원으로, 프랑스어로는 '성모 마리아 병원'이라 불렀다. 대통령은 병실마다 돌아보고 수술실도 참관했다. 현장의 몇몇 의사가 유창한 프랑스어로 대통령의 질문에 막힘없이 대답하며 담소했다. 대통령은 중국 의사가 프랑스어를 이토록 완벽하게 구사할 수 있다는 사실에 놀라움을 금치 못했다.

상하이가 '동방의 파리'로 불리는 만큼 의학계는 물론 문화, 예술, 교육 등 사회 여러 분야에 프랑스 문화를 사랑하는 인사들이 많다고 대통령에게 얘기했다. 베이징, 상하이에서 근무했을 때 프랑스와 협력을 추진한 적 있었는데, 제일 인상 깊었던 것은 상무적인 협력이라도 프랑스인은 단순히 거래만을 얘기하는 것이 아니라, 문화요소까지 고려해 대화한다는 점이었다.

1996년 4월 프랑스를 방문했을 때, 알카텔(Alcatel) 회사의 서지 추룩(Serge churuk) 회장과의 오찬에서 식사를 잊어버릴 만큼 대화가 즐거웠다. 유가(儒家)를 논할 때 공자님의 "밥먹을 때는 말하지 말고, 침실에서는 말을 하지 마라" 어록을 인용하면서 오늘 "밥 먹을 때 신나게 말하는 것"은 성자의 교훈을 어긴 것이라며 농담조로 얘기했다. 그런데 이 한마디 농담이 상대의 큰 관심을 일으킬 줄이야 꿈에도 몰랐다.

다음날 점심 때 16절지 양가죽 표지에 프랑스, 중국어가 대조로 된 공자 '논어'를 택배로 받았다. 이는 내가 많은 비지니스를 해오면서 한 번도 없었던 일이었다. 프랑스 경제인들의 문화 소양과 중국 문화에 대한 애착과 존중을 고스란히 보여주었으며 쌍방의 우의를 다지고 이해를 증진하는데 플러스 요인으로 작용했다.

2000년 초, 알카텔 회사에서 아태(亞太) 본부를 상하이로 옮겨가면서 아태 본부를 중국에 둔 첫 번째 국제 전신(電信)회사가 되었다. 그리고 오늘날 프랑스에는 중국 유학생 5,000여명, 중국에는 프랑스 유학생이 38,000명에 이르고 있다. 이들은 중-프 양국 간의 우호적인 관계와 경제문화 협력면에서 '씨앗'과 같은 존재로서, 더 넓은 분야에서 문명대국의 문화, 우의, 협력을 전승하게 될 것으로 기대된다.

둘째, 양국 간 기술협력이 더욱 긴밀해졌으며 양국 무역은 상호 보완성과 호혜관계를 갖고 있다. 프랑스는 중국이 유럽에서 기술을 도입하는 국가 중 두 번째 가는 국가이다. 1970년대 초 프랑스는 돌연 대 공산권 수출통제위원회의 금지령을 깨고 중국에 선진 기술, 설비 등을 수출했다. 국가 경공업부 기술장비 도입 사무실 부주임으로 있을 때, 석유, 천연가스 등 화학공업, 화학섬유 등 기술의 협상 및 건설 업무에 참여했다.

그중 랴오양(辽阳)석유화학공업, 화학섬유 프로젝트는 그때 중국이 맡은 스케일이 가장 큰 공업 도입 프로젝트여서 협상 과정에 파란곡절이 많았다. 퐁피두(Pompidou) 프랑스 대통령이 중국을 방문했을 때 저우언라이 총리와 상담한 후에야 최종 결정되었다. 퐁피두 대통령은 프로젝트 협력의 대성공은 유럽은 물론 서방세계에 모두 큰 이슈를 불러일으킬 것이라고 했다. 그는 프랑스로 돌아간 후, 파리 기자회견에서 해당 프로젝트에 대해 특별히 언급하며 향후 석유화공, 항공, 기계 및 전기화공업 등 전문 분야에서의 합작과 교류를 확대할 것이라고 강조했다. 역사는 이미 예견을 입증했던 것이다.

양국의 수교이래, 중국은 프랑스에서 관련 기술 4,303개를 도입했다. 계약액은 약 200억 달러에 이르렀다. 원자력 발전, 항공공업 등 분야에서 중국은 이미 프랑스의 중요한 무역상대로, 공업적 거래 파트너로 성장했다.

그중에서도 발전이 가장 빠르고 영향력이 제일 큰 것은 에어버스회사였다. 1985년 상하이 화동(華東)민간항공 관리국에서 첫 에어버스(항공기)를 수입하면서부터 현재까지 738대를 도입했다. 이는 중국 대륙의 100석 이상의 여객기 중 46%에 이르는 수치다. 중-프 협력 후 여객기 A320이 2008년 9월 정식 생산에 들어갔는데, 2011년 6월까지 총 68대를 생산했다. 여객기는 뛰어난 품질로 많은 애용자의 호평을 받았다.

효율적인 합작에 양국의 무역총액은 수교 때의 1억 달러에서 2010년의 452억 달러로 급증했다. 이로써 프랑스는 중국이 유럽에서의 제4대 무역파트너로 자리매김했다.

셋째, 중국 경제사회연구회는 프랑스 및 프랑스어 사용권 국가 경제사회위원회와 우호적인 교류 및 국제 협력을 전개했다. 프랑스는 경제사회위원회의 개최국으로 그 역사는 약 19세기 중엽의 사상유파에까지 거슬러 올라갈 수가 있다. 1946년 프랑스 제4공화국 헌법은 설립된 경제사회위원회는 정부나 의회에서의 독립성을 보장받으며 '제3 의회'로서의 권리를 누릴 수 있다고 명확히 규정했다. 프랑스 경제사회위원회의 솔선수범과 홍보로 말미암아 유럽, 라틴 아메리카, 아프리카 등 나라에서 경제사회위원회 국제협회가 우후죽순으로 설립됐는데 총 60개에 이르렀다.

2001년 7월 중국 경제사회 연구회가 정식 설립되었다. 내가 초대회장을 맡았다. 같은 달, 델 매니아 프랑스 경제사회위원회 위원장과 '중국 경제사회연구회 및 프랑스 경제사회위원회 합작계약서'를 체결하면서, 중-프 양국 간 경제 분야에서의 우호적 합작의 길을 열었다. 그후 국제 협회의 여러 성원국과 "글로벌 통제 : 약소국의 발에 떨어진 불", "지속가능한 발전 및 낙후에 맞서다 : 목적과 협력 의향이 있는 파트너 관계 구축" 등의 의제를 두고 폭넓게 교류했다. 여러 성원국 가운데서 올바른 이념과 효율적 정책, 방법을 전파하고 노사 간의 모순을 해결했으며, 사회의 조화로운 발전을 추진하고 업무를 지속적으로 이끌어 나갔다. 이로써 프랑스와 관련 성원국으로부터 중시되었고 환영을 받았다. 나도 아프리카의 알제리, 튀니지, 가봉, 말리, 기니 등 국가를 방문하면서 여러 나라의 정상, 경제 및 사회 각 계층과 양호한 협력관계를 구축했다.

넷째, 유럽의 기타 나라 중, 스위스(스위스는 프랑스어, 독일어, 기타 언어를 사용하나, 프랑스와 근접한 지역에서는 프랑스어만 사용함)와 중국의 합작은 사회정치제도가 서로 다른 나라가 평화 공존하는 모범이었다. 1950년 9월 스위스는 서방 여러 나라 중에서 제일 먼저 중국과 외교관계를 수립했는데, 그때 쌍무 간 경제무역액은 618만 달러였다. 2010년에 이르러서는 130여 억 달러를 넘어섰다. 스위스는 중국이 유럽에서의 제9번째 무역 파트너로, 제6대 투자국, 제4대 기술도입국으로 성장했으며, 중국 또한 스위스의 제4대 무역 파트너로 거듭났다.

1970년대 후반 중국이 계획경제 단계에 처했을 때, 부동산 시장이 침체되어 있었다. 스위스 경제인들은 미리 중국 부동산 사업을 내다보고, 도시의 토지 부족과 고층건물 규모 확대로 엘리베이터에 대한 수요가 많아 질 것이라고 예견했다.

1980년, 셰베이이(謝北一) 국가 기초건설위원회 부주임의 주선으로 스위스 쉰다(迅達) 엘리베이터 회사를 알게 되면서 빠르게 투자회사 설립을 검토하게 되었다. 처음에는 협상이 순조롭지만은 않았다. 중국 대표가 관련 상황을 보고한 후, 협상을 성공시키기 위해 적극적으로 협상조건을 완화했다.

'문화대혁명'시기 베이징에다 새 빌딩을 지을 때 전기제품의 품질문제로 엘리베이터가 장시간 정상적으로 운영되지 않던 사실이 갑자기 떠올랐다. 이로부터 중국 엘리베이터 공업의 빠른 발전을 실현하려면 선진기술을 장악해야 할 뿐만 아니라 선진국과 협력해 선진적인 기술을 도입해야 한다는 점을 깨닫게 되었다.

신 중국이 설립되기 전, 상하이와 중국의 엘리베이터 시장은 거의 미국 오티스(OTIS) 회사가 독점하고 있었다. 하지만 여러 원인으로 오티스사는 중국에 진출하지 않았다. 이런 시점에서 스위스 쉰다사에서 한 발 빨리 상업의 기회를 잡아 동종업계에서도 선두를 달리게 되었다. 현재 쉰다는 일반 규모의 회사에서 점차 20개 자회사를 가진 대기업으로 발전했다.

현재 에스컬레이터 생산량이 2만대에 이르고 있는 쉰다는 베이징올림픽 체육관 설비의 최대 공급업체가 되었다. 이 뿐만이 아니다. "중국의 걸출한 고용주(雇主)"라는 명예를 3차례나 받았다.

물론 중국과 프랑스, 스위스를 포함한 기타 프랑스어 사용권의 우정 외에, 독자는 본서에 적힌 작자의 경험에서 중국의 대외개방, 윈-윈 이념, 포용문화의 진실함과 성공을 볼 수가 있다.

2012년은 중-프 수교 48주년이 되는 해이다. 공자의 논어 중에 "40에 불혹하고 50에 천명을 안다"는 말이 있는데 그 뜻은 40세와 50세는 인간의 일생 중 가장 성숙하고 이성적인 나이여서 어렵고 복잡한 문제도 타당성 있게 정리할 수 있으며, 역사발전을 추진할 수 있는 힘을 지닌 것이라는 뜻이다.

한 인간이 이러하오니 한 집단은 더 말할 나위도 없다. 중국과 프랑스는 문명국가인 만큼, 중국이 프랑스 및 스위스를 비롯한 프랑스어 사용권 국가와 우호적으로 교류하고 경제와 무역 협력을 꾸준히 추진함으로써 여러 국가 국민들에게 행복을 가져다주고 새로운 역사의 한 페이지를 장식함과 더불어 조화로운 세계를 만들어가기를 진심으로 바란다.

※ 이 글은 「국사기술」 프랑스어 버전에 작가가 쓴 머리말이다.

중국과 협력을 추진한 프랑스의 탁월한 안목

1964년 1월 중국과 프랑스가 외교관계를 수립한 후, 마오쩌동 주석은 이런 말을 한 적이 있다. "샤를 드골은 참으로 대단한 인물이다. 박력이 넘치는 인물이다. 그 분은 중국과 수교를 시작한 서방대국의 첫 스타트를 떼었다."

1960년대 전후의 국제환경을 분석해 볼 때, 중국과 외교관계를 수립한다는 것은 참으로 탁월한 안목과 반대를 무릅써야 하고 확고한 박력 없이는 성사시킬 수 없는 일이다.

프랑스를 알게 되고 프랑스와 우호적인 교류를 이어온 지도 50여 년이 흘렀다. 다양한 시기에 제반 분야에서 그리고 다양한 일터에서 이들과 만남을 이어가며 잊지 못할 추억을 남겼다.

『마지막 수업』에서 처음으로 프랑스를 알게 되다

1946년, 16세 되던 해, 처음으로 프랑스를 알게 되었다. 그때 고향의 칭양(靑陽)중학교를 다녔는데 국어시간 교과서에 프랑스 작가 도데의 『마지막 수업』이라는 글이 있었다.

아직도 생생하게 기억하고 있는 것은 국어선생님인 시(塔) 선생님이 이 글을 읽고난 후 그는 엄숙한 표정을 지었다. 그때 처음으로 도데라는 작가를 알게 됐고, 처음으로 『마지막 수업』이라는 글을 접했으며, 또 처음으로 프랑스란 국가를 우러러 보게 되었다. 이 글은 수업을 빼먹고 장난이 심한 프로이센이 아멜 선생님으로부터 마지막으로 프랑스어를 배운 후 사상적 영향을 받는다는 내용이었다.

40여 년 동안 교육에 몰두한 아멜 선생님은 그날 특별히 "외부에서 학교를 방문하거나 포상하는 특별한 날에만 입는 녹색 의복에다 주름 잡힌 넥타이를 착용했으며 수놓은 검정 모자를 쓰고 있었다." 그는 뒤편에 앉아있는 사람들에 대해 숙연한 음성으로 말문을 열었다.

"여러분, 오늘은 제가 여러분들에게 가르치는 마지막 수업입니다. 알사스와 로렌의 초등학교는 독일어만을 가르치라는 명령이 베를린까지 당도했습니다. 오늘은 여러분의 마지막 프랑스어 수업입니다. 열심히 들어주시기 바랍니다."

아멜 선생은 이말 저말 많이 했다. 마지막으로 프랑스어는 세상에서 가장 아름다운 언어이자 제일 정확하고 알기 쉬운 언어라며, "우리는 반드시 그 언어를 마음 속 깊이 간직하고 절대 잊어서는 안 됩니다. 국가를 잃을지언정, 다른 국가의 노비가 될지언정 모국어를 마음에 새긴다면, 그건 감옥의 열쇠를 간직한 것과 같습니다"라고 말했다.

프로이센은 정중하게 열심히 아멜 선생의 한마디 한마디를 귀담아 들었다. 그는 여태까지 선생님을 그렇게 우러러 본 적이 없었다. 수업이 끝날 무렵, 아멜 선생은 백지장처럼 새하얗게 질린 얼굴로 혼신의 힘을 다해 칠판에 '프랑스 만세!'라 적었다.

『마지막 수업』을 배우면서 참으로 많은 것을 느꼈고, 나의 성장을 함께 하며 잊지 못할 기억으로 남았다. 고금동서와 관련된 애국주의 시나 문장을 많이 읽었지만 〈마지막 수업〉에서 받은 그 정도의 공감은 불러일으키지 못했다.

중국 당나라 마지막 군주 이욱(李煜)이 남긴 〈우미인(虞美人)〉은 참으로 '회자(膾炙) 되는 구절이다.

> "작은 누각엔 어젯밤 동풍이 또다시 불건만, 고국엔 달이 밝아도 감히 고개를
> 돌리지 못했네!"

이 시구는 감동을 주고 시인의 감정을 생생히 표현했으나 사상적 차원에서 분석하면 이는 망국의 노래로 느껴진다. 적극적이고 향상적인 격정이 부족해 보는 이에게 격려는커녕 절망을 준다. 게다가 여기에서 쓰여 진 시구는 왕족이 처한 이들의 감정을 다룬 것으로 세상무지의 나이인 청소년들 사이에서 깊은 공감을 얻어내기에는 역부족으로 보인다.

반면 『마지막 수업』에서 다룬 프로이센의 모든 감정과 생활은 청소년들에게 활기를 불어넣어주었다. 본 글의 중요 포인트도 바로 이것처럼 되어보겠다는 것이다.

50년이 지난 오늘날, 『마지막 수업』은 아직도 머리속에 깊은 낙인마냥 찍혀있다. 1995년은 모교인 칭양중학교 건립 70주년을 맞는 해였다. 교장선생님으로부터 기념이 될 만한 문장을 써달라고 부탁을 해오자 나는 『마지막 수업』을 배운 후의 느낌을 적었다.

> "현재 프랑스 정치계, 경제학계의 여러 인사를 만날 때마다 저도 모르게 프랑
> 스의 독립과 발전을 위해 싸운 사람들, 그리고 프랑스의 영예를 위해 열정을 쏟
> 아낸 사람들이 떠오릅니다. 그들 중 『마지막 수업』을 읽은 사람이 이 중에 반드
> 시 있을 것입니다. 이를 읽은 사람들은 자기 민족과 국가의 존엄이 얼마나 중요
> 하고 소중한지를 알 것입니다."

이 문장은 중국『인민일보』에도 발표돼 독자들의 호평을 받았다.

이때부터『마지막 수업』을 프랑스를 알아가는 과정에서 첫 등용문으로 삼았다.

도데, 볼테르, 루쏘, 위고, 듀마, 발자크, 플로베르, 로맹 롤랑 등 명인들의 작품을 읽게 되었고, 나폴레옹이 제국을 세운 때부터 제5공화국까지의 역사발전, 프랑스 국민의 위대함과 영예로움, 중-프 양국의 문명이 유사하다는 점을 알게 되었다.

2007년, 중국인민대학에서 보낸 드골 장군의 아들 필립스 드골이 쓴『나의 아버지 드골』의 중문버전을 선물로 받았다. 책에는 그때 프랑스 대통령이었던 시라크가 작가에게 "영예와 조국" 문학상을 수여하면서 한 말이 적혀 있었다. "프랑스인들이 이 소중한 자료를 읽을 때, 우선적으로 찾으려는 것이 다름 아닌 영예, 애국과 충성에 관한 교훈일 것입니다."

시라크 대통령의 말은 도데가『마지막 수업』에서 표출하고자 한 사상과 일맥상통하였다.

중국와 프랑스는 모두 위대하고 영광스러운 역사를 가진 민족으로, 그 협력의 원천은 어쩌면 비슷한 문화적 색채일지도 모른다. 우리가 서로 존중하고 서로 이해한다면 협력을 통해 함께 이익을 누릴 수 있을 뿐만 아니라, 사회의 조화로운 발전에 새로운 기여를 하게 될 것이다.

저우언라이-퐁피두 화학섬유 프로젝트 추진 확정

중국이 외국에서 설비 도입을 잠정 중단한 십수 년 후인 1970년 초, 서방의 선진국에서 화확섬유 및 대형 비료 공장 설비를 수입하기로 결정했다. "계획대로 프랑스, 일본에서 약 2억 7천만 달러 규모의 화학섬유 장비 4개 세트를 도입하기로 했다. 생산이 가동된 후면 해마다 약 24만 톤에 달하는 합성섬유를 생산할 수 있는데 약 500만 담(擔)에 해당되는 솜, 40억 척(尺)이 되는 천을 방직할

수 있다"고 했다.'

이 보고서는 처음에 내가 작성했고 저우언라이 총리의 심사를 받은 후 마오쩌 둥 주석에게 보고했다.

1972년 2월부터 실시되기 시작했다. 계획은 외국의 적극적인 호응을 얻어냈으며 많은 국가의 정부나 기업에서 중국과 사업을 구축하는 첫 발단, 최적의 기회라 간주하면서 중국과의 무역협력을 앞 다투어 추진했다.

그후 이 계획은 점차 확대되어, 최종적으로 26개 대형 및 특대형 장비를 도입하는 츠로젝트가 되었는데, 약 43억 달러에 이르는 외화가 필요하다는 결론이 내려졌다. 연관되는 국가로는 프랑스, 일본, 독일, 이탈리어, 미국, 네델란드, 스위스 등이었다. 그때 경공업 기획팀 부팀장, 세트설비 도입팀 부주임으로서 나는 도입 프로젝트의 실업에 직접 참여해 프랑스 기업과 직접적으로 교류하고 협력했다.

1970년대 초, 관련 프로젝트 도입을 결정했을 때, 서방 대국에서 유독 프랑스만 1964년에 중국과 정식으로 외교관계를 맺었다. 기타 국가들도 중국과 경제업무를 추진하려 했으나, 정치적으로는 일정한 거리를 유지할 것을 원하며 공개적인 협력을 두려워했다. 다른 국가와 뚜렷하게 차별화된 합작 모델은 단연 중-프 양국간 의 협력이었다. 그중 프랑스의 테크닙(Technip)회사, Speichim 회사, 론 베일리 (Ron Bailey, 隆贝利)회사가 선택되었다.

한편 연관된 설비, 자재 공급업체가 적극적으로 나섰으며, 프랑스 정부에서도 중국과 사업교류를 하는데 큰 열정을 보이면서 서로 다른 차원에서 협상에 뛰어들며 여러 방면에서 성공을 위해 노력을 기울였다.

1973년 9월 11일부터 17일까지, 퐁피두 프랑스 대통령이 초청을 받고 중국을 방문했다. 이는 프랑스 더 나아가 서방국가 대통령의 처음 중국 방문이기도 했다. 양국 지도자의 공식적인 회담에서 퐁피두 대통령은 중국에서 프랑스의 화학섬유 설비를 구입하기를 바란다고 했다.

저우언라이 총리는 프랑스에 대한 중국의 "동등 우선"의 원칙을 천명하고 나서 중국이 서구 무역 과정에서 우선 고려 중에 있는 설비는 프랑스 설비이니, 좋은 설비만 제공한다면 그것이 중국이 필요로 하는 것이라고 말했다. 하지만 프랑스의 가격이 다른 국가보다 높은 편이라 가격 문제를 해결하기 바란다고 했다. 퐁피두는 베이징을 떠나기 전에 프랑스 대사관에서 연회를 베풀어 저우언라이 총리를 접대했다. 프랑스 대통령은 중국과의 화학섬유 프로젝트 계약 성사 의향을 비쳤으며, 랴오닝 랴오양 화학섬유 프로젝트가 성사만 된다면 유럽, 나아가 전 세계에서 큰 선세이션을 불러일으킬 것이라고 거듭 표명했다. 저우언라이 총리는 중프관계 및 국제적인 영향을 감안해 협상에 동의했으며, 결국 12억 프랑 규모의 특대형 석유, 화학공업, 화학섬유 설비세트 계약을 체결했다.

그때 및 그 이후 상당한 시기를 통틀어 보아도 이 보다 큰 금액의 비즈니스는 없었고, 서방 대국과 계약한 첫 대형 협력 프로젝트로서 중 · 프 양국 간 경제 협력에 있어서 이정표적 의의가 있는 것이었다. 파리에 돌아간 퐁피두 대통령은 기자회견을 열고 중프 양국은 협력과 발전을 위해 더욱 노력하기로 뜻을 모았으며, 특히 석유, 화학공업, 항공, 기계, 전기 등 제반 분야에서의 교류와 협력을 확대하기로 했다고 강조했다. 훗날, 중 · 프 양국 간의 경제무역 협력은 바로 이런 방향을 기반으로 발전됐던 것이다.

그때 프랑스로부터 도입하기로 한 프로젝트는 애초에 2개였다. 하나는 랴오닝 랴오양 화학섬유 공장이고, 다른 하나는 쓰촨 합성섬유(PVA) 공장이었다. 랴오닝 랴오양 화학섬유 공장은 프랑스에서 생산 장비 13개 세트를 도입하기로 했는데, 그중에는 사이클로헥세인(cyclohexane), PA66, 나일론, 증기분해(蒸汽裂解), 에틸렌글리콜, 디메틸테레프탈레이트, 폴리에스테르 등이 포함되어 있었다. PA66의 연간 생산량을 4억 6천만 톤, 나일론 4000톤, 폴리에스테르 8만 7천 톤, 에틸렌 7만 톤, 에틸렌글리콜 4만 4천 톤으로 예상했다.

모든 설비가 1974년 4월에 건설되기 시작했고 1981년 8월부터 생산에 들어갔으며 1986년에 모든 투자를 회수했다. 랴오닝 화학섬유 공장이 가동된 후, 랴오닝성 최고 수준의 현대화 공장으로 거듭나면서 국내외의 주목을 받기 시작했다.

　프랑스에서 또 다른 기술 장비를 도입한 공장은 쓰촨성 나일론 공장이었다. 이곳에서는 천연가스를 원료로 폴리나일론 알코올을 생산한 후 나일론을 뽑아내는 작업을 위주로 했다.

　이는 중국이 방직 원료의 다원화를 실현하는 중요한 선택이었다. 즉 화학섬유를 기점으로 석유, 천연가스, 석탄(탄화칼슘)과 린터(棉短線) 등을 원료로 여러 가지 화학 섬유를 생산해 내는 것이었다.

　이런 것들에 힘입어 중국은 결국 의복 문제를 해결하게 됐으며 세계 제1 방직대국 및 화학섬유 생산국으로 성장하는데 크게 기여했던 것이다.

중ㆍ프 양국 지도자 간 항공업 협력에 대한 적극 추진

　1996년 초, 아왈드(Arwald) 프랑스 재정경제부 장관 및 가랑 공업부 장관의 초대에 응해 중국 계획위원회 주임으로서 그해 4월 초 대표단을 이끌고 프랑스를 방문하기로 했다. 프랑스 정부 및 여러 대기업, 은행에서 중국 대표단의 방문 관련 준비를 일사천리로 진행했다. 하지만 같은 해 2월, 국무원은 리펑(李鵬) 총리가 4월에 중국 정부대표단을 이끌고 프랑스를 방문하라는 결정을 내렸다. 물론 나도 그 대표단의 일원이었다. 이 소식이 프랑스에 전해지자, 관련 부서는 국가 계획위원회 주임인 나의 단독 방문을 요청했다. 첸치천(錢其琛) 부총리와 뤄간(羅干) 국무위원이 날 찾아와 이 일을 어떻게 하면 좋겠느냐고 물었다. 물론 내 방문이 미리 결정된 것이고 리펑 총리의 방문은 그후에 결정된 것이지만, 리펑 총리의 방문일정에 따라 방문일정을 조율할 수 있고 구체적인 조정도 그들의 지시에 따르겠다고 답했다. 그 뒤, 여러 차례의 협상을 거쳐 프랑스의 동의를 얻었다. 예정된 일정대로 국가계획위원회 주임으로써 프랑스를 방문하고 관련 협력사항을 논의는 하지만, 리펑 총리가 프랑스를 방문했을 때 최종 결정하기로 했다. 업무를 마치고, 리펑 총리를 기다렸었는데 실은 중국정부 대표단의 행사에 참여하기 위해서였다. 중국정부의 지시에 따른 것일 뿐만 아니라, 프랑스의 요청도 들어준 것이니 님도 보고 뽕도 딴 방안으로 양측 모두 만족할만한 결과를 가져왔다. 사전에 파리에 도착했다는 소식과 함께 수십억 달러에 이르는 협력 프로젝트를 가지고 왔다는 터무니없는 소문이 퍼져 각 계층 인사들이 잇달아 찾아왔다. 하루에 12~13개에 달하는 부서, 기업, 기구의 손님을 눈코 뜰 새 없이 맞이했다. 참으로 가지 많은 나무에 바람 잘 날 없다는 말이 바로 이런 경우인 것 같았다. 에어버스, 핵발전소, 고속열차, 석유화학공업, 강철, 기차, 위성, 헬리콥터 및 신업은행 등을 주요한 회담 내용으로 했으며, 프랑스 총리, 외교부 장관, 재경경제부 장관, 공업부 장관 및 대기업, 대은행의 대표자를 만났다. 나는 프랑스 총리, 외교부 장관, 재경경제부 장관과의 만남을 갖고 중국의 거시적 경제(宏觀經濟) 현황과 양국 간 협력에서의 중국 측 입장 태도를 밝혔다. 그들은 중국 경제의 거시적 통제와 '연착륙(軟着陸)'한 것에 큰 관심을 보이면서 관련 정책, 대책의 제정 및 실시상황에 대해 조목조목 문의하는 한편, 프랑스에서는 할 수 없는 일이라면서 중국공산당과 정부의 역할을 높이 평가했다. 관련 프로젝트 협력을 논의할 때, 나는 특별히 기술 양도를 언급하며 기업 경쟁력과 협력의 기본요소라고 강조했다. 중국은 파트너를 선정할 때 기술 양도를 각별히 중시한다는 말도 덧붙였다. 중국 정부 대표단이 프랑스를 방문했을 때 에어버스와의 협력이 가장 중요하다고 하는 안건이 갑자기 거론되었다. 에어버스 회사로부터 A320 에어를 30대 구입하기로 계획했다. 그중 10대는 계약이고 20대는 협의하기로 예정되었다. 또한 A340 3대는 예전에 이미 협의한 사안이었다. 120억 프랑(약 15억 달러)의 총 금액은 세계에서도 특대 계약으로 꼽히는 일이었다. 상담과 동시에 중국 항공공업 총 회사는 대표단을 파견해 에어버스회사와 100대에 이르는 에어프로젝트 협력 건을 두고 교류했다. 주위리(朱育理) 중국항공공업총회사 사장이 중국정부 대표단의 일원으로 파리에 도착한 후 에어버스회사와 긴박한 미팅을 가졌다. 결국 협력의향을 달성했으며 엘리제궁에서 시라크 대통령, 리펑 총리가 지켜보는 가운데 100대에 이르는 프로젝트 관련 협력 생산협의서를 체결했다. 이는 항공 분야에서의 중국-프랑스 양국 간의 협력을 보여주는 것으로서 전 세계의 이목을 집중시켰다. 주위리 사장은 미국 보잉회사에서 밤에 전화가 걸려온 적이 있었는데, 협력 상황에 대해 물으면서 아쉬운 마음을 드러냈다고 했다. 훗날 공개적인 보도에서 보잉회사는 미국 정부의 대 중국 정책이 잘못되었다며 맹비난했다고 보도되었다. 1997년 5월 시라크 프랑스 대통령이 중국을 방문했을 때, 중프(유럽) 간 여객기 프레임 협의 생산에 대한 협의서를 체결했는데 등록지는 베이징이었다. 그러나 프랑스는 홍콩지역에서는 면세될 수 있다는 점을 제기하며 홍콩으로 등록지를 변경할 것을 원했다. 내지에서도 홍콩과 동일하게 면세가 가능하다고 설명해서야 프랑스 측에서 더는 반대하지 않았다.

장쩌민, 리펑, 주룽지, 후진타오, 원자바오 등 중국 지도자와 프랑스 시라크, 니콜라 사르코지는 모두 양국 항공산업의 발전 및 협력에 큰 관심을 보였으며, 전략적인 안목과 호혜원칙을 바탕으로 항공 분야의 심층적인 협력을 추진했다. 중국은 현재 세계적으로 발전이 가장 빠른 항공시장으로 규모가 크고 전망이 밝다. 1985년 A310 첫 비행기 도입을 시작으로 2011년까지 총 738대에 이르는 비행기를 수입했는데, 이는 중국 대륙에서 100 좌석 이상의 여객기 총수에서 46%를 차지하는 물량이었다. 현재 중국은 에어버스회사의 명실상부한 글로벌 최대 고객이 되었다. 조립이 끝난 완제품을 도입함과 동시에, 에어버스회사에서는 중국 관련 업체들과의 협력을 꾸준히 확대했으며, 단순히 조립 완제품을 수입하는데서 부품을 따로 구입하는 대로, 조립 완제품 생산라인의 유입 및 디자인 협력에 이르기까지 협력 차원을 꾸준히 끌어올렸다. 1997년 베이징에서 설립된 화오우(華歐) 항공 및 기술양성센터는 우수인재를 육성해 중국의 여러 항공회사에 송출했다. 2002년 중국의 청두, 선양, 시안, 상하이, 산서 산위안, 하얼빈 등 6개 항공 회사에서 A320항공기 부품 하청생산 계약 체결식에 참석했다. 향후 이런 지역은 에어버스회사의 부품과 복합제품을 지역별로 생산하게 된다.

2005년 7월, 에어버스(베이징) 공정기술 센터가 정식 가동됐으며, 2008년 6월, 세계적 인증기관인 프랑스 뷰로베리타스(Bureau Veritas)의 품질관리 체계 인증 심사를 통과했다. 2006년 10월, 에어버스회사는 중국 항공공업 제1 그룹 및 제2 그룹으로 구성된 중국 측 연합체와 중국에서 A320계열 항공기 생산라인 관련 구조 협의를 체결했다. 톈진(天津) 빈하이 신구에서 착공건설을 시작했으며 2008년 5월 생산에 들어갔다. 에어버스 A320 계열의 항공기 톈진 어셈블리라인 가동 제막(揭幕)식에는 원자바오 총리, 톰 엔더스 에어버스 CEO, 장가오리(張高麗) 중국 톈진시 서기가 참석했다. 유럽 제조 기준과 일치한 어셈블리라인은 A319, A320기종을 생산했다. 2011년 11월 기준으로 톈진시 어셈블리라인은 A320계열 항공기 약 68대를 납품했다. 뛰어난 품질로 이용자들의 극찬을 받았다. 2011년 10월 3일, 장가오리 중국 톈진시 서기와 A320 에어블리 공장을 들렀을 때, 이런저런 얘기를 했다.

"국가계획위원회 주임으로 있을 때 1994년 장쩌민과 프랑스 에어버스 에어블리공장을 방문했고, 1996년에는 리펑 총리와 두 번째로 방문해 프로젝트 협력을 두고 협상했습니다. 훗날, 전국 정협으로 전근된 후에는 툴루즈의 요청에 따라 세 번째로 에어블리공장을 방문해 A380 샘플기를 참관했습니다. 이러고 보니, 중프 항공 공업 협력의 증인인 격입니다."

호사다마한 다롄(大蓮) 서태평양 정유공장

다롄은 중국 북방의 중요한 통상구이자 중국 내 중요한 공업기지로 양호한 발전환경과 무역조건을 모두 갖추고 있다. 1990년 다롄시 및 중화(中化) (홍콩)석유국제유한회사 등 중국기업은 프랑스 토탈회사(Total S. A.)와 협력해 다롄에 현대화 정유공장을 세우고는 수입한 원유를 가공해 다시 수출했다.

원유의 연간 가공량은 500만 톤, 총 투자금액은 10억 1천 3백만 달러에 이르렀다. 중국 중화그룹, 다롄시정부, 다칭시(大慶市)건설투자회사가 합자건설에 참여했다. 그러나 공장이 가동된 후에는 구매한 설비가 중고품인데다가, 건설 인재 및 관리경험이 부족하고, 자금이 모자라는 등 수많은 난관에 부딪쳤다. 가동된 후로 프로젝트 고찰 검수를 두 번 받았지만 전문가들로부터 생산가동 조건을 갖추지 못했다고 평가받으면서 공장은 진퇴양난의 지경에 이르렀다. 토탈회사도 여간 초조해하지 않았다. 프랑스 외교부를 통해 유력한 조치를 취하고 기업을 피동적인 상황에서 탈출시킬 것을 줄곧 중국정부에 요청해왔다.

같은 시기, 팔레비(Pahalavi) 이란 국왕의 전(前) 석유고문이 서방 포럼에서 서태평양 정유회사가 정상운영이 된다는 것은 그야말로 해가 서쪽에서 뜨는 격이라며 비웃었다. 실제상황과 어긋난 발언이었기 때문에 사회적으로 나쁜 영향을 초래하고 토탈회사의 이미지에 타격을 안겼다. 그러나 서태평양 정유공장 관련 문제를 해결하기는 더욱 어려워졌다.

1996년 초, 프랑스 정부의 요청을 받은 리펑 총리가 같은 해 4월, 프랑스를 공식 방문하기로 했다. 방문에 앞서 준비한 여러 의제에는 서태평양정유회사의 문제점도 포함되어 있어 최종 결정을 내려야 했다. 리펑 총리가 주재한 회의에서 서로 다른 목소리가 많이 들렸다. 이때 리펑 총리가 나에게 의견을 물어봤다. 나는 "공장을 중국 석유화학공사 그룹에서 관리운영하게 해야만 출로를 찾을 수 있고 문제점을 적절하게 해결할 수 있습니다"라고 대답했다. 이어 첸치천(錢其琛)은 나의 견해에 찬성한다는 입장을 밝혔다.

리펑 총리가 최종 결정을 내렸다.

"천진화의 의견이 포인트를 잡았습니다. 서태평양 정유공장의 중국 측 협력 파트너를 대외무역부의 중국화학공업 수출입총회사에서 중국석유화학공사로 변경하고 중국 측 주식 비율을 조정해 프랑스 토탈회사와 지속적인 협력을 이어갑시다."

따라서 전환된 후의 주식 비율은 각각 중국 석유화학공사가 22.862%, 중화

(홍콩)석유국제유한회사가 22.5%, 프랑스 토탈회사가 20%, 다롄시 건설투자회사가 15.525%였다.

서태평양 석유화학공업 유한회사는 중국 화학공업 수출입회사에서 발기하여 다롄시 및 프랑스 토탈회사와 합작해 세운 기업체로 공업과 상업 일체화(一體化)를 실현한 경제종합체였다. 일본의 대상사(大商社)처럼 개혁과 발전은 물론 모델에서까지 새로운 길을 꾸준히 모색했다. 중국 화학공업 수출입총회사는 많은 노력을 기울이면서 다양한 성과를 이루었다. 그러나 그때 중국의 실제상황을 보면 무역회사에는 공업회사를 설립하기에 적합한 인재와 회사운영 경력이 부족한데다 걸 맞는 관리체제와 운영메커니즘이 구축되어 있지 않았다. 때문에 최단 시간 내에 모든 것을 겸비한 현대화 공업 기업을 건설한다는 것은 결코 쉬운 일이 아니었다.

다롄시 정부 및 중국 석유화학공사 책임자가 찾아와 어려움에서 벗어날 수 있도록 도와달라고 부탁했다. 중국 석유화학공사에서 맡아 관리 운영하는 것이 맞는다고는 생각했지만 석유화학공사에서 근무했었던 자로써, 입지가 곤란할 것에 대비하여 미팅 참석을 되도록 자제했다.

중국 화학공업 수출입회사에서는 이 기업을 국제무역관리체제 소속으로 남겨두기 위해 다롄시 대표와 여기저기 뛰어다니면서 갖은 방법을 찾으려고 애를 썼다.

그때 다롄시 정부는 출자할 수 있다고 약속한 한국기업을 철석 같이 믿고 있었다. 하지만 한국기업은 자금을 투자하는 대신 중국정부에서 명확히 건설을 금지하는 산업 프로젝트를 추진할 수 있도록 허락해 달라는 부대조건을 내걸었다.

나는 그때 믿을 바가 되지 못하니, 합작은 무산될 것이라 했다. 그런 생각은 적중했다. 얼마 지나지 않아 결국 수포로 돌아갔고 한국기업은 자발적으로 물러났다. 그후 다롄시 대표가 찾아왔었는데 그에게 "윗사람의 말을 듣지 않으면 곤란을 당하는 법"이라고 타일렀다.

국가계획위원회 대표단을 이끌고1996년 4월 프랑스를 방문했다. 토탈회사 사장은 우리를 위해 콩코르드광장에 위치한 유명한 커리리 호텔에서 연회를 베풀었다. 그는 만나자 마자 "금방 뉴욕에서 오는 길입니다. 저녁 만찬을 위해 특별히 '콩코드'호 비행기를 타고 왔습니다"고 했다.

이어 서태평양 정유공장의 해결방안을 물었다.

하지만 이 문제는 양국 고위층이 해결해야 하는 문제이기 때문에 중국 지도자가 결정을 발표하기 전에 미리 얘기하는 것이 타당하지 않다고 생각되었다. 그래서 중국정부는 이미 최종 결정을 내렸고 프랑스정부에 리펑 총리가 공식적으로 발표할 것이라고 전했다. 이 말은 들은 그는 더 이상 묻지 않았으며, 대답에서 희망을 본 양 그의 얼굴에는 만족함이 역력했다. 좋은 결과를 위해 많은 풍파를 겪었던 큰 일이 곧 성사될 날이 다가왔던 것이다.

국무원의 최종 결정을 전해 받은 중국 석유화학공사는 곧바로 인수인계 작업에 착수했으며 국내 최대 규모의 중외합자공업기업을 잘 만들어 나가기 위해 총력을 기울였다.

첫째, 관리자와 인재를 비축하는 일이었다. 왕안순(王安順) 뤄양(洛陽) 정유공장 공장장과 몇몇 관리자를 스카웃했으며 여러 공장에서 우수한 생산기술관리 인재를 유치했다. 또한 닷새 전으로 다롄 서태평양 정유공장으로 입사하라고 요구했다.

둘째, 다롄시 주변 지역인 랴오닝, 지린, 헤이룽장 등 여러 석유화학 공장에서 우선 사용하고 후에 결산하는 방식으로 서태평양 정유공장의 수요를 최대한 만족시켜야 한다는 통지를 내렸다.

신속하고 정확한 업무 처리에 힘입어 현장 작업속도가 현저하게 빨라지는 등의 적극적인 효과가 곧바로 나타났다. 다롄시 책임자도 여러 해 동안 사라졌던 업무 수행력이 다시금 돌아왔다면서 기쁨을 금치 못했다. 1년간의 노력을 거쳐, 다롄 서태평양 석유화학공업유한회사는 1997년 5월에 전면적으로 생산에 들어갔다.

시라크 대통령은 방중 기회를 비러 현장에서 성대한 생산 투입 축전을 열었다. 프랑스 공업부 장관이 프랑스 정부를 대표해 열정 넘치는 연설을 했다. 나도 중프 양국의 원만한 협력 성공에 대해 얘기했다. 기업 운영이 양호했던 덕분에 2001년과 2004년 두 차례나 확대 건설을 진행했다. 이에 따라 연간 원액 가공량이 500만 톤에서 1000만 톤으로 대폭 증가했을 뿐만 아니라 기술수준과 상품의 품질도 크게 향상되었다.

2004년에서 2008년까지 연간 원유 정유량이 750~850만 톤, 연간 매출액이 350억 위안, 연간 수출량이 250만~300만 톤에 이르렀는데, 과세 이후 최고 순이익은 13억 1천 4백만 위안에 이르기도 했다.

서태평양 석유화학공업회사는 중-프 협력의 성공적인 사례로써 우호적인 징표로 남았다. 태양은 서쪽에서 뜨지 않았고 동쪽하늘에서 뜬 해는 중프 합작의 탄탄대로에다 빛을 더했다.

프랑스 경제사회 이사회와의 협력

중국 전국정협은 여러 국가 경제사회 이사회의 교류 및 협력을 대비하여 2001년 7월 2일 베이징에서 중국 경제사회 연구회를 설립했으며 경제사회 이사회 및 이와 유사한 기구의 국제 협회 구성원으로 되었다.

나는 중국 경제사회연구회 첫 회장으로 선출되면서부터 프랑스 및 기타 국가와의 경제사회이사회와 협력하고 교류하기 시작했다.

프랑스는 경제사회이사회의 창시국이다.

프랑스는 1925년에 경제사회이사회를 설립했고 1936년에 법률적 승인을 받았다. 1946년 제4공화국 헌법에 경제사회이사회를 설립하는 것에 대해 명확히 규정했으며, 1958년 제5공화국 헌법은 관련 조례를 재확인했다.

그후 프랑스 경제사회이사회는 프랑스 여러 기구 가운데서 입지를 확고히 했을 뿐만 아니라 기구만의 특별한 역할을 발휘했다.

"제3의회"가 바로 여기서 발기한 것이다.

경제사회이사회는 유럽, 아프리카 특히 프랑스어 사용권 나라에서 양자 및 다자간 협력을 적극적으로 추진함으로써 정부와 여러 분야 사회 인사들의 중시를 받았으며, 사회적 민심과 경제사회의 발전을 반영하고 정부와 각 계층의 관계를 조율하는 중요한 소통 창구 역할을 했다.

델 매니아 프랑스 경제사회 이사회 의장과 2001년 7월 헤이그에서 우호적 만남을 갖고 "중국 경제사회연구회 및 프랑스 경제사회이사회 협력의정서"를 체결했다.

중프 양국 기구 간의 협력 취지, 분야, 방식, 비용, 기한 등에 대해 기본적인 협의를 달성했으며, 협력교류 프로젝트를 결정했고 양국 고위층의 상호 방문, 테마 고찰 및 교류 등을 진행하기 시작했다.

중국 경제사회연구회는 이런 행사를 통해 프랑스 경제사회이사회가 여러 계층과 협상·교류하는 외에도 정부의 경제사회정책에 대해 사전에 문의했다는 점을 알게 되었다.

또한 여러 분야 전문가들의 역할을 발휘해 경제와 사회의 조화로운 발전을 적절히 처리하고, 사회에 존재하는 여러 가지 모순을 완화하며, 여러 계층 간의 상호 이해와 협력, 사회의 조화로운 발전을 추진했다는 것도 알게 되었다.

우리는 이런 경험을 중국 관련 부서와 기업에 소개해 협력 성과를 실제적인 성과로 전환하게 함으로써 양국 인민에게 복을 가져다주도록 이끌었다.

프랑스와 여러 국가 경제사회이사회의 성과는 자국에서 대표성을 띤 경제, 사회, 대학, 연구소, 정부 등을 통해 이뤄졌다.

중국 경제사회연구회는 교류와 대화를 통해 관련 국가와의 양자 교류와 협력을 추진했으며, 상호 이해를 증진시키고 우의를 다짐으로써 양자와 다자간 외사행사를 이끄는 적극적인 요소로 작용케 했다.

※ 본 글은 『국사기술』 프랑스어 버전의 요구에 따라 특별히 『국사기술』을 프랑스 독자들을 위해 쓴 것임.

스위스의 섬세함과 교묘함, 그리고 아름다움

1950년대부터 2000년대까지, 중앙 방직공업부, 경공업부, 상하이시 인민정부, 중국 석유화학공사, 국가경제체제개혁위원회, 국가계획위원회, 전국정협 등에서 근무하는 기간, 스위스 연방 주석, 정부 장관, 대기업 회장, 세계 여러 단체대표, 전문가, 일반인 등 모두와 여러 가지 방식으로 교류하고 협력했기 때문에 중국에 대한 스위스 여러 사회 층의 우호적인 태도와 열정적인 협력 그리고 진실적이고 확실한 업무 태도를 느낄 수 있었다.

스위스에는 여러 번 갔었고 베른, 제네바, 취리히, 로잔, 다보스, 인터라겐 등을 모두 돌아봤는데 정미하고 정교하고 아름답다는 깊은 인상을 받았다.

자연 풍경부터, 사회경관까지 사람들에게 섬세함과 아름다움을 안겨주었다. 일반적 의미의 아름다움이 아닌 섬세함의 아름다움이어서, 사람들이 세부적인 곳에서 그 정감을 느끼고 고품격의 우아함을 느낄 수 있었다.

정교로움은 스위스인의 업무정신이라 하겠다. 업무스타일이 정교롭고 세심하며, 모든 것을 빈틈없이 완벽하고도 깔끔하게 처리했다. 정교함이 천연(天然)적인 것을 능가한다고 해도 과언이 아닐 정도였다. 여러 가지 명품 시계, 네슬레식품(세계 최대의 가공식품 회사), 리히터 방적기(紡絲機), 정밀한 선반(機床), 고산 스키장, 호수와 별장에 이르기까지 그 어느 하나 빼놓을 것 없이 정밀함과 완벽 그 자체였다.

국토 면적이 4.1만km², 인구가 약 700만 명 남짓한 국가임에도 불구하고 이 나라는 거대한 재부를 창조했으며 살기 좋은 고장으로 가꾸어졌다. 또한 세계에서의 경제 순위가 19위이며 일인당 GDP는 5.5만 달러에 이르고 있다.

스위스의 발전은 사람들에게 세련됨, 정교함 그리고 섬세함의 품격이 얼마나 큰 힘을 갖고 있는지를 알려줬다. 이는 세인들이 본받을 수 있는 소중한 본보기이다.

쉰들러 엘리베이터의 빠른 발전

쉰들러라는 의미는 중국어로 "빠르게 발전한다"는 뜻이다. 엘리베이터에 대해 말한다면, 쉰들러는 "신속하게 도착한다"는 뜻으로 재해석되어, 제품의 신속한 기능과 믿을만한 품질을 표현하고 있다. 스위스와 중국 간의 협력 차원에서 말하자면, 쉰들러는 신속하게 성공하여 발전한다는 뜻이 되겠다.

스위스 쉰들러 엘리베이터 회사와 중국의 성공적인 협력은 회사명처럼 여러 가지 상징적인 의미가 더해져 있다. 중국의 개혁개방 초기 나는 상하이 상무 부시장이었다. 셰베이(謝北一) 국가 기본건설위원회 부주임의 소개로 스위스 쉰들러 엘리베이터 회사의 CEO를 알게 되었다.

그때 당시 회사규모가 그리 크지 않았으나 안목이 탁월하고 미래지향적인 사장은 땅이 부족한 중국 대륙이 고층건물을 지음에 따라 엘리베이터 수요가 활발해질 것이라며 중국 부동산시장의 발전 전망에 큰 기대를 품었다.

쉰들러 엘리베이터 회사는 상하이와 합자해 회사를 설립하고 중국에서 엘리베이터를 생산하기를 원했다. 협상 초기, 프레지텐션은 쉽게 진행되지 않았다. 중국측 보고를 듣고 나서 조건을 후하게 제시해 협력을 반드시 성공시켜야 한다고 했다.

'문화대혁명'시기, 베이징호텔 새 빌딩 확장 건축할 때의 일이다. 릴레이 품질의 기준미달로 엘리베이터가 줄곧 정상적으로 작동되지 않았다. 이 일로 저우언라이 총리는 특별히 엘리베이터 생산 주관업체인 제1 기계공업부 쑨위유(孫有餘)부장을 지목해 베이징호텔에 머물면서 이 이를 해결하라고 지시했다. 쑨위유 부장은 나의 절친한 사이였다. 그로 인해 중국 엘리베이터가 뒤쳐져 있는 상황을 알게 됐고 선진기술을 도입해 엘리베이터 품질을 향상시키지 않으면 갈수록 피동적 위치에 빠지게 된다는 점을 깊이 깨달았다.

1980년 협상이 성공적으로 이루어져 중국 쉰들러 엘리베이터유한회사가 정식 설립되었다. 신 중국이 성립되기 전에는 미국 오디스회사에서 중국 엘리베이터시장을 거의 독점했었다. 하지만 어떤 이유가 있었는지 미국 OTIS회사는 줄곧 중국에 현지 회사를 설립하지 않았다. 그 시점에 쉰들러가 발 빠르게 중국으로 진출했다.

현재까지 쉰들러는 중국에 20여 개 자회사를 설립했다. 상하이에 연구개발센터, 쑤저우시에 제조공장을 설립하고 자동 에스켈레이터와 자동보도를 2만 대나 생산했다. 베이징 올림픽스타디움에 사용되는 세트의 최대 공급업체로 됐으며, "중국의 걸출한 고용주"라는 칭호까지 받았다.

법률화된 계획은 불변의 법칙

1980년 3월 처음으로 스위스에 갔을 때였는데 제네바에서 베른까지 버스를 타고 가니 어느덧 저녁 5시가 넘었다. 버스가 고속도로에서 한 시간 넘게 달리고 나자 좁고 구불구불한 마을길이 보였다. 한 시간 넘게 10Km가 넘는 마을길을 에둘러 지나고 나서야 다시 고속도로에 들어설 수 있었다.

수행한 스위스 친구에게 얼마 안 되는 거리인데 왜 수리하지 않는가고 물었다. 그랬더니 연방정부에 예산 규정에 있기 때문에 마음대로 바꿀 수 없다고 했다. 의회에서 예산을 통과시키고 도로주관부서에서 실시계획을 제정하면 시민들은 반드시 엄격하게 지켜야 한다는 것이었다. 대중의 이익과 긴밀하게 연관되는 공공시설에 대해서는 행정부서의 고위직 관리자도 함부로 고쳐서는 안 된다는 것이었다.

그들의 대답을 듣고 난 대표단은 의견이 분분했다. 얼마 안 되니 빨리 수리해야 한다는 대표가 있는가 하면, 계획을 세웠으니 계획에 따라 행해야 한다며 일리가 있다고 얘기하는 대표도 있었다. 스위스인들이 일을 정확하고도 치밀하게 처리한다는 점을 잘 보여주는 경우였다. 이처럼 계획을 엄격하게 지키고 정확하고도 치밀한 업무기풍을 가진 스위스인들 기질을 본받아야 한다고 본다.

스위스인들이 규칙과 순서에 따라 일을 처리한다는 점은 일상생활에서도 느낄 수 있었다. 우리가 버스를 타고 한 도시에서 다른 도시로 이동할 때, 도시를 빠져나와 교외와 구릉지역에 들어서니 도로는 거의 단일차선이었다. 실선으로 표기 된 차선은 앞차를 추월하지 못하고, 반면에 허선일 경우에는 추월할 수 있다는 뜻이었다. 하지만 우리가 한참 달리는 동안 사람이 있던 없던 간에, 차가 있던 없던 간에 기사는 규장제도를 엄격하게 지켰다. 실선으로 표기된 구간에서도 사람이나 차가 없더라도 추월을 시도하는 기사가 단 한 명도 없었다. 정부는 법에 따라 관리하고 민중은 법을 지키는 편이니, 사회질서가 정연하게 유지되고 있었으며, 업무 추진이나 생활에 많은 편리를 도모해 주고 있었다.

한치의 오차도 없이 열심히 작업하는 태도

오메가 시계 공장을 방문했을 때 공장장이 안내하며 공장의 엄격한 규약과 공예작업에 대해 소개했다.

공장장은 손목시계 조립작업자가 전부 여사원이며 나이는 35세까지 제한하고 있다고 했다. 이는 여성의 생리적인 특성 외에도 시력이 좋고, 세심해 품질이나 조립 과정을 보장할 수 있다는 점을 고려해 내린 결정이라고 했다. 또한 작업 시 마스크는 필수적으로 착용해야 했는데, 손목시계에 입김 등이 들어가는 것을 방지하기 위해서라는 것이다.

나는 '문화대혁명'시기에 있었던 한 에피소드가 떠올랐다. 그때 중국 손목시계 시장의 외국산 손목시계 브랜드로 중에서 스위스의 에니카가 가장 인기 있었다. 손목시계 분야를 주관하던 중국 경공업부는 기술교류 차원에서 에니카공장 임원의 중국 방문을 요청했다. 에니카 손목시계공장의 이사장이 팀을 이끌고 방중하여 베이징에 있는 손목시계 공장을 둘러볼 때, 중국은 대표단이 현장에서 조립기술을 선보일 것을 부탁했고 단장은 시범 요청에 흔쾌히 승낙했다. 그는 작업복을 갈아입고 마스크를 착용한 후 침착하게 조립하기 시작했다. 조립이 끝난 후, 시계를 본 중국 측 대표는 부속품이 정확한 위치에 조립된 것은 물론 바늘이 움직이는 소리마저 깔끔하다는 것을 볼 수 있었다.

눈으로 확인한 중국 측에서 기술 요청을 하자 그는 공장을 방문하면서 방문한 문제점을 지적했다. 작업자가 마스크를 착용하지 않고 있을 뿐만 아니라, 시계에 대고 말하고 하품도 하던데 이러는 과정에 타액 분말 등이 들어갈 수 있어 부속품의 정확도에 영향을 줄 수 있다고 했다. 이에 현장에 있던 중국 대표들은 스위스 시계가 좋을 수밖에 없는 이유가 따로 있었다며 감탄했다.

신뢰는 생명, 홍보는 진실

중국 경제대표단이 제네바 네슬레 본사에서 회담을 가진 후 회장은 본사 식당에서 연회를 베풀었는데 마지막 디저트는 상하이 춘쥐안(春卷) 이었다. 너무 뜻밖의 음식에 나는 연신 고마움을 전하면서 수입한 춘쥐안을 찾는 분들이 많은지, 맛은 어떻게 평가하고 있는지에 대해 물었다. 그랬더니 두 번밖에 수입하지 않았고 수입량이 아주 적다고 했다. 이유를 물었더니 처음에 수입해서 바로 성분 테스트에 들어갔는데 취쥐안에 넣은 야채의 농약 잔류 량이 극히 적었기 때문에 적극적으로 홍보하고 수입을 늘려 판매하려 했지만 신중을 기하려는 마음에서 두 번째로 수입했다고 했다. 하지만 두 번째 수입한 춘쥐안에 넣은 야채의 농약 잔류 량이 기준치를 훨씬 넘어서 곧바로 수입계획을 접고 홍보도 하지 못했다고 했다. 소비자들이 사실을 알고 나서의 후폭풍을 우려했고 네슬레의 이미지에도 타격을 받을 것이라고 예상했기 때문이라는 것이었다.

홍보는 진실을 토대로 이루어 져야 하고, 이는 소비자에 대한 예의이며, 제품과 그 속에 들어간 원료, 부자료까지 포함해서 모두 기준치에 이르러야 한다고 했다. 때로는 좋았다가, 때로는 기준 미달인 상황이 나타나서는 안 되며 더욱더 거짓된 홍보는 삼가 해야 한다고 말을 아꼈다.

스위스 상품의 신용은 상업적 도덕을 기초로 하고 있는데, 이는 중국의 오래된 브랜드가 지속적으로 발전을 이어나갈 수 있었던 것과 같은 이치였다. 중국의 유명한 '후칭위당(胡慶餘堂)' 중약국의 교훈은 "기만을 삼가하자"이다. 그들은 한 세대 한 세대를 거쳐 대대손손 원칙을 지켜오면서 '후칭위당' 약국의 100년 역사를 써내려갔던 것이다.

자원을 아끼고, 환경은 보호해야

스위스의 방방곳곳을 돌아봤는데 가는 곳마다 청산녹수에, 깨끗한 공기와 환경이 조성돼 기분마저 상쾌하게 만들었다.

스위스 국민의 1인당 GNP가 5.5만 달러에 이르고 있지만 스위스인들은 잘난 체 하거나, 서로 부를 비교하지 않는다. 도처에 근검절약의 미풍이 풍겨나오며 자원을 아끼고 환경을 보호하는 모습이 눈에 띄었다. 스위스의 제네바, 베른, 취리히를 제외하고 다른 도시에서는 배기량이 큰 차를 거의 볼 수 없었고 대다수가 배기량이 1L인 친환경 차량이었다. 인터라켄에 있었었을 때 우리는 작은 마을 뒤편에 자리한 강가에 갔었다. 폭이 20, 30m 남짓한 강의 유수량은 작적 않았고, 강가에는 철도, 도로, 주택이 들어서 있었다. 강기슭에서는 쓰레기라곤 찾아볼 수가 없었고 맑은 강물에도 부유물이 떠다니지 않았다. 하지만 이를 관리하는 전문 인력은 없어보였다. 단순히 주민들이 자발적으로 이곳을 제집 정원처럼 깨끗하게 가꿔갔던 것이다. 이런 환경에서 생활하는 사람들이야말로 심신이 건강할 수밖에 없다고 생각했다.

제네바에 머물렀을 때 대사(大使)에게서 전해 들었는데 도시에는 수돗물 공장이 없고 주민들은 도시에 흐르는 강물을 직접 마신다고 했다. 스위스가 이렇듯 아름다운 환경을 지킬 수 있었던 것은 개개인이 자원을 아끼고 환경을 소중히 여긴 덕분이다. 이건 생활이념이자, 사회문화이며 생활을 추구하는 기본이 잘 되어 있었기 때문이었다. 세대를 이어가며 꾸준히 본받아 오늘날까지 지켜오면서 가장 살기 좋은 터로 가꿔지게 되었던 것이다.

중국 석유화학공사, 거액으로 ADDAX회사 매입

1994년에 설립된 ADDAX회사는 본부를 스위스에 두고 있으며 영국, 런던, 캐나다, 토론토 등에서 상장된 다국적 천연오일가스 탐사개발회사이다. 남아프리카의 최대 오일가스 개발업체로서, 좋은 사회적 이미지를 갖고 있을 뿐만 아니라 상당한 석유 천연오일가스 자산도 보유하고 있었다.

2009년 8월 중국 석유화학공사 그룹에서 88억 7천 4백만 달러로 ADDAX회사를 매입함에 따라 ADDAX회사는 중국 석유화학공사 국제석유탐사회사에 소속된 전액출자 자회사가 되었다. 이는 고금동서에서 중국이 최대 규모로 해외업체를 매입한 사건이었다. 스위스는 발달한데다 완벽한 자본시장, 훌륭한 서비스를 제공할 수 있어 중국 기업이 '세계로 진출'해 다국적 경영을 하는데 경쟁력 있는 상업 환경을 마련해줄 수 있다고 믿었기 때문이었다.

ADDAX회사는 수년간 다져진 운영 기초와 풍부한 경험자원을 갖고 있어 기초 설비는 물론, 탐사나 생산 등 면에서도 잠재력이 무궁무진했다. 매입된 이듬해인 2010년에 원유 생산량이 700만 톤에 이르렀으며, 그후부터는 줄곧 강력한 성장세를 이어갔다. 중국 석유화학공사의 ADDAX회사 매입은 스위스와 국제사회의 큰 이슈였다. 중국 석유화학공사가 아프리카 천연오일가스 자원 등을 개발하고 확대하는 중요한 플랫폼이라는 평을 받았다. 이는 중국이 글로벌 경제의 협력과 경쟁에 참여하는 새로운 시작이자 중국이 스위스와의 경제무역 협력에서 새로운 중요한 분야를 개척했음을 의미하는 일이었다. 중국 석유화학공사의 초대 사장으로써 중국 석유화학공사가 스위스에서 다국적 경영을 실현함과 아울러 ADDAX회사를 성공적으로 매입한 것은 참으로 대견스럽고 기쁜 일이라고 지금도 생각하고 있다.

중국 기업연합회, 세계경제포럼과의 협력

중국은 대외개방에서 하드웨어뿐만 아니라 소프트 사이언스 분야에서의 협력도 중시했다.

덩샤오핑은 일본 손님과 만난 자리에서 "관리도 엄연히 과학으로, 종합성 색채를 가진 과학이기 때문에 사업하는 것보다 더욱 중요하다"고 했다. 중국이 스위스 다보스경제포럼과의 협력은 중요한 역사적인 사건이었다.

중국 기업연합회의 회장과 명예회장으로 있으면서 세계경제포럼과 26년간 협력을 이어갔으며, 세계경제포럼의 창시자이자 주석인 슈바브 교수와도 수년간 만남을 이어가면서 꾸준히 협력했다. 중국이 개혁개방을 실행한 이듬해인 1979년 10월 슈바브 교수가 유럽경영자포럼 대표단을 이끌고 중국을 방문했다.

1980년 1월 중국대표단이 유럽경영자포럼 다보스 연례회의를 개최했고, 1981년 6월, 중국 기업관리 협회 및 유럽경영자포럼은 베이징에서 기업관리 국제 심포지엄을 공동 주최했다. 훗날 심포지엄은 크게 발전하여 세계 경제 포럼 중국 기업 최고 경영자회의로 거듭났다.

나는 중국정부 대표단과 중국 기업경영자 대표단을 이끌고 다보스 연례회의에 참석했으며 중국기업 최고경영자회의에도 여러 번 참석했었다. 나는 포럼을 중국 기업가들의 대외교류 플랫폼으로 격상시키고 경제 글로벌화의 정보와 지식을 제때에 파악해야 한다고 여겼다. 또한 여러 국가에서 온 경제계, 학술계 전문가와의 만남을 통해 협력기회를 모색해야 한다고도 주장했다.

이 같은 창구와 플랫폼을 통해 세계에 중국을 보여주고 중국은 세계를 알아가려는 생각에서였다. 중국 레노버 그룹 류촨지(劉傳志), 하이얼그룹 장루이민(張瑞敏), 코크스그룹 웨이쟈푸(魏家福), 바오강 그룹 셰치화(謝企華), 신시왕 그룹 류용하오(劉永好) 등 최고 기업인들도 포럼에서 많은 것을 배우고 느꼈다고 했다. 마찬가지로 유럽 에어버스회사, 독일 폭스바겐 등 다국적 회사도 포럼 참석을 계기로 처음으로 중국을 알게 되고 최대의 상업기회를 모색하기 시작했다.

중국 고위층은 포럼과 중국의 협력을 크게 중시했다. 장쩌민, 리펑, 주룽지, 원자바오 등은 포럼에 참석해 대표들과 만남을 가졌다. 한편 기조연설에서 중국 경제상황과 대회개방 정책을 소개해 국내외 기업의 관심과 환영을 받았다.

이하는 최근 10년간 중국 기업연합회와 세계경제 포럼에서 공동 주최한 '중국 기업 최고경영자회의'의 주제이다. 중국과 세계가 교류한 이슈, 중국 기업계 대외협력의 의향을 엿볼 수 있다.

〈연도별 회의주제〉

1998 개혁과 안정을 지향한 시장경제

1999 지속적인 성장: 주기적 조정 및 장기적인 체제 개혁

2000 꾸준히 증강되는 중국의 세계적인 역할, 영향력 그리고 기회와 도전

2001 신세기의 중국 경제: 글로벌적인 변혁과 혁신

2002 중국: 새로운 변혁시대를 열다

2003 새로운 지도자, 새로운 변혁: 중국 경제무역 발전의 원동력

2004 중국의 발전: 쾌속과 이성의 균형적인 성장

2005 중국 다음 단계의 현대화: 과학과 지속가능한 발전문제를 해결하는 방안 제정

2006 혁신에 주력하고 지속적인 발전을 추진하자: 중국 혁신의 길

※ 이 글은 필자가 '국사기술'프랑스버전의 스위스 독자를 위해 특별히 보충 작성한 것임.

우정을 실은 진심

―중일 국교 정상화 35주년을 기념하며

올해는 중일 국교 정상화 35주년이 되는 해이다. 이 시기를 직접 겪은 자로서 많은 일본 친구들이 경제무역 협력발전을 위한 노력과 중일 양국의 우호관계를 위해 기울인 심혈은 오늘날까지도 잊혀 지지 않고 있다.

1970년대 중국은 대규모의 수입을 2차례나 진행했는데 일본 및 구미 일부 선진국의 유명한 기업에서 대형과 특대형 공업 기술장비 48대를 수입했다. 이런 기업과의 협력은 우호적이고 성공적이었다고 할 수 있다. 하지만 프로젝트 규모, 기술 난이도의 차이, 양국 역사와 문화의 영향을 받아 일본과의 협력은 구미 국가와는 다른 양상을 보였다.

첫째, 감정적인 요소의 영향이 있다는 점으로서 가장 기억에 남는 사례이기도 하다. 1970, 80년대의 일본에서 이나야마 요시히로 신일본 제철 주식회사(이하 '신일철'이라 약칭) 회장은 최고의 영향력을 가진 경제계 지도자였다. 1974년 중국정부는 신일철과 협력해 1.7m나 되는 열간압연과 냉간압연 강판 롤러머신 및 이와 관련된 아연도금 유닛(鍍鋅機組), 주석도금 유닛(鍍錫機組), 실리콘 스틸 시트 등 프로젝트를 유치하기로 했으며, 프로젝트를 우한(武漢) 강철회사에서 가동시키기로 결정했다.

계약이 효력을 발생하고 건설이 한창 진행되던 때에 이나야마는 일본 신일철

야하다 제철소에서 1901년에 세운 용광로를 가리키며 이 용광로에는 중국 다예시의 철광석, 카이롼 탄광의 석탄을 사용했기 때문에 중국의 광석과 석탄 덕분에 일본 근대 강철공업 발전이 첫 걸음을 디뎠다고 할 수 있다고 말했다.

현재 우리가 우강 건설을 도와 현대화한 1.7m의 연속성 롤 머신(連軋機)과 규소강 프로젝트를 추진하는 것은 은정에 보답할 수 있는 기회가 생긴 것이니 참으로 기쁜 일이다. 반드시 총력을 기울여야 한다.

이나야마는 약속을 지켰다. 우강에서 1.7m 연속성 롤 머신을 건설하는 시기가 바로 '문화대혁명' 후기였다. 그때 여러 고난이 닥쳤지만 중일 협력의 길을 막을 순 없었다. 이 프로젝트를 기반으로 우강은 점차 중국 강철공업에서 중요한 기지로 발전하기 시작했다.

이나야마가 중국에 보답하려는 신념은 바오강 건설과정에서도 뚜렷하게 나타났는데 이때에는 더 큰 시련을 겪었다. 바오강 건설을 시작한지 2년도 되기 전에 중국 경제에 대한 '문화대혁명'의 파괴 영향이 점차 수면으로 드러나기 시작했으며 국민경제는 전무후무한 심각한 어려움을 겪게 되었다.

1980년 말 중앙은 경제를 조정하고 인프라건설 투자를 줄이기로 결정했다. 유치된 프로젝트 가운데서 최대 규모였던 바오강은 건설을 조정해야 할 뿐만 아니라 여러 모로 비난과 질책을 받았다.

이런 상황에서도 이나야마는 전혀 흔들리지 않았다. 중국은 신용을 지키는 국가라고 확신하며 바오강 조정 업무를 타당하게 처리해 건설을 성공적으로 이어나갈 것이라는 자신감을 가졌다.

그러면서 신일본제철의 관련 부서에 바오강이 조정을 잘 해 나갈 수 있도록 최선을 다해 협조해 줄 것을 요구했다.

현재 바오강은 중국에서 현대화수준이 가장 높고 최대 규모를 자랑하는 강철기업으로 거듭났다. 중국이 선진적인 공업국과 협력하는 과장에서 전해진 미담도 많지만 이나야마처럼 중국에 보답하려는 마음을 안고 함께 발전하는 케이스는 단언컨대 일본뿐이었다. 일본과 두 차례의 프로젝트를 협력한 것은 일본기업과 프로젝트 기술자들의 업무에 대한 책임감 때문이었다.

중국이 두번째로 대규모적으로 기술장비를 도입한 것은 4개의 화학섬유 프로젝트에서 시작되었다. 1972년에 도입을 전부 허락했으나 4년, 5년, 6년, 7년을 거쳐서야 건설되었다. 그중 가장 일찍 건설된 것은 일본에서 도입하여 건설된 상하이 석유 화학 공장이다.

이처럼 4개 프로젝트가 건설된 시간이 큰 격차를 보이는 것은 여러 가지 원인이 있었기 때문이지만, 협력 파트너가 열심히 책임지는 태도가 가장 중요한 요소로 작용했다.

상하이 석유화학 공장 소재지로 선택한 곳은 바다를 메워 만든 지역으로 토지가 견고하지를 못했다. 일본은 설비의 무게를 견뎌내지 못할까 우려되어 꾸준히 의견을 보내왔는데 결국에는 저우언라이 총리에게까지 의견을 제기했다. 총리는 일본 전문가의 의견에 귀를 기울이고 기지에 문제가 생기지 않도록 최선을 다해야 한다고 여러 번 말했다. 일본은 설비 공급업체일 뿐이다. 토지의 질은 중국에서 체크하고 확인해야 할 부분이기 때문에 일본이 굳이 나설 필요는 없었다. 더욱이 계약에도 기록되지 않은 조항으로 문제가 생긴다 해도 일본은 전혀 책임이 없었다. 그럼에도 일본의 관련 부서는 꾸준히 문제점을 제기해왔는데 이는 프로젝트 전반에 대한 책임감에서 비롯된 것이라 생각된다.

바오강의 원자재장은 광석을 적재해야 하기 때문에 무거워서 모래말뚝을 박아놓아야 했다. 중국은 이를 아주 중시했다. 하지만 바오강 프로젝트를 주관하는 오가키료 일본 신일철 부사장은 현장으로 운송되는 모래가 적다는 점을 발견하고는 계속 의견을 제기했다. 중국에 다른 자원은 적을지 몰라도 모래는 많다며 그를 안심시켰다. 하지만 그래도 걱정이 되었던지 만날 때마다 말하곤 했다. 그래서 상하이시건축위원회에 부탁해 산동(山東)에서 모래를 캐고 운반하는 과정이 담긴 동영상을 찍어오게 했다. 이 동영상을 보고서야 그는 마음이 놓인다고 했다.

사실 문제가 생길지언정 일본에 대해 아무런 책임도 묻지 못할 일인데도 그들은 프로젝트 전반에 대한 책임감에서 수없이 문의하고 확인하고 건의했다. 목표를 실현하기 위해서는 절대 포기하지 않으려는 태도가 느껴졌다.

이런 일을 겪을 때마다 루쉰(魯迅) 선생의 '후지노 선생(藤野先生)'이라는 글이 떠오른다.

1904년 루쉰 선생이 일본 센다이의학전문대에서 공부할 때 글을 가리친 선생이 바로 후지노 겐그로였다. 루쉰 선생이 적은 수업 필기코트에서 그의 교수내용과 문자어법을 포함해 전혀 소홀히 하지 않았음을 엿볼 수가 있다. 루쉰은 글에서 이런 필기노트가 총 3권이라 했지만, 훗날 루쉰박물관의 정리를 거쳐 총 6권이 수장되어 있는 것으로 집계되었다.

한번은 후지노 선생이 칠판에 팔 해부도를 그렸다. 루쉰은 해부도를 옮겨 그리면서 혈관의 위치를 바꾸었다. 이를 본 후지노 선생은 그를 찾아 해부도는 미의 각도에서 감상하는 게 아니니까 혈관 하나하나가 원 위치에 알맞게 그려야 한다며 엄숙하게 얘기했다고 했다. 이러한 선생님의 엄숙한 표정과 태도는 루쉰에게 큰 인상을 남겨줬던 것이다.

20년이 지난 1926년 루쉰 선생이 '후지노선생'을 창작하면서 일본인의 책임감과 일에 열중하는 모습을 따라 배우고 중국인들이 일을 건성으로 하는 태도를 바로잡아야 한다고 강조했다. 나는 일본 친구들에게 우호적인 감정과 열심히 대하는 태도가 중일 경제무역 협력을 성공적으로 이끈 요소로 작용했다고 말했다. 오늘날 중일 양국이 전략적 호혜관계를 구축하는 새로운 협력 가운데서 우리는 이런 감정과 이런 태도를 필요로 한다고 했더니 일본 친구들도 맞다고 하면서 한결 같이 찬사를 보내주었다.

* 원본은 「인민일보」 2007년 12월 19일 자에 게재됨.

일본 '욱일대수장'을 수상하다

'욱일대수장(旭日大綬章)'은 일본 정부가 외국인에게 수여하는 최고의 훈장이다.

중국에서는 총 3명이 이 같은 영예를 안았다. 1983년 중국 인민대표위원회 부위원장 겸 중일우호협회 회장직을 맡고 있던 랴오청즈가 훈장을 받았다. 이 밖에 구무 전 국무원 부총리, 중국 제9회 정치협회 부주석 겸 중국기업연합회 명예회장직을 맡고 있던 내가 '욱일대수장'을 받았다.

랴오청즈는 베이징에서 상을 받았다. 하지만 구무는 건강상태가 안 좋았기 때문에 장남이 베이징에서 대리 수상했다. 이번에는 일본정부가 수상자를 도쿄에 초대해 천황이 직접 시상하기로 했다. 따라서 나는 신 중국 설립 후 일본 황궁에서 천황이 직접 시상한 첫 수상자로 되었다. 이는중일 양국교류사에서 마땅히 기술해야 하는 중요한 행사로, 역사자료로 남겨야 한다고 생각한다.

신청 과정

2008년 8월 일본 손님과 만남을 가진 뒤 동행했던 리밍싱(李明星) 중국 기업연합회 부 이사장이 중국 주재 일본대사관에서 중국 기업연합회를 찾아 나와 관련된 상황을 알아보고 자료를 요청하면서 상을 주는 문제에 대해 연구할 것이라 했다고 얘기했다.

하지만 어떤 상인지, 왜 상을 주는지, 어떤 자료를 가져갔는지에 대해 물어보지 않았다. 너무 많이 물어보는 것이 실례일 수 있으니 말해주는 대로 듣고 마음에 담아두지 않았다.

2008년 국경절 전, 미쓰이 상사(商事)의 상무 부사장과 가이노 미르쑤(華井滿) 아사이 상사 명예회장과 만난 자리에는 리밍싱도 있었다.

회견을 마친 후 리싱밍이 일본 주중 대사관에서 찾아와 나에게 '욱일대수장'을 수여하려 하는데 나의 의견을 물어보려 하더라고 전했다. 그러면서 훈장이 가지는 의미, 발급 상황에 대해 알려줬다.

중일 우호 협력에서 의미 있는 일이라고 생각되었다.

중일 양국 지도자가 양국 관계에서 '해빙', '꽃피는 봄'을 추진함에 따라 양국 관계가 새로운 기점에 올라섰으며, 전략적인 호혜관계 구축 단계에 들어섰다. 양국 간 우호적인 행사는 큰 국면에 유리하기 때문에 일본 측의 건의를 흔쾌히 받아들였다.

국경절을 쉬고 출근한 10월 8일 일본대사관에서 보낸 초대장(전국 정치협회 외사위원회와 외교부에 보냄)을 받았다. 초대장에는 이런 내용이 적혀 있었다.

"일본 내각부 및 일본 외무성은 천진화 씨에게 훈장을 수여하기로 결정했다", "이 훈장은 일본 정부가 외국인에게 주는 최고의 훈장이다", "중국 측에서 10월 15일 전으로 훈장 수상 동의서를 보내오길 바란다."

일본에서 보내온 초대장 원문은 다음과 같다.

중국인민정치협상회의 전국 위원회 외사위원회 판공실 :

일본 주중대사관에서 귀하에 글을 올립니다. 협조 부탁드립니다.

전 국가 정치협상회의 부주석, 전 국가 계획위원회 주임이셨던 천진화 님이 일중 우호 협력에 많은 기여를 하였으므로 일본 내각부 및 일본 외무성에서 천진화 님께 '욱일대수장을' 수여하려 합니다. '욱일대수장'은 일본정부가 외국인에게 수여하는 최고의 훈장입니다. 중국정부의 동의서를 접수해야만 일본 정부가 훈장을 수여할 수 있습니다. 앞서 이미 천진화 님의 동의를 구했습니다. 10월 15일 전으로 훈장 수여에 대한 중국 측의 동의를 구하고자 합니다.(형식은 제한하지 않습니다. 전화통보도 가능합니다.) 중국 정부에서 동의서를 제출하지 않을 경우 훈장은 수여가 불가하오니 하루 속히 회신해 주시기 바랍니다.

천진화 님의 이력서는 아래와 같으니 첨부 참조 바랍니다.

PS: 천진화 님과 연락이 필요할 경우 리밍싱 중국기업연합회 주임에게 문의 바랍니다.

전화: 68701991/68701002   팩스: 68414280

연계인: 아키코 총무부 장관

전화: 65322639 팩스: 65324625

일본 주중 대사관

2008년 10월 8일

10월10일, 일본 주중 대사관의 편지를 받았다. 일본 정부에서 후보자 상황을 정식으로 알림과 동시에 하루빨리 중국정부의 동의서를 받아내라는 것이었다. 중국 정부의 관련 규정과 절차에 따라 처리해야 한다고 표시했다. 일본대사관에서 보내온 원문은 다음과 같다.

일본 주중 대사관

(2008) 제 1198호

천진화 중국 기업연합회 명예회장님:

오늘 일본정부는 천진화 님이 일중 교류 및 민간 경제협력에 기여한 점, 양국 협력의 축인 바오강 프로젝트에서 얻은 성과 및 일중 경제협력, 일중 관계발전에 기여한 점에 대해 올해(11월 5일) 훈장–'욱일대수장'을 수여하고자 합니다. 이 훈장은 일본 정부가 외국인에게 수여하는 최고의 훈장입니다. 중국 정부(10월 15일 전으로)의 동의를 하루빨리 구할 수 있기를 바랍니다.

일본 주중 대사관

2008년 10월 10일

중국 정협은 10월 14일, 일본 주중대사관에 천진화의 '욱일대수장' 수상을 동의한다는 정식 공문을 보냈다.

이튿날 일본 내각에서 공식적으로 총 12명의 수상자 명단을 발표했는데 그중에는 천진화(중국), 아부두라(카타르 부총리 겸 에너지 대사), 아부두라 자커(키르기스스탄 전 국무대신, 키르기스스탄 일본 우호협회 회장), 요셉(전 스위스 연방 주석 및 전 외교부 장관), 로브 메이커(袍梅可)(라오스 보건[保健]대신, 라오스 일본친선협회 회장) 등 외국인 5명이 포함되었다.

이밖에 자국민 와타나베 쓰네오(뉴스 리딩 회장 및 주편집), 다키이시게오(전 최고 법원 법원장), 오쿠다 히로시(게이단련 회장 및 전 도요타 회장), 오니시 아쓰시(시코쿠전력[四国電力] 회장) '홍수대 욱일대수장', 그외 3명은 '서보(瑞宝)대수장'을 수여한다고 발표했다.

일본 내각에서 명단을 통보한 후, 10월 28일 아소 다로 일본 내각총리의 공문 및 초대장을 받았다.

"2008년 11월 3일, 욱일대수장 수여에 대한 결의를 발표하게 됩니다", "천황 폐하께서 2008년 11월 5일 오전 10시 30에 황궁에서 친히 욱일대수장을 시상할 예정입니다."

원문 내용은 다음과 같았다.

천진화 님:

안녕하십니까!

2008년 11월 3일, 욱일대수장을 수여하는 것에 대한 결과를 발표할 예정입니다.

천황 폐하께서 2008년 11월 5일 오전 10시 30분 경 황궁에서 친히 훈장을 시상할 예정입니다. 당일 오전 9시 50 ~ 10시 10분에 황궁 미나미 구르마 요세(南車寄)에 도착 바랍니다. 부인 동행도 가능합니다.

첨부파일 중 참석여부를 확인하신 후 빠른 회신 부탁드립니다.

감사합니다.

2008년 10월 28일

아소 다로 내각 총리

이번에 수상한 일본인 오쿠다 히로시는 일본의 경우 업종협회에서 추천한 후 엄격한 심사를 거쳐야만 내각에 신청할 수 있으며 최종적으로 내각회의의 심의를 거쳐 결정된다고 말했다.

추천과 심사가 1년 남짓 걸리며 심사 받을 자료가 약 1자 두께에 달한다고 했다. 오쿠다 히로시는 추천 후보자는 1년 동안 아무 문제가 발생하지 않도록 처신해야 한다고 했다.

일본 교통 관리부서의 규정에 따라 과속운전, 시간당 30km인 제한속도를 초과할 경우 형사책임을 추궁할 뿐만 아니라 '욱일대수장' 후보자격을 박탈당하게 된다. 때문에 1년 내내 그의 비서는 의외의 사고가 생길까 우려해 한 번도 운전하지 못하게 했다고 했다.

후보자가 소속된 그룹의 임원도 1년 내내 중대한 사고가 발생하지 말아야 한다. 발생할 경우 수상자의 후보 자격이 또한 박탈된다고 했다.

수상 상황

일본 내각에서 명단을 통과시킨 후 나는 중국 기업연합회로부터 일본 외무성의 통지를 받았다. 수상자는 연미복을 입어야 한다는 것이다. 첨부파일에는 사이즈나 양식이 있어 본인 동의만 있으면 도쿄에서 대리 제작할 수 있다고 했다.

연미복 외에 민족복장을 입을 수도 있다고 했다. 나는 연미복이 불편할 것 같아 중산복(中山服)을 택했다. 도쿄에 의견을 물었더니 동의한다는 답변이 왔다. 훈장을 받을 당시 외국과 일본 본국 총 12명 수상자 가운데서 나만 중산복을 입었고 카타르의 아부두라는 아랍복장을 착용했다. 그 외의 10명은 모두 연미복 차림으로 수상했다.

도우미가 나에게 홍수대와 훈장을 달아줄 때 위치나 시각적 효과 등에 대해 각별히 신경을 썼다. 아마도 중산복을 입은 수상자에게는 처음 훈장을 달아주는 것 같았다. 한참이 걸려서야 정확한 위치에 달았고 그제서야 만족스럽다는 듯 웃음을 보였다.

통지의 요구에 따라 11월 5일 오전 10시, 오타니 호텔에서 차동차 편으로 궁전의 미나미 구르마 요세에 도착한 후 휴게실까지 걸어 들어갔다. 훈장을 받을 외국인과 일본인이 연이어 도착했다. 휴게실 안은 소박하게 꾸며져 있었다. 몇 개 안 되는 의자와 탁자 외에 별다른 진열품은 없었으며 벽에도 아무런 장식을 하지 않았다.

10시 15분이 되자 의전담당관이 우리를 황궁 정전(正殿)인 '마츠마(松間)'까지 안내하고 훈장수상 절차에 대해 소개하더니 리허설을 두 번이나 보여주었다.

10시 30분, 훈장수여식이 정식으로 시작되었다. 훈장 수여식은 일본인, 외국인 순서로 진행되었다.

나는 외국인 수상자 가운데서 첫 번째로 지목되어 '마쓰마' 회랑에서 기다렸다. 의전담당관이 순서에 따라 이름을 부르면 정전으로 들어가게 되었다. 천황과 1m의 거리를 두고 있을 때 허리를 굽혀 인사한 후 한 발 앞으로 다가가, 천황이 들고있는 쟁반 위의 '욱일대수장'을 받았다.

다음 한 발 물러서서 오른쪽으로 걸어가 아소 다로 내각 총리로부터 '욱일대수장 증서'를 받았다. 그리고는 다시 제자리로 돌아와 천황에게 허리 굽혀 인사한 후 정전을 걸어나왔다.

'욱일대수장'은 총 두 매인데 한 매는 정장(正章, 금으로 된 레드 보석이 박힌 훈장)이고, 다른 한 매는 부장(副章, 모양이 좀 크며, 무게가 좀 가벼운 편인 훈장)이다.

동행한 외무성 통역관에게 왜 두 매나 되는가 하고 물었더니 메이지 유신 때부터 두 매였는데 그때의 전통을 이어받은 것이라며 이제는 관례처럼 되었다고 했다.

패용했을 때 상하가 대칭되어 아름다움을 추구하는데서 비롯된 것이라 생각되었다. 아니면 정장은 정중히 보관해야 하기 때문에 부장을 하나 더 만들어 평소 패용을 위한 것은 아닌가 싶기도 했다.

의전 도우미가 옆방으로 안내했다. 그곳에서 도우미 3명이 나에게 수대와 훈장을 달아주었다. 그후 훈장 수상자들은 모두 정전에 모였다. 천황이 착석하자 수상자 대표 와타나베 쓰네오가 수상소감을 전했다. 그리고 천황의 축사가 이어졌다. 천황은 자국과 외국 수상자들의 성과와 기여에 고마움을 전했다고 했다.

현장에서는 통역관이나 촬영기자를 찾아볼 수 없었다. 수여식이 끝난 후 수상자와 부인은 천황과 기념사진을 남겼다. 천황이 자리를 뜨자 수상자들도 따라서 물러났다. 그리고는 궁전 밖의 정원에서 기념사진을 촬영했다. 먼저 외국과 일본의 수상자가 함께 기념사진을 찍었고 이어서는 각자 따로따로 기념사진을 촬영했다. 사진을 찍기 전 아소 다로 총리가 특별히 찾아와 인사를 나눴는데 중국어로 "감사합니다!"도 말하기도 했다.

훈장 수여식은 오전 11시 25분에 끝났다. 훈장 수여 행사가 화려하기보다는 정중하고 소박하며 성대한 분위기를 물씬 풍겼다. 훈장을 받은 후 나카소네 야스히로 일본 총리, 고노 요헤이(河野洋平) 중의원 위원장, 나카소네 히로후미

(中獸根弘文) 외무대신, 니카이 도시히로(兒階俊博) 경제산업 대신, 가토 고이치(加藤弘一) 일중 우호협력협회 회장, 미타라이 후지오 '게이단렌(經團聯)' 회장, 그리고 오쿠다 히로시, 와다리니기 이치로(渡里杉一郞), 미무라 아키오(三村明夫), 네모토 지로(根本二郞), 세토 유조(瀨戶雄三)와 얘기를 나누면서 일본에서는 천황이 직접 수여하는 '욱일대수장'에 대해 아주 중시하고 있으며 무한한 영광으로 간주하고 있음을 알게 되었다.

훈장 받은 후의 행사

11월 5일 오후, 일본 NHK에서 천황 훈장수여식을 방송했다.

이튿날 저녁, 중일 경제협회에서는 나의 '욱일대수장' 수상을 축하하기 위해 오타니 호텔에서 연회를 베풀었다. 초대장을 120부 정도 돌렸지만 실은 170명이나 참석했다. 일본 경제사회계의 옛 친구를 만났고 새로운 분들도 알게 되었다.

이날 '게이단렌' 회장 및 여러 부회장, 일중 경제협회 회장 및 부회장, 민주당 단체장(干事長), 일중우호협회 회장, 대기업 책임대표, 중국주일대사관 대사, 참사, 그리고 도쿄에 있는 중국 기자들이 참석했다.

이밖에 셰치화(謝企華) 전 바오강 그룹 회장, 차이시유(榮希有) 중국 석유화학공사 부사장, 리밍싱 중국 기업연합회 부이사장, 그리고 나의 부인 둥치펑이 함께 했다. 연회 내내 우호적인 분위기가 지속되었다.

올 5월 7일, 후진타오 주석은 일본 방문기간 동안 일본 '게이단렌' 등 일중 우호경제단체에서 조직한 환영 연회에서 중일 우호관계를 추진하고 유지하는 중요한 힘으로 활약해온 일본 경제계가 양국관계를 개선하고 발전하는데에 중요한 역할을 했다며 높이 평가했다.

후진타오 주석의 연설정신을 바탕으로 그리고 50년간의 업무경력을 빌어 70년대부터 21세기 초까지 겪은 성공적인 협력 사례를 일일이 나열하면서 일본경제계 인사들의 업무와 공헌을 얘기했고 그 과정에 받은 감상을 전했다.

"중일관계가 회복됐을 때 일본 경제계가 적극적인 역할을 했습니다. 양국관계가 냉랭해졌을 무렵에도 초심을 버리지 않고 우호적인 경제 무역협력을 추진해 양국관계의 우호적인 국면을 이끌어 나갔습니다." "'욱일대수장'의 영예를 중일 양국 간 친선사업을 위해 힘을 이바지한 여러 업계 인사들과 함께 나누고 싶습니다."

이날 나의 연설은 열렬한 호응을 이끌어냈다. 연설 내용은 다음과 같았다.

"후진타오 주석이 올 5월 7일 일본을 방문했을 때 일본의 주요 경제단체에서 마련한 오찬 환영식에서 일본 경제계가 오랜 세월 동안 중일 우호관계를 유지하고 추진시킴에 있어서 중요한 힘이 되고자 했으며, 양국 관계의 개선과 발전에 중요한 역할을 해왔습니다"라고 강조한 바 있습니다.

50년간의 업무경력은 이 말이 최고의 결론이자 제일 공정한 평가임을 증명하고 있습니다. 1960년대 초 방직 공업부에서 근무하면서 중국과 일본 구라시키 주식회사에서 합작해 건설한 베이징 나일론 공장의 전반적인 공사과정을 지켜봤습니다. 이 프로젝트는 마쓰무라 겐조, 오카자키 가헤이타의 관심과 지지 하에서 중국의 랴오청즈(廖承志)와 일본의 다카사키 다츠노스케가 직접 기획하고 추진했으며, 많은 노력을 기울여 얻은 성과물이었습니다. 이것은 일본이 전쟁 이후 처음으로 중국에 기술장비를 수출한 것으로서 이정표적인 의미를 가지고 있다고 하겠습니다. 70년대 초, 경공업부에 근무할 때 일본 등의 나라에서 유치한 상하이 석유화학공장 등 일련의 석유화학 및 화학섬유 설비의 프로젝트에 직접 참여하고 기획 하며 조직했습니다. 이는 중일 국교정상화를 실현한 후 가장 이르고 규모가 가장 큰 협력성과로서, 그때 그리고 훗날의 중일교류 및 경제무역 협력을 확대하는데서 중요한 역할을 했습니다.

1970년대 후기와 1980년대에는 상하이 정부와 중국 석유화학공사에서 근무했습니다. 그때 강철, 석유화학공업, 화학섬유 및 화학비료 등 프로젝트를 직접 지도하고 건설했습니다. 그중에서도 특히 상하이 바오산(寶山) 강철공장 건은 중국이 외국에서 도입한 규모가 제일 큰 공업 프로젝트로서 중일 친선협력의 성과를 고스란히 보여주었습니다. 이나야마 요시히로가 1기 프로젝트 착공 축하 연설에서 얘기한 것처럼 "획기적인 기념비", "믿음을 기반으로 한 뛰어난 국제화 모범"과 같은 존재였습니다.

1978년 1월 이나야마 씨를 알게 된 후로 여러 번 만남을 가졌습니다. 중일 우호적 관계 유지 및 경제무역 협력 추진에 기울인 그의 노력에 줄곧 경의를 표했습니다. 그는 내가 줄곧 존경해온 일본인이었습니다.

1990년대, 국가 계획위원회에 근무했을 때, 일본 해외경제협력기금 제3/4기 대부금과 관련해 가장 중요한 기획, 심사, 업무 실시 등을 진행하게 되면서 더 많은 일본 정부위원과 경제업계 인사를 알게 됐습니다.

80년대부터 이나야마와 친분이 있는 관계로 일본 '게이단련', 일본 경제협회와 우호적인 왕래를 시작했습니다.

21세기 이후 중국 기업연합회 회장, 보아오 아시아 포럼 중국 수석대표로 있을 때, 일본 '게이단련', 일본 경제협회와 우호적인 교류를 이어갔으며, 두 단체의 역대 회장들과 양국 산업계·학술계의 교류 및 협력을 함께 추진했습니다.

50년 동안 중요한 협력을 실현한 분야는 중일 친선과 경제무역 협력을 확대하는 일었습니다. 중일 친선과 경제무역 협력에서의 일본 경제계의 수많은 탁월한 교류와 사업의 추진은 양국 관계 발전에 광범위하고 깊은 영향을 미쳤다고 감히 말씀드리는 바입니다.

중일관계가 냉랭해졌을 때 일본 경제계 인사들은 공동 발전, 협력의 초심을 버리지 않고 중국과의 우호적인 협력을 추진하면서 중일 우호관계 발전의 큰 국면을 적극적으로 수호했습니다. 양국 간의 협력성과가 중국 현대화 건설을 추진했을 뿐만 아니라 일본 관련 산업과 기업의 발전을 이끌어 서로 간에 이익을 창출하고 이익을 주는 윈-윈 관계를 진정으로 실현했습니다.

올해는 '중일 평화적 우호조약'이 효력을 발생한지 30주년이 되는 해입니다.

'조약' 제3조는 양국의 경제관계, 문화관계를 한층 발전시켜야 한다고 명확히 되어 있습니다. '조약'에 힘입어 양자의 무역총액이 1978년의 48억 달러에서 2007년에는 38배 폭증한 2,360억 달러를 기록했는데, 이는 양국 및 세계 무역사에서 찬란한 역사로 남을 것입니다.

최근 몇 년 동안 양국 지도자가 이룩한 '해빙'에서 '꽃피는 봄'에 이르는 새로운 국면은 양국 관계를 새로운 역사적 기점으로 끌어올렸습니다. 양국의 공동 노력과 더불어 발전하는 중요한 기회와 전략적 호혜관계 발전에 대해 인식을 같이 했던 것입니다.

심각한 금융위기에 빠져들면서 실무경제에 점차 영향을 미치고 있는 현 시점에서 중일 양국 간의 소통과 협력을 늘리는 것은 경제관계의 평온하고도 지속적인 발전을 추진함에 있어서 더욱 중요해졌습니다. 중일 양국의 우호적인 발전과 경제무역 협력에 지극히 관심을 갖고 참여했던 80살 노인에게 있어 이처럼 좋은 국면을 보는 것보다 더 기쁜 일은 없다고 생각합니다.

지금 이 순간, 양국 젊은이들에게 이런 말을 전하고 싶습니다. "선배들의 업적을 이어 받아 더욱 심히 중일 양국의 평화적 공존과 세대로 이어진 친선관계, 호혜적인 협력, 공동 발전의 새로운 국면을 열어나가기 위해 이바지해야 한다"고 말입니다.

그리고 이 자리를 빌어 일본 정부가 '욱일대수장'을 수여해준데 대해 고맙다는 말을 전하고 싶습니다. '욱일대수장'의 영예는 중일 양국의 우호적인 관계 발전을 위해 힘을 이바지한 각 계 모든 인사들에게 바칠 것입니다.

나카소네 등 인사들과의 대화

훈장을 받은 후 일본 각계 친구들을 찾아다니며 문안 인사를 했다. 여러 해 동안 중일 양국의 우호적인 발전과 경제무역 협력을 위해 기울인 노력에 고마움을 표시하기 위해서다. 나카소네 야스히로 전 일본 총리, 미타라이 후지오 '게이단렌' 회장을 만나서는 금융위기와 경제위기에 대해 이야기를 나누었다.

나는 여러 국가들이 미국 서브프라임 모기지론 위기에서 비롯된 이번 금융경제위기가 발발한 데 대해 반성하고 있지만, 여러 보도나 글을 읽어보면 금융은 금융으로만, 경제는 경제로만 반성할 뿐 문화적, 정신적, 도덕적인 요소 등 경제나 금융 배후의 심층차원의 원인은 언급하지 않았다는 점을 발견했다고 했다.

미국에서 위기를 유발한 금융 기구 및 그 대표자는 신자유주의 깃발을 내 걸고 이익의 최대화를 편파적으로 추구했으며 레버리지 효과를 수십 배로 요구했을 뿐만 아니라, 남의 돈주머니를 겨냥한 금융 파생품을 설계 및 보급했다. 게다가 정부에서는 감독 의무를 수행하지 않았다. 기타 국가와 국민에게 준 피해와 상처에 대해서는 도의적인 책임을 포함해 그 어떤 책임도 지려 하지 않았을 뿐만 아니라 문화나 도덕적으로 반성하지 않았으며 교훈을 받아들이지도 않았다.

레이만(雷曼)회사의 CEO는 몇 년 동안, 5억 달러의 보수를 받았다고 한다. 미국 국제그룹(AIG) 고위층은 정부에서 납세자들의 거액 세금을 얻어와 위기를 모면하는 것 외에 플로리다에서 호화로운 여행을 즐기기도 했다.

이런 일은 중국이나 일본 등 동방문화를 지향하는 국가에서는 불가사의한 일이다. 유가 문화는 "군자는 재물을 좋아하고 그걸 얻는 데는 도의가 있다", "이(利)와 의(議)는 아울러 고려해야 한다", "사리사욕에 눈이 어두워 의리마저 저버리지 말아야 한다"는 등 경영운영 과정에서 부도덕인 행위는 삼가야 한다는 것을 강조하고 있다. 따라서 민중의 이익을 돌보지 않고 사회적 책임을 전가하려는 행위는 반대해야 한다고 했다.

메이지유신 시기 일본 최초의 현대 기업가 시부사와 에이이치가 노년에 쓴 '논어와 주판'에서 양손으로 주판과『논어』에 대해 저울질할 것을 제기했는데 이(利) 와 의(議)의 관계를 정확히 처리해야지 사리사욕에 눈이 멀거나 돈을 벌기 위해 온갖 나쁜 짓을 저질러서는 안 된다는 점을 강조했다.

문화, 사상, 도덕 차원에서 반성하지 않으면 교훈을 근본적으로 받아들일 수 없고 후대를 교육할 수 없다. 또한 건전하고 사회에 유리한 금융질서를 구축할 수 없으며 똑같은 잘못을 반복하게 된다.

나카소네와 미타라이는 모두 이 같은 견해에 찬성한다고 표했다.

훈장을 수여 받았다는 소식이 전해지자 일중 경제협회, 토시바, 미쓰이 상사, 미쓰지시 중공, 미쓰지시 상사, 이토츄상사(伊藤忠商事), 마루베니, 스미토모(住友), 쇼와(昭和)전공, 아사히 맥주, 일본 우편선, 일본 석유화학 협회, 이토요카도(ItoYokado), 지요다, 아사이 무역 등 기업이나 개인들에게서의 축하메시지, 축하 카드를 전달 받았다. 그들은 향후 중일 양국 간의 친선과 경제무역 협력이 확대될 것에 대한 기대를 표했다.

원고작성을 마무리한 후 11월 19일 인민정협일보에 게재할 것을 부탁했다. 그리고 자칭린에게도 원고를 따로 보냈다. 자칭린 주석이 이 글을 읽고 나서 11월 20일 편지를 보내왔다.

"진화 씨가 얻은 모든 명예를 축하합니다. 이 또한 전국 정치협회의 영광이기도 합니다. 중일 양국 간 우호적인 발전, 경제무역의 협력에 새로운 기여를 하시길 기대합니다."

* 이 글은 『인민정협보』 2008, 11, 27(5)에 게재된 글을 참조하여 작성함.

중국 개혁개방의 숨은 공로자,

어느 한 중국인의 도전과 노력

초판 1쇄	인쇄 2015년 11월 20일
초판 1쇄	발행 2015년 11월 25일
지 음	천진화(陳錦華)
옮 긴 이	김승일 · 김미란
발 행 인	김승일
펴 낸 곳	경지출판사
출판등록	제2015-000026호

판매 및 공급처 / 도서출판 징검다리/경기도 파주시 산남로 85-8
Tel : 031-957-3890~1 Fax : 031-957-3889
e-mail : zinggumdari@hanmail.net

ISBN 979-11-86819-04-3   03320